Os diários de Virginia Woolf

Uma seleção
1897 a 1941

Organização
Flora Süssekind

Tradução
Angélica Freitas

Rocco

Título original
THE DIARY OF VIRGINIA WOOLF

Trechos extraídos do volume 1: *Copyright* Diário © 1977 *by* Quentin Bell e Angelica Garnett
Trechos extraídos do volume 2: *Copyright* Diário © 1978 *by* Quentin Bell e Angelica Garnett
Trechos extraídos do volume 3: *Copyright* Diário © 1980 *by* Quentin Bell e Angelica Garnett
Trechos extraídos do volume 4: *Copyright* Diário © 1982 *by* Quentin Bell e Angelica Garnett
Trechos extraídos do volume 5: *Copyright* Diário © 1984 *by* Quentin Bell e Angelica Garnett
Trechos extraídos do volume 6: *Copyright* Diário © 1990 by Quentin Bell e Angelica Garnett

Organização e posfácio
FLORA SÜSSEKIND

Design de capa
Igor Campos

Todos os direitos reservados.
Nenhuma parte desta obra pode ser reproduzida ou transmitida
por meio eletrônico, mecânico, fotocópia, ou sob
qualquer outra forma sem a prévia autorização do editor.

Direitos para a língua portuguesa reservados
com exclusividade para o Brasil à
EDITORA ROCCO LTDA.
Rua Evaristo da Veiga, 65 – 11º andar
Passeio Corporate – Torre 1
20031-040 – Rio de Janeiro – RJ
Tel.: (21) 3525-2000 – Fax: (21) 3525-2001
rocco@rocco.com.br | www.rocco.com.br

Printed in Brazil/Impresso no Brasil

Preparação de originais
ANA LIMA
TIAGO LYRA

CIP-Brasil. Catalogação na publicação.
Sindicato Nacional dos Editores de Livros, RJ.

W862d   Woolf, Virginia, 1882-1941
    Os diários de Virginia Woolf : uma seleção [1897-1941] / Virginia Woolf;
[organização e posfácio] Flora Süssekind; tradução de Angélica Freitas.
– 1. ed. – Rio de Janeiro: Rocco, 2021.

Tradução de: The diary of Virginia Woolf
ISBN 978-65-5532-178-4
ISBN 978-65-5595-096-0 (e-book)

1. Woolf, Virginia, 1882-1941 - Diários. I. Süssekind, Flora. II. Freitas, Angélica.
III. Título.

21-73761   CDD-828
                                                            CDU-821.111(410.1)

Camila Donis Hartmann – Bibliotecária – CRB-7/6472

O texto deste livro obedece às normas do
Acordo Ortográfico da Língua Portuguesa.

Sumário

Breve cronologia | 7

Os diários de juventude | 13

Diários 1915 – 1919 | 57

Diários 1920 – 1929 | 103

Diários 1930 – 1941 | 227

Virginia Woolf, os trabalhos & os dias | 361

Notas | 373

Breve cronologia

1882 – Nascimento de Adeline Virginia Stephen (VW) em Hyde Park Gate, 22, Londres.

1895 – Morte de Julia Prinsep Stephen, sua mãe, de falência cardíaca, depois de ter contraído influenza. VW sofre então sua primeira crise nervosa grave.

1896 – Viagem à França com a irmã Vanessa.

1897 – Casamento e morte (poucos meses depois) de sua meia-irmã Stella Duckworth. VW inicia estudos sistemáticos de Grego e História (King's College, Londres).

1899 – Julian Thoby Stephen, seu irmão, ingressa no Trinity College, em Cambridge, travando relações de amizade com Lytton Strachey, Leonard Woolf, Clive Bell e outros futuros integrantes do Grupo de Bloomsbury, cuja coesão se intensificou, em parte, graças às reuniões regulares promovidas por ele às quintas-feiras à noite.

1902 – VW começa a ter aulas particulares de grego com Janet Case. O irmão mais jovem de VW – Adrian – também ingressa no Trinity College.

1904 – Morte de seu pai, Leslie Stephen, em 22 de fevereiro. VW viaja na primavera pela Itália com a irmã Vanessa e a amiga Violet Dickinson. VW tem, em maio, sua segunda grande crise nervosa e fica doente por três meses. Mudança dos Stephen para Gordon Square, 46. Em 14 de dezembro, aparece a primeira publicação de VW.

1905 – Viaja a Portugal e Espanha durante março e abril. Escreve resenhas e dá aulas uma vez por semana no Morley College, em Londres.

1906 – Viagem pela Grécia em setembro e outubro. Em 20 de novembro, morte de seu irmão Thoby Stephen depois de contrair tifo.

1907 – Casamento de Vanessa com Clive Bell. VW se muda, com o irmão Adrian, para a Fitzroy Square nº 29. Trabalha em seu primeiro romance, *Melymbrosia* (depois *A viagem*).

1908 – Viagem à Itália com Vanessa e Clive Bell. Envolvimento sentimental com o cunhado, que seria interlocutor fundamental durante o processo de escrita de *A viagem*.

1909 – Em 17 de fevereiro, VW recebe de Lytton Strachey uma proposta de casamento, que ambos desconsiderariam pouco depois. Conhece Lady Ottoline Morrell. Viagem a Florença, a Bayreuth e a Dresden.

1910 – Aproxima-se do movimento sufragista. Acontece a 1ª Exposição Pós-Impressionista organizada por Roger Fry.

1911 – Viagem à Turquia. Mudança para Brunswick Square, 38, dividindo a casa com Adrian, John Maynard Keynes, Duncan Grant e Leonard Woolf.

1912 – Passa algum tempo na Twickenham Nursing Home. Em 10 de agosto, casamento com Leonard Woolf. Viagem, com ele, à Provence, à Espanha e à Itália. Mudança para Clifford's Inn, 13, em Londres. Acontece a 2ª Exposição Pós-Impressionista. Greve de trabalhadores das docas, das minas e do transporte. Movimento sufragista cresce.

1913 – VW finaliza em março o manuscrito de *The Voyage Out* (*A viagem*). Gerald Duckworth, seu meio-irmão, que fundara uma editora em 1898, se encarregaria da publicação. Passa o verão em crise. Tentativa de suicídio em setembro. Fica sob os cuidados do marido e de enfermeiras até o fim do ano.

1914 – Começa a 1ª Guerra Mundial.

1915 – Os Woolf compram a Hogarth House, em Richmond. Publicação de *A viagem*. Em abril e maio, violento surto. Fica sob o cuidado de enfermeiras até novembro.

1916 – VW ministra palestras na Women's Cooperative Guild. Colabora regularmente com o *Times Literary Suplement*.

1917 – Começa a funcionar a Hogarth Press, criada pelos Woolf. Publicação de *A marca na parede*. VW começa a trabalhar em *Noite e dia*.

1918 – Escreve resenhas e o romance *Noite e dia*. Armistício com a Alemanha. Voto para as mulheres maiores de 30 anos. Grave pandemia de influenza.

1919 – Compra da Monk's House, em Rodmell, Sussex. Publicação de *Noite e dia*, também pela Gerald Duckworth and Company Ltd.

1920 – Continua fazendo resenhas e trabalhando agora no romance *O quarto de Jacob*.

1921 – VW adoece durante os meses de verão. Conclui *O quarto de Jacob*. Planeja uma coletânea de ensaios a que se refere a princípio como "Reading Book" (depois *The Common Reader*).

1922 – Com depressão no começo do ano. Publicação de *O quarto de Jacob* em outubro. Conhece Vita Sackville-West.

1923 – Viagem à Espanha em março e abril. Trabalha em *As horas*, a primeira versão de *Mrs. Dalloway*. Morte de Katherine Mansfield.

1924 – Mudança de Richmond para Londres, para Tavistock Square, 52, em Bloomsbury. Dá a palestra que se converteria no ensaio *Mr. Bennett and Mrs. Brown*. Termina *Mrs. Dalloway*.

1925 – Publica *The Common Reader – 1ª série*, e *Mrs. Dalloway*. Adoece no verão.

1926 – Trabalha em *Ao farol*. Greve geral na Inglaterra (3–12 maio).

1927 – Viagem para a França e a Itália em março e abril. Publicação de *Ao farol* em maio. Primeira visão de *Orlando* – como *As noivas de Jessemy* – em março. Começa a trabalhar no livro em outubro.

1928 – Publicação de *Orlando*. Palestras em Cambridge que serão a base de *Um teto todo seu*. Aprovação do voto feminino para maiores de 21 anos.

1929 – Viagem a Berlim. Publicação de *Um teto todo seu*. Quebra da bolsa de Nova York; crise econômica mundial.

1930 – Conclui a primeira versão de *As ondas*. Conhece Ethel Smyth.

1931 – Viagem de carro pela França. Publicação de *As ondas*. Trabalha em *Flush*.

1932 – Morte, em 21 de janeiro, de Lytton Strachey. Publica em outubro *The Common Reader – 2ª série*. Começa a escrever o romance *Os anos* (então chamado de *The Pargiters* e pensado como um romance-ensaio).

1933 – Viagem de carro pela Itália e pela França. Publicação de *Flush*. Hitler se torna chanceler da Alemanha.

1934 – Trabalha em *Os anos*. Morte de Roger Fry.

1935 – Reescreve *Os anos*. Viagem de carro à Holanda, à Alemanha e à Itália. Rearmamento na Alemanha; invasão da Abissínia (Etiópia) pela Itália fascista.

1936 – Conclui *Os anos*. Começa a escrever *Três guinéus*. Na Inglaterra, morte de George V; ascensão e abdicação de Edward VIII; ascensão de George VI. Início da Guerra Civil Espanhola.

1937 – Publicação de *Os anos*. Trabalha na biografia de Roger Fry. Em 18 de julho, morte, na Guerra Civil Espanhola, de Julian Bell, filho de Vanessa. Destruição de Guernica.

1938 – Publicação de *Três guinéus*. Trabalha em *Roger Fry: uma biografia*. Planeja o romance *Entre os atos* (cujo título original era *Pointz Hall*).

1939 – VW e o marido se mudam, em Londres, para a Mecklenburgh Square, 37. Mas ela passa a maior parte do tempo na Monk's House, em Rodmell. Trabalha em *Entre os atos*. Conhece Freud, em Londres. Fim da Guerra Civil Espanhola. A Alemanha invade a Polônia. Declaração de guerra da Inglaterra e da França.

1940 – Revisão e publicação da biografia de Roger Fry. Bombardeios atingem em setembro a casa de Mecklenburgh Square e em outubro a antiga casa em Tavistock Square, 52. VW conclui *Entre os atos* em novembro. A Alemanha avança pelo noroeste da Europa; a França é ocupada; as tropas britânicas são forçadas a evacuar de Dunquerque; ataques aéreos diários à Inglaterra.

1941 – VW revisa *Entre os atos* em fevereiro. Inicia-se uma crise depressiva em seguida. Suicídio em 28 de março, lançando-se ao rio Ouse. Publicação póstuma, em julho, de *Entre os atos*.

[1897–1909]

Os diários de juventude

Virginia Woolf começou seu primeiro diário em 3 de janeiro de 1897, aos 14 anos, dois anos depois da morte da mãe, e ainda em recuperação de um colapso nervoso. Até a sua morte, aos 59 anos, em março de 1941, produziria 38 volumes de diários. Os sete primeiros, que vão dos últimos anos do século XIX à primeira década do século XX, tiveram cuidadosa edição organizada em 1990 por Mitchell Leaska: *A Passionate Apprentice: The Early Journals 1897-1909*. Este livro, complementado em 2003 por volume organizado por David Bradshaw (*Carlyle's House and Other Sketches*), serviria de fonte para esta seleção de um conjunto de notas e exercícios de escrita incluídos nos diários de juventude, por meio do qual se procura registrar o processo de formação e os primeiros passos de Woolf como escritora.

As anotações referentes aos anos de juventude tratam do cotidiano na casa dos Stephen em Hyde Park Gate, 22 (e depois na Gordon Square, 46, Bloomsbury, e na Fitzroy Square, 29), em Londres, das caminhadas a pé com o pai, Leslie Stephen, das leituras (a princípio orientadas por ele) e dos estudos dos clássicos com Clara Pater e Janet Chase, das muitas viagens realizadas durante essas décadas, da constituição do grupo de amigos (Lytton Strachey, Roger Fry, Clive Bell, Duncan Grant, John Maynard Keynes, E.M. Forster, Leonard Woolf, James e Alix Strachey, Lady Ottoline Morrell) que se reunia regularmente em Bloomsbury. Assim como dos seus primeiros experimentos (descrições, retratos, relatos, paródias), de suas escolhas artísticas e do caminho para a profissionalização, desde as primeiras resenhas em 1905, passando pelo trabalho no Morley College for Working Men and Women e pela escrita, iniciada em 1907, do romance *A viagem* (então *Melymbrosia*), que seria publicado em 1915. É também o período da experiência da morte da meia-irmã Stella Duckworth (em 1897), do pai (em 1904) e do irmão Tobby (em 1906), de outro colapso nervoso e uma tentativa de suicídio em 1904.

(***Flora Süssekind***)

1897

Domingo, 3 de janeiro

Começamos a fazer um registro do ano novo, todos nós: Nessa[1], Adrian[2] e eu. Fui de bicicleta com Georgie[3] até casa do Sr. Studd[4], mas descobrimos que ele não estava, então fomos até o Battersea Park –

Havia uma grande multidão de ciclistas e espectadores – Miss Jan [Virginia][5] andou em sua bicicleta nova, cujo selim, infelizmente, é muito desconfortável – Thoby[6] foi na bicicleta de Gerald[7], e Adrian na de Jack[8], que lhe foi dada (a A.) no Natal. À tarde, não fizemos nada –

Depois do chá, Thoby leu o Ent[omological]. Soc.[9], um artigo sobre a história do clube. Ainda quanto a 1896 – Foi decidido enviar a S[tella]. D[uckworth].[10] e J[ohn]. W[aller]. H[ills]. uma carta de felicitações – e também que as palestras do Pres. etc.[11] não devem entrar no diário.

Segunda, 4 de janeiro

Encontrei Georgie na Agência Central dos Correios[12] ao meio-dia e fui com ele encontrar o Sr. Higgs. Mostraram-nos a sala dos telégrafos, onde todos (duas mil pessoas) estavam trabalhando. Mas faziam tanto barulho que eu não conseguia escutar a explicação do guia sobre o que estava acontecendo; então é impossível descrever-te qualquer coisa, meu querido diário.

Almoçamos no Pimm's[13] com o Sr. Higgs. Era para o Sr. Ives ter vindo, mas não veio – Depois do almoço, voltamos os quatro de ônibus para casa – A[drian]. e eu nos deitamos a fim de descansar para a noite. Theodore Davies[14] veio para o jantar, que foi às 18h30, e nos acompanhou até Drury Lane – a pantomima era *Aladim*[15], muito boa, achou a Miss Jan, mais adequada à sua compreensão do que uma peça adulta. Cheguei em casa às 23h30, tendo sido defraudada em um *penny*.

Domingo, 10 de janeiro

Li a manhã inteira – consegui o 2º vol. de Carlyle, que deve ser lido lentamente; e depois devo reler todos os livros que meu pai me emprestou –

Depois do almoço pensamos em sair para uma caminhada, mas descobrimos que chovia muito. Então Gerald sugeriu que fôssemos ao Albert Hall[16]. Fomos para a galeria, onde não é preciso pagar, e depois A. nos ofereceu assentos reservados, de *threepenny*[17], de onde era possível ter vislumbres ocasionais do piano e do órgão. Thoby partiu depois de três movimentos, incapaz de suportar mais, e nós viemos embora antes do final. Encontramos Will [Vaughan] descendo a rua, e Eustace[18] na porta. Gerald jantou com Herbert F[19] no Savile[20]. Hoje faz uma semana que comecei este diário. Quantas semanas mais viverá – De qualquer forma, deve, e vai sobreviver aos Collins e [As] Renshaw de Nessa[21]. Tem uma chave, e uma capa linda, e é tão superior.

Segunda-feira, 25 de janeiro

Meu aniversário. Nenhum presente no café da manhã, e nenhum até que o Sr. Gibbs chegou, trazendo um grande pacote sob o braço, que se revelou ser um maravilhoso *Queen Elizabeth* – do Dr. Creighton[22]. Saí para uma caminhada pelo lago com meu pai, já que era o dia de Nessa desenhar. Fui com Stella até a Hatchards[23], à procura de um livro para Jack, e depois até a Regent Street para comprar-lhe flores e frutas; depois fomos a Wimpole Street para ver como ele havia dormido, e em seguida até a casa da Srta. Hill[24] na Marylebone Road. Jo [Fisher] estava lá discutindo com a Srta. Hill as plantas-baixas dos novos chalés de Stella. As três discutiram o assunto com conhecimento de causa durante meia hora, eu sentada num banco na frente da lareira e observando as pernas da Srta. Hill –

Nessa voltou aos desenhos depois do almoço, e Stella e eu fomos ao Story's[25] comprar uma poltrona para mim, presente de S – Compramos uma muito bonita, e voltei direto para casa enquanto Stella seguiu até a

Wimpole Street. Gerald me deu uma libra, e Adrian, um suporte para minha caneta-tinteiro – Meu pai vai me dar o *Life of Scott*, de Lockhart[26]. A prima Mia me deu um diário e mais um livro de bolso. Thoby escreveu para contar que encomendou filmes para mim. Consegui o *Reminiscences*, de Carlyle[27], que já havia lido. Estou lendo quatro livros ao mesmo tempo – *The Newcomes*,[28] o *Carlyle*, o *Old Curiosity Shop*[29], e o *Queen Elizabeth* –

Sexta-feira, 29 de janeiro

Caminhei com meu pai de manhã. Andamos ao redor do lago como sempre. Não havia ninguém patinando, e ficamos sabendo que 40 pessoas da multidão de ontem caíram no lago – e foram medicadas com um "preparado de imersão" – Estava muito frio. Nessa está desenhando – Stella e eu fomos à Westerton[30] procurar um livro para Jack, e depois voltamos de ônibus da Hyde Park Corner até a Victoria Street. Compramos patins nas lojas – presente de Jack para mim. S também comprou um par para Nessa. Estão presos às botas por 8 parafusos, e não têm mais nada – custaram 17.6d[31]. Peguei o Royal Blue na V. Station[32] e desci na Oxford Street. Fui até a Wimpole Street e perguntei por Jack – A Senhorita Daniel[33] disse que ele estava em muito boa forma, então fomos embora novamente. Voltei de ônibus para casa. Depois do almoço meu pai me levou para ver a casa de Carlyle[34] em Chelsea – Caminhamos até lá – Passeamos pela casa com uma senhora inteligente que conhecia meu pai, e que sabia tudo sobre Carlyle – Vimos a sala de estar, e a de jantar, e a sala à prova de som de C com paredes duplas – A mesa onde escrevia, e suas canetas, e pedaços de seus manuscritos – Retratos dele e dela [Jane Welsh Carlyle] por todos os lados. Tomamos uma charrete para casa – Nessa e eu perguntamos ao administrador do parque se havia patinação, ele nos disse que não, então voltamos. Vamos com nossos patins novos ao Wimbledon Park amanhã se o lago congelar esta noite – Derreteu na maior parte do dia –

Domingo, 14 de fevereiro

Bastante ensolarado e agradável. Fui aos jardins pela manhã. Stella e Jack foram até a casa[35] que provavelmente ocuparão por seis meses – Adrian percebeu que havia perdido o relógio quando chegamos em casa, então saímos novamente e descobrimos relógio e corrente caídos na rua, e um cavalheiro prestes a apanhá-los – Gerald almoçou fora. Depois do almoço, Simon e Augusta[36] apareceram. Fotografamos Simon seis vezes – de casaco e cachimbo na cadeira, e deitado no chão – o Sr. Gibbs veio, e quis saber tudo sobre Bognor[37] – a grande onda e o quebra-mar – Depois do chá, Nessa e eu revelamos as fotos no quarto das crianças[38]. Uma muito boa de Stella e Jack na areia[39], as outras todas escuras e com pouca exposição. Tiramos 10 fotos ao todo, uma voltou no rolo e não foi exposta. A da igreja católica saiu, mas não ficou boa, e a achamos de pouco interesse para guardá-la. Harry Stephen está de cama, gripado. Stella foi vê-lo duas vezes – O lote dos filmes é 1515M.

Sexta-feira, 19 de fevereiro

Choveu de manhã, então não saí com meu pai. A Srta. [Angela] Kay veio aqui, e eu avancei um pouco mais no Hans Christian Andersen. Depois que ela foi embora, Stella e eu fomos até Victoria, onde Stella queria obter as referências de uma mulher – Porém, quando descobrimos as espeluncas pelas quais teríamos de passar até chegar a esse lugar, S. disse que seria impossível; então demos meia-volta e corremos para casa. À tarde Stella e eu fizemos compras na High Street e depois caminhamos até Campden Hills, à casa dos Stillman. Encontramos Effie e Lisa em seu estúdio, um quartinho confortável no topo de uma casa em frente ao nº 12[40]. Sentei e conversei com Lisa, até que outra senhora chegou. A pobre Miss Jan perdeu a cabeça, deixou cair a sombrinha, respondeu coisas aleatórias, disse coisas sem sentido e ficou vermelha feito um peru. Só foi resgatada pela proposta de S. de partirem. Então fomos embora, com a convicção de que, quaisquer talentos que a Miss Jan possa ter, ela não possui o que a qualifique para brilhar em boa sociedade – Adrian chegou em casa dizendo que havia deixado sua bolsa no trem, e mensageiros foram enviados a Londres imediatamente. Por fim, estudei um livro em grego.

Quarta-feira, 17 de março

Saí para uma caminhada com meu pai pela manhã. Stella teve que ir encontrar a Sra. Hills[41]. Por volta das 13 horas, ela, Adeline e eu fomos aos jardins ver as flores – as amendoeiras florescidas, as flores de açafrão murchando, as cilas em sua melhor forma, as outras árvores começando a dar sementes – Eu me transformarei num clérigo rural[42] e tomarei notas de fenômenos em Kensington Gardens, que deverão ser enviadas como desafio a outros clérigos rurais – Adrian veio almoçar em casa, depois de desmaiar em Westminster – por causa da dor no joelho, que cortou ao jogar futebol ontem – Stella, Nessa e Adeline foram ver algumas peças[43] no Albert Hall, nas quais as Srtas. Gordon atuavam, e eu fiquei em casa e li o *Cruise Upon Wheels*[44] para Adrian. O Dr. Seton veio por volta das 17 horas, e disse que Adrian estava bem, mas que sua perna deve ficar quieta até amanhã – Adeline voltou à noite para Oxford.

Sexta-feira, 14 de maio

Nessa foi desenhar. Às 12h15, Stella saiu pela primeira vez (ontem estava muito frio) numa cadeira de rodas[45]. Assim que saímos encontramos Adeline e Emmie [Fisher], que vinham descendo a rua. Estão ficando com a Tia Virginia. Elas vieram aos jardins conosco para caminhar um pouco e depois nos deixaram. Andamos solenemente várias vezes pelo Caminho das Flores e depois fomos para casa. À tarde meu pai e eu saímos juntos. Quando chegamos ao Serpentine, sentamo-nos preguiçosamente em duas cadeiras; e lá descansamos por meia hora, a observar o rio e os pavões nas outras margens. Ocasionalmente essas criaturas davam gritos melancólicos, que eram respondidos, à distância, por outros pavões – os patos com seu grasnido perpétuo – Mas isso foi muito relaxante, depois de uma semana de rodas de carruagens e acidentes ferozes[46] – Comprei um diário para Nessa[47], presente do nosso pai. Terminei o volume 4 de Macaulay –

Sábado, 15 de maio

Pela manhã fomos ver Stella e sentamos com ela um pouco, e depois voltamos e fomos trabalhar no jardim. Nessa foi corajosa e criou outro canteiro de flores junto ao muro do jardim, mas eu a desertei de modo vil quando as minhocas e pedras se tornaram muito numerosas e o calor ficou forte demais. Havíamos combinado de ir a Westminster e de ver o jogo de críquete do Lords and Commons[48]. Georgie ficou de nos encontrar lá – Mas na hora do almoço A. chegou dizendo que era apenas uma partida qualquer. Tínhamos de ir a Vincent Square de qualquer forma, para encontrar Georgie às 15h30 – Ele chegou por volta das 16 horas e ficamos até as 17 horas, e assistimos a uma partida muito enfadonha entre Masters e Boys. Para nos refrescar depois, George nos levou ao Gunters, na Sloane Square – Onde tomamos sorvetes de morango deliciosos – Gerald saiu para jantar. Stella e Jack foram dar um passeio. Comecei o 5º e último volume de Macaulay.

Sexta-feira, 25 de junho

Nessa foi desenhar e Adrian voltou para a escola. Então fiquei sozinha. Nossa querida Dorothea[49] foi a algum lugar comprar um chapéu. Fiz um passeio solitário pelos jardins, que estavam enevoados e tranquilos, e voltei – Depois do almoço Broadbent e Seton vieram ver Stella. Seu diagnóstico foi muito satisfatório – tudo indo tão bem quanto possível. Nessa foi desenhar e eu fui dar outra volta solitária pelos jardins.

Quase não consigo escrever isto – coisa que não deve ser mencionada sem irritação – já que Marie jogou minha linda caneta pela janela, para a sacada de Dorothea – produzindo, em consequência, um grande deslocamento da ponta, e um choque geral no seu mecanismo, do qual é provável que nunca se recupere completamente. Depois do chá li o meu *Roman History*, uma tarefa árdua, e conversei com a Querida Dorothea. Não tenho nada com que preencher este espaço, e, portanto, em consideração aos poderes enfraquecidos de minha amada, deverá ser deixado em branco –

Domingo, 27 de junho

Pela manhã, ficamos em casa e não fizemos nada. Estava muito quente e abafado e desagradável, e o *History of Rome* não progrediu. Depois do almoço fomos os três até os jardins, onde encontramos Lady Kay e a Srta. Nina Kay. Corremos para outro lugar perto do Palácio de Kensington! Depois, Nessa voltou para casa e A. e eu demos uma caminhada terapêutica ao redor do Serpentine. Vim para casa; Nessa e D discutiam "religião e os evangelhos" enquanto D. se despia, e depois fui tomar chá com Jack no nº 24. Depois do chá, li religiosamente; A fez suas tarefas escolares e pôs a funcionar seu novo motor – Nessa também fez as dela; e eu fui a preguiçosa do grupo. Depois do jantar nosso pai recitou, já que D lhe havia pedido – *Maud*, e *A armada espanhola*[50] – Georgie teve que trabalhar à noite[51], e Gerald foi visitar a Tia Minna[52].

Sábado, 10 de julho

Fui até a Câmara dos Lordes ver o jogo entre Eton e Harrow[53]. Nessa estava com o vestido feito pela Srta. Young. Aparecemos na casa de Stella. Cheguei em casa por volta das 18 horas. George foi ficar na casa da prima Addie[54].

(Aqui foi onde parei de escrever no meu diário – Preencho estes dias de memória, esta tarde, terça-feira, 27 de julho.)

Segunda-feira, 12 de julho

Passei o dia inteiro com Stella, já que ela não me deixou sair por causa de minhas dores – Sentei-me com ela, e conversamos sobre tudo – A mesma coisa à tarde – Estava sentada e muito bem e feliz. Não consigo lembrar mais nada deste dia.

Domingo, 18 de julho

Puseram-me para dormir no quarto de hóspedes em frente ao de Nessa, com a enfermeira Carr para cuidar de mim – Uma enfermeira que haviam contratado para Stella, mas de quem ela não gostou. Ficamos sabendo que Stella havia dormido um pouco.

Williams[55] e Broadbent vieram à tarde – e decidiram operá-la – Dr. Setton estava doente, com dor ciática.

Eles a operaram por volta das 19 horas. Às 19h30 nos informaram que a operação havia sido bem-sucedida, e que tudo estava tão satisfatório quanto possível.

Segunda-feira, 19 de julho

Às 3 horas da manhã Georgie e Nessa vieram a mim, e me disseram que Stella havia morrido –

É tudo o que tenho pensado desde então; e é impossível escrever sobre isso.

Quarta-feira, 21 de julho

Stella foi enterrada ao lado de nossa mãe, em Highgate[56].
Nenhum de nós foi – [57]
Thoby e Adrian estão aqui, e vão ficar até irmos a Painswick.

Segunda-feira, 2 de agosto

Feriado

Pela manhã, Thoby Nessa Jack Georgie e eu fomos até o Castelo de Painswick, um acampamento militar romano nas colinas, a cerca de três quilômetros, para procurar as míticas borboletas azuis[58]. Não é preciso dizer que não apareceram. Contudo, passeamos por lá, com o mais azul dos céus sobre nós, e os abetos – perfumando fortemente o ar. No vale há ciganos, e colunas eretas de fumaça azul. – É preciso ser poeta quando se mora no campo – e eu sou? o quê – À tarde não fizemos nada. O sol é opressivo. Meu pai e Fred saíram para caminhar. Will veio e jogamos críquete após o chá. Jack e Gerald voltaram às 18 horas. Tivemos uma ou duas boas e longas conversas com Jack. Terminei o 1º do *Froude*.

Terça-feira, 3 de agosto

Está um calorão de novo. Meu pai me seguiu até meu quarto – meu refúgio e esconderijo, e me levou para uma caminhada no vale: onde os raios do sol estão concentrados à sua máxima potência. Oh, Londres, e a sombra da High Street! À tarde (de manhã perdi terrivelmente as estribeiras), Nessa me levou para dar uma caminhada. Sentamo-nos num pomar e conversamos. Foi muito tranquilizador. Não consigo escrever mais. Esta caneta está muito instável.

Segunda-feira, 9 de agosto

Esqueci o que aconteceu.

Este pobre diário está abandonado, mas, por estranho que possa parecer, meu tempo está tão cheio aqui que não me sobra muito para escrever nele – mesmo se eu quisesse, mas não quero, desenvolvi uma grande aversão por todo o processo. Mas o "grande trabalho"[59] continua firme, e obteve a aprovação de Nessa. Pode ser que eu leia *Vanity Fair* e *Jane Eyre*[60].

Terça-feira, 10 de agosto

Ficamos em casa o dia inteiro esperando Florence [Maitland], que chegou na hora do chá com Will e Georgie. Thoby e Bean foram até Cheltenham. Está muito abafado, com pancadas ocasionais de chuva e trovoadas. Escrevi quatro cartas[61] e revelei fotos. *Froude* avança gradualmente. Estou no 3º volume agora.

Quarta-feira, 18 de agosto

Ai ai ai; este diário tem sido completamente negligenciado – hoje, devo confessar, é terça, dia 24, e me esqueci completamente do que aconteceu em todos esses dias. Tem chovido que é uma desgraça e estamos sozinhos, o que é extraordinário.

Quinta-feira, 19 de agosto

A mesma coisa hoje – A chuva continua chovendo; li *David Copperfield* para Nessa e *Froude* para mim mesma. Estou no 5º volume.

1899

5 de agosto

O segundo dia em Warboys[62]

Se continuar neste ritmo, acredito que logo terminarei este diário – mas a febre não vai perdurar – conheço muito bem esta doença. Hoje estava um calor de rachar; e nós[63] caminhamos pelo jardim a manhã inteira; e deslizamos pelo lago no bote. Eu, com a ajuda de duas sacolas, levei meus pertences da caixa vermelha de borboletas ao meu quarto, e lá fiquei para tentar ler em grego. Que fracasso infame! N. me interrompeu três vezes, e na última interrupção me chamou para levá-la de charrete até a estação.

P.M.A e N. fizeram uma grande limpeza no bote. Empurraram-no até a ponte e o viraram; encheram o fundo com água razoavelmente limpa, escovaram-no e depois retiraram a água. À noite, tapetes foram colocados no fundo do barco para que alguém pudesse se deitar – as outras pessoas sentariam nas pontas para usar os remos.

Oh céus – o estilo desse trabalho vai ter que passar por uma mudança radical. Todos esses detalhes com o tempo vão acabar me atolando. Creio que escrevo com muito mais facilidade do que falo, faça sentido ou não; a escrita seria de grande serventia para mim se por acaso eu ficasse muda, mas sendo dotada de uma fala razoavelmente fácil, o dom ou sua posse não é coisa a ser invejada.

O trem para Londres atrasou na Estação Ramsey – era feriado na segunda-feira, e eram 19h30 quando iniciamos o regresso a Warboys. Pouco me importarão os gostos deste mundo se os céus continuarem assim tão gloriosos.

Tanta vastidão e majestade e iluminações eu nunca tinha visto. Ar puro por braças e braças, quilômetros e quilômetros; e depois generosas conglomerações de nuvens; existe um vasto espaço de azul em que, certamente, os deuses sopram maravilhosas bolhas de nuvens. Os deuses bebês estão se divertindo, acredito.

O ar estava frio e as ruas, ermas, enquanto voltávamos para casa. Que mundo bonito esse em que vivemos!

Domingo, 6 de agosto

Em algum lugar de seus ensaios[64] – ou cartas – o Sr. Lowell descreve o seu triunfo quando o termômetro chegou a 37 graus à sombra; naquela época o calor era um delicioso exagero da luz do sol; mas quando ele encontrou o vizinho, e enxugando a testa, foi informado que o termômetro rival tinha chegado a 38 graus – aí o calor se tornou repugnante e opressivo; e ele voltou para casa um homem derrotado. Se eu morasse no campo, me tornaria uma profeta do tempo ou algo assim. Essa rivalidade de termômetros soa deliciosa quando lemos essa página num quarto em Londres, o termômetro marcando uns bons 35 graus à sombra. Muitas vezes me pergunto se, morasse eu no campo o ano inteiro, poderia pensar de forma tão agradável quanto esses escritores do campo escrevem. "Gosto mais do campo nos livros." Nunca consigo chegar a acreditar na felicidade e simplicidade da vida no campo. Porém, essas especulações pertencem a uma crítica racional em Londres. No presente momento (a emoção é fugaz, eu sei, por isso devo escrever sobre ela) estou apaixonada pela vida no campo; acredito que um ano ou dois desses jardins e campos verdejantes nos tornariam infalivelmente mais doces e nos confortariam e simplificariam até nos tornarmos um velho Sr. Gilbert White[65] ou uma velha Srta. Matty[66], que para mim viveram, até agora, apenas no interior das capas dos livros. Deveria fazer anotações sobre o tempo, e deveria voltar aos meus diários[67] de anos passados para comparar os registros – Deveria contar como replantei algumas mudas e registrar o estado das minhas roseiras. Deveria, talvez, ter visto uma andorinha batendo asas em direção a outros climas, ou ter descoberto um andorinhão sonolento se preparando para hibernar. Deveria expor minhas teorias sobre migração e hibernação. Infelizmente, sendo londrina não tenho uma educação sólida sobre o campo na qual me apoiar. Devo deixar escapar êxtases ordinários sobre céu e campo; que possam conservar, quem sabe, aos meus olhos, um pouco de sua majestade em minhas palavras desajeitadas.

7 de agosto

A monotonia, parece-me, reside nestas planícies. Esse cinza derretido do céu, terra e água é o próprio espírito da melancolia. Deitei no bote, que foi forrado com tapetes e almofadas, e li um sonolento livro de sermões [?][68], o diário de algum bispo antigo escrito num inglês antigo fluente que se harmonizou com esta monotonia melancólica e melódica (que frase horrível!) de margem e córrego. A atividade mental, creio, é a única coisa que nos faz continuar vivendo, a menos que tenhamos uma atividade emocional maior de outro tipo. Uma mente que é como uma incansável roda de pás a impulsionar um barco a vapor, apesar de o vento ter diminuído e de o mar estar imóvel feito vidro. Devo agora expor outro símile que dá voltas em minha mente há vários dias. Sou um nórdico em uma longa viagem. O navio agora está preso no gelo à deriva; flutuamos lentamente na direção de casa. Levei comigo, depois de ansiosamente pensar, todas as provisões que seriam necessárias à minha mente durante a viagem. As focas e morsas em que atiro durante minhas excursões no gelo (remexendo no porão) são os livros que descubro aqui e leio. Me diverte continuar essa comparação, embora tenha de admitir que por escrito pareça um tanto absurda. Que força é um ser humano! Existem solidões piores do que gelo flutuante, e, no entanto, é esse calor pulsante eterno e a energia da nossa mente que o descongelam e abrem um caminho; e mar aberto e terra virão com o tempo. Mas pense no que o homem é em meio a campos e florestas. Uma criatura solitária que depende de ventos e marés, e que mesmo assim suprime, de alguma forma, o poder de uma faísca em seu cérebro. Que disparate escrever isso!

Esta é uma região melancólica. À tarde entrei com A. na igreja que fica em frente ao nosso portão. É a igreja de Santa Maria Madalena[69], e foi construída no século XIV. O adro é cheio de lápides sombrias, com entalhes esquisitos e cabeças de anjos a se alastrar sobre nomes e datas e tudo o mais. Há muitos túmulos sem nome, e me sobressaltei ao pensar que estava caminhando sobre uma poeira antiga, esquecida e indistinguível dos outeiros nos campos. Os túmulos se elevam lado a lado sobre montículos avolumados, em toda a extensão do fundo do adro.

Depois do jantar, sentamo-nos em nosso pequeno terraço construído com vista para o jardim e o lago. A Estrela Polar brilha sobre nossas cabeças e longas nuvens negras flutuam no pálido céu noturno. Um morcego arremete e voa em círculos sobre nossas cabeças. Que criaturas interessantes eles são! E uma mariposa subitamente se aproxima das janelas da sala de estar, iluminadas por uma lâmpada. T. se enfurece [?] e num salto vai buscar sua rede que, tendo sido usada clandestinamente por A. para arrastar as profundezas do lago, naturalmente não está disponível.

Minha caneta, devo dizer, não anda nada bem no momento, e o aspecto deste diário me angustia. Não consigo escrever de forma bonita quando minha caneta arranha, e toda alegria dessa arte se perde para mim. Gosto de escrever pelo ato de escrever, mas quando a minha caneta está debilitada, isso se torna uma tarefa e uma chateação para mim. A empregada Mary, "uma boa moça, mas uma senhorita muito vazia", investigou a mecânica de minha caneta antes de virmos embora, e algo de sua divindade abandonou a caneta desde então.

Deixe-me complementar isto – hoje é dia 2 de setembro [1899] depois de muitas tentativas de escrever a Londres quatro vezes esta manhã [*Fim do texto.*]

Excerto da Gazeta de Huntingdonshire

TERRÍVEL TRAGÉDIA EM LAGO DE PATOS[70]

Uma terrível tragédia[71] que teve lugar em um lago de patos foi registrada em Warboys. Nosso correspondente especial, que foi enviado àquela cidade, teve oportunidades incomparáveis de investigar os detalhes bem como os fatos principais do desastre, e esses temos o prazer melancólico de agora apresentar ao leitor. Ao que parece, três jovens – a Srta. Emma Vaughan, a Srta. Virginia Stephen e o Sr. Adrian Leslie Stephen, sobrinha, filha e filho, respectivamente, do eminente autor Sr. Leslie Stephen, passeavam de barco à luz da lua na noite do 23 do corrente. O corpo d'água que agora possui tão maligna reputação tem cerca de 400 metros de comprimento, alargando-se e estreitando-se consideravelmente em seu curso. Está permanentemente coberto por um carpete de lentilhas d'água – uma mortalha de três jovens vidas, infelizmente! O Sr. Leslie Stephen e sua família estão passando sete semanas na Reitoria, e uma das maiores atrações do jardim da Reitoria é este espelho d'água, que, ademais, conta com um bote. Na noite do desventurado 23 de agosto, os jovens acima mencionados – com idades de 25, 17 e 15 anos, respectivamente, planejavam fazer uma excursão de bote à luz do luar. Que esta excursão tenha sido empreendida somente por motivos de lazer é provado pelo fato de que três cadeiras foram descobertas, provavelmente os últimos assentos em terra ou água dos três jovens que tão cedo encontraram o seu fim. Sons de folguedos e festejos foram ouvidos nas margens; a água estava parcialmente iluminada pela luz da lua, mas, em outros lugares, era negra como o piche à sombra das árvores. A casa fica a pouca distância da água, mas a cozinha, onde estavam as únicas pessoas que poderiam ouvir os gritos de socorro, ou respondê-los, fica nos fundos da casa, portanto nenhum som de folguedos ou de suplícios informava sobre a cena que ocorria a menos de um quilômetro dali. Mas devemos apressar nossa caneta relutante para que entre nos detalhes do desastre. Supõe-se, então, que o barco (ou bote) teve, em linguagem náutica, sobrecarga, pelas três cadeiras que já mencionamos, e que um movimento imprudente por parte de uma pessoa da tripulação fez com que toda a coisa soçobrasse com mortal rapidez e certeza.

Como podemos descrever a cena seguinte? As águas bravas do lago dos patos se ergueram em sua fúria para engolir a presa – e as cavernas verdes das profundezas se abriram – e se fecharam – A luz fria da lua prateou o caminho até a morte – e talvez tenha tingido os últimos pensamentos dos infelizes sofredores com algo de sua própria serenidade majestosa. Não sabemos se seu fim se consumou imediatamente, ou se gritos terríveis e esforços agonizantes para respirar precederam o descanso misericordioso que logo foi seu. Sozinhos, indefesos, sem alívio algum, sem espectador exceto pela lua prateada, sem olhos para lhes prantear, sem mãos para lhes acariciar, três jovens almas foram engolidas pelas águas do lago dos patos. Mas por que continuar este conto angustiante? Vamos retomar nossa narração de fatos bem comprovados – não menos angustiantes que estes, é certo, mas representados numa atmosfera mais prosaica. Sucedeu que às 22 horas a Srta. Vanessa Stephen e o Sr. Thoby Stephen, o filho e filha mais velhos da casa, estavam voltando de uma visita ao campo. A catástrofe que acabamos de descrever acontecera cerca de 15 minutos antes.

Inadvertidamente, os viajantes entraram no saguão; a casa estava adormecida, sem traço algum de medo ou desordem. Empregados tranquilos trouxeram-lhes café – os fatos ordinários do dia foram discutidos; até que aconteceu na cabeça de alguém notar a ausência de um número de integrantes da família. Chamaram uma empregada, disse que pensava tê-los visto pela última vez à beira do lago, sem dúvida prestes a embarcar no bote.

Tal expedição seria tão corriqueira que nada mais foi observado naquele momento. Enquanto os minutos passavam e não havia sinal dos extraviados, a família se inquietara; puseram suas capas (pois a noite avançara para as 23 horas) e foram ao jardim. Gritaram: "Emma! Virginia!" "Adrian", chamando cada um por seu nome várias vezes, sucessivamente. Suas vozes ecoavam no jardim perfumado e tranquilo; morcegos trissavam nas cercas; mariposas passavam voando por eles, a quietude, em sua intensidade, era horrível. O grupo de buscas chegou à beira do lago; mas a lua havia se alçado ao cume do céu e a superfície da água era indistinguível dos campos na outra margem. [...] No escuro, o olho não conseguia discernir nenhum corpo flutuante – nenhum bote soçobrado. Talvez a escuridão fosse misericordiosa. Vamos apressar nossa história. Ninguém suporta contar uma história como esta; mas é uma das mais abomináveis e dolorosas que já se abateram

(Esta história brutal para abruptamente por aqui; porém, uma versão mais completa e melhorada[72] será encontrada em algum lugar, que preparei, com grande afinco, em proveito de Emma Vaughan.)

3 de setembro

Um capítulo sobre pores do sol

Um dia chuvoso com vento e nuvens aguadas é material excelente para um pôr do sol. Um dia de majestosa limpidez, de calor e serenidade, tem um pôr do sol de extraordinário esplendor de luz, tão inacessível pela caneta ou pela tinta que autora e artista preferem, pelo bem de sua arte, formas mais tangíveis de nuvem, que podem ser comparadas, por uma pessoa criativa, a castelos e morros e cidades rochosas que têm seu equivalente na terra.

Ninguém – exceto um poeta – pode expressar em palavras ou em tinta o significado humano e o *pathos* da chuva de luz solar desanuviada – que faz dos Céus uma delícia e uma dificuldade de se olhar. Esta terra, como já tive oportunidade de comentar antes, é uma terra cuja principal atração é o céu. É como se você estivesse pendurada numa tábua plana e verde em pleno ar; somente céu céu céu ao seu redor e em cima e debaixo de você. Só por isso já acho que a região de Fen merece ser chamada de uma das mais bonitas da Inglaterra. Acabamos de chegar, neste momento, de uma expedição ao pôr do sol – um relato que precisarei escrever imediatamente ou nunca tentarei fazê-lo. Acho que nada é tão impossível quanto descrever um pôr do sol verdadeiro com caneta e tinta três dias depois de esse pôr do sol ter desaparecido do céu.

Então, para começar. O dia de hoje foi ventoso, tempestuoso e chuvoso – uma abundância muito grande de água para fazer um pôr do sol realmente grandioso.

[Hoje[73]] começamos a caminhada às 18h30 pela Huntingdon Road, e o sol apenas ingressava no cinturão de nuvens do Horizonte. Afundava tão [lenta]mente que nós, que admoestávamos G[eorge] por ter nos trazido [tão] cedo, num minuto nos vimos na metade da performance. As nuvens capturaram [tão] rapidamente a glória, brilho e esmaecimento, que nossos olhos e mentes tiveram trabalho o bastante para meramente registrar a mudança. As atrações principais foram três; um sol que era uma bola vermelha, primeiro; depois uma faixa rebaixada de nuvens cinza, cujas bordas superiores já estavam fofas e fixas para receber em seus braços a descida impetuosa do deus sol; em terceiro lugar, um grupo de árvores que compôs nosso horizonte; jogando seus braços contra o céu; e então, em quarto lugar, uma nuvem com forma de asa de anjo, assim – [*desenho*] Sua borda estava [*duas palavras ilegíveis*] com fogo – vívida e brilhando a leste como algum tipo de espada de julgamento ou vingança – e ainda assim a intensidade de sua luz se dissolveu e desapareceu quando tocou o céu cinza que estava por trás; portanto, não houve contorno claramente definido. Esta é uma observação que faço a partir das minhas muitas observações de pores do sol – que nenhuma forma de nuvem tem uma linha qualquer em si que seja minimamente aguda ou dura – em nenhum lugar você consegue desenhar uma linha reta com o seu lápis e dizer: "Esta linha é assim." Tudo é feito com diferentes tons e gradações de luz – a se dissolver e misturar infinitamente – Para desespero do artista!

Este foi o ponto central do pôr do sol – mas quando nossos olhos encontraram um instante para abandoná-lo, houve outra glória, refletida, sim, mas não menos gloriosa e perfeita em seu gênero que a original, toda redonda. A tarde havia espalhado nuvens cinza desordenadamente pelo céu. Algumas estavam agora aglomeradas num vasto campo de nuvens a leste e sul – outras navegavam feito icebergs solitários. Todas levavam em seu caminho a marca: o beijo derradeiro – do sol. Os icebergs irradiavam uma luz pálida carmesim; os campos de gelo foram partidos em primorosos blocos de fibras carmesim – um carmesim que parecia tão mais delicado e primoroso porque gotejado de um cinza suave e frio.

Tudo isso acabou em dez minutos – quando chegamos em casa, leste e oeste rapidamente assumiam a escuridão da noite. Nenhum brilho carmesim sobreviveu para contar que o sol havia se posto.

3 de setembro A.V.S[74]

Segunda-feira, 18 de setembro

Hoje acendemos a lareira pela primeira vez. Essa declaração, vinda após o acúmulo de inumeráveis registros de momentos de calor que se sucediam uns aos outros, precisa de alguma explicação. Esta deve ser encontrada na data no cabeçalho desta página. Vede, chegamos ao 18º dia de setembro, e no espaço de dois dias estaremos de volta a Londres. Este trabalho passou por tantas mudanças desde a última vez que escrevi que, antes de discorrer sobre o dia 18 de setembro, devo explicar rapidamente o estado das coisas. O trabalho até agora esteve contido num modesto livro de papel, que enfrentava o mundo num estado natural – nu, porém não envergonhado. Capas não lhe eram importantes; agora ostenta capas dignamente encadernadas, de couro antigo trabalhado – o trabalho tão resplandecente hoje quanto há cem anos.

Tive uma ideia súbita de que seria original, útil e pleno de memórias se eu embutisse as páginas antecedentes nas folhas de um livro antigo e respeitável, do tipo que eu saberia ter sido comprado na velha Loja de Curiosidades de St. Ives pela soma de 3d[75]. Então, um dia, há uma semana ou duas, A. e eu fomos até lá e pedimos livros antigos; o marido da dona esquadrinha a zona rural em busca de livros antigos e mobília antiga de todos os tipos; e o resultado de seus achados de livros – as modestas bibliotecas de casas paroquiais rurais, vendidas pela viúva para engordar sua magra bolsa – e refugos acidentais das estantes de cavalheiros da região, são todos amarrados juntos grosseiramente como se fossem fardos de lã, e empilhados uns em cima dos outros em cantos empoeirados. Este, pensei eu, era um terreno de caça favorável para uma pertinaz devoradora de livros; mas nossas mentes não estavam comprometidas com essa busca; fomos convidados a explorar e desamarrar esses fardos, o que com certa dificuldade fizemos. Realmente, acho que não houve muita necessidade de pertinácia aqui! [ ] Quase todos eram livros do século passado e para serem reverenciados como tal. Mas quase nunca deparei com uma coleção tão [?] [*ilegível*] indesejável. Um livreiro londrino tenta trocar seus sermões eternos em encadernação de couro mofado e manchada de tinta por alguns romances modernos vistosos.

Uma livraria rural, para mim, junta apenas esses tipos de livros; nem um livro de uma dúzia que abri e coloquei de volta poderia ser de qualquer interesse para os amantes de livros, ou para qualquer outro ser humano. "_____Sobre o Mundo" – "Sermões sobre as Belezas da Natureza traduzidos" um antigo volume de poemas de Cowper[76], todo rabiscado e sublinhado, do contrário eu poderia tê-lo comprado. Poemas de Montgomery[77] – uma gramática do francês – vários pedaços de bíblias familiares – as folhas de rosto arrancadas ao critério de alguma livraria – etc etc etc. Por fim, desisti de olhar as folhas de rosto e me dediquei inteiramente ao aspecto exterior do livro. Selecionei um e A. outro; o dele era mesmo acima da média – um velho e bom exemplar de Xenofonte, possuído por três gerações de Hoskings, que o estudaram desde o ano de 1705 no University College, pai e filho e neto em Oxford. Minha obra – o presente volume, atraiu minha atenção primeiramente por seu tamanho, que serviria ao meu papel – e em segundo lugar, porque sua lombada tinha certo ar de distinção em meio a seus irmãos. Temo que a informação adicional oferecida na folha de rosto, de que esta é a Lógica do "Falecido Reverendo & Erudito Isaac Watts D.D." não seja uma terceira razão pela qual a adquiri.

Qualquer outro livro teria sido sagrado demais para se submeter à profanação que eu havia planejado; mas julguei que ninguém lamentaria a perda dessas páginas[78].

LÓGICA
OU, O
Uso Correto da RAZÃO
COM
Uma Variedade de REGRAS para Resguardar-se de
ERROS nos ASSUNTOS de RELIGIÃO e
VIDA HUMANA bem como nas Ciências

Por Isaac Watts D.D.

LONDRES
MDCCLXXXVI

Diário Hyde Park Gate

1903

1º de julho

UMA FESTA ARTÍSTICA

A vida em família, de um tipo assaz independente, como condiz a estes quatro jovens animais[79] obstinados, somente no campo prospera de verdade. Mas isso não é o que eu pretendia escrever.

Leio muito, e digo: todos os livros grandes que li, li-os no campo. De resto, escrevo – às vezes com mais facilidade do que nunca em Londres. Mas livros são as coisas de que mais gosto – de modo geral. Às vezes sinto, por horas e horas, como se a matéria física do meu cérebro estivesse a se expandir, a ficar cada vez maior, a pulsar cada vez mais rápido com sangue novo – e não há sensação mais deliciosa do que essa. Leio um pouco de História; subitamente, está toda viva, a se ramificar para trás e para a frente, e conectada a todo tipo de coisa que antes parecia completamente remota. Parece que sinto a influência de Napoleão em nossa noite tranquila no jardim, por exemplo – acho que vejo, por um momento, como nossas mentes estão todas entretecidas – como qualquer mente que hoje está viva é da mesma matéria que a de Platão e Eurípides. É apenas a continuação e o desenvolvimento da mesma coisa. É esta mente comum que liga o mundo inteiro; e o mundo inteiro é mente. Então leio um poema – e a mesma coisa se repete. Sinto como se tivesse apreendido o significado fundamental do mundo, e todos esses poetas e historiadores e filósofos apenas seguiam caminhos que se bifurcavam a partir desse centro em que estou. E então – alguma partícula de poeira entra na minha máquina, imagino, e a coisa toda dá errado novamente. Abro meu livro de grego na manhã seguinte, e me sinto a mundos de distância disso tudo – pior que isso – que escrever me é completamente indiferente. Então vou para o campo – arrastando-me o mais rápido que posso – sem pensar muito sobre o que vejo, ou sobre qualquer coisa, mas o movimento ao ar livre me acalma e me torna sensível ao mesmo tempo. Contanto que possamos sentir qualquer coisa – a vida pode nos levar aonde quiser. Em Londres, sem dúvida, há pessoas demais – todas diferentes – todas reivindicando alguma coisa ou perdendo alguma coisa – e todas elas precisam se reconciliar com a ordem do universo, antes que você consiga pensar que ordem é essa. Claro, se você as ler de maneira certa, as pessoas também podem iluminar tanto quanto os livros, se não mais. Então provavelmente seja melhor, a longo prazo, viver no meio de homens e mulheres – para receber a luz diretamente nos olhos, por assim dizer – não refletida através de frescas folhas verdes, como acontece nos livros.

Mas penso na minha grande caixa de livros toda espalhada pelo amplo quarto que terei no campo – agora com total alegria – Nove meses certamente são o suficiente para passar com pessoas do seu tipo!

Agosto

A VIDA NOS CAMPOS

Por algum tempo, parece-me, não tive ocasião de abrir este livro. Caímos na rotina da vida no campo, e os dias são indistintos. É nesse tipo de desfalecimento, em que o corpo passa pelas suas operações – a boca põe comida para dentro; e o cérebro até certo ponto age – que homens e mulheres do campo passam seus dias – o proprietário de terras e sua senhora, quero dizer. Eu acreditaria de bom grado que nossas vidas são de algum modo reguladas pelo sol – que nos levantamos perto do amanhecer; e dormimos ao meio-dia, e labutamos nos campos enquanto houver luz, até que a escuridão chega e fecha os nossos olhos – Mas isso é uma falsidade pitoresca. O sol se levanta e ilumina todo o meu quarto – mas me deixa indiferente – o sol se põe – e estou lendo o jornal à luz de uma lâmpada. O inventor das lâmpadas nos libertou da tirania do sol. Mas, em outro sentido, fomos absorvidos pelo espírito da Natureza, digamos assim – uma vasta quantidade dele é destilada por estes campos e colinas; nós o inalamos pacificamente. Tornamo-nos muito mais dependentes, noto, dos matizes de calor e frio – da ausência de nuvens e de chuva. Esses acidentes agora decidem nossos dias por nós. Passamos tanto do nosso tempo ao ar livre, também, que ficamos sensíveis às muitas variações de temperatura e aspecto que marcam as diferentes horas do dia. Se eu vivesse aqui por muito mais tempo, chegaria a compreender a maneira maravilhosa como a terra se ergue, cresce e cai. É como uma enorme coisa viva, e todos os seus insetos e animais, com exceção do homem, estão perfeitamente no mesmo ritmo que ela. Se você se deitar na terra, em algum lugar, escutará um som que é como uma vasta respiração, como se fosse a própria inspiração da terra, e de todas as coisas vivas sobre ela.

1904[80]

New Forest, Natal de 1904[81]

Cada folha da grama com uma linha branca de gelo.

O pôr do sol deixa o céu como se feito de ametista derretida; flocos amarelos se dissolvem do corpo sólido lilás que é o oeste. Do outro lado, paradas como em um oceano de ar rarefeito, as árvores nuas são linhas negras profundas, como se desenhadas com nanquim que secara opaco e indelével. Os pequenos galhos e ramos compõem uma franja de linhas infinitamente delicadas, cada uma delas recortada com precisão contra o céu. As pontas mais altas dos galhos são castanho-avermelhadas, e assim é também o tampo do baú sob a luz vermelha do sol. As árvores eretas num círculo, e no meio delas uma espécie de palco feito de grama e urzes, o lugar mais verde em que uma peça bucólica poderia ser encenada. E então as árvores bem juntinhas de novo, com trilhas irradiando em intervalos para o céu aberto – As árvores têm casacos verdes aveludados de limo. É a cor mais viva da paisagem. Flores de pessegueiro em tons de prata e ameixa cobrem as árvores mais próximas. Há também um líquen verde-claro, que se assemelha a algas marinhas na forma, cobrindo a casca. São muitas as ocasiões em que as árvores espalham seus galhos em um formato simétrico de leque, como se tivessem sido cortadas por um paisagista. Um rio no verão parece feito de pratos de vidro translúcido, sobre os quais ele corre. O mistério do som nos alcança entre as árvores; a distante música de cães a correr. A nota da buzina do caçador e vozes distantes de homens aos gritos, tudo soa como um sonho romântico distante; como se caindo por um oceano de águas.

As molduras de pedra da janela no Kings[82] são iridescentes como as asas de uma borboleta quando o sol brilha através do vitral.

1905

2 de janeiro

Um dia frio e silencioso: flocos de neve caindo calmamente, que aos poucos viraram chuva.

Fui até a floresta à tarde; encontrei-a quieta e de cor castanho-acinzentada, a chuva a tamborilar entre as folhas, e os pôneis[83] encostados nas árvores para se abrigar. Ainda assim, modulações maravilhosas de cor.

3 de janeiro

Manhã luminosa; tarde de cor triste, em que, não obstante, caminhamos, e nos atolamos, e amaldiçoamos a lama, e não conseguimos ver as árvores – que, por falar nisso, estão mais púrpuras a cada dia. Depois de elaborar elegantes teorias sobre as árvores durante três horas, não continuarei fazendo isso aqui. Pode ser a minha imaginação esperançosa – mas eu definitivamente sinto o cheiro da primavera no ar. A escuridão não cai feito uma faca no começo da tarde – e a primavera é jovial e um tempo de esperança e de excitação no sangue. Sinto como se o Velho Inverno tivesse agora uma fagulha dentro de si.

Li, escrevi, praguejei, e caminhei – tudo como de costume.

8 de janeiro

Um dia branco e cinza – da cor de Gurth[84], como observamos quando saímos com ele à tarde – Trabalhei a manhã inteira numa máscara mortuária de Shakespeare, que será um ex-líbris para suas obras – fiz algo vagamente parecido – alongada e cadavérica. Enfim, colei-a lá dentro. A. saiu com

B.R.[85] para uma caça à lebre com beagles. T. está em Hindhead, então N. e eu remediamos nossa solidão com discussões mais ou menos acaloradas sobre qualquer tipo de coisa. Caminhei no Regent's Park à tarde, um vento forte, tempestuoso, com gosto de charcos rurais, fez nossas anáguas londrinas voarem. À noite trabalhei na cópia de uma estátua Tanagra[86] grega, para um ex-líbris de ponta de prata – um trabalho difícil.

10 de janeiro

Encontrei sobre o meu prato esta manhã a primeira parcela dos meus pagamentos – £2.7.6. pelos artigos do Guardian[87], o que me deu grande prazer. Também um livro, *Women in America*[88], para ser resenhado, o que significa mais trabalho, e, em última instância, cheques. Trabalhei na nota para Fred[89] a manhã inteira, chegando até 1897: acabarei antes do que pensava, pois já sei o que quero dizer, e não tenho muita dificuldade em dizê-lo. Só posso esperar que saia bem. Depois fiz algumas cópias de uma gravura nova. Chá com a Sra. Crum[90], fui até lá caminhando. Discuti o plano do Morley College[91], e fiquei de pedir conselho a Savage[92] antes, sobre a minha capacidade de trabalhar atualmente. Caso contrário, é esperar até outubro para começar. A Sra. H. Ward[93], curiosamente, escreveu para sugerir o trabalho de Passmore Edwards a N. e a mim, mas eu tenho uma desculpa válida!

Estudei um pouco de espanhol[94], o que até agora tem sido bastante fácil, e eu espero que seja fácil de ler, mas falar é outro assunto.

13 de janeiro

Escrevi a manhã inteira, com diligência. Fui dar a minha caminhada habitual, que sempre parece se transformar numa caminhada até as lojas de livros antigos, em que olho, mas não compro nada. Depois do almoço fiz algumas molduras para minhas cartas: versos de George Eliot, James Thomson[95] e Lowell estão prontos agora, e, com êxito, encontram-se sobre a minha lareira. Fui até a minha loja de bengalas, onde mandei colocar um lindo castão de prata, o que fez até a velha senhora judia[96] experimentar emoções artísticas – ainda não está gravado, contudo. Caminhei até a Biblioteca, pedi os livros americanos de Fred[97], que não estão lá – peguei um livro sobre as relações entre poesia e música, que poderá ser útil para minhas aulas em Morley, se eu as der. Depois fui até a casa de Violet[98], sentamos e conversamos por algum tempo; encontrei-a cheia de ideias e novidades. Anthony Harte[99] foi escrito por ela mesma! Em casa: Will [Vaughan][100] e Gerald vêm tomar chá. Will está a caminho. Li para a resenha de livro que espero terminar hoje à noite.

14 de janeiro

Trabalhei em minha resenha, o que é difícil de fazer por causa do espaço permitido, apenas 600 palavras e muitas coisas para colocar nela. Mas às 11 horas fui encontrar Savage[101], que estava muito satisfeito, acha que estou "normal" e apta a retornar à minha rotina, a sair, trabalhar etc. – portanto aquela doença longa e horrível que começou na segunda semana de abril[102] já ficou para trás, e não preciso mais pensar nela – louvado seja o Senhor! Pode ser que vá dar aulas para as minhas trabalhadoras uma vez por semana, então devo espremer meu cérebro para preparar uma aula – terminei a resenha. Nessa almoçou com G[eorge] & M[argaret]: Thoby e eu fomos até a International[103], que está cheia de inteligência, e de afetação, depois fui encontrar a Srta. Sheepshanks[104], para dizer-lhe que irei na quarta-feira. Datilografei algumas coisas para Kitty ver[105], e a noite foi como de costume. Comecei "After London", de Jeffries [sic][106], que parece um livro criativo e interessante até agora –

20 de janeiro

Acordei tarde, mas escrevi a manhã inteira. Terminei a nota, que encheu 34 páginas escritas à mão: já está corrigida para ser datilografada, o que agora preciso fazer, e depois terei mais condições de avaliá-la – Depois do almoço fui até Tisdall, que me machucou consideravelmente ao forçar uma coroa de ouro na minha gengiva. Para minha surpresa, encontrei George na sala de espera, a primeira vez que o vejo desde seu casamento.[107] Nosso encontro – sob essas circunstâncias, foi difícil – e curto. Finalmente peguei minha bengala e sombrinha, a velha judia teve a decência de falar polidamente sobre uma dívida de 6d[108] em que precisei incorrer, mas que agora paguei. G. Booth, Radcliffe, Haynes[109] vieram para o chá – todos – bem, homens não são tão divertidos quanto as mulheres. Adrian voltou para Cambridge depois do jantar.

30 de janeiro

Trabalhei a manhã inteira num artigo que, com sorte, poderá servir para Leo [Maxse]. É sobre música![110] – naturalmente, depende mais da imaginação do que de fatos. Diverte-me muito escrever, já que recebi ordens para não escrever por causa da saúde do meu cérebro. O fato de Thoby ter aprovado a nota[111] me dá grande satisfação, acredito que ele tenha falado a sério, e estou muito contente de tê-la feito bem. Almoço com a Tia Minna, onde encontrei Margaret [Duckworth]. Ela foi muito agradável e mais acessível do que antes. Mandou-me seu carro para me levar para casa, e primeiro fui até [o nº 22 de] Hyde Park Gate – pela primeira vez desde a Páscoa – e vi todos os cômodos vazios, e fiquei feliz em ver que agora os móveis e livros não estão mais lá; não é mais tão doloroso como estar em casa. Vi meu antigo quarto – tão estranho com os respingos de tinta e as estantes como antigamente. Eu poderia escrever a história de cada marca e arranhão naquele quarto, onde vivi por tanto tempo.

Sábado, 4 de fevereiro

Trabalhei no Tucídides a manhã inteira, o que de alguma forma me diverte, e penso que é melhor do que ficar espremendo artigos do meu cérebro. Agora só recebo críticas de Violet – ah, d____-se – e isso me determinou a não a convidar mais do que o absolutamente necessário. No futuro, enviarei as coisas diretamente aos editores, cuja crítica é mais importante. Gostaria de ter um trabalho mais constante com as resenhas, pelo bem da minha bolsa. Como odeio críticas, e que desperdício são, porque nunca as aceito realmente. Nessa foi almoçar com Mary Cone. Thoby está aqui. Fui ao Museu Britânico, e tentei elaborar algum plano na minha cabeça, mas não achei nada que eu quisesse ver, exceto alguns corpos pintados de estátuas Tanagra[112]. É um mausoléu. Carta de Fred. Fiquei um pouco incomodada com o artigo para Leo, depois da crítica de Violet.

Sábado, 11 de fevereiro

Escrevi um artigo sobre a escrita de ensaios[113], que servirá para a *Outlook*, ou para a Sra. L, mas sabe-se lá se é um lixo ou não – de qualquer forma, não importa muito. Quero ganhar um pouco de dinheiro para pagar pela mesinha extravagante – que ainda não chegou – Jack veio almoçar, com Kong, seu chow-chow cor de ferrugem, que tem uma pelagem que é o mais grosso dos tapetes grossos. Depois do almoço fui até a B.L.[114] devolver um livro, e no caminho fui colando selos nos inúmeros envelopes com convites para nossa grande festa noturna[115], que foi subitamente decidida e marcada para o dia 1º – Essa frase me parece levar a marca de Henry James – no qual minha mente está embebida! Theodore Davies[116] veio para o chá, alegre e cordial, mas sabe-se lá por que acho difícil conversar com ele. Agora vou me vestir, jantar cedo e ver *Henrique V*[117], uma ideia de Thoby, na verdade.

Terça-feira, 14 de fevereiro

Por toda a manhã preparei uma aula para minhas trabalhadoras. É sobre Benvenuto Cellini[118], pois quase não tenho mais ideias de assuntos, e este tem alguma relação com Florença, sobre a qual venho falando, e existem muitas possibilidades. Mas tenho dúvidas se vão gostar. Almocei com Margery & Jill Parker[119], moças jovens, muito afáveis e vivas, o que me agrada. Depois do almoço vieram os Freshfields, e eu saí correndo, fui até minhas queridas livrarias, onde sabia que nada poderia comprar, pois não havia levado dinheiro. Descobri numa ruazinha uma livraria interessante que vende gravuras – algumas de Whistler[120] – algumas de Legros[121]. Lá eu devo voltar com minha bolsa. Um bilhete da Sra. L. avisa que a resenha está um terço maior do que o espaço[122]: ah, d____-se tudo – portanto tenho que cortá-la, arruiná-la e perder não sei quantas horas de trabalho, tudo porque as respeitáveis benfeitoras querem ler sobre parteiras. Jantei com Nessa na casa do [Dr] Savage; uma grande e aborrecida festa de médicos. Conversei com Warrington, Jean e Schuster.[123]

Segunda, 27 de fevereiro

Escrevi um artigo sobre O Valor do Riso[124] para a Sra. L., ao menos a maior parte dele – não me apresso, pois pretendo me esforçar um pouco mais. Nessa foi até Alexandra House depois do almoço e levou aquele cão extraordinariamente onipresente para passear. Ele nunca me abandona agora, segue-me pela escada, para cima e para baixo, senta ao lado da minha mesa enquanto escrevo, tudo porque posso levá-lo para sair à tarde. Caminhei com ele pela Oxford Street. Gosto mais de ruas do que do melancólico Regent's Park. Gosto de olhar para as coisas. Voltei para casa – e comprei a *Academy*, com o que pretende ser o meu artigo nela; mas meu sangue de autora ferve; o nome está trocado, a metade foi cortada, palavras foram colocadas e alteradas, e essa confusão está assinada por Virginia Stephen. Poderiam ter me perguntado. Jantei cedo e fui até a festa da A[lexandra] H[ouse], onde apresentaram uma peça – um longo entretenimento.

Quarta-feira, 8 de março

Trabalhei na minha palestra noturna, que desta vez é sobre mitos gregos – assunto sobre o qual nada sei. Mas são muito bonitos, e gostaria de tentar traduzi-los para o inglês – não aqueles ossos secos preservados no compêndio elementar horroroso que comprei. Experimentei fazer apenas anotações curtas, que colocarei em palavras no calor do momento. Quando começo a ler, a atenção delas se perde. Nessa saiu para almoçar – o retrato de Nelly está quase pronto. Margaret [Duckworth] mandou o carro novo esta tarde, e acompanhamos Violet em uma série de visitas – é claro que esquecemos nossos cartões – Fui encontrar as minhas mulheres, e me saí bem na hora de falar. É certamente melhor do que ler. Voltei para casa e encontrei Bell[125], e conversamos sobre a natureza do bem até quase uma hora da manhã!

Sexta-feira, 10 de março

Terminei meu *Oedipus Tyrannus*, uma bela peça. Como gostaria que algo rompesse o véu que ainda me separa dos gregos – ou será isso inevitável? Margery [Snowden] veio almoçar, e foi pintada por Nessa depois, e eu saí, pronta para comprar um casaco novo – já que preciso ir a almoços e etc., e o meu casaco velho está puído. Aconteceu o de sempre: olhei vinte casacos na Marshall & Snelgrove e decidi não os comprar por causa do preço: fui até Peter Robinson's[126] e comprei o primeiro que me mostraram, a um preço bastante desastroso, porque de repente me aborreci. Mas é um bom casaco. Nessa gosta dele, e se eu trabalho, também posso gastar. Uma carta de Richmond me oferece o *Catarina de Médici*, da Senhorita Sichels[127] para resenhar – uma coluna e meia. Eu lhe disse que não era instruída em francês medieval – o que é rigorosamente verdadeiro! Sir Fred P[ollock][128] e Meg Booth[129] vieram para o chá.

Quinta-feira, 30 de março

Um dia excepcional, entre os dias que até agora registrei. Ao acordar, encontrei um dia azul-claro, o sol brilhando sobre as águas. Fomos até o convés[130], pegamos umas cadeiras, e nos sentamos a observar a costa da Inglaterra que se desenrolava à nossa frente. Vimos de perto o Lands End[131] – e pensei como era estranho vê-lo novamente assim, do convés de um navio. À tarde passamos por Lizard[132], que é a última terra inglesa que veremos, e agora atravessamos o canal em direção a Havre[133], onde ancoraremos amanhã. Leio um pouco, e tenho vontade de dormir, e depois damos uma volta, e os velhos cavalheiros contam suas histórias, e alguém empresta uma luneta, e assim por diante –

Sexta-feira, 31 de março

Esta manhã também foi bonita, e talvez até mais calma. Sentamo-nos novamente no convés – como disse A., se tivéssemos morrido e ido viver com os abençoados. No momento não podemos imaginar nenhuma existência mais abençoada do que esta – estirados ao sol, passando lentamente pelas águas. No entanto, o *shuffleboard*:[134] interrompeu o nosso paraíso, iniciado por um cavalheiro que tem um rosto enorme, como se fosse só um nariz. É um judeu típico, e ele começa tudo, e é amigo de todos. Leio na maior parte do dia e devo terminar o meu Borrow[135]. A biblioteca do navio, descobri, está guardada num certo baú que fica no salão de jantar, e é utilizada como uma espécie de guarda-louças. Perderam a chave! Chegamos a Havre, onde ancoramos, e fomos até a praia.

Sexta-feira, 7 de abril

Um dia realmente delicioso – a cidade é espaçosa e muito branca e limpa, quase todas as ruas têm seu bonde elétrico rápido, o que faz do turismo um prazer. Encontramos nosso caminho facilmente por este meio, e logo nos orientamos. Tivemos que encontrar o Sr. Dawson, o agente, e ele nos prometeu camas no *Madeirensa*[136] – um alívio. À tarde, fomos ao Cemitério Inglês[137], numa colina – perto dos jardins. É um lugar adorável, cheio de flores, e tão quente e verde e com sombra que lá ficamos bastante tempo. Soltamos um pássaro engaiolado que cantava perto do túmulo de Fielding – um ato piedoso! Trem à noite para Sevilha.

Sábado, 8 de abril

A noite foi mais confortável do que eu esperava. Não nos desvestimos, deitamos numa espécie de sofá, com um travesseiro, que era bastante macio. Viajamos o dia inteiro, chegando a Badajoz, na fronteira espanhola, às 20 horas. E depois atravessamos Extremadura e Andaluzia – nomes esplêndidos! Mas o campo não é bonito; na maior parte, plano e sem árvores, e o sol estava quente. O trem parou em cada cidadezinha no caminho. À tarde chegamos a uma região mais selvagem e mais interessante, com muito poucas estradas e casas, e ótimas vistas. Às 20h30 chegamos a Sevilha, fomos até o Hotel Roma[138], tivemos um jantar melancólico e fomos para a cama.

Domingo, 9 de abril

Começamos a explorar Sevilha esta manhã. Primeiro fomos até a catedral[139], que você pode ver de qualquer lugar. É enorme. Esta é a primeira impressão. Não tenho muito apreço por esse tipo de beleza elefantina – mas é bonita. Havia uma missa – então não pudemos ver muita coisa. À tarde tomamos uma carruagem e passeamos por uma hora nos jardins[140], que são adoráveis, apesar de um pouco desbotados e descuidados, como todo o resto. As ruas são muito estreitas, de pedra, sem calçadas por onde caminhar. Bondes ruins e difíceis de apanhar. É uma cidade complicada para se orientar – Fomos até o grande hospital[141] e vimos os muros amarelos da cidade, que a envolvem com facilidade.

Segunda-feira, 10 de abril

Acordei esta manhã sob o meu mosquiteiro – diante do qual esses animais apenas riem – com, em primeiro lugar, a empregada fazendo um longo e enfático discurso em espanhol – e em segundo lugar, uma chuva de puro sangue inglês do lado de fora. (Essa frase, por sinal, pode ser lida de duas maneiras – mas não vivemos no tempo da Inquisição.) Caminhamos por um espaço vazio até a Giralda, que é a torre da Catedral, de onde observamos Sevilha; parece uma cidade pequena daquela altura, logo se transformando em campos. Casas brancas com telhados marrons em sua maior parte. A chuva era tanta que ficamos bastante tempo sentados dentro da Catedral – que não é realmente bonita, apesar de ser certamente impressionante – da mesma forma que um penhasco íngreme ou um poço sem fundo são. À tarde, "fizemos" Alcázar[142], um edifício mourisco esplêndido, dourado e com mosaicos – uma vista que, mais uma vez, não me encanta.

Terça-feira, 11 de abril

Mais uma manhã chuvosa, mas que acabou não sendo tão ruim quanto a de ontem. Saímos e compramos fotografias – nossa única extravagância, e depois vimos a Igreja da Caridade, que não era muito interessante. A parte mais interessante de Sevilha são as suas ruas. Depois do almoço, apanhamos um cabriolé e fomos à Casa Pilatos[143], pois chovia. Pátios levam a outros pátios, todos de mármore branco – mais simples e imponentes que o Alcázar. Também havia muitos cômodos longos e escuros, em torno dos pátios, revestidos de belos azulejos, frescos e silenciosos. Depois compramos, com muita habilidade, uma lâmpada de álcool e vários mantimentos para nossas duas refeições no trem amanhã, e não vou lamentar seguir adiante, apesar de ter gostado daqui.

Sábado, 13 de maio

Um silêncio tão ominoso significa – o que reconheci antes, que meu Diário se afunda numa cova prematura. É uma tentativa inútil: escrever uma página a mais todos os dias, quando escrevo tantas por necessidade, me entedia, e a história é maçante.

Quarta-feira, 31 de maio

Vamos solenemente renunciar a este diário, agora que chegamos ao fim do mês e descobrimos que felizmente o caderno não oferece mais páginas – porque certamente seriam deixadas em branco.

Tal exercício só pode ser realizado quando voluntário, e as palavras vêm espontaneamente. Escrever, tão-somente, é uma tarefa – por que, perguntamos, deveríamos nos castigar assim? O que é bom se anula. Mas não há necessidade de tais reflexões. Seis meses encontram aqui uma espécie de espelho de si mesmos; a visão é de proveito ou de prazer.

1907

3 de setembro

O desejo de registrar alguma imagem do que está acontecendo agora, aqui, no condado de Sussex, no mês de setembro, me aborrece toda vez que saio para caminhar. Ontem, por exemplo, nós[144] começamos o passeio pela estrada que leva a Winchelsea[145], num anoitecer sem cores que logo se tornou de um tom cinza esvoaçante, conforme as nuvens se arrastavam com o vento e borrifavam o nosso rosto. Winchelsea, em sua colina sombria, ficou negra, quase como tinta, com aquelas densas sombras líquidas (como se fossem compostas de muitos tons diferentes de escuridão): havia luz para os lados de Rye, mas o ponto mais alto era o cilindro do moinho de vento, que era cinza. As nuvens mudam de lugar, se separam, e atravessam a paisagem como se fossem lençóis puídos com as bordas esfiapadas; enchem o ar com diferentes luzes e trevas, povoam-no, conferem-lhe variedade e romance. Nossa melhor vista é a que temos aqui do topo do morro; você vê Rye pontilhada de luzes, aglomeradas melancolicamente sobre o monte; está escuro, esta noite, como se a chuva tivesse submergido alguns daqueles pontos tão claros quanto estrelas em outras noites. E a terra em todo o seu entorno estava escura e turbulenta como o mar; enquanto ainda conseguíamos ver as nuvens se transformando e viajando no ar; mas parecia que o ar estava todo quebrado e confuso, um meio despedaçado, não mais um vácuo tranquilo por onde as nuvens navegam. O rio jazia bastante pálido ao sopé do monte; a coisa mais clara e pacífica na paisagem.

Há uma determinada hora da noite, quando as marés se encontram, creio eu, em que caminhar é o maior prazer; mesmo num dia frio como este. A estrada é apenas um vapor cinza turvo – e pessoas e coisas vêm até você completamente distorcidas e pouco familiares; caminhando a um passo rápido e estranho, também, em sua direção, e o ultrapassando, quando você menos espera. A luz da lâmpada de uma carruagem projetada sobre a cerca-viva tem o efeito de uma figura espectral numa mortalha, que vai diminuir até virar um ponto e desaparecer. Êxtases felizes fazem a mente flutuar até o indefinido; impelem-na e não desejam chamá-la de volta.

É agradável caminhar à noite ao longo do leito do mar – que agora é uma grama escorregadia da cor de feno, com diques recurvados até o Castelo de Camber[146], o trifólio cinza que fica na metade do caminho entre Rye e Winchelsea. O cinza desta pedra antiga se funde com a paisagem, se é que eu posso, escrevendo com pressa e em privado, ofender dessa forma – será sentido ou som? – Toda a vista é de uma palidez encantadora – brancos e verdes prateados – cor de palha clara; as ovelhas brancas como pérolas formam a luz mais intensa na paisagem; e sempre, de cada lado, estão os dois ossos sombreados de Rye e Winchelsea; Rye, é verdade, ainda apinhada de tetos vermelhos e chaminés, mas Winchelsea inteira afundada nas camadas escuras de sua folhagem. Em segundo plano – se estivéssemos caminhando por um palco, com nosso rosto voltado para a plateia do mar, estão as colinas que fluem suavemente, e atrás de Winchelsea uma tela alta de duna, com uma igreja oblonga[147] no topo. É uma vista cheia de charme de certa claridade transparente; um pouco rasa, como se você pudesse ver através dos matizes se a luz fosse só um pouco mais forte; mas ao entardecer a profundidade é perfeita, e luminosa.

Esta manhã o som de uma foice sendo afiada anunciou que era o dia do jardineiro. Ele vem só duas vezes por semana; Sr. Gabriel é o seu nome[148], tem 1,80 metro, mas sua corcunda prodigiosa deve-lhe fazer perder pelo menos 25 centímetros. Balançou a foice pelo gramado o dia inteiro, de forma tão regular que você poderia imaginá-lo como um boneco mecânico. Também não parava. Mas, quando fui colher rosas, e o elogiei pela qualidade da colheita, ele se curvou solicitamente, todo trêmulo e molhado por causa de sua faina. Seus olhos tinham círculos pálidos ao redor das pupilas, como você vê no olho de algum velho cão vadio: ele determinou o nível de calor, "o dia mais quente do ano", e respondeu ao meu comentário de que a Sra. D[ew] S[mith][149] era uma boa jardineira com um desdenhoso "Ela estuda um pouco. Ah, eu diria que ela sabe algumas coisas sobre rosas – Mas olhe aquele terraço – seria bom se fosse mantido limpo. Canteiros são canteiros – terraços são terraços – para que servem os canteiros, eu pergunto a ela – mas ela quer ter flores lá mesmo, no meio das cantarias – me parece desleixado. Mas é a vontade dela. *Nós* fizemos o jardim, senhorita; fizemos os degraus e os canteiros; ah, foi uma trabalheira."

Deixe-me registrar o efeito das paredes de pedra cinza contra um céu de fumaça escarlata esta noite no Castelo de Camber. As pedras pareciam desfocadas, com uma superfície áspera, e a cor era mais tênue do que de costume; inundada de tinta violeta. O muro que rodeia o castelo prende o calor lá dentro, como um copo a transbordar de vapores suaves.

A grama dentro do círculo também é muito mais macia, e viçosa, mais da qualidade da relva de jardim do que a grama grosseira da terra pantanosa salgada do lado de fora.

À distância, as chaminés da cidade, que se elevam em degraus, eriçam o contorno da piramidezinha. Tudo ainda pode se comprimir, como se fosse por segurança, dentro do cinturão de uma muralha; você vê, do leste, prédios altos de hospedarias inclinando-se para trás, as vidraças das laterais a arder.

Há um pequeno canto, na muralha da cidade, um parapeito com um banco em toda a sua extensão – uma grade para nos salvar do precipício, onde os nativos de Rye observam o pôr do sol diariamente. O sol desce bem atrás de Winchelsea, manchando todo aquele espaço íngreme de ar e enxadrezando a terra pantanosa com amarelos líquidos e sombras suaves, antes de obscurecê-la novamente por mais uma noite. Os montes, ou penhascos – você não os pode chamar de colinas, de tão bruscos e inesperados que são, solidificam-se conforme a noite se aproxima, e deixam grandes manchas suaves na paisagem, que de outra forma é muito ampla e simples. E o mar ainda está lá, ao sul, amealhando o último azul, e ainda se ocupando de seus afazeres, levando róseos barcos de pesca, e todos os barcos a vapor atarefados. Agora há uma luz amarela pálida, que abre e fecha feito um único olho, e uma brisa leva até um abrigo as velhas criaturas que estão bebendo sua última dose de luz solar. Terão uma lâmpada, e lerão algum velho livro religioso ordinário? Ou a carta de uma filha que trabalha como criada? Você encontra as mesmas pessoas noite após noite.

19 de setembro

Vou fazer aqui uma pequena observação sobre um efeito da noite passada. Estava meio adormecida diante da lareira, que, com seu calor seco e frágil, e suas leves nuvens de fumaça, sempre induz a um curioso sonho entorpecido, quase que intoleravelmente pesado. Bem, estando meu pensamento à deriva por horas, por fim me levantei, como um mergulhador emergindo das profundezas da água, e fui até o terraço, onde A. observava a lua. Então um cansaço pavoroso tomou conta de mim, de ainda sermos as mesmas pessoas, nos mesmos corpos; vagando, não completamente vivos, nem tendo ainda sofrido a morte, nesta luz pálida. Sono e noite, eu pensei, deveriam nos apagar por algum tempo; mas aqui estamos, mais circunscritos do que nunca. Este é o efeito, contudo, de uma noite que não é noite; o processo parece continuar indefinidamente, e infinitamente desolador.

Setembro aqui significa que os postes estão despidos das guirlandas de lúpulo. Um campo de lúpulo é mesmo um lugar aprazível, plantado em agradáveis vielas, atado em toda a sua extensão por delicadas fitas verdes; a terra é toda salpicada de amarelo e verde, e anda-se pela sombra. Isto agora acabou, como se sob a explosão de uma tempestade; e as sombras, como é setembro, estão perceptivelmente mais estreitas, e nem é grato o frescor que nos brindam após o calor moderado mas feliz do sol. Muitas vezes observei estas mudanças; a substância, a exuberância, vão-se das coisas; cercas-vivas e campos, o céu e as árvores – todos estão frescos e um pouco murchos antes das geadas invernais. E, ainda assim, num dia generoso, nenhuma luz é mais bela, mais cálida, mais melancólica; como a de uma tarde perpétua.

1908

Agosto

Manorbier[150] é o lugar mais diferente de Wells que eu poderia ter escolhido. É uma região austera, parcamente habitada, e a única igreja[151] que tem serviço religioso em muitos quilômetros é um lugar caindo aos pedaços, um celeiro cinza de uns cinco séculos de idade, ao qual uma torre foi acrescentada num canto. A pequena baía, contudo, é protegida por uma imensa massa de ruínas, o Castelo[152]; ainda é sólido, e está escuro – você vê um brilho vermelho em algumas das fendas e aberturas, o que diz que alguém ainda o considera robusto o suficiente para habitá-lo. Por que alguém achou necessário construir uma fortaleza dessas aqui, eu não lembro; e no momento, o caráter da terra parece nitidamente desgastado e assolado pela pobreza, como se não pudesse sustentar tal monstro, ou talvez esteja acuado sob seus pés. Seja como for, gosto da minha vista dele. Tenho acomodações num chalé absolutamente genuíno, habitado por um pedreiro e sua mulher. Sento-me num cômodo que corresponde à cozinha deles e observo a rua. À noite, caminho até a praia, que tenho só para mim, e dou uma volta ou duas ao longo do mar. Gosto de voltar depois de ter visto sua superfície acinzentada, melancólica e incômoda, e encontrar um belo reflexo dela na ruína cinzenta, e os morros de areia, verdes e cinza, salpicados de ovelhas, colonizados por apenas uma dúzia de chalés plúmbeos como o céu. Ninguém vai transformar isto aqui num balneário algum dia, é o que profetizo; faltam-lhe ousadia e autoconfiança para ser um sucesso. Não andei muito longe, mas minhas investigações tendem a mostrar que existe algo um tanto débil na costa. É muito baixa ou muito abrupta para impressionar. A terra em seu interior intumesce e se transforma em grandes ondas.

Andei por uma pequena vila outro dia, e me pareceu mais deserta do que qualquer uma que eu já tinha visto. Havia chalés borrifados de tinta cor de creme, dos quais saíam velhas encurvadas, de tremenda idade; seus rostos eram apenas sulcos brancos, e não restava espírito neles. Ah, a solidão dos lugarejos distantes! Vi que a caixa de coleta do correio estava completamente descolorida, e havia apenas uma casa que tentava ser uma casa – usar o vestido típico. Tinha um ornamento estranho, feito de pedras empilhadas, nos portões.

Desço do meu quarto na casa do Sr. Barclay por volta das nove e meia, apagando minha lâmpada e deixando meus livros. Às vezes é bastante calmo e cinza do lado de fora, mas esta noite o vento e a chuva me fizeram rodopiar um bocado. Meu único guia era o ranger do cascalho sob meus pés – Não conseguia ver nem ouvir. Se uma charrete viesse em minha direção, eu abraçaria o cavalo antes de vê-lo. Mas eu ainda tinha uns 200 metros para andar, e movendo minhas pernas automaticamente, percebi ao meu lado uma forma parecida com a quilha de um grande barco, e o leve resplendor de uma janela. Outras pessoas ainda estão nas estradas, conduzindo seus cavalos, ou se dirigindo a chalés na beira do caminho – O vento está muito forte; é mais sensato sentar-se, como faço agora, detrás de uma vidraça, com uma lâmpada a brilhar do meu lado; mesmo assim, as rajadas atingem a minha vela. Não posso ler em paz, porque o vento sempre volta. Ouço barulho de água, também, e o farfalhar de um pequeno arbusto ao lado da minha janela. Pense na terra entregue a tamanha força esta noite!

[anos 1910]

Diários 1915-1919

No conjunto dos diários de Virginia Woolf há um hiato entre 1909 e 1915. Não se sabe ao certo se a prática do diário foi interrompida nesse período, ou se os volumes referentes a ele se perderam, ou foram destruídos. Os registros regulares do cotidiano retornariam em 1915, quando a escritora ainda se recuperava de forte crise depressiva e tentativa de suicídio dois anos antes. Mas seriam interrompidos de novo em fevereiro do mesmo ano, para voltarem mais sistematicamente em 1917, 1918 e 1919.

Nos anos 1910, segundo Woolf em *Mr. Bennett e Mrs. Brown* (1924), se ransformariam significativamente as relações "entre patrões e empregados, maridos e mulheres, pais e filhos", a religião, o comportamento, a política, a literatura e a natureza humana. Em meio à Primeira Guerra Mundial, ao movimento sufragista, à revolução soviética, à discussão das condições proletárias de vida e trabalho (que se fazem presentes nos diários). Do ponto de vista de sua trajetória pessoal, seriam anos marcados pelo casamento com Leonard Woolf (em agosto de 1912); pela criação, ao seu lado, da Hogarth Press (em 1917); e sobretudo pela afirmação como escritora, com intensa colaboração na imprensa após a publicação de seus dois primeiros romances (*A viagem*, 1915, e *Noite e dia*, 1919) e do ensaio de forte repercussão (*Modern Novels*, 1919, veiculado originalmente no suplemento do *Times*).

Seriam marcados ainda pelo engajamento da escritora não apenas nas discussões sobre arte moderna (intensificadas pelas duas exposições pós-impressionistas organizadas por membros do Grupo de Bloomsbury), mas também no "Clube 1917", sociedade de orientação socialista fundada por Leonard Woolf, e no "Co-Operative

Movement" no Reino Unido, o que a levaria a atuar diretamente na organização regional, em Richmond, da Women's Co-Operative Guild.

(*Flora Süssekind*)

1915

Sexta-feira, 1º de janeiro de 1915

Para começar este diário da maneira correta, deveria iniciá-lo no último dia do ano passado, quando, no café da manhã, recebi uma carta da Sra. Hallett. Ela disse que havia tido que dispensar Lily sem aviso prévio, devido a seu mau comportamento[153]. Supomos, naturalmente, que se tratava de um determinado tipo de mau comportamento; um jardineiro casado foi o meu palpite. Nossas especulações nos deixaram incomodados, os dois, o dia inteiro. Esta manhã, fiquei sabendo pela própria Lily. Escreveu, muito tranquilamente, que foi embora porque a Sra. Hallett a "insultava"; tendo-lhe sido concedidos um dia e uma noite de folga, ela voltara às 8h30 da manhã, "não suficientemente cedo". Qual é a verdade? Suponho que seja esta: a Sra. H. é uma mulher velha, colérica, meticulosa, e uma tirana com os empregados, como já sabíamos; e Lily honestamente não quis fazer nada de errado. Mas escrevi para saber detalhes – outra senhora quer uma recomendação imediatamente. Depois tive que escrever à Sra. Waterlow sobre as taxas de limpeza de chaminé que nos impuseram, uma carta daquelas que saem naturalmente aos que têm caráter forte, não aos fracos[154]. E depois fomos às Cooperativas, sob chuva e frio, protestar contra a sua contabilidade[155]. O gerente era um jovem lânguido e aborrecido, que se repetia em vez de se defender. Na metade do caminho para casa ouvimos "Barco de guerra britânico... Barco de guerra britânico...!" e descobrimos que o *Formidable* havia sido afundado no canal[156]. Os sinos do Ano-Novo nos mantiveram acordados na noite passada. A princípio achei que anunciavam uma vitória.

Sábado, 2 de janeiro

Se fosse possível escolher uma amostra média de nossa vida, este é o tipo de dia que eu deveria selecionar. Tomamos café da manhã; entrevisto a Sra. Le Grys[157]. Ela se queixa do enorme apetite dos belgas, e de sua preferência pela comida frita na manteiga. "Nunca *dão* nada a ninguém", comentou. O conde, que veio para a ceia de Natal, insistiu, depois do leitão e do peru, que queria uma terceira carne. Portanto, a Sra. Le G. espera que a guerra acabe logo. Se comem assim no exílio, como comerão em casa, ela se pergunta. Depois disso, L. e eu nos sentamos para escrevinhar. Ele terminou a resenha do Folk Story, e eu escrevi umas quatro páginas da história da pobre Effie[158]; almoçamos; e lemos os jornais, concordamos que não há novidades. Li *Guy Mannering* no andar de cima por 20 minutos[159], e depois levamos Max [um cão] para um passeio. No meio do caminho até a ponte, vimo-nos interrompidos pelo rio, que havia subido de forma visível; havia um pouco de fluxo e refluxo, como o pulsar de um coração. De fato, cinco minutos depois, o caminho que havíamos percorrido foi atravessado por um córrego de vários centímetros de profundidade[160]. Uma das coisas mais estranhas em relação aos subúrbios é que mesmo as piores casinhas de tijolos à vista estão sempre alugadas, e que nenhuma delas tem uma janela aberta sequer, ou uma janela sem cortinas. Acho que as pessoas têm muito orgulho de suas cortinas, e que existe grande rivalidade entre os vizinhos. Uma casa tinha cortinas de seda amarela, com listras de renda. Os cômodos devem estar na penumbra; e suponho que sejam rançosos, com cheiro de carne e seres humanos. Acredito que ter cortinas seja uma marca de respeitabilidade – Sophie costumava insistir nisso[161]. E depois fui aos mercados. A noite de sábado é a grande noite de compras; e alguns balcões de lojas estão sitiados por três fileiras de mulheres. Sempre escolho as lojas vazias, onde, acredito, a gente paga ½ [d][162] a mais por libra[163]. E depois tomamos chá com mel e creme, e agora L. está datilografando seu artigo; e à noite vamos ler e ir para a cama.

Terça-feira, 5 de janeiro

Recebi esta manhã uma carta de Nessa, que chama a Sra. Waterlow de *hausfrau*[164] alemã e nos aconselha a não pagar um centavo – A limpeza é um fetiche que não deve ser idolatrado, diz. Certamente, nenhum de nós a idolatra; acho que a Sra. W. andou pela casa com um espanador e passou o dedo debaixo das camas. Consigo imaginar a lista de descobertas que levou a Sydney, sentado, fumando sobre seus livros de filosofia, e como ela amaldiçoou aquela cadela horrorosa, Virginia Woolf. Ao mesmo tempo, é uma questão de honra entre os empregados encontrar a casa em que entram imunda, e deixá-la brilhante feito um alfinete. Mas basta de Waterlow e seus baldes de despejos. Trabalhamos, como de costume; como de costume, choveu. Depois do almoço passeamos no Old Deer Park e notamos, por uma marca feita com palha, a altura a que o rio subiu; e como uma enorme árvore caíra atravessada no caminho de sirga, destruindo as grades de proteção. Três corpos foram vistos indo rapidamente rio abaixo em Teddington, ontem. O clima incita suicídios? O *Times* publicou um artigo estranho a respeito de um acidente ferroviário, no qual afirma que a guerra nos ensinou um sentido adequado de proporção em relação à vida humana[165]. Sempre achei que pusemos um preço absurdamente alto nela; mas nunca achei que o *Times* fosse dizê-lo. L. foi a Hampstead fazer a primeira de suas palestras na Associação de Mulheres[166]. Não parecia estar nervoso: está falando neste momento. Acreditamos mesmo que o velho Sr. Davies está morrendo – mas tenho a impressão de que resistirá por muitos anos, ainda, embora queira morrer, e sua vida não deixe Margaret trabalhar muito[167]. Comprei meu peixe e carne na High Street – um negócio degradante, mas divertido. Não gosto de ver mulheres fazendo compras. Levam isso tão a sério. Depois fui me associar à Biblioteca, e vi todos aqueles funcionários e costureiras maltrapilhos folheando jornais ilustrados, como abelhas muito maltratadas sobre flores muito maltratadas. Pelo menos estavam protegidos do frio e a seco; e hoje chove de novo. Os belgas do andar de baixo estão jogando cartas com alguns amigos, e falam – falam – falam – enquanto seu país é destruído. Afinal, eles não têm mais nada a fazer –

Terça-feira, 19 de janeiro

A melancolia de L. continua, tanto que esta manhã ele disse que não poderia trabalhar. A consequência disso foi um dia bastante melancólico. Lá fora está muito frio e cinza, também. Caminhamos no Richmond Park esta tarde; as árvores todas escuras, e o céu pesado sobre Londres; mas há cor suficiente para que o dia de hoje seja ainda mais bonito do que os dias iluminados, acredito. Os cervos combinam perfeitamente com as samambaias. Mas, como disse, L. estava melancólico. Tudo que posso fazer é desdizer tudo o que havia dito, e dizer o que realmente quero dizer. É um mau hábito escrever romances – falsifica a vida, acho. Entretanto, depois de elogiar os escritos de L. de forma muito sincera por cinco minutos, ele diz "Pare"; então eu paro, e não há mais nada a dizer. Quando analiso o seu estado de ânimo, atribuo grande parte dele à completa falta de confiança em sua capacidade de escrever; como se ele não fosse um escritor, afinal; e por ser um homem prático, sua melancolia é muito mais funda do que a melancolia mal assumida de gente autoconsciente como Lytton[168], Sir Leslie[169] e eu mesma. Não há como discutir com ele.

Bem, estou lendo *O idiota*. Muitas vezes não consigo suportar o seu estilo; ao mesmo tempo, ele me parece ter o mesmo tipo de vitalidade que Scott tinha; mas Scott apenas construía pessoas comuns magníficas, e D. cria maravilhas, com mentes muito sutis e sofrimentos medonhos. Talvez a semelhança com Scott consista, em parte, no estilo solto, livre e fácil da tradução. Também estou lendo Michelet, arrastando-me pela aborrecida Idade Média; e *A vida de Fanny Kemble*[170]. Ontem no trem li *The Rape of the Lock*, que me parece "supremo" – quase sobre-humano em sua beleza e esplendor – não é mesmo possível acreditar que tais coisas tenham sido escritas[171]. Acho que um dia escreverei um livro sobre "Excêntricos". A Sra. Grote[172] será um deles. Lady Hester Stanhope. Margaret Fuller. A Duquesa de Newcastle. A tia Julia?

Sexta-feira, 22 de janeiro

Quando L. abriu as cortinas esta manhã, praticamente não entrou luz; havia apenas uma espécie de confusão cinzenta lá fora – uma neve suave e incessante que rodopiava. Isso durou quase todo o dia, às vezes se transformando em chuva. O parque em si[173] é adorável; e ilumina o quarto com seu brilho branco e puro. Mas as ruas ficam marrons rapidamente. Nesta Casa dos Problemas, é claro, o encanamento estourou, ou entupiu; ou o teto se partiu em pedaços. De qualquer forma, no meio da manhã ouvi um fluxo constante de água no lambril; e o Sr. Le Grys, Lizzie e várias pessoas estão subindo ao teto desde então. A água ainda goteja pelo forro numa fileira de baldes. A Sra. Le Grys grita, de forma histérica, "Ah, tudo vai ficar bem, vocês têm seguro". O encanador se nega a sair de sua casa neste tempo. Vamos escutar os Fabianistas no Essex Hall[174]. Creio que vão nos arrancar de nossas camas esta noite. É um inverno estranho – o pior que já vivi, e combina com a guerra e todo o resto. Ontem não mencionei que recebi notícias de Thomas Hardy! Escreveu uma carta muito bonita, muito típica dele, e estava muito contente por eu ter escrito para ele. Portanto meu impulso noturno veio de Deus.

Segunda-feira, 25 de janeiro

Meu aniversário – e deixe-me contar todas as coisas que ganhei. L. tinha jurado que não me daria nada, e, como boa esposa, acreditei nele. Mas entrou sorrateiramente na minha cama com um pequeno pacote, que continha um lindo porta-níqueis verde. E me trouxe o café da manhã, com um jornal que anunciava uma vitória naval (afundamos um navio de guerra alemão[175]) e um pacote quadrado marrom contendo *The Abbot* – uma primeira edição linda[176]. Portanto, tive uma manhã alegre e agradável – que de fato só foi superada pela tarde. Depois, levaram-me até a cidade, sem custo algum, e deram-me mimos, primeiro num cinema, depois no Buszard's[177]. Acho que não ganhava presentes de aniversário havia uns dez anos; e também parecia um aniversário, – um belo dia gelado, tudo vivo e alegre, como deveria ser, mas nunca o é. O cinema[178] foi um pouco decepcionante – não chegamos a ver as imagens de guerra, após uma hora e meia de espera. Mas, para compensar, conseguimos apanhar um trem direto, e fui muito feliz lendo o que meu pai escrevera sobre Pope[179], muito espirituoso e brilhante, nem uma frase morta ali. De fato, não sei quando foi que apreciei tanto um aniversário – desde criança, ao menos. Durante o chá decidimos três coisas: em primeiro lugar, ficar com Hogarth, se possível; em segundo lugar, comprar uma prensa móvel; em terceiro lugar, comprar um buldogue, provavelmente chamado John. Estou muito entusiasmada com a ideia dos três – principalmente com a tipografia. Também me deram um pacote de guloseimas para levar para casa.

Sexta-feira, 29 de janeiro

Devo dizer "hoje não aconteceu nada" como fazíamos em nossos diários quando estes começavam a morrer? Não seria verdadeiro. O dia parece uma árvore sem folhas: há todo o tipo de cores nela, se olharmos de perto. Mas o contorno é nu o suficiente. Trabalhamos: depois do almoço caminhamos ao longo do rio até aquele grande edifício medieval que se estende rio adentro. Acho que é um enorme moinho[180]. E voltamos cedo, para que L. pudesse tomar o chá antes de ir a um comitê em Hampstead[181]. Depois disso, comprei nossa comida, e não observei nada de muito interessante. Mas o fato do dia para mim foi uma espécie de vago incômodo causado pelo caráter excêntrico da nova empregada, Maud. Quando falamos com ela, ela se detém e olha para o teto. Entra no quarto abruptamente "só para ver se você está aí". É uma mulher angulosa de uns 40 anos de idade, que nunca fica muito tempo em lugar algum. Acredito que viva com medo de alguma coisa. Põe os pratos na mesa com movimentos bruscos. A Sra. Le Grys diz que ela mesma está enlouquecendo com as peculiaridades de Maud. Acaba de anunciar que é filha de um coronel. Tenho certeza de que sua mente está cheia de ilusões, pobre criatura; e nada deveria me surpreender. A única pergunta é: como ela faz para conseguir existir.

Sábado, 13 de fevereiro

Houve um grande aguaceiro esta manhã. Tenho certeza de que, não importa por quantos anos mantenha este diário, nunca viverei um inverno que supere este. Parece ter perdido todo o autocontrole. Escrevemos; e depois do almoço L. foi à biblioteca, e eu fui a um concerto no Queen's Hall. Encontrei Oliver Strachey[182], que estava parado à maneira de um Strachey no saguão, porque lhe desagrada ficar sentado lá dentro esperando a música. Por sorte consegui um lugar muito bom, já que a sala estava quase cheia – e foi um concerto divino. Mas uma das coisas que concluí enquanto escutava (é difícil não pensar em outras coisas) é que todas as descrições de música são bastante inúteis, e muito desagradáveis; tendem a ser histéricas e a dizer coisas que as pessoas vão ter vergonha ter dito depois. Tocaram Haydn, Mozart nº 8, o Concerto de Brandemburgo e a "Inacabada". Diria que a interpretação não foi muito boa, mas o fluxo da melodia era divino. Percebi que coisa estranha era – essa caixinha de pura beleza no meio das ruas de Londres, e as pessoas – todas de aspecto tão comum, se amontoando para escutar, como se não fossem comuns, afinal, ou ambicionassem algo melhor. Na minha frente estava Bernard Shaw, convertido num benevolente ancião de cabelos brancos[183], e no fosso da orquestra estava Walter Lamb, brilhando com sua calvície alabastrina feito um chafariz de mármore. Fiquei irritada com um garoto e uma garota ao meu lado que se aproveitaram da música para pegar na mão um do outro e ler *A Shropshire Lad* e ver algumas péssimas ilustrações[184]. E outras pessoas comiam chocolates e faziam bolinhas com o papel laminado. Fui ao banheiro na estação do metrô e encontrei uma pequena festa acontecendo naquele recinto tão casto. Uma velha tinha uma enorme cadela que bebia água num copo de vidro, e suas filhas iam fazer uma visita aquela tarde, e todas fomos muito cordiais, num ambiente estranho – julguei muito sensato não exibir falso pudor. Encontrei L. no Spikings e tomamos chá, e estávamos muito contentes[185], e paramos em Earls Court para ver sua mãe, mas ela não estava. Levaram-nos a uma enorme sala de estar, onde uma anciã, na semiescuridão, estava sentada à beira de um sofá. Nada poderia ser mais desolador. L. recebeu, do *Times*, outro livro de viagens à Índia. Ele tinha acabado de se convencer de que havia sido dispensado[186].

Domingo, 14 de fevereiro

Choveu de novo hoje. Limpei a prataria, que é uma coisa fácil e proveitosa de se fazer. Logo volta a brilhar. Philip[187] veio, e ele e L. foram dar um passeio. Almoçou conosco e ficou conversando até as 15h30. Eles se desesperam mais do que nunca agora com a ida ao front. Todos os oficiais de carreira têm preferência sobre eles. Cecil[188] tem uma metralhadora, o que pode levar à sua ida, e, se assim for, provavelmente à sua morte. O pobre Philip estava bastante agitado, eu achei, com as suas perspectivas. O que fará quando a guerra acabar? Ele acha que deve emigrar. Cecil gostaria de continuar no Exército, o que, contudo, não é possível, a não ser que se tenha dinheiro, e nenhum dos dois tem um centavo. Quinhentas libras por ano são consideravelmente mais valiosas do que beleza ou posto. Ele ficou conversando, querendo falar mais sobre si, talvez, e tinha que voltar a Colchester, onde a única coisa tolerável são as ostras. Os homens, ele diz, nunca param de fazer piadas, e quanto piores estão as coisas, mais piadas eles fazem. Caminhamos pelo rio contra um vento frio (que agora está furioso lá fora) e voltamos contentes para casa para tomar chá; e agora estamos sentados, como sempre, cercados de livros e papel e tinta, e vamos ficar assim até a hora de ir para a cama – porém, preciso fazer alguns consertos, porque minha saia inteira se rasgou ao meio ontem. L. está escrevendo a resenha do seu livro indiano. Agora estou lendo um volume posterior de Michelet, que é magnífico, e a única história tolerável. Os vizinhos da casa ao lado cantam a mesma canção que têm ensaiado nestes três meses – um hino. Com isto, fica claro que não quero consertar o meu vestido: e não tenho mais coisa alguma a dizer.

1917

Domingo, 5 de agosto

Manhã sombria, que aos poucos foi ficando mais bonita, até que se tornou uma tarde muito quente e ensolarada. Caminhei pela trilha de M.[189]. Vi três borboletas-pavão perfeitas, uma fritilária prateada, além de incontáveis borboletas azuis se alimentando no esterco. Todas recém-saídas do casulo e voando em grupo no morro. Florezinhas desabrocharam em grandes quantidades. Achei cogumelos, a maior parte deles no vale, o suficiente para um prato. Barbara e Bunny vieram depois do jantar, ficaram para o chá e para o jantar[190].

Terça-feira, 7 de agosto

Dia estranho enevoado. O sol não tem força suficiente para sair. Fui a Brighton depois do almoço. Prisioneiros alemães estão trabalhando no campo perto de Dod's Hill, riem com o soldado e uma mulher que passava. Fui até o píer; tomei chá na Booth's[191]; homens horríveis na nossa mesa; desci em Lewes no caminho de volta. Voltei de Glynde de bicicleta. N. e L. saíram para colher cogumelos, e encontraram vários, também amoras amadurecendo, mas não há açúcar para fazer geleia[192].

Quarta-feira, 8 de agosto

Névoa outra vez. Fui enviar cartas em Southease. O pé de L. está muito mal. Vi bancos de madeira sendo colocados num locomóvel na Igreja de Rodmell; um homem sem uma das mãos, um anzol em seu lugar. Encontrei a Senhora Attfield com uma galinha morta numa caixa, que encontrou morta nas urtigas, a cabeça arrancada, talvez por uma pessoa. Voltei para casa pelas colinas. Uma boa colheita de cogumelos mais uma vez; no vale é melhor. Alix veio[193]; tempestade depois do chá, e então, tempo bom.

Sexta-feira, 9 de agosto

Fui colher cogumelos com Alix: L. ficou em casa serrando madeira, porque seu pé estava dolorido. Bunny veio, e subiu no teto para ver as abelhas; não as levou: vai deixá-las até o outono.

Sexta-feira, 10 de agosto

L. foi até a conferência do Partido Trabalhista em Londres[194]. Um dia bom novamente. Alix e eu fomos colher amoras nas colinas. Encontramo-las em abundância. Os empregados trouxeram enormes cogumelos chamados de cogumelos "prato"; os outros eram "nativos" como dizem os Wooler[195].

Sábado, 11 de agosto

Piquenique perto de Firle com os Bell etc. Passei por prisioneiros alemães, cortavam trigo com ganchos. Oficial e mulher com ordenança galoparam pelas colinas. A chuva chegou depois do chá, então acendi a lareira com lenha. Henry nos seguiu até em casa, mordeu Will e assustou os empregados[196].

Segunda-feira, 3 de setembro

Um dia perfeito; completamente azul, sem nuvem ou vento, como se fosse ficar assim para sempre. Observei um cão a pastorear ovelhas. Gralhas começam a voar sobre as árvores, manhã e noite, às vezes com estorninhos. A Sra. W & B[197] foram embora depois do almoço. Levaram-nos consigo até Lewes. Perguntei sobre o relógio, mas não posso mandá-lo consertar nos próximos três meses. As botas subiram para 40 xelins, mas encontrei um velho par por 15 xelins numa lojinha, comprei-o; e depois achei um par que ainda estava bom no armário de casa. Voltei de trem; L., de bicicleta. Fez uma linha reta pelos dos campos de Glynde, um caminho muito bom. Encontrei Nelly, que estava indo devolver a caixa da cooperativa[198], e caminhei com ela. A noite estava tão bonita que fomos novamente ao vale. Vi um ponto brilhante, que não conseguimos encontrar quando chegamos perto. Avistei uma Bela Dama [*Vanessa cardui*][199] perto de Glynde.

Terça-feira, 4 de setembro

Acordei e a casa estava no meio da névoa. Já vimos isto nos campos à noite. Clareou, e foi um dia perfeito, quase sem vento. À tarde, começamos a colher nossas maçãs; eu colhi as que estavam mais baixas, e L., as mais altas, com uma escada. No meio disso tudo, Clive e Mary H. apareceram, portanto tive que parar. Ficaram para o chá e o jantar, e voltaram caminhando pelas colinas.

Quarta-feira, 5 de setembro

Outra bela manhã. Caminhei, e L. cuidou do jardim. Vi uma Maravilha [*Colias edusa*] nas colinas – de um amarelo muito intenso, a primeira em muito tempo. Nuvens ganharam força sobre o mar, e a chuva chegou na hora do chá; depois, trovoadas fortes e relâmpagos. Difícil distinguir entre trovões e tiros. Prisioneiros alemães caminharam pelo campo. Trabalham nesta fazenda agora. O milho, ainda em medas na estrada, aguarda transporte. Os empregados passaram a noite inteira em Charleston; disseram que houve disparos de armas e trovões.

Sexta-feira, 7 de setembro

Fui até Lewes, via Glynde, e pela trilha nova pelos campos até a estação. Fiz compras, e na volta aguardei Pernel, mas ela não veio[200]. Um dia muito quente e abafado. Uma cobra d'água, de quase meio metro, serpenteava no caminho à nossa frente.

Sábado, 8 de setembro

Fomos colher amoras nas colinas. Encontramos o suficiente para fazer uma sobremesa. Uma nuvem pairou sobre a terra o dia inteiro, exceto no final da tarde, quando o sol saiu debaixo dela de um jeito estranho. Pernel veio, e depois, Philip M[orrell][201], e depois, Sydney W[aterlow][202], quando estávamos nos sentando para jantar.

Domingo, 9 de setembro

Um dia quase imóvel; sem céu azul; quase como um dia de inverno, exceto pelo calor. Muito silencioso. À tarde fomos a Firle fazer um piquenique. Nessa e cinco crianças chegaram depois que já havíamos terminado; sentamo-nos além das árvores[203]. Voltei para casa pelas colinas. Céu vermelho sobre o mar. Bosques quase tão mirrados quanto no inverno, mas com pouquíssima cor neles.

Segunda-feira, 10 de setembro

Saí para ir ao correio em Southease, mas minhas botas me machucavam, por serem grandes demais, então nos sentamos, e L. seguiu adiante. Um dia perfeito, bastante nevoento, mas sem nuvens, calmo e muito quente. Estranho não encontrar flores nas cercas vivas, que estão todas marrons e mortas por causa da tempestade. Um barulho constante de chuva, mas que se mostrou ser de folhas caindo. Prisioneiros alemães empilham milho nos fundos da casa. Assoviam muito, canções muito mais completas que os nossos trabalhadores. Tinham uma grande jarra marrom com chá.

Terça-feira, 11 de setembro

Fui até as colinas nas proximidades da fazenda; vi duas borboletas Maravilha perto do viveiro, e outro par na direção de Bishopstone. Ouvi tiros e vi dois aviões fazendo manobras sobre o mar e o vale. Encontrei erva-coalheira e gencianas-do-campo nas colinas. Um dia muito quente, mas fez frio à noite, e por isso acendemos a lareira. As andorinhas quase que abandonaram os campos. Pernel foi-se embora. L. encontrou uma noz com folhas brotando e plantou-a no jardim.

Segunda-feira, 8 de outubro[204]

Esta tentativa de diário começa com o impulso dado pela descoberta, numa caixa de madeira dentro do meu armário, de um antigo volume, escrito em 1915, e que ainda consegue nos fazer rir de Walter Lamb. Este, portanto, seguirá aquele plano – vai ser escrito depois do chá, escrito com indiscrição, e por falar nisso, registro aqui que L. prometeu acrescentar uma página dele quando tiver algo a dizer. Sua modéstia deverá ser dominada. Hoje, nosso plano era comprar-lhe roupas de outono, e um estoque de papel e canetas para mim[205]. Este é o dia mais feliz que há para mim. Choveu constantemente, é claro. Londres parece não ter mudado, o que me faz pensar nas mudanças que ocorriam quando eu era criança. Havia um homem comprando botas, que as apreciava tanto que conhecia diferentes cortes e fileiras de pregos; e ficou muito contrariado quando lhe disseram que suas botas eram "bastante resistentes". "Odeio botas bastante resistentes", ele grunhiu. Evidentemente, existe um gosto por botas. Caminhamos pela Gough Square; a casa do Dr. Johnson é bonita, muito bem cuidada, não tão abandonada quanto eu pensava[206]. Uma pequena praça escondida atrás de Chancery Lane, cheia de gráficas. Esta é a melhor parte de Londres para se ver – não para se morar, eu acho. Ao levar meu artigo para o *Times*, senti-me uma jornalistazinha qualquer, em harmonia com o lugar em especial[207]. Deixamo-lo com um porteiro, e encontramos Bruce Richmond[208], um perfeito cavalheiro de luvas brancas na plataforma de Ludgate Hill. Ele abanou o chapéu e desapareceu. Liz teve um menino; portanto, nossos medos quanto à paternidade foram sossegados[209].

Terça-feira, 9 de outubro

Sofremos um choque terrível. L. chegou tão feliz, sem razão, que intuí um desastre. Fora convocado. Apesar de vinte minutos de confusão, meu espírito chegou à certeza de que, exceto pelo incômodo, nada temos a temer. Mas o incômodo – esperar uma semana, exames às 8h30 em Kingston

– visitas a Craig e Wright para obter atestados médicos – é considerável[210]. Deu muita pena vê-lo tremer, tremer fisicamente, tanto que acendemos seu aquecedor a gás, e só aos poucos voltamos mais ou menos ao nosso estado de ânimo anterior; e mesmo assim, se fosse possível acordar e ver que tudo era mentira, seria um alívio.

Fizemos uma prova da primeira página do conto de K.M., "O prelúdio"[211]. Ficou muito bonita, tipografada com a fonte nova, sem espaçamentos. Montes de equipamentos de encadernação de Emma Vaughan chegaram esta manhã – um testemunho de seus caprichos, porque tudo está bom, e acredito que ela nunca tenha encadernado um livro[212]. Mas este é um pensamento pouco caridoso. Fizemos uma caminhada curta ao longo do rio. Como a noite está bonita e bastante calma, talvez eu tenha um ataque aéreo para descrever amanhã. Trissie está passando as férias conosco[213]. Eu me esqueço de quantas pessoas nos telefonaram esta manhã, Alix, foi uma delas, que aparentemente quer começar o trabalho, e temos em mente um clumber [spaniel][214] cor de fígado e bacon, que está em Wimbledon, propriedade de um homem levado pelo exército. Os K. Shuttleworth anunciam o nascimento de um menino com a declaração "Seu Dom Perfeito", um bom título para um filme da Academia, ou um romance da Senhora Ward, e um testemunho terrível das atenções que os ricos agora desejam para os seus sacrifícios[215].

Quarta-feira, 10 de outubro

Nenhum ataque aéreo, nenhuma perturbação a mais por parte das necessidades de nosso país; tanto é que L. decidiu, durante o banho, que merecia ter boa sorte, e ao abrir suas cartas encontrou um cheque de 12 libras de um jornal sueco que nunca chegou a nascer, e que ainda assim paga as suas dívidas. E eu ganhei 4 xelins só para mim. Tarde da noite de ontem me avisaram para concluir meu Henry James se possível até sexta-feira, então precisei trabalhar nele esta manhã, e como me ressinto do tempo dedicado aos artigos, mas ainda assim não posso evitar gastá-lo, se o tiver, fico bastante feliz de isso já estar fora do meu alcance. Foi-me sugerido outro artigo sobre o campo em E. Brontë[216]. Caminhamos pelo rio, atravessamos o parque e voltamos para o chá mais cedo. Neste momento L. está trazendo à existência o Clube 17[217]. Estou sentada em frente à lareira e existe a possibilidade de que K. Mansfield venha para o jantar, quando muitas coisas delicadas deverão ser discutidas. Notamos como as folhas estão atrasadas em cair e em amarelar aqui, em comparação com Asheham. Poderia ser agosto, não fosse pelas bolotas espalhadas pelo caminho – sugerindo-nos a misteriosa ordem natural que as faz perecer, caso contrário seríamos uma floresta de carvalhos.

Quinta-feira, 11 de outubro

O jantar de ontem à noite correu muito bem: as coisas delicadas foram discutidas. Nós dois desejávamos que nossa primeira impressão de K.M. não fosse a de que ela fede[218] como uma – bem, uma civeta que tivesse se acostumado a fazer o trottoir. Na verdade, fico um pouco chocada com sua vulgaridade à primeira vista; traços tão duros e ordinários. Contudo, quando isto se atenua, ela é tão inteligente e inescrutável que a amizade é recompensada. O que eu falei – A Casta e a Não Casta – foi exagerado por Murry por razões próprias; razões que lhe fazem desejar subitamente romper com Garsington[219]. Falamos sobre Henry James, e K.M. foi esclarecedora, eu achei. Uma fabricante de munições chamada Leslie Moor veio buscá-la – é outra dessas mulheres no limite da decência, e naturalmente habita o submundo – bastante animada, de pele amarela, sem apego a lugar algum em especial[220]. Hoje o pobre L. teve que fazer a sua rodada de médicos e comitês, com uma visita a Squire[221] no meio disso tudo. Seus atestados foram repetidos. Pesa apenas 60 quilos. Comprei meu estoque de luvas para o inverno, consegui uma referência na Biblioteca de Londres, e encontrei L. na Spikings para tomar chá. Os céus nos abençoaram enviando-nos um trem rápido, e voltamos para casa, muito felizes de estar em nosso lar, diante de nossa lareira, embora tivéssemos tido que acendê-la, e preparar o nosso jantar, pois era o dia de folga dos empregados.

Sábado, 27 de outubro

Esta tarde estávamos de saída para o Quartel de Kingston, para pegar o cartão de dispensa de L., quando o telefone tocou, e ouvi a voz agora estranha e, ao que parecia, muito nervosa de Clive, perguntando se poderia jantar conosco. Assim sendo, o rompimento será remediado muito rapidamente[222]. Cruzamos o parque até Kingston[223], não conseguimos pegar o cartão, e depois tomamos chá em Kingston, concluindo tudo com a compra de um relógio de 15 libras para o meu pulso – um grande, brilhante e útil nabo que olho constantemente, e realmente o considero um poupador de tempo. Voltamos tarde, e Clive chegou, e me pareceu bastante agradável e tagarela; assustou um bom número de lebres e perseguiu-as com destreza, e deixou escapar suas pequenas homenagens a si mesmo de forma bastante inofensiva. É tão animado e tem uma mente em tão boas condições que aprecio uma noite com ele. L. estava com imenso bom humor, e ainda por cima cortês. Conversamos banalidades; íamos rapidamente de assunto em assunto – Personagens, livros franceses, a intriga de Mansfield, e assim por diante[224]. Ele usava seu terno castanho; penteia o cabelo para trás para esconder a careca, mas não ajeitou as calças tanto quanto de costume – para resumir, estava no seu melhor. Adrian teve ordem do médico para não trabalhar mais no campo[225].

Domingo, 28 de outubro

Ainda não houve ataques aéreos, provavelmente a neblina à noite mantêm-nos afastados, embora o tempo esteja calmo e a lua perfeitamente clara. A quantidade de pessoas que saiu de Londres este fim de semana deve se sentir um pouco tola. Um dia frio de outono perfeito; o sol vermelho entre as folhas que ainda estão penduradas. A fim de ficar o máximo possível na companhia de L., decidi ir a Staines com ele. Partimos caminhando de Shepperton, passando por Laleham, até Staines pelo rio[226]. Campos planos e muito quietos, ou campos que se transformam em cidade. Poltronas cor-de-rosa foram postas ao redor de uma mesa de chá cheia, porém não luxuosa; uma multiplicidade de pequenos pratos, facas diminutas, disseram às pessoas que se servissem. O Sr. Lock, com alguma dificuldade, estava lá, e logo Alice, Flora, Clara e Sylvia[227] também apareceram – a maldade sugeriria que toda a High Street de Kensington fora derramada numa sala. A normalidade disso tudo me impressionou. Nada bonito; nada definitivo; muito estranho que a natureza tenha produzido esse tipo de pessoa em tamanha abundância. Então o empregado disse "Senhor Sturgeon"; Flora gritou "Eu vou lá", e saiu correndo da sala; todos disseram Oh! Ah! Que esplêndido!, como se estivessem num palco, onde essa cena deveria mesmo ter acontecido. Fomos embora depois do segundo ato; Tinker[228] fugiu; mas foi recuperado, e então voltamos para casa, está muito frio, e Herbert apareceu, e aqui estamos sentados diante da lareira, e eu queria que já fosse esta hora na semana que vem.

Quarta-feira [12 de dezembro]

Esta manhã foi arruinada pelas lágrimas e lamentações de Lottie, que considera seu trabalho duro demais, e por fim pediu um salário maior, coisa que poderia facilmente conseguir, e Nell também. Perdi a paciência e disse-lhe que o conseguisse, então. Nelly chegou num estado de ânimo conciliador, lamentando o acesso de raiva de Lottie; mas apontou as dificuldades da nossa sala de tipografia, tão desorganizada – um trabalho interminável; tinha a intenção de pedir um aumento em fevereiro – o salário de todos aumentou – Claro que tivemos que pagar a mais pela comida, mas, de qualquer modo, precisávamos mesmo fazê-lo – Estávamos em termos muito amistosos; não havia dificuldade em relação ao dinheiro; mas as provocações de L.[ottie] me pareciam desagradáveis – confrontei-a para descobrir a verdade – se é que existe algo parecido no meio dessa bravata – Por fim, ela se foi. Caminhei ao longo do rio depois de fazer algumas impressões.

Quinta-feira, 13 de dezembro

Por meio de um planejamento cuidadoso, limitei a cena de reconciliação com Lottie a 15 minutos, às 11 horas em ponto. Ela soluçava, estava arrependida; retirou tudo o que havia dito, contou-me como seu temperamento a levou a brigas constantes nos "Frys", como elas os chamam; que era tudo uma invenção sobre o excesso de trabalho, e que quanto mais gente recebíamos, e quanto mais desarrumação fazíamos, mais ela gostava. Implorou-me que não contasse a ninguém, beijou-me e saiu, feito uma criança punida, deixando-me com uma mistura de pena e (suponho) autocomplacência. Os pobres não têm jeito; não têm educação nem autocontrole com que se proteger; nós temos o monopólio de todos os sentimentos generosos – (creio que isto não seja totalmente verdadeiro; mas há alguma verdade aí. A pobreza degrada, como disse Gissing[229]). Barbara[230] estava resfriada e não veio, para o meu alívio, certamente. Mas isto está errado, ela chegou depois do almoço, e trouxe uma carta de Nessa, em que a convida para ser governanta durante um mês, enquanto aguardam a Senhora Brereton. Barbara era tão sensata e prática que me arrependi, e ela certamente nos trata com a maior honestidade, e leva a sério o trabalho de impressão (aqui a luz faltou), o que é respeitável, e acho que se pode confiar em que ela cumpra exatamente a sua palavra. Depois do chá, imediatamente foi conduzir uma dessas curiosas reuniões de Nick[231], Oliver[232], e Saxon[233] e Carrington[234] sobre sua casa no campo. O trabalho de mobiliá-la ficou, é claro, para Carrington; mas Barbara é uma boa assistente e faz a contabilidade, o que vai acabar, assegurei-lhe, por absorver todo o seu dinheiro em coisas pelas quais nunca será paga.

1918

Hogarth House
Paradise Road
Richmond

Quinta-feira, 24 de janeiro

O último dia dos meus 35. Tremo só de escrever os anos que vêm depois: todos tingidos pela sombra dos 40. Outro dia de primavera; não precisei da lareira pela manhã. O único inconveniente é a perda do fogo, e daquela sensação de estar numa caverna confortável enquanto está frio e escuro lá fora. Lá fora está um cinza pálido. Fui à Biblioteca de Londres conseguir um punhado de histórias sobrenaturais. Vi Sir Henry Newbolt, uma doninha magra de cabelos cinzentos, mas não nos reconhecemos[235]. Depois andei pela Charing Cross procurando as Cartas de Keats, mas não as encontrei em lugar nenhum. Então fui ao Clube, onde encontrei Lytton sozinho, e como não tínhamos vontade de conversar, lemos nossos jornais juntos. Fredegond[236] chegou; mas depois de rir um pouco de sua mensagem telefônica, fui-me embora. Ela e Alix e Carrington se juntaram e chegaram à conclusão de que as critiquei, não poderiam aceitar isso, telefonaram-me, exigiram uma retratação; o que só poderia fazer se elas pusessem suas queixas por escrito: temo que não o farão. Dizem que eu as deprimo, e a única explicação é que sou sádica. É só o início das suas reações. Barbara, no entanto, não se deixa atingir nem um pouco pelas críticas. L. imprimiu 4 páginas na gráfica hoje, e só voltou às 18 horas, um serviço insatisfatório, devido à incompetência do tipógrafo.

Segunda-feira, 11 de março

Gastei 7 xelins em livros esta tarde, um fato que deve ser registrado, já que é a única menção à compra de livros este ano, ou no ano passado, talvez. Para dizer a verdade acumulei 12 xelins, dinheiro do *Times*; acrescente 5 xelins de um presente de aniversário e tenho 17 xelins – um lucro incomparável. Primeiro, contudo, andei pela cidade inteira atrás de chocolates ou doces. Em todas as lojas, não havia sequer um grama de chocolate; apenas pequenos pedaços quadrados, daqueles que se compravam num saco por um penny. Meia coroa[237] agora compra uma libra[238] deles. Meia coroa antigamente comprava um balde cheio. Sentei no andar de cima do ônibus, porque era um dia que parecia de junho, só que mais fresco, e mais triste também, fui até a livraria Nutts comprar um Leopardi[239]; depois fui até Mudies onde comprei o livro de Mill sobre a Liberdade; em seguida, fui até Charing Cross, onde comprei o *Happy Hypocrite*, de Max Beerbohm; e *Exiles of the Snow*, de Lancelot Hogben[240]. Desta forma, desembolsei 7 xelins. Mas me diverti ao perceber que o desejo por livros se reaviva ao menor estímulo. Quero um exemplar de Congreve. Creio que poderia comprar um com todas as peças que conseguisse ler na vida por dois xelins e seis centavos; mas um demônio sugeriu que eu indagasse pelo Baskerville em dois volumes[241]. O livreiro compartilhava do meu desejo, o que só o fazia aumentar; para resumir, disse-lhe que fizesse algumas consultas. Ele não quis me falar um preço provável, pelo que concluo que está calculando meu desejo de possuí-lo quando o vir. E, afinal, nada compensa mais o nosso dinheiro do que um livro bonito – estou obviamente caindo nesse conto. Passeei pelas estantes, como havia feito na maioria das lojas. Ele é cuidadoso, fino, livresco; não existem ofertas, apenas o tipo de livro que você gostaria de comprar. Estas livrarias têm um ar de século XVIII. As pessoas entram e conversam sobre literatura com o dono da loja que, neste caso, sabe tanto de livros quanto elas. Casualmente, escutei uma longa conversa com um pároco que descobrira uma livraria em Paddington cheia de Elzevirs[242]. Ele condenou o governo, particularmente pelo desperdício de papel. Deveriam abolir todos os jornais e colar uma folha de papel na agência dos correios, se por acaso houvesse alguma notícia.

Depois fui ao Clube, onde encontrei L. Fredegond, Gerald[Shove][243], Goldie[244], Brailsford[245] e Alix. O poeta Hogben[246] também estava lá. Coloquei seu livrinho no braço da minha poltrona. As fofocas de sempre. O livro do pobre Hogben é precisamente a aborrecida imitação que se poderia ter esperado; ou até mesmo pior do que se poderia ter esperado – o que Lytton chamaria de "iletrado"; sob a influência de Swinburne, incrivelmente desprovido de talento, e rebelde sem convencer.

Vim para casa. L. foi a uma reunião da L. das. N.[247]

Sábado, 3 de agosto

Nada além de notícias rústicas para registrar, já que, como esperávamos, os Murry nos adiaram. Katherine escreve para dizer que está doente[248]. Não posso deixar de pensar que ela possa estar irremediavelmente doente. De qualquer modo, está fora de questão que venha aqui. O tempo não se manteve bom. Ontem foi um dia muito úmido, desses que a Inglaterra costuma produzir. Quase sempre as tardes são secas na Inglaterra; e assim foi, mais ou menos. Saímos para colher cogumelos à noite, e enchemos um lenço com eles. E assim começou novamente uma das nossas grandes diversões. Encontramos uma amora madura na colina. Uma lebre passou por mim enquanto eu estava deitada na grama. Talvez nos dê grande prazer estarmos sozinhos, afinal.

O tempo esteve melhor hoje, apesar de um céu escuro ser a coisa mais feia na natureza. L. foi até Lewes. Foi buscar um pacote do *New Statement*, que não estava lá. Dei uma volta pela trilha de M., até lá em cima. Meu registro deve ser apenas de besouros e borboletas. Um raio de sol revela as charnecas marrons em grande número. Um dirigível flutuava sobre Newhaven, e o céu era tão azul quanto o mar. Pareceu-me estranho pensar em todo o azul brilhante a queimar sem perigo por trás das nuvens; e como um raio sobre a terra tornava-a um lugar diferente. Devo ir colher cogumelos, já que o sol saiu.

Segunda-feira, 4 de agosto

Enquanto aguardo a compra de um caderno para registrar minhas impressões, primeiro de Christina Rossetti, depois de Byron, achei melhor escrevê-las aqui. Para começar, quase não tenho dinheiro, já que comprei Leconte de Lisle em grandes quantidades[249]. Christina possui a grande distinção de ser uma poeta nata, como ela própria parece ter sabido muito bem. Mas, se eu estivesse abrindo um processo contra Deus, ela seria uma das primeiras testemunhas que chamaria. É uma leitura melancólica[250]. Primeiro, ela privou-se de amor, o que também significa de vida; depois, de poesia, em respeito ao que achava que sua religião exigia. Havia dois bons pretendentes. O primeiro, de fato, tinha suas peculiaridades. Ele tinha uma consciência. Ela só poderia se casar com um determinado matiz de cristão. Ele só conseguia permanecer nesse matiz alguns meses por vez. Por fim, ele contraiu catolicismo romano e se perdeu. Pior ainda era o caso do Sr. Collins – um erudito realmente encantador – um recluso nada mundano – que adorava somente Christina, que nunca poderia ser trazido para o rebanho. Por esta razão, ela só podia visitá-lo afetivamente nos alojamentos dele, o que fez até o fim da vida. A poesia também foi castrada. Ela dedicou-se a versificar os salmos; e fez toda a sua poesia subserviente à doutrina cristã. Como consequência, acredito, acabou morrendo de emaciação austera, um dom original muito belo, o qual só queria permissão para tomar uma forma muito mais bela do que, digamos, a da Sra. Browning. Ela escrevia com muita facilidade; de maneira muito espontânea e infantil, podemos imaginar, como é geralmente o caso quando o dom é verdadeiro; mas ainda por desenvolver. Ela tem o poder natural de cantar. Ela também pensa. Ela tem imaginação. Ela podia ter sido – somos profanas o suficiente para o imaginar – irreverente e engraçada. E, como recompensa por todos os seus sacrifícios, morreu aterrorizada, incerta de sua salvação[251]. Porém, confesso que só agora comecei a revolver sua poesia, abrindo caminho inevitavelmente pelos poemas que já conhecia.

Quarta-feira, 7 de agosto

O diário de Asheham esgota minhas meticulosas observações sobre flores, nuvens, besouros e o preço dos ovos, e, estando sozinha, não há acontecimento a registrar[252]. Nossa tragédia foi ter esmagado uma lagarta; nossa emoção, a volta dos empregados de Lewes na noite passada, carregados de todos os livros de L. sobre a guerra, e a *English Review* para mim, com

Brailsford sobre a Liga das Nações, e Katherine Mansfield sobre "Bliss"[253]. Deitei "Bliss" por terra e exclamei "Ela está liquidada!". De fato, não consigo acreditar o quanto da fé nela, como mulher ou escritora, pode sobreviver a esse tipo de história. Terei que aceitar o fato de que sua mente é um solo muito raso, a uma ou duas polegadas de uma rocha muito estéril. Pois "Bliss" é longo o suficiente para lhe dar a oportunidade de se aprofundar. Em vez disso, ela se contenta com uma inteligência superficial, e toda a concepção é pobre, ordinária, não é a visão, conquanto imperfeita, de uma mente interessante. Escreve mal, também. E o efeito foi, como disse, o de me dar uma impressão de sua insensibilidade e dureza como ser humano. Devo lê-lo novamente; mas não creio que mude de ideia. Ela vai continuar fazendo esse tipo de coisa, perfeitamente para a sua satisfação e de Murray. Agora sinto-me aliviada de não terem vindo. Ou será absurda toda essa crítica pessoal a ela a partir de uma história?

De qualquer modo, fiquei muito contente em continuar meu Byron. Ele tem, ao menos, as virtudes masculinas. Na verdade, diverte-me descobrir com que facilidade consigo imaginar o efeito que ele teve sobre as mulheres – especialmente sobre as mulheres bastante estúpidas ou sem educação, incapazes de enfrentá-lo. Tantas, também, gostariam de redimi-lo. Desde criança (como diria Gertler[254], como se isso demonstrasse que ele era uma pessoa particularmente notável), tenho o hábito de me empanturrar com uma biografia, e de querer construir minha personagem imaginária da pessoa com cada fragmento de notícia que pudesse encontrar sobre ela. Durante essa paixão, o nome de Cowper ou Byron ou de quem quer que fosse parecia aparecer nas páginas mais improváveis. E, então, de repente, a personagem torna-se distante e tão-somente um dos mortos de sempre. Muito me impressiona a extrema má qualidade da poesia de B – que Moore cita com admiração inexprimível. Por que será que consideravam estas coisas de álbum[255] a mais bela chama da poesia? Quase não são melhor leitura do que L.E.L ou Ella Wheeler Wilcox[256]. E dissuadiram-no de fazer o que sabia do que podia fazer, que era escrever sátiras. Ele voltou do Oriente com sátiras (paródias de Horácio) em sua bagagem, e o *Childe Harold*[257]. Foi convencido de que o *Childe Harold* era o melhor poema já escrito. Mas nunca, enquanto jovem, acreditou em sua poesia; uma prova, numa pessoa tão confiante e dogmática, de que não possuía o dom. Os Wordsworth e os

Keats acreditavam piamente nisso. Seu caráter me lembra um pouco o de Rupert Brooke[258], ainda que em prejuízo de Rupert. De qualquer forma, Byron tinha uma força extraordinária; suas cartas o provam. Tinha, em muitos sentidos, uma natureza muito bonita, também; mas, como ninguém ridicularizou suas afetações, tornou-se muito mais parecido com Horace Cole do que seria desejável[259]. Só uma mulher poderia rir dele, e em vez disso, elas o adoravam. Ainda não cheguei a Lady Byron, mas suponho que, em vez de rir, ela meramente o reprovasse. E assim ele se tornou byrônico.

Sexta-feira, 8 de agosto

Na ausência de interesse humano, o que nos deixa tranquilos e contentes, é melhor mesmo continuar com Byron. Tendo indicado que estou pronta, depois de um século, para me apaixonar por ele, acredito que o meu julgamento de Don Juan possa ser parcial. É o poema mais legível de seu tamanho já escrito, creio; uma qualidade que se deve em parte à natureza elástica aleatória desordenada galopante de seu método. Este método em si é uma descoberta. É o que estivemos procurando em vão – uma forma elástica que vá conter tudo o que você escolher pôr dentro dela. Desta forma, ele podia descrever o seu estado de ânimo como este lhe viesse; poderia dizer qualquer coisa que viesse à cabeça. Não se sentia obrigado a ser poético; e assim seu gênio maligno escapou do falso romântico e imaginativo. Quando é sério, é sincero; e consegue adentrar qualquer tema que deseje. Escreve dezesseis cantos sem açoitar seus flancos uma só vez. Ele tinha, evidentemente, a mente apta e espirituosa que meu pai, Sir Leslie, teria chamado de uma natureza completamente masculina. Insisto que esse tipo ilícito de livros é muito mais interessante do que os livros apropriados, que devotamente respeitam ilusões o tempo inteiro. Ainda assim, não parece um exemplo fácil a ser seguido, e de fato, como todas as coisas livres e fáceis, apenas aquelas pessoas habilidosas e maduras conseguem realizá-las com sucesso. Mas Byron era cheio de ideias – uma qualidade que dá ao seu verso uma dureza e que me leva a pequenas excursões sobre a paisagem ou o cômodo ao meu redor no meio da minha leitura. E hoje à noite terei o prazer de terminá-lo – apesar de que, considerando que apreciei quase todas as estrofes, por que isso seria um prazer eu realmente não sei. Mas é sempre assim, não importa se é um livro bom ou um livro ruim. Maynard Keynes[260] admitiu, do mesmo jeito, que, enquanto lê, separa sempre com uma das mãos os anúncios no final do volume, para saber exatamente quantas páginas faltam ainda para terminar.

Todos falharam conosco até agora: Katherine, doente: Ka e Will A.F.[261], obrigados a trabalhar no próximo domingo; então, num desejo louco de juntar Bonwick[262] a alguém que possa mitigar seu tédio, mandamos telegramas a Marjorie Strachey[263] e a Sra. Hamilton. Demorei-me, de forma um tanto maliciosa, nas descrições do cabelo claro de B. a Marjorie, mas ela mesma provocou isso com a confissão, ou melhor, a declaração, de que pretende se casar.

Segunda-feira, 19 de agosto

É possível que tenhamos resolvido o problema de ter visitantes – não os ver. Neste momento, A. e K.[264] estão na casa, como prova um som ocasional que vem da sala de estar. Mas só nos encontramos nas refeições; assim é possível pensar em coisas para dizer nos intervalos. Acho que a surdez se impõe sobre a mente tanto quanto a voz; afugenta os pensamentos mais rápidos, tímidos e profundos, de modo que toda a conversa que chega a uma pessoa surda deve ser da mesma espécie saudável, simples, pragmática. Por mais que tentemos, não conseguimos fazê-lo de outra maneira. Carrington veio passar o fim de semana[265]. Ela é a mais fácil das visitas, porque nunca para de fazer coisas – bombeia água, ceifa ou caminha. Suspeito que parte disso seja atividade intencional, para que não se aborreça; mas tem suas vantagens. Depois de arrastar-se até aqui, ela arrastou-se até Charleston, e só voltou às onze horas da noite passada, bem quando estávamos fechando as janelas. O pobre e lúgubre Bunny acompanhou-a, afirmando que uma caminhada de 16 quilômetros não era nada em comparação ao prazer de ter alguém com quem conversar. Ela arrastou-se novamente esta manhã para arrumar a mala de Lytton ou comprar-lhe uma escova de cabelos em Londres – uma pessoa robusta, de vestido estampado, feito a partir do modelo de alguém num quadro de John[266]; uma vasta cabeleira loiro-avermelhada, uma cara gorda e decidida, com olhos azul-claros que olham fixamente. Falta algo ao conjunto, mas falta, certamente, o que pode ser vulgaridade. Ela parece ser uma artista – *parece*, eu digo, porque em nosso círculo a corrente é suficiente para arrastar pessoas com tão pouca arte em si quanto Barbara nessa direção. Ainda assim, acho que Carrington se interessa genuinamente por isso, em parte por causa de sua maneira de olhar para as pinturas.

Terminei, aliás, a *Electra* de Sófocles, que se arrastava, apesar de não ser tão terrivelmente difícil, afinal. A coisa que sempre me impressiona é a natureza extraordinária da história. Parece impossível *não* fazer uma boa peça com ela. Talvez seja o resultado de contar com enredos tradicionais já elaborados e melhorados e despojados de quaisquer excessos pelo polimento de inúmeros atores e autores e críticos, até ficarem como um pedaço de vidro desgastado e alisado pelo mar. Além disso, se todos na audiência sabem de antemão o que vai acontecer, toques muito mais finos e mais sutis vão bastar, e palavras podem ser poupadas. De qualquer modo, a meu ver, nunca se despenderá atenção demasiada nessa leitura, ou se atribuirá peso suficiente a cada linha e alusão; e a aparente aridez está somente na superfície. Permanece, contudo, a questão de ler as emoções erradas no texto. Geralmente sinto-me humilhada ao descobrir o quanto Jebb consegue ver[267]; minha única dúvida é se ele não vê demais – como creio que podemos fazer com uma peça moderna inglesa ruim se nos dermos a esse trabalho. Por fim, o charme particular do grego continua tão forte e difícil de explicar quanto sempre. Sentimos a imensurável diferença entre o texto e a tradução nas primeiras palavras. A mulher heroica é praticamente igual na Grécia e na Inglaterra. Ela é do tipo de Emily Brontë[268]. Clitemnestra e Electra são claramente mãe e filha, e, portanto, deveriam ter alguma compaixão, embora talvez a compaixão que não tenha dado certo engendre o ódio mais feroz. E. é o tipo de mulher que põe a família acima de tudo; o pai. Tem mais veneração pela tradição do que os filhos da casa; sente-se nascida do lado do pai, e não da mãe. É estranho notar como, embora as convenções sejam perfeitamente falsas e ridículas, nunca parecem mesquinhas ou indignas, como acontece constantemente com as nossas convenções inglesas. Electra teve uma vida bem mais protegida do que as mulheres da era vitoriana, mas isso não tem qualquer efeito sobre ela, exceto torná-la severa e esplêndida. Ela não podia sair para um passeio sozinha; no nosso caso, bastaria uma criada e um cabriolé.

Terça-feira, 27 de agosto

Agora confesso que praticamente me esqueci do que queria dizer sobre os prisioneiros alemães; sobre Milton e a vida. Acho que era que ? (tudo o que consigo lembrar agora (sexta-feira, 30 de agosto) é que a existência da vida em outro ser humano é tão difícil de perceber quanto uma peça de Shakespeare quando o livro está fechado. Isso me ocorreu quando vi Adrian conversando com o prisioneiro alemão alto. Eles deveriam é estar se matando. A razão por que é fácil matar outra pessoa deve ser que a nossa imaginação é muito vagarosa para conceber o que a sua vida significa para ela – as infinitas possibilidades de uma sucessão de dias contidos nela, e que já foram gastos. Entretanto, esqueço como isto deveria continuar. O prisioneiro, que parece muito magro e sem esperança, aparentava gostar de conversar; encontrei-o depois e sorrimos, mas o guarda não estava lá.

Aqui estamos, quase no final de agosto, e concluindo a visita de A. e K. Eles vão para Charleston[269] amanhã. É estranho pensar como, numa visita desse tipo, passamos por diferentes estágios. Os meus estágios são, na maioria, mais próximos da cordialidade e do afeto do que da irritação; apesar de existir um elemento de crítica em nosso relacionamento, baseado, em parte, nos modos, apetite e aparência de K. A última, pobre mulher, não consegue evitar; ainda assim, não parece haver necessidade alguma de enfatizar o processo natural com um vestido laranja, amarrado com uma faixa larga[270]. Seu apetite é francamente o de um escolar. "Que carne!", exclamou hoje. "Você não fica extasiada ao ver uma boa carne?" As refeições acrescentam algum tipo de romance à sua vida, como eu à minha maneira obtenho, digamos, com a correspondência ou os jornais. Imagino Karin, por exemplo, pensando com uma ponta de emoção que amanhã é dia de charque; como eu penso que talvez receba o meu livro do *Times* ou uma carta interessante. L., por sua vez, está irritado, e estar irritado com coisas superficiais desagradáveis encontra causas mais profundas em relação a eles do que eu possa concordar completamente. Nosso método habitual é começar com "Por que Adrian se casou com ela?". Daí eu digo, "Eu consigo entender – ela tem energia", e assim por diante. Então L. diz, "Preferiria mil vezes ter-me casado com Ka – Na verdade, preferiria ter-me casado com qualquer outra pessoa no mundo. Não consigo estar no mesmo cômodo que ela." Ainda assim, consigo entender por que Adrian se casou com ela. Em primeiro lugar, ela faz com que ele seja como as outras pessoas. Ele sempre teve, acredito, certa suspeita de que, enquanto as outras pessoas são profissionais, ele continua sendo um amador. Ela lhe proporciona um lar, filhos, contas, uma vida cotidiana; para todos os efeitos, ele é como qualquer outra pessoa. Acredito que ele precise de reafirmação constante quanto a isso, e que se deleite constantemente com a solidez dela. Sim, queremos ser vistos fazendo coisas comuns quando nossos amigos vêm nos visitar. Também sinto isso, até certo ponto. Creio compartilhar de muitos dos sentimentos de A. Sou tomada por uma sensação quando estou com ele, de que, em vez de confortavelmente obtusos, somos crepusculares um para o outro; e, assim, entre outras coisas, ficamos assustadoramente tímidos quando estamos a sós. Com outras pessoas na sala, damo-nos muito melhor. Fizemos uma caminhada até os correios que foi marcada por esses emperramentos nas rodas, que são tão desconcertantes; nada parece possível; então, com um solavanco odioso, seguimos vacilantes. Lidamos melhor com isso do que antigamente. Ele perdeu a timidez e o ar de estar se ouvindo falar quando me contou sobre Karin; como ela é surda, e como fica deprimida, e como pensa que as pessoas não falam mais alto de propósito, e por causa disso não gosta de nenhum dos Strachey e outros da família que murmuram em voz baixa. Ele tem muito orgulho da vitalidade dela. Creio que isso lhe proporcione boa parte da matéria da vida de que ele mesmo não dispõe.

 Ontem, dia 22, fui de bicicleta a Charleston, almocei, e voltei para casa no início da noite[271]. Foi o primeiro dia de outono, quente, de um azul suave, e borrado pela névoa. Duncan passou a noite conosco. Ele foi falando até que, por meios cujos segredos só ele conhece, nos fez chorar de tanto rir. Seu número principal foi uma descrição de Lady Strachey lendo em voz alta o The Dying Ploughboy Speaks from the Grave, de Laurence Housman—[272]

 "Ouço os sinos tocando, e estou deitado na cama de minha mãe. O mais belo poema desta língua, também." Depois nós discutimos a ruptura da bexiga das pessoas, a National Gallery, incesto, talvez, e outras fofocas. Todos sentados na sala de estar, até que ficou muito escuro para enxergarmos.

Precisamos acender as luzes na hora do jantar, mas por enquanto ainda não. Fiquei conversando com Nessa. Um novo plano está em andamento para que Liz seja sua cozinheira. Trissie está indo embora – mas nunca mais trabalhará como doméstica. Ela é um dos casos de transição – a empregada que ainda não se transformou numa lady, mas que já está além da criadagem. Karin e A. foram a Brighton para consultar um especialista sobre o ouvido dela.

Terça-feira, 10 de setembro

Passei os primeiros cinco minutos com este caderno antes de tentar pescar duas moscas que se afogaram no meu pote de tinta com a ponta da minha caneta; mas começo a perceber que este é um daqueles empreendimentos bastante impossíveis – absolutamente impossíveis. Nem Darwin nem Platão conseguiriam fazê-lo com a ponta da minha caneta. E agora as moscas estão aumentando e se dissolvendo; hoje há três. Em Asheham eu naturalmente me lembro de Darwin e Platão; mas nisto não sou a única. Meu esnobismo intelectual foi punido esta manhã quando ouvi, de Janet, que está lendo *Dom Quixote* e o *Paraíso perdido*, e que sua irmã lê Lucrécio à noite. Eu achava que ninguém em Sussex estivesse lendo o *Paraíso perdido* neste momento. Janet é da peculiar opinião de que *Dom Quixote* é mais engraçado do que Shakespeare. Posso ver que a vulgaridade de Shere[273] a deixa angustiada; ela lida intelectualmente com isso. Toda a sua geração usa o cérebro de forma muito escrupulosa com relação aos livros, buscando um sentido em vez de se permitirem percorrê-los por prazer, o que é mais ou menos a minha maneira, e, portanto, naturalmente, a mais valiosa e a melhor. Dizem que Margaret não está muito bem. Tendo a me mostrar impiedosa, já que espero aprender à minha custa, algum dia – sobre as enfermidades dos mais velhos, em geral, e as de Margaret, em particular. Ela me parece viver numa atmosfera em que os pés frios são mais importantes do que é a bronquite em outros lugares – parte do romance da vida, como a comida é para Karin, e resenhar livros é para mim. E que eco solícito e atento é proporcionado por Lilian e Janet! Margaret domina, e como elas obtêm prazer no altruísmo, esbanjam compaixão e acabam criando uma escala de saúde diferente para M. do restante do mundo – mas isto é um pouco fantástico, e advém em parte de saber que, se eu fosse amável, escreveria uma carta longa, afetuosa e divertida para M. Sou dissuadida de fazê-lo pelo meu preconceito em relação à condescendência com os idosos. Não quero nem ser condescendente, nem que sejam comigo e sinto que o tipo de carta que escrevemos nessas ocasiões é um ato de caridade e, portanto, não deve ser oferecido nem recebido. Inevitavelmente, o profissional da caridade aborda o não profissional com a intenção de abocanhar o que ele puder dar, e desdenha ligeiramente dele, que pode não ser mais do que um provedor de divertimento. O tédio é o reino legítimo dos filantropos. Eles reinam na metrópole.

Embora eu não seja a única pessoa em Sussex a ler Milton, pretendo escrever minhas impressões do *Paraíso perdido* enquanto estou envolvida nisso. Impressões descrevem bastante bem o tipo de coisa que resta na minha cabeça. Deixei muitos enigmas por decifrar. Deslizei com demasiada facilidade pelo livro e não pude provar plenamente o seu sabor. Contudo, vejo, e concordo em acreditar nisso até certo ponto, que esse sabor total é a recompensa da mais alta erudição. Impressiona-me a extrema diferença entre este poema e qualquer outro. Se encontra, acredito, no sublime distanciamento e na impessoalidade das emoções. Nunca li *O sofá*, de Cowper, mas posso imaginar que *O sofá* seja um substituto inferior para o *Paraíso perdido*[274]. A substância de Milton é toda feita das descrições maravilhosas, belas, e magistrais de corpos de anjos, batalhas, voos, lugares onde habitam. Ele trata do horror e da imensidão e da pobreza e do sublime, nunca das paixões do coração humano. Algum grande poema já lançou tão pouca luz sobre nossas próprias alegrias e pesares? Não me ajuda a julgar a vida; quase não sinto que Milton tenha vivido ou conhecido homens e mulheres, exceto pelos comentários impertinentes sobre o casamento e os deveres da mulher. Ele foi o primeiro dos masculinistas; mas sua depreciação vem da própria má sorte, e parece mesmo um ressentido ponto final para suas brigas domésticas. No entanto, como tudo é suave, forte e elaborado! Que poesia! Posso imaginar que mesmo Shakespeare, depois disso, pareça um pouco perturbado, pessoal, intenso e imperfeito. Posso imaginar que essa seja a essência da qual quase toda outra poesia é a diluição. A elegância inexprimível do estilo, na qual todos os tons são sucessivamente perceptíveis, seria suficiente para nos manter em contemplação, muito depois de encerrado o processo de leitura superficial. Lá no fundo, conseguimos descobrir ainda mais combinações, recusas, alegrias e maestrias. Além disso, apesar de que não haver nada como o terror de Lady Macbeth ou o grito de Hamlet, nenhuma piedade ou compaixão ou intuição, as figuras são majestosas; nelas se resume muito do que os homens pensaram sobre o nosso lugar no universo, nosso dever para com Deus, nossa religião.

Sábado, 26 de outubro

Aqui estou fazendo experiências com a mãe de todas as canetas – a J. preta, *a* caneta, como eu a considerava, junto com outros objetos, quando era criança, porque minha mãe a usava; e, portanto, todas as outras canetas eram variações e excentricidades. O que tenho que registrar com ela é a feliz notícia de que estou, mais uma vez em apuros – desta vez por causa de Gertler, – Monty Shearman – Mary – Clive – Vanessa; – que explodiu sobre a minha cabeça com reprimendas por quase a ter levado ao desastre. Minha consciência está limpa; mas estou começando a pensar que amizades cultivadas nessa atmosfera são intensas, frágeis e dolorosas demais. Escrevi a Charleston sobre isso[275]. Se eu recebesse cartas de Mary e Clive, me sentiria recompensada. L. está em Tidmarsh, e eu escrevo para me aliviar do sentimento que me acomete em sua ausência, de ser uma cidade sitiada.

Passamos o dia em Londres ontem – de certo modo, o charme desses dias não é mais o mesmo. Estarei ficando blasé – o 17 Club estará menos arrebatador? Fomos à mostra do Omega[276], encontramos Roger, fomos convidados a tomar chá em seu estúdio, discutimos as mudanças no estilo de Duncan, o enterro de seu pai, metade dos presentes da Igreja da Inglaterra, metade quacre, representação, realidade, e assim por diante, Waley chegou quando estávamos saindo[277]. Jantamos num lugar muito quente no Soho, onde nos dão uns seis quilos de comida por dois xelins e três centavos. Fomos novamente ao Clube, onde Leonard fez seu discurso sobre a Áustria-Hungria[278]. Como sempre, considero-o não somente muito claro, mas também com o grau certo de paixão para ser interessante. A plateia, como sempre no 17 Club, parecia ser composta de gente bizarra cujas feições aberrantes levaram-nas cada vez mais longe nos cafundós da vida, onde vivem em semiobscuridade, saindo de seus esconderijos apenas para plantar flechas nos costados dos elegantes moradores da cidade. Não fosse tão feio, poderia ser pitoresco. Ou será simplesmente que o corpo se ressente de um uso demasiado do cérebro?

Segunda-feira, 28 de outubro

L. encontrou Lytton com um dedo inchado e duas ou três manchas na mão, sentado em frente ao fogo, se movendo apenas quando envolto em uma toalha de mesa de seda, com as mãos também enroladas em lenços de seda, e reclamando do frio e descrevendo noites de agonia ao ser tomado por uma dor semelhante à dor de dente, que se transforma em uma frenética aflição acalmada apenas por morfina. Isso tem ocorrido há um mês e Carrington está sem saber o que fazer, naturalmente. Qualquer coisa como dor é repugnante para os Strachey, mas ceder em tudo diante dos exageros e terrores da pobre criatura fez com que tivesse uma dose suficiente de horror, imagino eu; e o médico alertou Carrington, em particular, que herpes zóster pode durar meses. No entanto, Lytton deve se mudar para a casa de Mary em um ou dois dias, evitando Londres por causa da gripe[279] – (a propósito, estamos em meio a uma praga sem precedentes desde a Peste Bubônica, segundo o *Times*, que parece estremecer, a não ser que possa contar com Lorde Northcliffe, e dessa maneira nos precipitar à paz). Mas eu estou longe da paz. Há uma quinzena de noites Bloomsbury inteira ligou sobre os meus crimes; M.H. foi conduzida desacordada dos arredores de Londres em táxis; pediram a Lytton que viesse em seu resgate; Duncan Clive Vanessa – todos em agonia e desespero. E por que ninguém me incriminou eu não sei; minha teoria pessoal é que Clive incitou que a carta de V. seria uma precaução contra futuras indiscrições, dando instruções expressas para que seu nome não fosse mencionado. Eu me acalmei por denunciar o sistema espião e agora estou incapaz até mesmo de me sentir irritada. Tudo vem, acho eu, da maneira indiscreta como pessoas como M.H. aceitam posições que são incapazes de ocupar, e assim recuam e se esquivam constantemente, mantendo todos em situação de desconforto. Anuncio a minha intenção de manter distância desse arranjo no futuro e, enquanto escrevo, o correio traz uma carta de Eliot[280] pedindo para visitar.

Para minha grande surpresa, uma voz ao telefone se tornou a voz de Lady Mary Murray[281], nos convidando ontem para almoçar. Nós trocamos o almoço pelo chá e fomos até More's Gardens, um quarteirão de flats em Embankment, onde depois de bater por algum tempo uma aldraba gigantesca a porta foi atendida pela própria Lady Mary. L. estava quase inclinado a tomá-la por uma criada desarrumada, mas cordial. Os Fisher Williams[282] estavam lá. Um chá é a menos natural das situações e provoca o máximo de desconforto em que consigo pensar. E os FW possuíam apenas o cérebro de um coelho de tamanho médio entre eles. Ainda assim, foi a respeitabilidade que me pesou e não a ausência de intelecto. Há alguns dias escuros e enevoados do outono que me fazem lembrar do ambiente de Murray. A limpeza de Gilbert era notável; uma excelente enfermeira deve esfregá-lo com pedra-pomes todas as manhãs; ele é tão discreto, tão sensível, com um tom de voz tão baixo e gosto imaculado que é difícil entender como teve a ousadia de gerar uma criança. Ela é uma senhora esguia e mais velha, extremamente nervosa, um pouco brusca e bastante aristocrática à sua maneira, gentil, melindrosa, refinada também – oh, sim, são todos refinados. Sentei-me e conversei com Gilbert, primeiramente sobre o nosso amor por doces, depois sobre o amor grego pelo vinho, depois sobre sua posição de apoio ao governo. Diz ele que recusou muitas honrarias, mas foi repreendido por mandar uma resenha de um livro para a *Job to America*. Maliciosamente o bastante, eu senti que a simplicidade dele era mantida por anos de adoração e adulação, e que o adequado a dizer é "Como Gilbert Murray é maravilhosamente simples!". Mas a amabilidade dele não tinha medida. Os Tonybee chegaram. Conversei amenidades por um longo tempo com Arnold, sobre o seu escritório, seu estudo e assim por diante; eu acho que o assusto; ou talvez eu não esteja acostumada às maneiras de Oxford. A suavidade e delicadeza me são estranhas. Ele é tão míope que tem uma dolorosa expressão avermelhada ao redor dos olhos, como se fosse um estudante primário exaltado pela capacidade constante de se posicionar sobre o seu posto. Fico sempre surpresa em descobrir como ele é bem-intencionado e até mesmo sincero apesar disso.

Em casa, eu encontro Freda Major isolada na estação, então L. precisou buscá-la. Herbert veio após um dia de treinamento; ele estava longe desde o dia 6, e levou F. em casa e pegou o último trem para Staines. Freda não passa de um cão de brinquedo envelopado em carne humana, mas mantém os belos, irritantes e lamentosos modos de sua existência canina. Ela estimulou Herbert a falar com mais fluência e entusiasmo do que de costume sobre a greve dos policiais[283] e os carros da Ford.

Quarta-feira, 4 de novembro

Já que voltei do Clube e estou esperando por L. (que foi ver o Sr. Hawkins do Templo [não identificado]) achei melhor aliviar a minha irritação com caneta e tinta. Tenho uma caneta de <malaquita> vulcanite, que talvez sirva o propósito de um coral para bebês[284]. Não recebi carta de Charleston, o que me faz sentir ignorada, apesar de acreditar que há comunicações ocorrendo entre Clive e Mary; e não deixo de pensar que a frieza de Janet[285] se precipitando sobre as últimas páginas do meu romance[286] ainda me deprime. A depressão, contudo, agora assume a saudável forma da completa certeza de que nada do que eu possa fazer importa; portanto, me sinto ao mesmo tempo contente e irresponsável – não sei se este não é um estado mais feliz do que a exaltação de quem recebeu um elogio recentemente. Pelo menos não há nada a temer, e o simples prazer de escrever parece realmente puro. Mostra-se tão genuíno que nenhuma quantidade de água fria vinda de Hampstead poderia prejudicá-lo. Elogios? Fama? A opinião favorável de Janet? Como são irrelevantes, todos!

Fico pensando em diferentes maneiras de conduzir as minhas cenas; concebendo infinitas possibilidades, vendo a vida, enquanto caminho pelas ruas, como um imenso bloco de material opaco a ser levado por mim até o seu equivalente na linguagem. (O fogo que Lottie fez tem que ser cuidado como um gatinho moribundo – é meu fogo agora, já que o dela morreu, claro, e eu levei 25 minutos para conseguir um fiapo de chama entre os carvões.) Nos intervalos, tenho pensado bastante sobre este estado melancólico em que nos projeta a velhice iminente. Pela forma como Janet recebeu certos comentários meus sobre os 60 anos serem um limite de idade (para os Webb), senti que ela considerava a idade uma doença vergonhosa que nos faz encolher à menção de seu nome. De qualquer modo, é óbvio que ela deve pensar sobre o assunto quando está sozinha, sem encará-lo de frente, mas desviando-se dele. E, também, parece que agora está sempre tentando não correr riscos. Ela tem uma espécie de ressentimento pessoal contra qualquer um, como Lytton, por exemplo, que ri daquilo que para ela é sagrado; cai na armadilha traiçoeira de acreditar que qualquer desvio do que é grandioso será efêmero e impertinente; e argumenta isso de forma pessoal, como se sua própria reputação dependesse da deles. E deseja ansiosamente estar, o tempo todo, à frente, sentir o que os jovens sentem. Mas, se eu represento os jovens, meus sentimentos tendem a se desenvolver em linhas tão diferentes que tudo o que posso fazer é acenar-lhe com a mão, a léguas de distância no mar.

Fui até Souhami's[287]; Mudies[288] e ao Clube.

Segunda-feira, 11 de novembro

Há vinte e cinco minutos as armas foram disparadas, anunciando a paz. Sirenes uivaram sobre o rio. Ainda uivam. Algumas pessoas correram para olhar pelas janelas. As gralhas voavam em círculos, e foram, por um instante, a imagem simbólica de criaturas a realizar uma cerimônia, em parte de ação de graças, em parte de despedida sobre um túmulo. Um dia muito nublado e quieto, a fumaça caindo pesadamente na direção leste; e isso, também, por um instante, tinha a aparência de algo flutuante, ondulante, pendente. Olhamos pela janela, vimos o pintor de casas olhar uma única vez para o céu e continuar fazendo o seu trabalho; o velho andando a passos vacilantes pela rua, carregando uma sacola da qual saía um grande pão, seguido de perto por seu cão vira-latas. Até agora, não houve sinos nem bandeiras, mas o uivar das sirenes e tiros intermitentes.

Sexta-feira, 15 de novembro[289]

Não tenho dinheiro para comprar outro livro; além disso, ao esperar, a questão do papel pode talvez tomar o seu lugar mais uma vez na escala de meus prazeres; livros bons, livros baratos, livros que nos fazem querer terminá-los a fim de ter o prazer de comprar um outro podem estar acumulados contra a parede em papelarias. A paz rapidamente se dissolve na luz do dia comum. Você pode ir a Londres e não encontrar mais do que dois soldados bêbados; apenas uma multidão casual bloqueia a rua. Em um dia ou dois será impossível que um soldado raso ameace nocautear os miolos de outro soldado, como vi acontecer um dia desses na Shaftersbury Avenue. Mas mentalmente a mudança também é notável. Em vez de sentirmos, o dia inteiro, e quando rumávamos para casa através de ruas escuras, que todas as pessoas, querendo ou não, estavam concentradas num lugar só, agora sentimos que toda a multidão explodiu e voou, com a maior força, em direções diferentes. Somos, uma vez mais, uma nação de indivíduos. Algumas pessoas gostam de futebol; outras, de corridas; outras, de dançar; outras de – ah, bem, estão todas correndo por aí muito contentes, saindo de seus uniformes e retomando seus assuntos particulares novamente. Ao voltar do Clube para casa esta noite, pensei, por um momento, que ainda era o pôr do sol, por causa das luzes brilhantes em Picadilly Circus. As ruas estão cheias de pessoas muito à vontade; e as lojas ostentando luzes sem proteção[290]. Ainda assim é deprimente, também. Expandimos nossas mentes para considerar algo universal, em todo o caso; contraímo-las imediatamente às altercações de Lloyd George e a uma eleição geral[291]. Os jornais estão ilegíveis. Nosso senso de perspectiva está tão mudado que não conseguimos ver a princípio que significado todas essas fofocas sobre partidos possam ter; não conseguimos nos interessar. Outras pessoas têm mais direito de serem mais lerdas do que eu. Prevemos um ano ou dois de frouxidão, exceto por parte dos profissionais. Eles vão conseguir o que pretendem. Multidões [?] vão jogar futebol e críquete e praticar tiro no campo. O primeiro efeito da paz em nosso círculo será soltar Desmond[292], e trazer Gerald Shove a Londres dizendo que ele deve encontrar uma maneira de ganhar £500 por ano. Em pouco tempo, a multidão de intelectuais desempregados à procura de trabalho será considerável. Desmond está fazendo o que sabe fazer extremamente bem – vai cada vez mais tarde para o escritório todos os dias e se demora mais no almoço, e às vezes não volta. Propõe-se a continuar isso por quinze dias; depois, dobrará seu casaco azul e dourado para sempre – a não ser que, ao cortar fora os botões de latão, consiga transformá-lo num casaco comum. Ele está muito animado, apesar de às vezes se deprimir com a questão de como ganhar seu pão. Veio à público que ele pretende se apresentar para o cargo de Solomon Eagle no *New Statement*; porque a águia está voando mais alto[293]. "Conheço tantas pessoas que escrevem bem", disse; e se isso fosse tudo, ele seria um editor perfeito. Depois do chá, ele nos contou a última parte da Ireníada[294]. Creio que encheria um livro, do início ao fim. Terminou de forma muito característica, com sua promessa de irem almoçar – e esperando onze anos até vê-la novamente. A história trouxe-a de volta à memória muito claramente; talvez sua conclusão estivesse certa – devemos ter pena de qualquer mulher que seja noiva de um rapaz de Cambridge que nunca esteve apaixonado antes – um rapaz de Cambridge, preciso dizer, que leu e sabe de cor todos os romances de Henry James.

Fui interrompida em algum ponto desta página pela chegada do Sr. Eliot. O nome do Sr. Eliot expressa-o muito bem – um jovem americano polido, educado, complexo; fala tão devagar que cada palavra parece ter um acabamento especial concedido a ela. Porém, sob a superfície, fica bastante evidente que é muito intelectual, intolerante, com fortes opiniões próprias e um credo poético. Lamento dizer que tal credo estabelece Ezra Pound e Windham Lewis como grandes poetas, ou, no dizer de agora, como escritores "muito interessantes". Ele admira o Sr. Joyce imensamente[295]. Trouxe três ou quatro poemas para lermos – o fruto de dois anos, já que ele trabalha todo o dia num banco e, de seu jeito sensato, acredita que o trabalho regular é bom para pessoas de constituições nervosas. Fui me tornando mais ou menos consciente de um credo poético com uma estrutura complexa e muito organizada; devido à sua cautela, e a seu cuidado excessivo com o uso da linguagem, não descobrimos muito a respeito disso. Acho que ele acredita em "frases vivas", e na sua diferença com relação àquelas que estão mortas; em escrever com extremo cuidado, em observar a sintaxe e a gramática, e assim fazer esta nova poesia florescer no caule daquela mais velha.

Para ilustrar as opiniões de Eliot, posso acrescentar o que Desmond acabou (quinta-feira, 21 de novembro) de me contar; D. perguntou a ele como diabos veio a adicionar aquele comentário no final de um poema sobre sua tia e o *Boston Evening Transcript*, aquela frase sobre uma rua infinitamente longa, e "Eu gosto de La Rochefoucauld dizendo adeus" (ou coisa que o valha). Eliot respondeu que era uma reminiscência do Purgatório de Dante[296]!

1919

Sábado, 12 de julho

Quanto aos assuntos de ordem pública, vejo que esqueci de dizer que a paz foi assinada; talvez a cerimônia tenha sido realizada quando estávamos em Asheham[297]. Esqueci-me do relato que ia escrever sobre o gradual desaparecimento das coisas nas vitrines das lojas, e o gradual, mas ainda apenas parcial, reaparecimento das coisas. Bolos açucarados, bolinhos de passas e montes de doces. O efeito da guerra valeria a pena ser descrito, e um dia desses na Monk's House[298] – mas por que me permito imaginar espaços de lazer na Monk's House? Sei que terei livros que devem ser lidos por lá, também, assim como aqui e agora eu deveria estar lendo Herman Melville, e Thomas Hardy, sem falar em Sófocles, se quero terminar o Ajax antes de agosto, como aposto comigo mesma que farei[299]. Mas esta imaginação do futuro é uma das principais fontes da nossa felicidade, acredito. Ainda existe uma grande parte do passado imediato que reivindica seu direito sobre mim. Encontrei Morgan Forster na plataforma em Waterloo ontem; um homem fisicamente parecido com uma borboleta azul – com isso pretendo descrever sua transparência e leveza. Ele transportava a bagagem de cinco indianos de Deptford a Waterloo; os indianos pareciam fatigá-lo. Trocamos elogios sobre nossos escritos – surpreende-me vê-lo gostar abertamente de um elogio, apesar de isso em mim não ser nada estranho; e discutimos o trabalho de Altounyan um pouco. Não gosta nada dele; não há forma, não há caráter; nenhuma figura dominando as outras. Gosto muito de Forster, apesar de achá-lo extravagante e inquieto a ponto de me assustar com minha própria inépcia e exatidão. Depois, comprei meu saco de café, e fui ver Katherine, com quem passei uma hora muito feliz. De fato, gosto mais e mais dela; e acho que alcançamos uma espécie de alicerce duradouro. Voltei para casa para um jantar que consistiu nos dois Altounyan, Ernest e Norah, Carrington (o homem), e Herbert Woolf, depois do jantar. O pobre desmiolado A. mostrou o seu lado menos agradável ao discutir o seu romance, o que faz não apenas com paixão, mas com uma arrogância que seria irritante se não fosse claramente disparatada. Sua única preocupação é saber quantas pessoas serão capazes de entendê-lo; sobre os méritos de seu trabalho, ele não tem dúvidas, e interrompeu minha laboriosa pesquisa crítica sobre eles. Muito friamente, propôs que fôssemos seus agentes, que encontrássemos editores para todos os seus trabalhos, para sempre. Tudo isso é muito estranho; como também achei estranho, apesar de agradavelmente estranho, da parte dele, dizer-me quantas pessoas tinham desejado desposar a sua irmã – "Porque ela quer muito se casar". "Sim", ela disse, simplesmente, "se não temos uma profissão, devemos nos casar; devemos cuidar de alguém". Gosto mais dela do que dele. Quanto a Carrington, será um homem muito popular no Oriente[300].

Quinta-feira, 23 de outubro

Os primeiros frutos de *Noite e Dia* devem ser registrados. "Sem dúvida, o trabalho do mais alto gênio", Clive Bell. Bem, ele pode não ter gostado; criticou *A viagem*. Admito que estou contente; ainda assim não estou convencida de que as coisas são como ele diz. Entretanto, isto é uma prova de que estou certa em não ter medo. As pessoas cuja opinião respeito não vão se entusiasmar tanto quanto ele, mas certamente vão ficar do lado em que ele está, eu acho. Além do mais, de uma forma que não consigo justificar a L., respeito muito a opinião de Clive. É errática, mas sempre provém de um sentimento imediato. Acho que tenho mais dúvidas em relação a Morgan; depois de receber sua apreciação, ficarei tranquila. Três ou quatro pessoas contam, e o restante, exceto a título de aplauso sem sentido ou assovio de desaprovação, não existe. Ninguém que tenha muita inteligência, com exceção dos meus amigos, vai ler um romance muito longo. Mas preciso parar; tenho meu trabalho jornalístico, e Ka vem jantar aqui, e não há tempo de sobra para descrever o concerto da noite passada. Só há lugar para os meus próprios elogios. Além disso, devo agradecer a C[301].

Sexta-feira, 28 de novembro

Esta lacuna pode ser facilmente explicada ao lembrarmos o velho ditado (se é que se trata de um) de que quando coisas acontecem, as pessoas não escrevem. Coisas demais aconteceram. Na última quinzena, a *International Review* chegou ao seu fim; as duas empregadas vão-se embora; dois editores se ofereceram para publicar *N. e D.* e *A.V.* nos Estados Unidos; Angelica veio ficar conosco; a Sra. Brewer disse-nos que pretende vender Hogarth e Suffield, e estamos considerando comprar as duas[302] – e, além disso, um número maior do que o normal de jantares, cartas, chamadas telefônicas, livros para resenhar, resenhas do meu livro, convites para festas e assim por diante. Foram os jantares que fizeram Nelly dar seu aviso prévio na segunda-feira passada[303]. Ela o fez de forma presunçosa, mas hesitante, como que para se exibir a alguém que estivesse por trás do pano, o que me faz pensar que, agora, voltaria atrás de bom grado. Ela o faria agora, se eu lhe pedisse. Mas, em suma, não pedirei. Fora a preocupação recorrente com essas cenas, estamos, os dois, dispostos a tentar um novo sistema de diaristas, o que nunca deixa de ser interessante para nós, e levando-se em conta Rodmell e um salário menor da *International Review*, isso agora se torna desejável. Minha opinião de que nosso sistema doméstico está errado nunca muda; e continuar dizendo isso apenas gera mais irritação. Vamos fazer essa tentativa agora. Ninguém poderia ser mais amável do que Nelly, por longos períodos de tempo; neste instante, ela dá banho em Angelica, e é muito simpática e tem consideração por mim; mas pense em Rodmell – pense no verão em que ela se ofereceu para ir a Charleston! As desvantagens são enormes. Mas o problema está mais no sistema de manter duas jovens mulheres acorrentadas numa cozinha para preguiçar e trabalhar, e sugar a vida das duas na sala de estar, do que no caráter dela ou no meu.

Creio talvez que este seja o nosso principal acontecimento, já que o coloquei em primeiro lugar. Mas o principal acontecimento deveria ser a *International Review*. Estou feliz, de maneira geral, por termos obtido nossas 250 libras pela metade do trabalho de L[304]. Esta é a solução até agora – uma fusão com a *Contemporary*. Tantas tardes caminhei sozinha, tantas noites L. ficou sentado lendo provas ou artigos; para mim, a revista vermelha no primeiro dia do mês mal parecia valer tudo o que ele deu de si. Mas, ao mesmo tempo, que joguem tudo isso fora também é lamentável, e o método de Rowntree de tomar disposições é quebrar tudo com seus cascos pesados. Depois fiquei bastante feliz com os editores americanos, e que o velho *A. V.* deva enfunar as velas novamente[305]. É como tomar outra forma. "Sra. Woolf, agora você foi aceita em nossa sociedade." Mas isto, em termos de elogio, significa muito pouco; e tampouco fiquei extasiada por mais de duas horas com o convite de Eagle [J.C. Squire] de fazer de seu jornal amarelo o meu porta-voz[306]. K.M. escreveu uma resenha que me irritou – creio ter visto despeito nela. Uma tola decorosa e senil, ela me descreve; uma Jane Austen atualizada. Leonard acha que ela deixou a sua vontade de que eu fracasse dominar a sua caneta. Ele conseguiu enxergá-la à procura de um buraco para poder escapar. "Não vou chamar isto de um sucesso – ou, se tiver que o fazer, vou chamá-lo de o tipo errado de sucesso". Não preciso ser muito caridosa agora, já que Murry me conta que ela está praticamente curada. Mas o que percebo nisso tudo é que os elogios pouco me aquecem; críticas aguilhoam muito mais profundamente; e ambos, de alguma forma, estão afastados de mim. Mas já estava previsto, acredito, que *N. e D.* seria um notável sucesso; posso esperar, todos os dias, a carta de alguém; e agora posso escrever com a noção de que muitas pessoas querem me ler. Tudo isso é agradável; ilumina as primeiras frases que escrevo numa manhã. Hoje, tendo em mente K.M., recusei-me a resenhar Dorothy Richardson para o Suplemento[307]. A verdade é que me senti procurando por defeitos quando o li; desejando-os. E eles vergariam minha caneta, eu sei. Deve haver um instinto de autopreservação agindo. Se ela é boa, então eu não sou. Aflige-me ler os elogios a Legend, um livro de Clemence Dane. Mas ao que parece tenho uma alma, afinal; estas são revelações, autoanálises. Estou lendo Ethel Smyth[308]. Queria que fosse melhor – (estranho que eu tenha escrito isso e que genuinamente pretendia dizê-lo; mas não poderia tê-lo feito com os romances). Que assunto! Que devamos vê-lo como um assunto esplêndido é mérito dela, mas, é claro, como ela não sabe escrever, desperdiçou a oportunidade. O interesse permanece, porque ela foi diretamente para as suas memórias, sem nunca desviar delas, e atravessou-as de forma honesta e capaz, mas sem o poder de parar e dar forma ao passado para que tenhamos vontade de as ler novamente. A honestidade é sua qualidade; e o fato de ter vivido com urgência; amizades com mulheres me interessam.

Sexta-feira, 5 de dezembro

Mais um destes saltos, mas creio que o diário respira regularmente, ainda que com alguma hesitação. Percebo que não abri nenhum livro em grego desde que voltamos; pouco li, fora os livros para resenhar, o que prova que o meu tempo para escrever não foi nada meu. Nesta última semana, L. teve um pouco de febre à noite, por causa da malária, e esta por causa de uma visita a Oxford, um lugar de morte e decomposição[309]. Quase me assusto ao ver como o meu peso descansa completamente sobre o seu esteio. E quase me assusto ao ver o quão intensamente sou especializada. Desviada pela ansiedade, ou por alguma outra causa, do escrutínio da página em branco, minha mente é como uma criança perdida – vagando pela casa, sentando no degrau mais baixo da escada para chorar.

Noite e dia ainda me perturba, e causa uma grande perda de tempo. George Eliot nunca lia resenhas, já que a discussão sobre os livros dela prejudicava sua escrita. Começo a entender o que ela queria dizer. Não levo excessivamente a sério elogios ou críticas, mas estes nos interrompem, fazem-nos olhar para trás, dão-nos vontade de explicar ou de investigar. Semana passada ganhei um parágrafo incisivo no *Wayfarer*; esta semana Olive Heseltine aplica um bálsamo[310]. Mas prefiro escrever da minha maneira sobre as "quatro Lesmas Ardorosas", do que ser, como afirma K.M., outra vez Jane Austen.

[anos 1920]

Diários 1920-1929

Os diários mantidos por Virginia Woolf nos anos 1920 não deixam de prefigurar e registrar momentos de exaustão e instabilidade emocional, mas não se veem mais submetidos às longas interrupções da década anterior. E passam a funcionar, nesse período, como espaço de estabilização em meio a crises pessoais e eventuais bloqueios na escrita ficcional. Aspecto marcante nas anotações dos anos 1920, ao lado de trânsito crescente entre diário, memória, ficção, diálogo, comentário crítico, é a metódica experimentação com cenas, retratos e dicções que anuncia procedimentos, imagens-guias e formas narrativas que serão trabalhados igualmente nos romances, contos e ensaios.

Será fundamental, nesse sentido, ao desejo expresso de encontrar a própria voz, ao seu amadurecimento como escritora, o registro cuidadoso e consciente do processo de composição de cada um dos romances dessa época. Desde *O quarto de Jacob*, em 1922, e incluindo das primeiras intuições à configuração de métodos particulares para a elaboração de *Mrs. Dalloway* (1925), *Ao farol* (1927) e *Orlando* (1928). E mesmo um ensaio com dobra ficcional como *Um teto todo seu* (1929) parece emergir do diário, tomando forma em meio a observações sobre "aqueles que odeiam as mulheres", a considerações e palestras sobre gênero e produção literária, e ao contato da escritora com cooperativas de trabalhadoras.

A década seria marcada, ainda, para Virginia Woolf, pela casa de Tavistock Square, 52, pela euforia e posterior esgotamento com o retorno à vida em Londres, pela expansão da Hogarth Press, pelo crescente reconhecimento literário, além da preocupação reiterada com o envelhecimento, e do relacionamento com Vita Sackville-West. E houve, igualmente, as reuniões frequentes do Memoir

Club, criado por Molly e Desmond MacCarthy em março de 1920, e que prosseguiriam por décadas a fio. Forma de o antigo Grupo de Bloomsbury voltar a se reunir regularmente no pós-guerra e de estimular a produção de seus componentes, a única regra do clube era a franqueza absoluta nas conversas. Esses encontros foram de fato estímulo determinante para a intensificação do interesse de Woolf pelos exercícios memorialistas, pelos retratos de família e dos companheiros de geração, e pelo registro narrativo do fluxo das conversas, das mudanças de ponto de vista, e dos ritmos peculiares da fala, aspectos belamente detectáveis, aliás, nas suas notas de diário dos anos 1920.

(Flora Süssekind)

1920

Segunda-feira, 26 de janeiro

Um dia depois do meu aniversário; de fato, tenho 38 anos. Bem, não tenho dúvida de que sou muito mais feliz do que quando tinha 28; e mais feliz hoje do que era ontem, já que cheguei, esta tarde, a uma ideia de uma forma nova para um romance novo. Imagine que uma coisa se abra a partir de outra – como em *An Unwritten Novel* – só que não por 10 páginas, mas por 200, ou algo assim – não dará isso a soltura e a leveza que eu quero; não se aproxima mais e, ainda assim, mantém a forma e a velocidade, e envolve tudo, tudo[311]? Minha dúvida é o quanto isso vai envolver o coração humano – Serei suficientemente senhora do meu diálogo para apanhá-lo nesta rede? Pois imagino que a abordagem vá ser completamente diferente desta vez: nenhum andaime; quase nenhum tijolo à vista; totalmente crepuscular, mas o coração, a paixão, o humor, tudo tão claro quanto fogo na névoa. E então encontrarei um lugar para tanto – uma alegria – uma inconsequência – um passo leve e vivaz, de acordo com a minha doce vontade. Se eu sou suficientemente senhora das coisas – esta é a dúvida, mas imagine (?) *A marca na parede, K[ew] G[ardens]*. e o romance não escrito dando as mãos e dançando em união[312]. O que a união deverá ser, eu ainda preciso descobrir; o tema está em branco para mim; mas vejo imensas possibilidades na forma que descobri mais ou menos por acaso há duas semanas. Creio que o perigo é o maldito eu egoísta; o que estraga Joyce e [Dorothy] Richardson, em minha opinião: seremos flexíveis e ricos o suficiente para colocar um muro entre o livro e nós mesmos, sem que ele se torne, como em Joyce e Richardson, limitativo e restritivo? Minha esperança é a de que agora eu tenha aprendido meu negócio suficientemente bem para fornecer todo o tipo de entretenimentos. De qualquer forma, não há dúvida de que o caminho está em algum lugar nessa direção; ainda devo tatear e experimentar, mas esta tarde vi um raio de luz. De fato, creio que, dada a facilidade com que venho desenvolvendo o romance não escrito, deve haver um caminho aí para mim.

Já que ontem foi meu aniversário, e, para completar, um dia claro e luminoso, que revelou muitos rebentos verdes e amarelos nas árvores, fui até South Kensington para ouvir Mozart e Beethoven. Não acho que os tenha ouvido muito, sentada como estava, entre Katie e Elena, e atirada de cabeça nas conversas escandalosas de sempre com a Condessa[313]. Mas a Condessa estava muito afável e alegre, e me convidou, de fato insistiu, para que eu fosse tomar chá com ela. Cambiamos nossa prata sob a lua nova. Ela vibrava de prazer com elogios – "quando Lady Cromer está, nos sentimos etc etc" – um louvor à sua beleza. Mas o recinto estava clamoroso com o bairro de South Kensington. Eily Darwin, em especial, gorda e decorosa e afetuosa, mas queixosa como sempre, como se protestasse antes que alguém se mostrasse contra as críticas. Ela me disse que eu tinha sido cruel. Agora me esqueci do que falei – alguma coisa selvagem e aleatória, como tudo que é dito sob essas circunstâncias deve ser. George Booth pegou do meu braço e elogiou o meu livro[314] – o que, na verdade, Leonard me assegurou firmemente ser uma alucinação da minha parte, por causa de noites longas etc[315].

Outra noite longa ontem, jantamos com Lytton, Clive e Nessa no Eiffel Tower[316]. Lytton ainda está preso a Vic: íntimo e cordial, com uma ponta de remorso, talvez. "Que pouco nos encontramos!", disse Nessa. Era verdade e, apesar disso, todos queremos nos encontrar; e não o podemos fazer. Todos estão correndo para o sul – Nessa, Duncan e Maynard para a Itália; Lytton, Carrington e Partridge para a Espanha[317].

Sábado, 10 de abril

Apressamo-nos até Rodmell, o que nos proporcionou mais um descanso formidável[318]. Por falar nisso, Morgan está escrevendo um diário, e nesse diário Morgan anota conversas – palavra por palavra, quando está com disposição. Não sei se estou com disposição para descrever nossa Páscoa em Monk's House. Durante a primeira semana fui conduzida, como se estivesse com os olhos fechados, olhos de fato tão atentos a Henry James que nada mais viam. Depois de enviada aquela missiva, tive tanto prazer com tudo que continuo pondo ruas e casas – sim, e pessoas também – contra aquele pano de fundo, e vejo-as achatadas e esmaecidas. Na noite passada, Clive e Mary trouxeram consigo a atmosfera barulhenta e alegre do píer de Brighton. Estamos chegando à meia-idade. Vejo-o robusto, gentil – cordial, mesmo – mas tão cínico a ponto de ser quase desinteressante. A pobre Mary tem muito pouco de uma banda de música; mas muito de uma muda meretrícia *fille de joie*[319] – eu disse isso em parte por causa dos emes; mas há verdade aí. Depois, o que foi bastante desagradável, fiquei batendo contra algo mole e desprotegido nela – infantil, quase patético. Ela tem filhos, também[320]. Atrevo-me a dizer que, por uma coisa ou outra, fiquei bastante desavergonhada – tantos elogios (ah, Morgan acaba de me escrever para dizer que minhas memórias são "esplêndidas" – e se ousaria me pedir resenhas para o *Herald* – Desmond me manda ingressos para os pioneiros, amanhã – [Bruce] Richmond – mas chega de citações[321]). Além do mais, posso me estremecer muito ao ler os elogios a K.M. no Athenaeum. Quatro poetas foram escolhidos; ela é um deles. Claro que é Murry quem faz as escolhas, e é Sullivan quem classifica o seu conto como a obra de um gênio. Mesmo assim, você percebe o quanto me lembro disso tudo – como faço tão pouco caso disso[322].

Descrever Monk's House seria infringir o domínio da literatura, o que não posso fazer aqui; já que dormimos só por poucos momentos na noite passada, e às 4 da manhã tiramos um rato da cama de L. Os ratos entraram sorrateiramente e fizeram uma barulheira a noite toda. Depois o vento ganhou força. O ferrolho da janela quebrou. O pobre L. saiu da cama pela quinta vez para calçá-la com uma escova de dentes. Portanto, não digo nada sobre nossos projetos na Monk's, apesar de a vista das planícies até Caburn estar diante de mim agora; e os jacintos em flor, e a alameda do pomar. E estar sozinha lá – café da manhã sob o sol – correios – nenhum empregado – como tudo isso é bom!

Estou planejando começar *O quarto de Jacob* na semana que vem, com sorte. (É a primeira vez que escrevo isto.) É a primavera que tenho em mente descrever; só para fazer este texto – quase não notamos as folhas que saíram nas árvores este ano, já que elas nunca parecem ter entrado completamente – nunca aquela escuridão ferrosa dos troncos dos castanheiros – sempre algo suave e colorido; do tipo que não consigo me lembrar em algum momento anterior de minha vida. Na verdade, pulamos um inverno; tivemos uma estação que foi como o sol da meia-noite; e agora voltamos para a plena luz do dia. Assim, quase não percebo a nova folhagem dos castanheiros – os pequenos guarda-sóis espalhados na árvore à nossa janela; e o gramado do cemitério da igreja correndo sobre os velhos túmulos feito água verde.

A Sra. Ward morreu; pobre Sr. Humphry Ward; parece que ela era apenas uma mulher feita de palha, afinal – jogada na cova com uma pá e já esquecida. A terra espalhada da forma mais negligente, mesmo pelo padrão dos ortodoxos[323].

Terça-feira, 11 de maio

Vale a pena mencionar, para referência futura, que a força criativa que borbulha tão agradavelmente no começo de um livro novo[324], depois de algum tempo, se acalma e se vai adiante com maior regularidade. As dúvidas surgem. Mas nos acostumamos a elas. Determinação para não desistir e a sensação de uma forma que emerge, mais do que qualquer outra coisa, é o que nos faz prosseguir. Estou um pouco ansiosa.

Como levar a cabo essa concepção? Assim que se começa a trabalhar, a sensação é de alguém que caminha, sabendo ter um campo vasto a percorrer. Não quero escrever nada nesse livro que não me dê prazer. Mas escrever é sempre difícil. L. está em Londres para um encontro com seus eleitores[325]. Há oito cavalheiros aguardando que manifeste sua opinião. Depois ele vai tomar chá com Kot[326]. Ele tem uma reunião (eu acho) vai chegar tarde em casa. Passei a tarde datilografando e editando a história[327] de Morgan. Saí para comprar um pãozinho, procurei Miss Millan para indagar sobre as capas das cadeiras, e quando eu tiver feito isso, vou ler Berkeley. Às 2:15, Lady Cynthia Curzon se casou com o capitão Mosley. Embora até 3:30 fosse verão, agora está tudo escuro, e tenho que fechar a janela e vestir meu casaco. Nessa volta na sexta-feira. Clive e Mary estão em Paris. Tomei chá, então, com A. e K.[328] no domingo e vi todas as crianças – Judith, uma menina bem rechonchuda; Ann lembra o desenho de Watts[329] da mamãe, mas as duas parecem muito com os Costelloe[330]. Eu gosto de voltar a Richmond[331] depois de ir à Gordon Sqre[332]. Prefiro manter a nossa vida privada, longe dos olhos dos outros. Murry[333] me convidou a escrever histórias para o *Athenaeum*. Nenhuma referência a K[atherine] desejando me ver.

Quinta-feira, 5 de agosto

Vou tentar dizer o que eu penso enquanto leio Dom Quixote depois do jantar – Sobretudo que escrever era, na época, contar histórias para divertir pessoas reunidas em volta do fogo, sem nenhum dos recursos que temos hoje para nos alegrar. Lá estão eles, as mulheres fiando, os homens contemplativos, e a história alegre, fantasiosa, encantadora lhes é contada, como a crianças grandes. Essa me parece ser a motivação de D.Q., manter-nos entretidos a todo custo. A meu ver, a beleza e o pensamento surgem involuntariamente; Cervantes não parece estar plenamente ciente do teor de seriedade e nem vê D.Q. como nós o vemos. Na verdade essa é a minha dificuldade – a tristeza, a sátira, até que ponto são nossas – não planejadas – ou esses grandes personagens trazem em si a possibilidade de se transformarem de acordo com a geração que olha para eles? Boa parte da narrativa, confesso, é enfadonha – nem tanto, só uma parte no final do primeiro volume, que é obviamente uma história para satisfazer o leitor. Pouco se diz, tanto fica por dizer, como se ele não quisesse desenvolver aquele aspecto da questão – a cena da marcha dos escravos condenados[334] às galés é um exemplo do que eu estou dizendo – C. sentia, como eu sinto, toda a beleza e tristeza que há aí? Duas vezes eu falei em "tristeza". Será isso inerente à visão moderna? Como é esplêndido, no entanto, desfraldar as velas e se deixar levar por uma grande narrativa, como acontece ao longo de toda primeira parte. Eu suspeito que a história de Fernando-Cardênio-Lucinda fosse um episódio cortês ao gosto da época, de todo modo, para mim, tedioso. Estou lendo também *Ghoa le Simple*[335] – vivo, eficaz, interessante, mas tão árido e arrumado e limpinho. Em Cervantes está tudo lá; misturado talvez; mas profundo, abrangente, gente viva projetando sombras sólidas, matizadas como na vida. Os egípcios, como a maioria dos escritores franceses, oferecem, ao contrário, uma pitada de poeira essencial, bem mais pungente e eficaz, mas nem de longe tão envolvente e ampla. Por Deus! – que coisas estou escrevendo! sempre essas imagens.

Agora estou escrevendo Jacob todas as manhãs, sentindo o trabalho de cada dia como uma cerca em direção à qual eu tenho que cavalgar, com o coração na boca até o fim, e até que eu tenha saltado, ou derrubado as barreiras. (Outra imagem, sem me dar conta. Tenho que pegar os Ensaios de Hume e me purgar.)

Domingo, 26 de setembro

Mas eu acho que me importei mais do que dei a entender; porque de alguma forma Jacob parou, e no meio daquela festa, de que tanto gostei. A vinda de Eliot no final de um longo período escrevendo ficção (dois meses sem um intervalo) me deixou sem energia; projetou uma sombra sobre mim; e a mente quando está envolvida com a ficção quer toda a sua intrepidez e autoconfiança. Ele não disse nada – mas eu pensei que o que estou fazendo provavelmente esteja sendo feito melhor pelo Sr. Joyce. Depois comecei a me perguntar sobre o que estou fazendo: a suspeitar, como é comum nesses casos, que não planejei bem o suficiente – e, assim, a definhar, implicar e a hesitar – o que significa que estamos perdidas. Mas acho que meus dois meses de trabalho são a causa disso, já que agora me vejo indo na direção de [John] Evelyn, e até fazendo um artigo sobre Mulheres, como contra-ataque às opiniões adversas do Sr. Bennett relatadas nos jornais[336]. Duas semanas atrás eu criava Jacob incessantemente em minhas caminhadas. Que coisa estranha, a mente humana! Tão inconstante, sem fé, encolhendo-se infinitamente diante das sombras. Talvez, no fundo da minha mente, eu me sinta afastada por L. em todos os sentidos.

Fui passar a noite em Charleston[337]; e tive uma vívida visão de Maynard à luz da lâmpada – como uma foca de colarinho, queixo duplo, lábios vermelhos salientes, olhos pequenos, sensual, brutal, sem imaginação: uma daquelas visões originadas em um movimento casual, que se perdeu tão logo ele virou a cabeça. Imagino, porém, que isso ilustre algo que sinto por ele. E ele não leu nenhum dos meus livros – Apesar disso, passei bem: L. veio no dia seguinte e me encontrou nem suicida, nem homicida. Voltamos para casa depois de seu chá inconvenientemente antecipado – horário de Charleston, inventado por Maynard, uma hora antes do horário de verão. O horário de verão, por falar nisso, será prorrogado por um mês, por causa da ameaça de uma greve que eu digo que não vai ocorrer. Mas o que sei eu? Não consigo dominar esses editoriais[338]. Eliot me mandou seus poemas, e espera manter contato durante o inverno. Esse foi o tema de muita discussão em Charleston; e em particular, com N[essa]. e D[uncan]., isto é, divulguei minha intenção de não mais lidar com M.H. Eles concordaram, acho. N. me deu mais razões pelas quais devo me afastar.

Um dia quente de verão; quente demais para ficar arrancando ervas daninhas ao sol. L. está limpando o canteiro grande. Lottie vai embora amanhã. Parece que Nelly está recuperada. Sem dúvida, Richmond tem algo a ver com isso.

Segunda feira, 25 de outubro

(primeiro dia do horário de inverno)

Por que a vida é tão trágica, tão como uma passagem estreita sobre um abismo. Eu olho para baixo; eu sinto vertigem; eu me pergunto como caminhar algum dia até o fim. Mas por que eu sinto isso? Agora que eu digo; já não sinto. O fogo arde; nós vamos ouvir a *Beggars Opera*[339]. Só que isso paira em mim; eu não consigo ficar com os olhos fechados. É uma sensação de impotência: de não ter qualquer relevância. Estou aqui em Richmond, e como uma lanterna no meio de um campo a minha luz só aumenta na escuridão. A melancolia diminui enquanto escrevo. Por que não escrevo então com mais frequência. Bem, a vaidade não permite. Até para mim eu quero parecer um sucesso. Ainda não consigo chegar ao fundo disso. Não ter filhos; viver longe dos amigos; não conseguir escrever bem; gastar demais em comida; estar envelhecendo – eu penso demais em porquês e para quês: demais em mim mesma. Eu não gosto de ficar girando à minha volta. Então, trabalhe. Sim, mas eu me canso tão rápido do trabalho – não consigo ler mais do que um pouco, uma hora escrevendo é o que me basta. Por aqui não aparece ninguém para perder tempo agradavelmente. Se aparece, eu me irrito. O esforço de ir a Londres é grande demais. Os filhos de Nessa crescem, e eu não posso mais convidá-los para o chá, ou para ir ao zoológico. O dinheiro das despesas não dá para muita coisa. Mas estou convencida de que essas são coisas triviais: a vida mesma, eu penso às vezes, é tão trágica para nós de nossa geração – nenhum cartaz de jornal sem o grito de agonia de alguém. McSwiney[340] esta tarde e violência na Irlanda; ou será a greve. A infelicidade em toda parte, logo ali à porta, ou a estupidez o que é pior. Mas não consigo tirar isso de mim. Escrever *O quarto de Jacob* de novo vai reavivar as minhas fibras, eu sinto. "Evelyn"[341] está pronto: mas eu não gosto do que escrevo agora. E com tudo isso como eu me sinto feliz – se não fosse pela minha sensação de que é uma passagem estreita sobre o abismo.

1921

Sexta-feira, 8 de abril

10 minutos para onze da manhã. E eu deveria estar escrevendo *O quarto de Jacob*; – não consigo, em vez disso devo escrever a razão pela qual não consigo – sendo este diário um gentil velho confidente sem expressão. Bom, veja, eu sou um fracasso enquanto escritora. Estou fora de moda; velha; não farei melhor; me falta o cérebro; a primavera se espalha por toda a parte; meu livro [*Segunda ou terça*] pronto (prematuramente) e encadernado, um rojão molhado. O detalhe é que Ralph mandou o meu livro para o *Times* resenhar sem incluir sua data de publicação. Então uma breve resenha é enviada desajeitadamente dizendo "no mais tardar segunda-feira", é colocada em um lugar obscuro, bem desconexo, elogiosa o bastante mas também estúpida. Com isto quero dizer que não veem como se eu estivesse buscando algo interessante. O que me faz suspeitar que não estou. E assim não posso seguir com Jacob. Ah e o livro de Lytton saiu e ganhou três colunas: elogios, eu suponho[342]. Eu não me importo de registrar isto na ordem; ou como o meu ânimo despencou e despencou até que por meia hora estive mais deprimida do que nunca. Quero dizer que pensei em nunca mais escrever – à exceção de resenhas. Para me lembrar disso tivemos uma festa no 41 [Gordon Square]: para parabenizar Lytton, que estava todo como deveria; mas então ele nem mencionou o meu livro, que suponho que tenha lido e pela primeira vez eu não posso contar com os seus elogios. Agora, se eu tivesse sido celebrada pelo *Lit. Sup*, como um mistério, uma charada, eu não me importaria; para Lytton não gostaria desse tipo de coisa, mas e se eu sou tão óbvia e insignificante?

Bom, essa questão sobre elogios e fama deve ser enfrentada. (Eu me esqueci de dizer que Doran recusou o livro na América[343].) Que diferença a popularidade faz? (Vejo com bastante clareza, devo acrescentar, após uma pausa em que Lottie me trouxe leite e o sol deixou seu eclipse[344], que estou escrevendo muitas bobagens.) O que alguém quer, como Roger disse muito sinceramente ontem, é atender expectativas; que as pessoas se interessem e acompanhem o seu trabalho. O que me deprime é a ideia de que deixei de ser interessante para as pessoas – justamente no momento em que, com a ajuda da imprensa, eu pensei que estava me tornando mais como eu mesma. Ninguém quer uma reputação estabelecida, como eu pensei que estava alcançando, como uma das nossas principais romancistas. Eu ainda preciso, é claro, reunir toda crítica particular, que é o verdadeiro teste. Quando eu tiver sopesado isso, devo ser capaz de dizer se sou "interessante" ou obsoleta. De todo modo, eu me sinto alerta o bastante para parar, se for obsoleta. Não me tornarei uma máquina, a não ser uma máquina de artigos extenuantes. Enquanto escrevo, surge em algum lugar da minha cabeça a sensação feliz e bastante agradável de algo que eu quero escrever; meu próprio ponto de vista. No entanto, fico imaginando se escrever para meia dúzia no lugar de 1500 pode deturpar esse sentimento? – me tornar excêntrica – não, eu não acho. Mas, como eu disse, devemos enfrentar a desprezível vaidade que está no cerne de toda essa reclamação e discussão. Penso que a única prescrição para mim é ter milhares de interesses – se um se estragar, ser capaz de imediatamente deixar a minha energia fluir para o russo, ou o grego, ou para a gráfica, ou para o jardim, ou pessoas, ou para alguma atividade desconectada da minha própria escrita.

Mas, honestamente, eu ainda não preciso aparentar meu descontentamento. Roger está conosco. Acho que, entre nós, ele tem a melhor índole – tão aberto, sincero e totalmente sem maldade; sempre generoso, eu acho, e de algum modo, cordial? Ele tem uma risada extraordinária. Fomos ao Bedford Music Hall ontem à noite e vimos a Senhorita Marie Lloyd, uma massa de desonestidade – dentes da frente compridos – um modo exagerado ao dizer "desejo" e ainda assim uma artista nata – mal consegue andar, bamboleando, envelhecida, descarada[345]. Um rugido de risadas se elevou quando ela falou de seu casamento. Ela apanha do marido todas as noites. Eu senti que o público estava muito mais próximo de beber e apanhar e da prisão do que qualquer um de nós. A greve do carvão está em andamento[346]. Se eu não estivesse ocupada e apressada e distraída ficaria a par das fofocas de Gordon Square. Juana Ganderilla foi vista – uma dama de estilo continental, adorável, composta, simples, ignorante, emocional, em devaneios.

Terça-feira, 3 de maio

No *Daily Mail*, Hamilton Fyfe diz que a história de Leonard "P.&S." estará entre as melhores do mundo[347]. Sinto inveja? Apenas momentaneamente. Mas a coisa mais estranha – a coisa mais idiota – é que imediatamente penso que sou um fracasso – peculiarmente, imagino a mim mesma sem as qualidades que L. tem. Eu me sinto bem fechada, indistinta, atenuada, inumana, pálida e reclamando de ninharias que não movem as pessoas. O "limbo" é a minha esfera, como dizem no *Daily News*[348]. Depois Romer Wilson trouxe um romance – para o qual Squire certamente dará o prêmio Hawthornden, roubando-o de Katherine, assim: então tenho algum motivo para desfrutar[349]. Eu escrevo

ele o fez

isto de propósito, para me envergonhar. Parada total em *Jacob*, parcialmente devido à depressão. Mas eu preciso me recompor e terminá-lo. Não consigo lê-lo como está.

Recebemos Oliver e Saxon para jantar no domingo, e eu fui tomar chá com Nessa no sábado, e ontem estivemos em Londres, no escritório da *New Statesman*: e comprei Eliot na Prose[350]; e Romer Wilson; – tudo o que eu anoto para adiar meu russo, suponho: porque prevejo que não direi nada sensível ou espirituoso ou profundo. E ainda assim eu me conforto com a reflexão de que não há saber que não interesse à velha Virginia um dia desses.

Segunda-feira, 8 de agosto

Que buraco! Como eu teria me espantado se, quando escrevi a última palavra aqui, em 7 de junho, me dissessem que em uma semana eu estaria na cama, e sem sair dela por completo até 6 de agosto – dois meses apagados – em 60 dias; e passei esses dias com uma dor de cabeça enfadonha, pulsação acelerada, dor nas costas, desgastada, inquieta, insone, remédios para dormir, sedativos, digitalina, caminhadas curtas e de volta à cama – todos os horrores da doença mais uma vez expostos para o meu entretenimento. Deixe-me prometer que isso nunca, nunca mais, irá acontecer, e então confessar que há algumas compensações. Estar cansada e autorizada a ficar na cama é agradável; escrevinhar por 365 dias do ano como eu faço, e meramente receber, sem a agitação da minha mão direita, é salutar. Eu sinto que posso ponderar sobre as coisas sem pressa. Além disso, o submundo sombrio tem suas fascinações assim como horrores, e então às vezes comparo a segurança fundamental da minha vida (a Sra. Dedman me interrompeu por 15 minutos) em todas as tempestades (acho eu) com a sua velha e terrivelmente aleatória condição –

Mais tarde recebi visitas, uma ao dia, então vi mais pessoas do que normalmente vejo. Talvez no futuro eu adote mais esse método. Roger, Lion, Nessa, Dorothy Bussy[351], Pippa, Carrington, James e Alix – todos vieram e eram como retratos destacados – recortados, enfáticos, como se vistos separadamente se comparada a maneira como são vistos na multidão. Lytton, eu notei, está mais afetuoso do que nunca. Devemos sê-lo, acho eu, sendo famosos. Deve-se dizer aos velhos amigos "Toda a minha notoriedade não é nada – nada – comparada a isto". E foi o que ele disse também. Estávamos falando sobre amor. Ele disse ter sofrido torturas de D[uncan] e H[enry]. L[amb] quis se casar com eles e se estabelecer, foi rejeitado e agora não pode mais amar. "É loucura", ele disse. "Não se pode tratar amantes como pessoas racionais" foi dito sobre os caprichos de Ralph. "Isso não vai acontecer conosco novamente." "Ainda assim é o amor que importa – olhe para você, ganhou fama suficiente – às vezes vejo o meu nome nos jornais e ainda assim não é nada." "Quer dizer que isso – ele diz – indicando nós 3 sentados próximos à janela – Ah, sim, é isso que importa – os amigos que temos."

1922

Quarta-feira, 26 de julho

Acabo de chegar do chá com os Mirrlees; que são vulgares. L. diz: e eu acho que concordo. Eles têm amigos vulgares. "Pocky" – era o nome da mocinha, com quem Hope[352] e eu conversamos. Ela e a segunda empregada da casa andaram por Londres carregando um salmão. Ela nos contou a história de seus camaleões. Sua mãe agora guarda bem as joias, porque ela não é confiável. Sua mãe a chama de "garotinha"; e suas narinas abriam demais, e ela era segura de si, e grosseira e cortante e sem espírito e usava cachinhos no cabelo, e ficava fofocando com Hope, que parecia se divertir com isso mais do que julguei apropriado. Tire-se o verniz, a juventude, o colorido, a riqueza (que não falta a Pocky) e o que resta? Uma velha chata.

No domingo, L. leu *O quarto de Jacob*. Ele acha que é o meu melhor trabalho. Mas seu primeiro comentário foi que estava surpreendentemente bem escrito. Nós discutimos a respeito. Ele considerou uma obra de gênio; diferente de qualquer outro romance; ele diz que as pessoas ali são fantasmas; diz que isso é muito estranho: Eu não tenho filosofia de vida, ele diz; meus personagens são fantoches, jogados para cá e para lá pelo destino. Ele não concorda que o destino funcione dessa maneira. Acha que eu devia usar meu "método"[353], em um ou dois personagens da próxima vez e ele achou muito interessante e bonito e sem deslizes (exceto talvez a festa) e bem compreensível.

Pocky me inquietou de tal modo que não foi possível escrever com a devida formalidade, porque me senti ansiosa e agitada. Mas fiquei plenamente satisfeita. Nenhum de nós sabe o que o público vai achar. Não há dúvida, para mim, de que descobri como começar (aos 40) a dizer alguma coisa com a minha própria voz; e isso me importa a ponto de sentir que posso seguir adiante sem aprovação.

Quarta-feira, 16 de agosto

Eu deveria estar lendo *Ulisses*, e produzindo meus argumentos a favor e contra. Li 200 páginas até agora – nem um terço; e fiquei entretida, estimulada, encantada, interessada pelos primeiros dois ou três capítulos – até o final da cena do Cemitério; e depois confundida, entediada, irritada e desiludida, como se por um repugnante estudante universitário a coçar suas espinhas. E Tom, o grande Tom, acha que isto está em pé de igualdade com *Guerra e Paz*! Parece-me um livro iletrado, mal-educado: um livro de um trabalhador autodidata, e todos sabemos o quão perturbadores eles são, o quão egoístas, insistentes, crus, impressionantes, e em última análise, nauseabundos. Quando podemos ter carne cozida, por que escolher a crua? Mas acho que, se você for anêmico, como Tom é, existe glória no sangue. Sendo razoavelmente normal, como eu sou, logo estarei pronta para os clássicos novamente. Posso rever isto mais tarde. Não comprometo minha sagacidade crítica. Cravo um graveto no chão para marcar a página 200.

De minha parte, estou dragando laboriosamente a minha mente para *Mrs. Dalloway*, e trazendo para cima baldes leves. Não gosto da sensação de que estou escrevendo muito rápido. Preciso comprimir isto. Escrevi quatro mil palavras sobre leituras em tempo recorde, dez dias; mas foi apenas um esboço rápido de *Pastons*, fornecido por livros. Agora interrompo, seguindo a minha teoria da mudança rápida, para escrever *Mrs. D.* (que anuncia uma multidão de outros, começo a perceber), depois leio Chaucer, e termino o primeiro capítulo no início de setembro. Quando isso acontecer, talvez já tenha meu começo grego na cabeça[354], e assim o futuro está completamente balizado, e quando *Jacob* for rejeitado na América e ignorado na Inglaterra, eu estarei, filosoficamente, arando meus campos. Estão colhendo o milho em todo o país, o que fornece essa metáfora, e talvez a desculpe. Mas eu não preciso de desculpas, já que não estou escrevendo para o *Suplemento Literário*. Será que voltarei a escrever para eles algum dia?

Vejo que não falei nada sobre o nosso dia em Londres [em 9 de agosto] – Dr. Sainsbury, Dr. Fergusson, e a discussão semilegal sobre o meu corpo, que terminou num frasco de pílulas de quinino, uma caixa de pastilhas para a tosse e uma escova para limpar a minha garganta. Germes de influenza e pneumonia, talvez, diz Sainsbury, muito suavemente, sabiamente e com extrema cautela. "Equanimidade – pratique a equanimidade, Sra. Woolf", ele disse, enquanto eu ia embora; uma entrevista desnecessária, do meu ponto de vista; mas fomos forçados a ela, a cada passo, por parte dos bacteriologistas. Não tomarei mais a minha temperatura até o dia 1º de outubro.

Entrementes, há a questão de Ralph. Isto – é a velha questão de sua aparência encaroçada, sua rabugice, desleixo e estupidez, versus sua amabilidade, força, afabilidade fundamental e relações – que nos foi impingida por uma das sugestões de Roger – um homem chamado Whittal, quer vir para cá: jovem, inteligente, com um carro motorizado, bem vestido, sociável, e crítico; mora em Londres, e não tem urgências financeiras. Estou um pouco assustada com os valores sociais do Sr. W., porque não queremos que a imprensa seja um hobby da moda, patrocinado e inspirado por Chelsea. Whittal mora a apenas duas portas de Logan[355].

Quarta-feira, 4 de outubro

Nosso último dia inteiro aqui. Do ponto de vista do clima, o verão tem sido uma completa decepção. Prometeu e depois não cumpriu. Não tivemos 7 dias bons consecutivos. Houve um espargimento de dias bons, mas no meio de chuva, vento, e céus escuros londrinos. Várias vezes a estrada romana esteve tão lamacenta que eu não conseguia caminhar nela. E muitas vezes ouvi o murmurar do trovão enquanto caminhava. Grizzel estava assustada e correu para casa – como se Deus fosse se dar o trabalho de machucar um fox terrier vira-latas que caminhava pelas planícies de Rodmell! Mas não há como discutir essas coisas. Acho que o jardim nunca esteve melhor, e tivemos boas colheitas de maçãs e peras, e ervilhas, há apenas dois dias.

Do ponto de vista espiritual, fizemos algum progresso na sociedade de Rodmell. Impressionou-me o desânimo dos filisteus, outro dia, na Reitoria. Parecem muito menos vivos que nós, intelectuais. O Sr. Shanks e os Hogg [não identificados] são, afinal, tão pálidos, tão aguados, tão moles. A Sra.

Hawkesford ainda está discutindo o campo e Londres; diz, pela vigésima vez, que está feliz por ter mantido a quadra de tênis funcionando, apesar de terem colocado um pônei lá durante a guerra. Boen fica sentado, indolente, e me oferece os cigarros de Shanks. Mas eu não gosto de jovens incultos – a saber, Hogg. Parecem-me um tanto impertinentes e convencionais, e falam gírias, o que esconde qualquer personalidade que eles possam ter.

Mas estou um pouco orgulhosa e confiante em mim mesma porque Brace me escreveu ontem "Consideramos *O quarto de Jacob* um trabalho extraordinariamente notável e belo. Você tem, é claro, seu próprio método, e não é fácil prever quantos leitores ele terá; certamente vai ter leitores entusiasmados, e será um prazer publicá-lo" – ou palavras com esse efeito. Como é o primeiro testemunho que tenho de uma pessoa imparcial, fiquei feliz. Para começar, deve causar *alguma* impressão, no todo; e não poderá ser somente uns frígidos fogos de artifício. Pensamos em publicá-lo no dia 27 de outubro. Arrisco dizer que Duckworth está um pouco zangado comigo[356]. Eu acabo com a minha própria liberdade. Creio que seja verdadeiro, sobriamente, e não para o público, artificialmente, que irei em frente sem me preocupar, não importa o que as pessoas digam. Finalmente gosto de ler os meus próprios escritos. Parece que me servem melhor do que anteriormente. Fiz a minha tarefa aqui melhor do que esperava. *Mrs. Dalloway* e o capítulo sobre Chaucer estão terminados; li cinco livros da *Odisseia*; *Ulisses*; e agora começo Proust. Também li "Chaucer e os Pastons". Portanto, evidentemente, meu plano de dois livros correndo lado a lado é praticável, e eu certamente desfruto da leitura com um objetivo. Estou comprometida com apenas um artigo para o Sup. – sobre Ensaios – mas no meu próprio ritmo; portanto, estou livre[357]. Agora vou ler em grego regularmente e começar *The Prime Minister* na manhã de sexta-feira. Vou ler a Trilogia e um pouco de Sófocles e Eurípedes e um diálogo de Platão: também as vidas de Bentley e Jebb[358]. Aos quarenta anos, estou começando a entender o mecanismo de meu próprio cérebro – como obter a maior quantidade de prazer e trabalhar a partir disso. O segredo é sempre dar um jeito de pensar que o trabalho é prazeroso. O segredo é, eu sempre acho, fazer com que o trabalho seja prazeroso.

Domingo, 14 de outubro

Fui interrompida, e agora Kitty está enterrada e metade das pessoas da mais elevada estirpe de Londres está de luto[359], e aqui estou pensando em meu livro. Kitty caiu, muito misteriosamente, sobre algum balaústre. Será que algum dia eu vou caminhar novamente? Ela disse a Leo.[360] E ao doutor, "Nunca me perdoarei pela minha falta de cuidado". Como é que isso aconteceu? Alguém deve saber, e com o tempo eu saberei. Nessa tem pena dela, mas diz que a ruptura partiu de Kitty. "Parece-me muito melancólico que tudo tenha que terminar assim", disse Nessa; mas ela estava colocando Angelica na cama, e não pudemos escavar nosso passado.

Encontrei Nessa, Maynard, Lydia, Desmond, Saxon, Lytton, Frankie Birrell e Marjorie Fry, todos nesta semana[361]; e recebi duas cartas, de Lytton e Carrington, sobre *O quarto de Jacob*, e enderecei não sei quantos envelopes; e aqui estamos às vésperas de sermos publicadas. Devo posar para o meu retrato para a John O'London na segunda-feira. Richmond me escreve para pedir que a data de publicação seja adiada, para que possam anunciá-la na quinta-feira[362]. Meus sentimentos? – permanecem calmos. Mas como poderia Lytton ter me elogiado ainda mais? Profetiza-lhe imortalidade enquanto poesia, tem medo do meu romance; mas a beleza da escrita e etc., ele elogia demasiado para que eu possa ter algum deleite nisso; ou talvez esse nervo tenha se amortecido. Quero abandonar o impacto com a água e nadar na calmaria novamente. Quero escrever sem ser observada. *Mrs. Dalloway* se transformou num livro; e eu esboço aqui um estudo sobre a insanidade e o suicídio: o mundo visto pelos sãos e pelos insanos, lado a lado – algo assim. Septimus Smith? – será um bom nome? – e mais próximo da realidade do que Jacob: mas creio que Jacob foi um passo necessário para mim, para trabalhar com liberdade. E agora devo usar esta benigna página para traçar um esquema de trabalho.

Preciso continuar minhas leituras para o capítulo de grego. Devo terminar o *Prime Minister* em mais uma semana – digamos, no dia 21. Depois, devo estar pronta para começar o meu artigo sobre ensaios para o *Times*; digamos, no dia 23. Isso vai durar até, digamos, o dia 2 de novembro. Portanto, agora preciso me concentrar nos ensaios: com um pouco de Ésquilo. E, acho, começar Zimmern, terminando muito apressadamente Bentley, que na verdade não serve muito aos meus propósitos. Acho que isso resolve a questão – mas *como* ler Ésquilo, eu não sei bem: rapidamente, é o meu desejo, mas vejo que isso é uma ilusão.

Nossa grande entrevista com Lytton a respeito de Ralph aconteceu na quinta-feira. Lytton foi extremamente hábil, e colocou questões às quais Ralph imediatamente reagiu. Porque Ralph vai ficar, quaisquer que sejam os termos. Lytton propõe darmos a ele total controle sobre os negócios; mas isso depende de sua decisão de não aumentar as suas horas de trabalho. No estado de ânimo em que estou, diria que não entregaria livros importantes a alguém que não quer desistir de sua criação de galinhas para cuidar deles. E, além disso, quanto tempo mais L. aguentaria ficar quieto ouvindo as gritarias de R.? E almoçar e tomar chá com Ralph para sempre? E Whitall? Isto se acumula. Deveremos ir a Tidmarsh depois que essa agitação acabar, e excogitar. Quanto às minhas opiniões sobre o sucesso de Jacob, quais são? Acho que venderemos 500: depois a coisa irá devagar, e chegará a 800 em junho. Será bastante elogiado em alguns lugares pela "beleza"; será criticado por pessoas que querem um caráter humano. A única resenha pela qual estou ansiosa é a que vai sair no Sup.: não que vá ser a mais inteligente, mas será a mais lida e não suporto que as pessoas me vejam rebaixada em público. A W[estminster]. G[azette]. será hostil, e também, muito provavelmente, o *Nation*[363]. Mas digo completamente a sério que nada me demove da determinação de seguir adiante, nem altera o meu prazer, portanto, não importa o que acontecer, apesar de a superfície estar agitada, o centro está seguro.

Domingo, 29 de outubro

Com a partida da Srta. Mary Butts, e com a minha cabeça muito burra para a leitura, é melhor que eu escreva aqui mesmo, para minha futura diversão, quem sabe[364]. Quero dizer, estou muito cheia do falatório e perturbada pela preocupação habitual sobre as pessoas que gostam e das pessoas que não gostam do *Q.J.* para poder me concentrar. Saiu a resenha do *Times*, na quinta-feira – longa, um pouco tépida, achei; dizendo que não se pode construir personagens assim; lisonjeira o suficiente. Claro, recebi uma carta de Morgan no sentido oposto – a carta de que mais gostei[365]. Vendemos 650, acho; & solicitei uma segunda impressão. Meus sentimentos – como sempre? – contraditórios. Nunca escreverei um livro que seja um completo sucesso. Desta vez as resenhas estão contra mim, e as pessoas, entusiasmadas. Ou sou uma grande escritora ou uma simplória. "Uma sensualista idosa", o *Daily News* me chama. *Pall Mall* me ignora, dizendo que sou insignificante[366]. Prevejo ser negligenciada ou escarnecida. E qual será o destino do nosso segundo milhar, então? Até agora, é claro, o sucesso tem sido muito maior do que esperávamos. Acho que estou mais satisfeita até agora do que jamais estive. Morgan, Lytton, Bunny, Violet, Logan, Philip, todos me escreveram entusiasmadamente. Mas eu quero me libertar de tudo isso. Isso paira sobre mim como o perfume de Mary Butts. Não quero ficar contando elogios e comparando resenhas. Quero pensar em *Mrs. Dalloway*. Quero planejar este livro melhor que os outros e tirar o máximo dele. Creio que poderia ter aparafusado Jacob melhor se eu o tivesse planejado; mas tive que construir o meu caminho enquanto andava.

Uma das regalias de Jacob parece ser a sociedade. Vou à casa de Lady Colefax na quinta-feira para ouvir a palestra sobre Valéry: também vou visitar a Senhorita Sands[367]. Estão todos agora (momentaneamente, segundo Logan, arrisco dizer) do meu lado. E no momento sinto-me inclinada a um mergulho, mas este deverá ser nos meus próprios termos: com minhas próprias roupas e meus próprios horários. Não posso discorrer muito sobre a visita de Whitall. Mas nossa posição fica cada vez mais complicada. Está claro que não podemos continuar publicando com Ralph grudado em nós feito um zangão. Whitall é um galgo nervoso, americano, sério, objetivo, forçado a fazer dinheiro. O quanto queremos fazer dinheiro com ele? Seja como for, o trabalho e a preocupação de produzir um livro grande fez com que eu decidisse não o realizar novamente no sistema atual. Temos que ir a Tidmarsh na semana que vem para explicar o cargo. Carrington diz que Lytton está muito ansioso para que cheguemos a algum acordo, e a incerteza está afetando os nervos de Ralph. Mesmo assim este homem nervoso não esboça qualquer tentativa de fazer as coisas mais banais por nós. L. tem que fazer pacotes todas as manhãs. Ralph não pega mais trem algum. A manhã de quinta-feira, ele passou no alfaiate. Mas existe esse elemento americano em Whitall de que devemos desconfiar – para resumir, nos incomoda, e a eleição começa a fazer barulho nos jornais[368]. L. tem uma chance de entrar. Mordemos um grande pedaço da vida – mas por que não? Eu não tinha criado, algum tempo atrás, uma filosofia que vem a dar nisto – de que devemos sempre estar em movimento?

1923

Terça-feira, 16 de janeiro

    Katherine está morta há uma semana, e o quanto tenho obedecido ao seu "nunca se esqueça totalmente de Katherine" que li em uma de suas cartas antigas[369]? Já a estarei esquecendo? É estranho traçar o progresso de nossos sentimentos. Nelly disse, do seu jeito sensacionalista, no café da manhã de sexta-feira, "A Sra. Murry morreu! Está no jornal!" Com isso sentimos – o quê? Um choque de alívio? – menos uma rival? Depois, confusão, por sentir tão pouco – depois, gradualmente, vazio e desapontamento; depois, uma depressão da qual não consegui sair o dia inteiro. Quando comecei a escrever, pareceu-me que não havia sentido escrever. Katherine não vai ler isto. Katherine não é mais minha rival. Mais generosamente, senti, Mas apesar de conseguir fazer isto melhor do que ela conseguia, onde está ela, que conseguia fazer o que não consigo! Depois, como costuma acontecer comigo, impressões visuais continuavam a vir a mim – sempre de Katherine colocando uma coroa branca, e nos deixando, sendo chamada para longe; transformada em digna, escolhida. E depois sentíamos pena dela. E sentíamos que estava relutante em usar aquela coroa, que era fria como gelo. E ela tinha só 33 anos. E eu conseguia vê-la diante de mim tão perfeitamente, e o quarto em Portland Villas. Subo. Ela se levanta muito lentamente de sua escrivaninha. Havia um copo de leite e um frasco de remédios sobre ela. Também havia pilhas de livros. Tudo estava arrumado, iluminado, como numa casa de bonecas. Imediatamente, ou quase, deixamos a timidez de lado. Ela (era verão) estava quase deitada sobre o sofá ao lado da janela. Tinha a sua aparência de boneca japonesa, com a franja penteada em linha reta sobre a testa. Às vezes olhávamos fixamente uma para a outra, como se tivéssemos alcançado alguma relação duradoura, independente das mudanças do corpo, através dos olhos. Os olhos dela eram bonitos – como os de um cão, castanhos, muito separados, com uma expressão constante, vagarosa, muito fiel e triste. Seu nariz era agudo e um pouco vulgar. Seus lábios, finos e duros. Usava saias curtas e gostava de ter "uma linha ao redor dela", dizia. Parecia estar muito doente – muito abatida, e se mexia languidamente, arrastando-se pelo quarto, como algum animal que estivesse sofrendo. Creio que anotei algumas das coisas que dissemos. Na maioria dos dias, acho que alcançamos aquele tipo de certeza, conversando sobre livros, ou melhor, sobre nossos escritos, que pensei ter algo de duradouro. E depois ela se tornou inescrutável. Ela gostava de mim? Às vezes ela dizia que sim – me beijava – me olhava como se (isto é sentimento?) seus olhos quisessem sempre ser fiéis. Ela me prometia nunca, nunca esquecer. Isso foi o que dissemos no final de nossa última conversa. Ela disse que me enviaria seu diário para que o lesse, e que sempre me escreveria[370]. Porque nossa amizade era uma coisa real, dissemos, olhando bem uma para a outra. Sempre existiria, não importava o que acontecesse. O que aconteceu, eu acho, foram críticas e fofocas. Ela nunca respondeu a minha carta[371]. Mesmo assim, ainda sinto que nossa amizade persiste. Ainda há coisas sobre a escrita que penso e quero contar a Katherine. Se eu estivesse em Paris e tivesse ido encontrá-la, ela teria se levantado e em três minutos estaríamos conversando novamente. Mas eu não consegui dar esse passo. O ambiente – Murry e etc. – as pequenas mentiras e traições, o jogo e as provocações constantes, ou seja lá o que fossem, acabaram com muito da substância da amizade. Ficávamos muito inseguras. E então deixávamos tudo para lá. Mas claro eu que esperava que fôssemos nos reencontrar no próximo verão, e começar do zero. E eu tinha inveja de sua escrita – a única escrita que já invejei. Isso tornava mais difícil escrever-lhe; e, talvez por causa da inveja, eu via nisso todas as qualidades que me desagradavam nela.

    Durante dois dias senti que havia chegado à meia-idade, e perdi um pouco do estímulo de escrever. Aquela sensação está indo embora. Não a vejo mais com a sua coroa. Não tenho mais tanta pena dela. Mesmo assim, sinto que pensarei nela de quando em quando por toda a vida. Provavelmente, tínhamos algo em comum que nunca encontrarei em outra pessoa. (Isso eu disse, literalmente, muitas vezes, em 1919.) Além do mais, gosto de especular sobre seu caráter. Acho que nunca lhe dei crédito por todo o seu sofrimento físico e seu efeito em amargurá-la.

O *Nation* foi provavelmente vendido à revelia de Massingham; L. está com uma gripe violenta. Estive de cama, 38 graus, de novo. Fergusson ameaça cortar minhas amígdalas.

Domingo, 28 de janeiro

Uma certa melancolia tem se abatido sobre mim nesta quinzena. Dato-a da morte de Katherine. A sensação me vem muitas vezes agora — Sim. Continuar escrevendo, é claro: mas para o vazio. Não há concorrente. Sou o galo — um galo solitário cujo cacarejar nada detém — do meu terreiro. Porque nossa amizade tinha tanto da escrita nela. Porém, depois, tive febre e uma gripe violenta, e fiquei de cama e saí dela durante uma semana, e ainda não estou normal, acho. Ao fazer um cálculo, nunca se esqueça de começar pelo estado do corpo.

K., assim nos conta Ralph, por meio de Brett, morreu após 10 minutos de hemorragia, ao subir as escadas com Murry, que calhou de estar lá. Brett está "muito afetado", diz Ralph. Em breve não terei mais as frases de Ralph para contar. Isso me deixa melancólica? Como a maioria dos nossos sentimentos, os meus, em relação a perdê-lo, são contraditórios. Joad[372] nos visitou duas vezes — Margery, eu deveria chamá-la, e a chamei, e ela vem amanhã para ficar o dia inteiro. Usa muito pó e perfume para o meu gosto, e fala de maneira arrastada. Para resumir, não é de classe alta. Mas tem olhos honestos e atentos, e leva [o trabalho] a sério, o que, como não tem quase treinamento, é desejável. Meu único medo é que se revele uma matraca. Sua rapidez, entusiasmo e confiabilidade são, até agora, uma grande vantagem em relação a Ralph. Lá está ele sentado, grosso como um carvalho, e tão anguloso quanto um. Não tivemos mais notícias da Tidmarsh Press.

Vi quantidades de pessoas — vieram até aqui, induzidas por minha invalidez, fotografias brilhantes, músicas no gramofone — mas não posso insultar a alma humana, pela qual tenho tanto respeito. Bobo e Betty nada têm de vivazes ou alegres. Ambos parecem se dissolver numa nuvem de novembro: são deprimidos, emotivos, sem um alvo para a sua emoção. Bobo vagamente se permite um *affair* — talvez com um estudante de medicina chamado Stanley – (ela não revela nomes). Ele a leva para sair, eles fazem amor, o que ela gosta, mas de alguma forma acha inferior. Ela gosta do ambiente. Havia saído com ele na noite passada, e disse que o ambiente era resplandecente. Ela se rendeu à fantasia; depois se arrependeu, e disse a ele que aquela era a última vez. Depois se arrependeu disso, remexe nos seus bolsos a procura de princípios, remexe nos meus, e eu, desconhecendo o seu caso, aconselhei-a se lançar à vida, a refletir, mas não recuar, o que, claro, apontou na direção que ela secretamente desejava, e ainda assim, em privado, sente-se impura. Eu também, neste caso.

Betty não tinha nada para me dizer. Nunca existiu uma criatura tão frouxa e menos objetiva. Aí está ela, recostada no sofá, diante de mim, e não se lhe ocorre que precise falar, ou inventar, ou comentar ou fazer qualquer um dos truques que os seres humanos inventaram para manter a água fresca. Ficamos estagnados gentilmente, suavemente. É uma boa garota, e com isso quero dizer que é amável e afetuosa, mas também é grudenta e interesseira e egoísta. Diz que a roupa é uma grande armadilha. Diz que vive com pessoas decadentes. Diz que pretende ir para o estrangeiro e aprender a cantar. Enquanto isso, alugou um apartamento na Queen's Road [Richmond], tão longe dos lugares que frequenta que precisa almoçar fora e passar horas por dia vagando pelas ruas, olhando vitrines e, imagino, e cobiçando vestidos.

Quem mais? Roger e Bob: Bob de boca fechada, não falou, mas borbulhava por dentro. Teve de ser controlado ou espumaria sobre todos nós. Muitos comentários sobre o *Nation*, que, como já devo ter registrado, foi vendido a Maynard e a um grupo, e nosso futuro, mais uma vez, está bastante incerto[373]. Contudo, não consigo inventar dúvidas, e registro por este meio minha expectativa de que estaremos mais ricos em questão de dois meses. Massingham vai começar um jornal novo: Maynard manterá Leonard com um belo honorário. E depois? (Apresso-me, antes que chegue a hora do jantar.) A palestra de Roger, por fim[374]. Antes disso jantei com Noel Olivier (Richards) no Clube. Ela olhava para mim com aqueles olhos azuis estranhos em que uma gota parecia ter sido vertida – uma gota azul pálida, com um centro grande e profundo – olhos românticos, que parecem ainda ver Rupert a se banhar no rio em Christow; olhos puros e grandes, e profundos, parecem[375]. Ou não existirá nada atrás deles? Eu praticamente perguntei. Por que você não se casou com algum daqueles rapazes românticos? Por quê? Por quê? Ela disse que não sabia, disse que tinha humores; todos os Olivier são loucos, ela disse. E Rupert foi embora com Cathleen Nesbitt e ela ficou com ciúmes, e ele tinha falado mal das mulheres, e se misturado aos Asquith, e mudado[376]. Mas quando ela lê suas cartas de amor – belas belas cartas de amor – cartas de amor de verdade, ela disse – ela chora e chora. Como são diretas e obstinadas essas mulheres jovens. Mas ela "já passou dos 30" – não quis dizer quanto. E eu tenho 41: o que confesso. Então, nos despedimos.

Depois? – Morgan, abotoado feito um cabeleireiro, alegre, comunicativo, mas veio falar sobre negócios e logo foi-se embora.

Depois, Lilian [Harris], com suas mãos no colo, chegando à velhice, e terrivelmente entediada. O egoísmo – suave e vampiresco – dessas mulheres idosas! Ela queria trabalho, conselho e nomes de hospedarias. Divertiu-me detectar sua completa absorção por Margaret; seu registro infantil de cada sintoma, refeição e hábito. Mas isto é natural; de fato, encantador e patético, também.

Segunda-feira, 19 de fevereiro

Como me interessaria se este diário se tornasse um diário real: algo em que eu pudesse ver mudanças, notar ânimos se formando; mas para isso eu teria que falar sobre a alma, e não bani a alma quando comecei? O que acontece, como sempre, é que vou falar sobre a alma e a vida interrompe. Falar sobre diários me faz pensar na velha Kate, na sala de jantar de Rosary Gardens, nº 4; e como ela abriu o armário (do qual me lembro) e lá, numa fila numa estante estavam seus diários desde 1º de janeiro de 1877[377]. Alguns eram marrons, outros eram vermelhos, todos iguaizinhos. E eu lhe pedi que lesse um dos dias; um de muitos milhares, como seixos numa praia: manhã, tarde, noite, sem sotaque algum. Ah, que estranhamente desprovida de sotaque ela era, sentada lá, toda consistente, branca, inteira, equilibrada, sagaz, com a muda sagacidade do elefante ou da égua cinzenta[378]! Somente uma ou duas vezes acendi uma chispa no único olho azul pálido que lhe restava, que é mais suave que o de vidro. Uma solidez ordenada marcava cada átomo ali. Os vasos estavam sobre tapetinhos; cada um foi provido de um tufo de mimosa e de avenca. Os cartões de Natal – seis – estavam enfileirados sobre a lareira. Helen, foto, emoldurada. Azulejos vermelhos recém-espanados. Paredes verdes. Objetos que vieram da Índia; estante de livros que pertencera a Nun. Se eu me lembrava. E Kate disse, eu pretendo viver até 1944, quando terei 84 anos. E em seu último dia ela dirá à empregada que cuida dela: Traga-me os diários que você vai encontrar no armário; e, agora, deite-os ao fogo. Eu quase não tentei perturbar aquilo que tinha a aparência clássica de frutas esculpidas de alabastro sob o vidro.

Ao escrevinhar isto, sou afastada da minha alma, o que, não obstante, me interessa. Minha alma fez uma aparição. Porque imagino que seja a alma que comenta sobre visitantes e registra os comentários deles e às vezes causa tamanho rebuliço nos departamentos centrais da minha maquinaria que todo o globo que eu sou se encolhe até ficar do tamanho da cabeça de um parafuso. Acho que esse encolhimento é, muitas vezes, o resultado de conversar com pessoas de segunda categoria. Elas barateiam o mundo. Agora, com o meu velho e querido Leo, tal barateamento é desconhecido. Ah, não, ele pode se recusar a arder, mas nunca deprecia as coisas; e assim, quando ele arde mesmo, o brilho é do vermelho mais puro e inflamado – o que vejo no fogo agora, beirando o branco.

Philip [Morrell] queria ser ator, e sofre de dupla personalidade. Ele se vê, e quase nunca se unifica – como fazendeiro, anfitrião, palestrante e assim por diante. Mas, conversando conosco, sentiu-se único, assim ele disse, e há algo de diluído na qualidade de sua emoção. É um homem amoroso, um homem de uma geração e tradição diferentes, de colete trespassado e joias, metade homem do mundo, metade esteta, isto é, apreciando a mobília, mas vivendo, dou minha palavra!, entre que tipo de impostores, e empurrando-os a nós, como é suficientemente plausível – Ottoline etc. Camadas de vapor inconstantes pairam sobre ele perpetuamente, agitando-o, fazendo-o tagarelar ansiosamente. Trancaram Julian num colégio de freiras em Roehampton, de modo a quebrar o teimoso materialismo da natureza dela. Ela entra em conflito com a visão de Ott sobre o universo. Philip diz que ela corre atrás de rapazes. E Philip teve o seu filho com a criada de sala. Tudo é, fundamentalmente, um pouco obsceno e pululante, apesar de ser, na superfície, tão admirável, plausível – sim, plausível, para usar a palavra recorrente, e desconfortável[379].

Tivemos uma visita surpresa dos Nicholson. Ela é uma visível safista, e pode estar, acredita Ethel Sands, de olho em mim, apesar de eu ser velha. A natureza deve ter aguçado suas faculdades. Esnobe como eu sou, calculo que suas paixões remontam a 500 anos, e elas se tornam românticas para mim, como um velho vinho amarelo. Imagino que o gosto forte tenha desaparecido. Harold é simplesmente um blefe; usa um casaco preto curto e calças xadrez; quer ser escritor, mas não está, disseram-me e posso crer, apto a isso por natureza. A alma, você percebe, emoldura todos estes julgamentos e diz, sentada diante da lareira, isto não me agrada, isto é de segunda categoria, isto é vulgar, isto é bom, sincero, e daí por diante. E como poderia minha alma saber? Minha alma diminuída, infelizmente, conforme a noite passava; e a contração é quase que fisicamente deprimente. Reflito, porém, que sou a fossa de 50 milhões de germes de pneumonia com uma temperatura bem abaixo do normal[380]. E, portanto, essas contrações são em grande parte físicas, não tenho dúvida. E ainda estamos em suspenso. Massingham voltou, mas Maynard está no caminho da guerra. Massm. diz que agora seguirá em frente a toda velocidade. Ele tem de coletar dinheiro. Estranhamente, eu com meu telefone atuo como intermediária. Descubro os planos de Maynard por meio de Nessa; L. telefona e passa-os adiante a Massm. E também estou tentando mexer uns pauzinhos, instituir Tom como editor literário no *Nation*, e destituir minha inimiga Srta. Royde Smith. Se tivesse tempo poderia detalhar minhas atividades e regozijar-me com minha própria importância. Sim, eu cresci. Dou conselhos. Levam-me a sério; e isso não me causa mais tanta agitação. Estou um pouco entediada, de fato, e desejaria que o pobre e velho Tom tivesse um pouco mais de sangue nele, e menos necessidade de deixar suas perplexidades agonizantes caírem suavemente, gota a gota, sobre cambraia pura. Esperamos; compadecemo-nos, mas é uma tarefa deprimente. Ele é como uma pessoa à beira de um colapso – infinitamente escrupuloso, tautológico e cauteloso.

A Pobre Snow mal consegue deixar que façam o seu retrato[381]. Mas como tive pena dela! Como uma mulher velha forçada a olhar fixamente para uma luz inclemente. A carne e o sumo da vida abandonaram-na. É quebradiça, aérea, pode ser levada pelo ar até a sarjeta. Suas velhas chispas e acidez se dissolveram. Estava nervosa, havia perdido a confiança, como se a vida tivesse lhe arremessado, mas ainda precisava seguir em frente. Eu podia sentir que ela me invejava. Disso eu gosto, mas ainda assim me deprime. E daí ela fraqueja, pede desculpas, diz "Ah, você se chatearia se eu fosse lhe visitar!" e olha para mim como se buscasse algo, e não vai se deixar enganar. Achei engraçado quando ela disse que as ruas de Cheltenham são notoriamente inseguras. Pedestres são perpetuamente mortos por ciclistas. A coisa mais rara é passar de carro sem que lhe peçam para levar um cadáver para os médicos. E havia a história da velha senhora de 94 anos atiçando o fogo e quase quebrando o próprio corpo com o carvão. Às vezes ela cai mesmo, e é leve de se levantar como uma folha. Fica sentada num quarto com uma claraboia, e às vezes pode ver uma árvore a balançar, mas nunca sai.

Domingo, 12 de maio

É um fato curioso que eu consiga escrever este diário quando estou distraída demais para ler. Como é domingo, estou liquidando cartas antigas, a metade delas formal; e soam as 19 horas; e não é possível fazer muita coisa em quinze minutos. Posso fazer uma tentativa de retrato. Karin esteve aqui ontem com Ann. Adrian está totalmente quebrado pela psicanálise[382]. (longa interrupção pergunta sobre a impressão de Read[383]). Sua alma despedaçada, com a intenção de reconstrução. O médico diz que ele é uma tragédia: e esta tragédia consiste no fato de que ele não consegue desfrutar da vida com ganas. Provavelmente, eu sou a responsável. Deveria ter me juntado a ele, em vez de ter me agarrado aos mais velhos. Daí ele murchou, empalideceu, sob uma pedra de vivazes irmãos e irmãs. Karin diz que veremos uma grande mudança em três meses. Mas Noel [Olivier] faria o que nenhum desses médicos consegue fazer. A verdade é que Karin, sendo surda, e como ela diz, honestamente, "Falta humanidade à sua cunhada, como você talvez já deve ter notado", a verdade é que ela não fertiliza as partes submersas de Adrian. Nem eu o fiz. Se nossa mãe tivesse vivido mais tempo, ou nosso pai tivesse sido isolado – bem, é um exagero chamar isso de uma tragédia. Ann é como ele, pálida, magra, sensível, com os dedos longos e frios que conheço tão bem. De minha parte, duvido que a vida em família tenha todo esse poder de fazer mal que lhe é atribuído, ou a psicanálise de fazer bem. Eu gostava de Karin; tinha pena dela, também; e depois senti se abater sobre mim um humor depressivo, em que não vale a pena entrar aqui.

Morgan me contou que quando ele e Mortimer conversaram sobre romancistas, um dia desses, concordaram que Lawrence e eu éramos os únicos dois cujo futuro lhes interessava. Pensam com entusiasmo sobre o meu próximo livro, que penso em chamar de *As horas*. Isto me dá coragem. Estranhamente, recebo elogios dos meus contemporâneos, ou dos mais jovens; nunca das velhas raposas, que, dizem, tão generosamente descem de suas tribunas com palavras de encorajamento.

Terça-feira, 19 de junho

Comecei este livro com uma certa ideia de que poderia me dizer algo sobre minha escrita – o que foi provocado ao ver, de relance, o que K.M. disse sobre a *sua* escrita no *Dove's Nest*. Mas apenas vi de relance. Ela falou muito sobre sentir as coisas profundamente: também sobre ser pura, o que não vou criticar, apesar de, claro, muito bem poder fazê-lo[384]. Mas o que sinto sobre *minha* escrita agora? – isto é, este livro, *As horas*, se esse for o seu nome? Devemos escrever a partir de um sentimento profundo, disse Dostoiévski. E eu faço isso? Ou apenas crio com palavras, amando-as como eu as amo? Não, acho que não. Neste livro eu quase tenho ideias demais. Quero dar vida e morte, sanidade e insanidade; quero criticar o sistema social, e mostrá-lo em ação, em seu momento mais intenso – Mas aqui pode ser que eu esteja fazendo pose. Fiquei sabendo esta manhã que Ka não gosta de *In the Orchard*[385]. Imediatamente me sinto revigorada. Eu me torno anônima, uma pessoa que escreve por amor a isto. Ela retira o motivo do elogio, e me faz sentir que sem qualquer elogio eu ficarei contente em continuar. Isto foi o que Duncan disse da pintura dele uma noite dessas. Sinto como se tivesse saído de todos os meus vestidos de festa e estivesse nua – o que, como lembro, é uma coisa muito prazerosa de se fazer. Mas vamos adiante. Estarei escrevendo *As horas* a partir de uma emoção profunda? É claro que a parte louca me cansa muito, aperta tanto a minha mente que mal posso encarar a ideia de passar as próximas semanas fazendo isso. Mas é uma questão desses personagens. Pessoas como Arnold Bennett dizem que eu não consigo criar, ou que não criei, no *Q de J*, personagens que sobrevivam[386]. Minha resposta é – mas deixo-a ao *Nation*: é só o velho argumento de que a personagem agora se dissipa em farrapos: o velho argumento pós-Dostoiévski. Mas arrisco dizer que é verdade que não tenho esse dom da "realidade". Eu imaterializo, de propósito, até certo ponto, desconfiando da realidade – de sua barateza. Mas adiante. Terei o poder de comunicar a verdadeira realidade? Ou escrevo ensaios sobre mim mesma? Por mais que eu responda essas questões, no sentido não lisonjeiro, essa excitação ainda continua. Para chegar à essência, agora que estou escrevendo ficção novamente, sinto minha força fluir plenamente diretamente de mim. Depois de uma dose de crítica, sinto que estou escrevendo lateralmente, usando só um ângulo da minha mente. Isto é uma justificativa; pois o livre uso das faculdades significa felicidade. Sou uma companhia melhor, mais humana. Contudo, acho muito importante neste livro mirar nas coisas centrais, mesmo que elas não se submetam, como deveriam, ao embelezamento na linguagem. Não, não baixarei a minha crista para os Murry, que trabalham em minha carne à maneira do bicho-do-pé. É irritante, e mesmo degradante, ter esse tipo de amarguras. Ainda assim, pense no século XVIII. Porém, naquele momento eram declaradas, não secretas, como agora.

Prevejo, voltando a *As horas*, que este vai ser um esforço tremendo. O projeto é tão estranho e tão poderoso. Estou sempre tendo que torcer minha substância para caber nele. O projeto certamente é original, e me interessa imensamente. Gostaria de ficar escrevendo indeterminadamente nele, muito rápida e intensamente. Não é preciso dizer que não posso. Daqui a três semanas terei secado.

Depois de fazer essa confissão muito inadequada sobre a alma, eu posso agora me deter no corpo – que é dinheiro e América e o Sr. Crowninshield[387]. Pediram-me que escreva para a *Vanity Fair* e eu serei paga, segundo Clive, 25 libras por 1500 palavras: e ganho 15 libras do *Nation*; e dois meses atrás eu estava me esforçando para escrever artigos de 5000 palavras para Jack Squire por 13 libras.

Você gosta de ter ficado famosa? Marjorie [Joad] me perguntou ontem. A verdade é que me empurram a isso, mas muitas pessoas estão dizendo que eu não vou durar, e talvez não dure. Então eu volto à minha velha sensação de nudez como a espinha dorsal da minha existência, o que de fato é.

Quanto ao restante, observa-se na Cornualha e nas partes mais remotas de Weybridge[388] que estamos vivendo uma tempestade de calúnias e que devemos estar completamente entretidos com os assuntos do *Nation*. Não é assim em Hogarth House: não estou mais entusiasmada com o conteúdo da caixa de correio de L. Mas de uma coisa estou muito confiante e aqui a confesso ao meu diário – devemos ir embora de Richmond e nos estabelecer em Londres. Os argumentos são tão bem conhecidos que não consigo me dar ao trabalho de escrevê-los. Mas, quando as coisas vêm até mim num instante, geralmente as faço, porque são coisas que me importam. Leonard ainda deverá ser convertido, e meu Deus, a mudança – o horror – os empregados. Mesmo assim, isto é a vida – nunca ficar sentada por mais tempo do que temos vontade.

Sábado, 8 de julho

Então fomos jantar com os Myers, e este é o dia mais quente do ano. E eu não quero reclamar; depois de ver tantas pessoas – De qualquer forma, se uma mudança tiver que ser feita, não será até o outono, ou o ano novo. De qualquer forma, estou contente no momento, ou moderadamente contente. Estou viva, com bastante energia; fui convidada a escrever para dois jornais americanos, e assim por diante. Não cheguei a dizer que a *Vanity Fair* me convidou e o Dial e a nova Broom, bem como o *Nation* e o *Times*, portanto não consigo deixar de pensar que tenho tanto sucesso no jornalismo quanto qualquer outra mulher da minha época[389]. Mas isso não quer dizer muito. Gostaria de poder escrever *As horas* tão livremente e vigorosamente quanto escrevinho *Freshwater*, uma comédia[390]. É estranho como acho os meus romances árduos; e, no entanto, *Freshwater* é apenas uma diversão espirituosa, e *As horas* tem algum mérito sério. Gostaria, entretanto, de pôr velocidade e vida nele. Fui tentada, uma semana atrás, a escrever comédia, e tenho escrevinhado diariamente, e creio que estará pronta amanhã. Mesmo assim, sinto alguma relutância em me fixar a *As horas* novamente. Não importa. Se me aborrecer, vai para o fogo!

Pensar sobre o fogo já é desconfortável. Há tempos não falo nada sobre o clima. Como maio e junho se derreteram numa nuvem escassa e fria. Foram arrancados do ano. Por falar nisso, ao reler este diário eu resolvi escrever mais cuidadosamente e registrar conversas verbatim. É difícil de escrever com cuidado, já que estou sempre pegando este livro como maneira de matar o tempo, preencher o tempo, ou escrever para passar o nervosismo. Quanto a registrar conversas, nada é mais difícil. Deixe-me tentar.

Desmond
Janet
Leonard
Virginia
} Cena à hora do chá, sexta-feira, 6.

Desmond Não posso ficar para o jantar. Não, eu preciso voltar para a minha mãe. Ela está muito velha. O táxi lançou-a 10 metros, e apesar de não ter quebrado nenhum osso, ela perdeu a memória. Ela conta a mesma história várias vezes. Nunca para de falar sobre o seu acidente. Vou levá-la para a Ilha de Wight.

Entra Janet Eu estava decidida a vir –

Virginia É muito bonita a floresta?

Desmond Todos os carvalhos estão sendo devorados pelas lagartas. Sim, você consegue ouvir um som de mastigação debaixo das árvores. São as lagartas comendo. E se comem uma árvore durante 3 anos, ela morre.

Janet Ah, que horrível! Espero que isso não tenha acontecido com os nossos carvalhos.

Leonard Bem, Desmond, resolvemos nossa briga.

V. (explicando a Janet) Eles são rivais, sabe. Desmond edita o *New Statesman*. Eles roubam os resenhistas um do outro.

Leonard Desmond rouba os meus resenhistas.

Desmond Ah, essa briga é completamente inventada – Quem você terá esta semana:

L. Bertie e Graves[391].

Desmond Ah, que bom. O meu Bertie sai na semana que vem.

Depois, algumas fofocas sobre o *Nation*.

Desmond Você já leu o segundo número da *Adelphi*? Você já leu Murry "Fui um miserável pecador (fingindo e batendo no peito). Menti, enganei. Ri daquilo que amo; mas *agora* estou falando a verdade." É como um evangelizador. Vi Sullivan no fim de semana passado. Ele diz que não concorda com Murry. Não é um dos que o apoiam. Ele diz que você não o poderia considerar sincero se o julgasse apenas por este testemunho. Mas ele diz que é sincero.

L. É o John Bull mais uma vez³⁹². "Se cada leitor conseguir outro leitor" – e isso depois de suas revelações sobre a morte de Katherine!

V. Não me oponho a abrir o coração, mas me oponho a encontrá-lo vazio. Murry não tem absolutamente nada a revelar. Mesmo assim, vendeu sua discrição.

Janet Meu Deus, Meu Deus! Ele fala sobre a morte da mulher? Meu Deus.

Desmond Mortimer escreveu sobre Katherine esta semana³⁹³. Mas ele não chegou à sua essência. Nem eu.

V. Eu acho, Desmond, qualquer que seja o motivo, que o Falcão está ficando cada dia melhor. Nunca foi tão bom. As pessoas falam sobre o Falcão: sobre ler o jornal por causa do Falcão³⁹⁴.

Des. Ah, vamos, Virginia, não era tão ruim quanto tudo aquilo de antes! Mais fofocas entre Desmond e Leonard.

Janet (para mim)

Sexta-feira, 17 de agosto

A questão que quero debater aqui é a questão dos meus ensaios; e como transformá-los num livro. Acabo de ter a brilhante ideia de embuti-los na conversa de Otway. A principal vantagem seria a de que eu assim poderia comentar, e complementar o que eu precisei deixar de fora, ou não consegui inserir, por exemplo, aquele sobre George Eliot certamente precisa de um epílogo³⁹⁵. Além disso, ter um cenário para cada um deles "faria um livro"; e a coleção de artigos é, na minha opinião, um método inartístico. Mas também isto poderia ser artístico demais: não conseguiria dominá-lo; levará tempo. Ainda assim, me daria muito prazer. Devo pastar mais perto da minha própria individualidade. Devo mitigar a afetação e remover toda a sorte de ninharias. Acho que me sentiria mais tranquila. Assim, acho que uma experiência tem de ser realizada. A primeira coisa a se fazer é aprontar um certo número de ensaios; – Poderia haver um capítulo introdutório. Uma família que lê os jornais. A coisa a se fazer seria envolver cada ensaio em sua própria atmosfera. Colocá-los numa corrente de vida, e assim dar forma ao livro; pôr ênfase em alguma linha principal – mas o que essa linha deverá ser, eu só poderei saber depois de os ler até o final. Sem dúvida, a ficção é o tema predominante. De qualquer forma, o livro deve terminar com lit moderna:

6	Jane Austen	*Por ordem temporal*
5	Addison	
14	Conrad	Montaigne
15	Impressões de um Contemporâneo	Evelyn
11	Os Russos	Defoe
4	Evelyn 1620	Sheridan
7	George Eliot	Sterne
13	Ensaios Modernos	Addison
10	Henry James	Jane Austen
	Relendo romances	Ch. B.
8	Charlotte Brontë	George Eliot
2	Defoe 1661	Os Russos
12	Romances Modernos	Os Americanos
	Gregos	Thoreau
9	Thoreau	Emerson
	Emerson	Henry James
3	Sheridan?	Ficção Moderna
2	Sterne?	Sobre reler romances
		Ensaios
1a	Memórias Antigas	Impressões de um Contemporâneo

Estes são, de forma geral, os títulos.

Imaginemos que comece com memórias antigas. Tenho material sobre a Casa de Lyme; Fanshawe. As cartas de Boswell[396].

1 Memórias Antigas

Quinta-feira, 30 de agosto

Fui chamada, creio, para cortar madeira; temos que fazer lenha para o fogão, pois nos sentamos na cabana todas as noites, e, meu Deus, que vento!

Na noite passada vimos as árvores do prado a se agitar, e um peso tal de folhas que, cada vez que brandiam os galhos, parecia o fim. Mas somente a tília espalhou folhas esta manhã. Li um capítulo da Sra. Gaskell, à meia-noite, durante a ventania, tão aguado e mole como arroz-doce, *Esposas e filhas* – acho que ainda assim deve ser melhor que os Contos da Carochinha. Você vê, estou pensando furiosamente sobre Ler e Escrever. Não tenho tempo para descrever os meus planos. Eu deveria falar bastante sobre *As horas*, e sobre a minha descoberta; como descubro belas cavernas por trás dos meus personagens; acho que isso dá exatamente o que quero; humanidade, humor, profundidade. A ideia é que as cavernas vão se conectar, e cada uma vem à luz do dia no presente momento – Jantar!

Segunda-feira, 15 de outubro

Hogarth[397]

A última entrada parece tão longínqua. E eu pretendia registrar, para fins psicológicos, aquela estranha noite em que fui me encontrar com Leonard[398] e não o encontrei. Que intensidade de sentimento se condensou naquelas horas! Era uma noite de chuva e vento; e enquanto voltava pelo campo eu disse Agora vou ao seu encontro; agora o velho demônio mais uma vez mostra sua espinha por entre as ondas (mas não consigo re-capturar plenamente). E foi tamanha a intensidade do sentimento que fiquei fisicamente rígida. A realidade, pensei, foi desvelada. E havia algo nobre naquele sentimento; trágico, nada trivial. Luzes brancas e frias iluminaram, então, os campos; e se apagaram; e fiquei esperando sob as árvores grandes em Itford pelas luzes do ônibus. E o tempo passou; e eu me senti mais só. Havia um homem com um carrinho de mão a caminho de Lewes, que olhou para mim. Eu conseguia me distrair, ao menos lidar com aquilo tudo, até que de repente, ao passar provavelmente o último trem, senti que era intolerável ficar ali, e que deveria fazer o que me restava, que era ir para Londres. Sem demora, lá fui eu, contra aquele vento; e tive a satisfação de me ver de novo frente a coisas poderosas, como vento e escuridão. Eu me esforcei, tive que andar; continuar; seguir em frente; deixei cair a tocha; peguei-a outra vez e assim por diante, sem qualquer iluminação. Vi homens e mulheres caminhando juntos; pensei, vocês estão seguros e felizes, eu sou uma proscrita; peguei minha passagem; tinha 3 minutos de espera, e então, vindo de um canto da escada da estação, vi Leonard, com sua capa de chuva, meio curvado, como quem anda muito rápido. Ele estava bem frio e zangado (como talvez fosse natural). Para não demonstrar meus sentimentos, fui lá fora, então, e mexi um pouco na minha bicicleta. Voltei, ainda, à bilheteria e disse ao homem compassivo que estava lá: "Está tudo bem. Meu marido pegou o último trem. Devolva-me a tarifa que paguei", ele devolveu. E peguei o dinheiro não tanto porque o quisesse e mais para endireitar as coisas com Leonard. Ao longo do caminho de volta conversamos sobre uma briga (entre revisores) no escritório; e o tempo todo eu sentia Meu Deus, acabou. Saí daquilo. Acabou. Realmente, era uma sensação física, de leveza e alívio e segurança. e, no entanto, havia também algo terrível por trás disso – o fato dessa dor, eu creio; que continuou por vários dias – Acho que sentiria aquilo de novo se atravessasse aquela estrada à noite; e isso acabou se conectando às mortes dos mineiros[399], e à morte de Aubrey Herbert[400] no dia seguinte. De modo algum, está tudo resolvido.

Andamos às voltas com disputas domésticas; uma solução triunfal para nós; já que Lottie foi considerada apta para o trabalho pelo médico dela; mas o custo mental é demasiado para valer a pena. Temos almoçado em bandejas. Marjorie [Joad][401] não gosta lá muito, mas se conforma. Marjorie tem uma euforia amorosa com Ralph[402], que agora, como imaginei que aconteceria, se transformou numa crise de influenza. Ela é uma mulher franca; disposta a tudo. Gosto do seu prosaico bom senso, apesar de faltarem vigor e vivacidade ao seu espírito, como seria desejável. A fala arrastada é o que ela tem de pior. E então? Minha atividade principal tem sido ver casas[403]. Até agora já vi as fachadas de duas. E é um problema difícil. O desejo de morar em Londres é meu, de mais ninguém. Até que ponto esse desejo poderá sustentar o peso da mudança, da despesa, de ambientes menos aprazíveis, e assim por diante? Mas vou seguir firme, procurando, e espero, trabalhando. Estamos sobrecarregados[404] por aqui com as tarefas de impressão e edição. Pessoas aparecem (Madge e Janet[405] ficaram 4 horas ontem, e me deixaram o cérebro retorcido como um pano de prato) E há a perspectiva de Dadie[406].

Esse rapaz com cabelo que mais parece casca de milho diz que deseja dedicar a vida à Hogarth Press, e está escrevendo uma carta nesse sentido para Leonard. Isso vai acontecer em junho. Ele deve se tornar sócio e assumir o trabalho; e nós podemos supervisionar, e isso pode aos poucos se tornar mais e mais necessário, e podemos ser os patronos da nossa era; e ter uma livraria, e desfrutar do convívio com os jovens, e chafurdar coisas novas no grande pote da sorte e assim nunca, nunca parar de trabalhar com o cérebro ou com os dedos das mãos ou dos pés até que nossos membros se despedacem e o coração se dissipe em pó. Essa é a minha fantasia ideal – Mas tenho que escrever uma carta cuidadosa para Frances Cornford[407] e estou sem tempo.

Estou agora bem no meio da cena da loucura no Regent's Park. Creio que escrevo atendo-me o mais que eu posso aos fatos e escrevo cerca de 50 palavras cada manhã. Vou ter que reescrever algum dia. Acho que esse é o projeto mais singular dentre todos os meus livros. Atrevo-me a dizer que não vou conseguir levá-lo a cabo. Estou repleta de ideias. Sinto que posso usar qualquer coisa que algum dia me tenha passado pela cabeça. Com certeza tenho menos amarras do que jamais tive. O ponto duvidoso é, eu acho, a figura de Mrs. Dalloway. Talvez esteja rígida demais, resplandecente e cintilante demais – Mas então posso usar inúmeros outros personagens como suporte para ela. Escrevi a 100ª página hoje. Claro que andei só ensaiando caminhos – até agosto passado ao menos. Passei um ano tateando até descobrir o que eu chamo de meu processo de tunelização[408], por meio do qual eu conto o passado a prestações, conforme a necessidade que eu sinta dele. Essa é a minha principal descoberta até agora; e o fato de ter me custado tanto encontrá-la prova, creio eu, como é falsa a doutrina de Percy Lubbock[409] – de que se pode fazer esse tipo de coisa conscientemente. Busca-se às cegas em estado de desespero – cheguei até, uma noite, a decidir que abandonaria o livro – e então se toca a fonte escondida. Mas o Senhor me ama! Não reli minha grande descoberta, e ela talvez não tenha absolutamente a menor importância. Não importa. Confesso que tenho minhas esperanças para esse livro. Agora vou continuar escrevendo até, sinceramente, não conseguir escrever mais nenhuma linha – Jornalismo, todo o resto, deverá ceder espaço para ele.

1924

Quarta-feira, 9 de janeiro

Neste exato momento, ou quinze minutos atrás, para ser precisa, assinei o contrato de arrendamento por dez anos do número 52 da Tavistock Sqre, em Londres, W.C.1 – Gosto de escrever Tavistock. Sujeita, é claro, ao contrato, e à Providência, e aos caprichos imprevistos da parte da velha Sra. Simons, a casa é nossa: e o porão, e a sala de bilhar, com o jardim de pedras no alto, e a vista da praça em frente, e os prédios desolados atrás, e a Southampton Row, e toda Londres – Londres, vós sois a joia das joias, e jade da jucundidade[410] – música, conversa, amizade, vistas da cidade, livros, publicações, algo importante e inexplicável, tudo isto agora a meu alcance, como não era desde agosto 1913, quando saímos de Cliffords Inn, por causa de uma série de catástrofes que quase acabaram com a minha vida, e teriam, sou presunçosa o suficiente para imaginá-lo, acabado com a de Leonard[411]. Então devo ser grata a Richmond e Hogarth, e seja por meu invencível otimismo ou não, sou deveras grata. Nada poderia ter nos servido melhor durante todos aqueles anos em que me rastejava por aí, como uma ratazana atingida por um golpe na cabeça, e os aviões sobrevoavam Londres à noite, e as ruas estavam escuras, e não havia pãezinhos de um centavo nas vitrines. Além disso, em nenhum outro lugar poderíamos ter iniciado a Hogarth Press, cujo começo bastante atrapalhado teve origem nesta mesma sala, sobre este mesmo tapete verde. Aqui, essa estranha prole cresceu e prosperou; expulsou-nos da sala de jantar, que agora é um caixão poeirento, e se alastrou por toda a casa.

E as pessoas vieram, milhares delas, me parece. Sentei-me diante desta lareira durante muitas noites, a conversar, e salvo por um ataque de melancolia no verão passado, nunca reclamei de Richmond, até perdê-la, como uma pele solta.

Pós-escrito [de VW:] Tive algumas visões muito curiosas neste cômodo, também, deitada na cama, enlouquecida, e vendo a luz do sol tremer como uma água dourada, na parede. Ouvi as vozes dos mortos aqui. E, durante tudo isso, senti-me intensamente feliz.

Saxon vem jantar aqui hoje à noite, e será convidado a mudar-se para cá com sua trupe de lunáticos na Páscoa[412]. Nossa mudança pode ocorrer a qualquer momento entre 1º de fevereiro e a Páscoa. Realmente, já que não quero fornecer detalhes aos leiloeiros, deveria resumidamente dizer que o meu bom gênio imobiliário sussurrou ao meu ouvido, na segunda-feira, quando, no momento em que me despedia do Sr. Coade, a jovem senhora ruborizada disse "Sra. Woolf, ainda está procurando uma casa?" "É por isso que estou aqui" eu disse. "Mas começo a achar que prefiro alugar um apartamento." "Ah, bem, o nº 52 da Tavistock Sqre pode lhe servir. Tem um estúdio grande." O rapaz perverso me fez vir até Gordon Sqre. depois, e me deu um endereço errado; e depois encontrei Adrian por acaso; e depois nós dois fomos juntos até os Srs. Dollman e Pritchard, passando por grandes portas de vaivém de baeta verde, até o andar de cima, e entramos num apartamento, agora semiescuro, e depois descemos até o porão onde eu muito rapidamente perdi a conta do número de cômodos, e saímos na sala de bilhar do velho cavalheiro; e assim decidi que este é o nosso lugar, se é que um dia houve um[413].

Bem, ontem tivemos um dia longo, frio e cheio – começando por ir duas vezes a Londres, eu fui, e terminando com *The Flame*, uma peça que inventou emoções que ninguém sentiu nestes 100 anos; ninguém as sentiu mesmo em 1824[414]. Mas, por meio de um processo de hipnose, a metade de Bayswater ontem à noite se convenceu de que outras pessoas se sentiram assim, e, portanto, que elas deveriam, também.

Posso dizer que, coincidentemente com o contrato de arrendamento do número 52 da Tavistock Sqre (como eu gosto de escrever isso!), houve a compra de uma caneta de nove centavos, uma caneta-tinteiro, que tem uma ponta ordinária, e escreve – às vezes muito bem. Estou mais empolgada com a compra de Tavistock Sqre ou com a compra da minha nova caneta-tinteiro? – cuja reflexão me faz lembrar que preciso terminar o volume 7 de

Montaigne, e que Saxon vem jantar aqui. Então, apesar de um cérebro confuso, preciso ir lá em cima, pegar os livros e começar. Mas, primeiro, vou ficar olhando o fogo por um instante – e ah, céus, esqueci o meu ultimato para as pobres domésticas; ambas vão-se embora, e ambas colaboram muito, e são afetuosas também – uma combinação difícil.

Sábado, 12 de janeiro[415]

Acabo de implementar uma grande melhoria na capa deste livro – um calendário. Mas, para reverter àquelas outras melhorias – eu sobreviveria ao processo? Há um inconveniente no contrato: uma cláusula drástica que diz que Bedford pode recusar permissão para sublocar[416]. Se for aplicada, isso jogaria os escritórios, agora alugados por 250 libras, em nossas mãos. Mas eles nos oferecem o apartamento e o porão separadamente. Tudo isto envolve cálculos; e o que é pior, bastante depressão por parte de L. Portanto, eu me pergunto, por que faço isso? Vale a pena? Os riscos não são grandes demais? E respondo de acordo com o meu estado de espírito. Meu coração se volteou feito uma enguia ferida no meu peito na noite de quinta-feira: ontem estava sereno como um dia de verão; agora está dolorido e agitado. Mas eu gosto de mim mesma por enfrentar meus obstáculos. Contanto que a imprudência não se transforme em parvoíce. Imaginemos que tudo dê errado, de qualquer forma eu tentei realizá-lo. Depois Nelly concordou em continuar sozinha aqui, como um general, e eu devo achar um lugar para Lottie em Gordon Square. Só vejo dificuldades e mais dificuldades adiante. Nada disso teria muita importância se L. estivesse feliz; mas com ele desanimado ou triste, tiram-me o vento de minhas velas, e eu me pergunto, para que tudo isso?

Mas a verdade é – não, não acho que eu conheça a verdade. Sem dúvida, meu esteio principal é minha escrita, o que não vai me faltar aqui ou em Londres. Mas, de acordo com Montaigne, somos vários, não consigo estabelecer uma lei para os meus próprios sentimentos.

É estranho como essa questão da casa nos absorve tão completamente. É uma mudança radical, porém. Significa uma revisão de 4 vidas. Quanto a Lottie, tenho minhas dúvidas, porque seu temperamento sempre irá derrubá-la, e eu sinto, depois de 7 anos, ou serão 8?, alguma responsabilidade para com ela. Se ela ficou em apuros por minha causa, creio que devo me culpar por isso. Contudo, para pessoas de nossa idade, em pleno verão, temer o risco e a responsabilidade parece pusilânime. Não temos filhos a levar em consideração. Minha saúde está tão boa quanto pode estar neste mundo, e bastante melhor do que já foi. Os próximos dez anos deverão levar a editora à fama ou à falência; passar o tempo indolentemente aqui é uma desvantagem. Mas eu revi todos esses assuntos várias vezes, e gostaria de poder pensar em outra coisa. Tenho tanto trabalho a fazer. É estranho como o meu trabalho parece sem importância, de repente, quando um assunto prático como este obstrui o caminho. Vejo como ele aparece para o mundo, do lado de fora, não todo cavernoso e iluminado como parece por dentro.

Quem encontrei? Saxon, principalmente, e os Grant. Têm bastante conforto na Grosvenor House Twickenham: cadeiras e mesas e pequenas toalhas sobre as penteadeiras. Uma mulher muda e tensa estava diante da lareira e Jim Rendel, jogando xadrez com o velho Major de cabelo fofo[417] – aquele fracasso, aquele velho vivaz e irresponsável, que se deita em seu sofá, um perfeito cavalheiro, um homem do mundo, engraçado, astuto, prático, mas totalmente incapaz. Ethel entra, e eu percebo como estava bonita, e algo ainda encantador em seu relacionamento, todo desgastado e rançoso; e ela sabe, creio, que ele está morrendo, e sua mente está tão atenta aos assuntos práticos (são muito pobres) que não consegue sentir coisa alguma. É uma mulher altiva, gentil, sem imaginação, que tem um pouco de pena de mim, eu acho. (Agora não pense no problema da casa!)

Estar com Saxon não significa muito, embora eu agora o veja como um homem notável. Se eu o encontrasse em uma sala cheia, perguntaria: quem é esse? Eu acho. Em parte, é porque ele ficou mais confiante. E, também, imagino, ler tudo de Platão produz os seus efeitos. Gosto de sua ausência de detalhes – ao discutir planos, por exemplo; mas quando se trata da prática, é um homem meticuloso, não consegue chamar um táxi sem uma infinidade de ponderações.

Também vi Adrian e Karin. Eis uma mulher infeliz, por assim dizer. Mas o que é a felicidade? Eu a defino como um brilho nos olhos. Seus olhos são como calçadas polidas – calçadas molhadas. Não há nenhuma caverna iluminada pelo fogo dentro deles. Os olhos de Molly são outro assunto. Pois eu fui tomar chá com ela, numa casa muito limpa na Oakley Street. Lá estava Michael, um rapaz jovem, corado, nervoso, de calças compridas[418]. Havia saído para tomar chá, mas não gostou das pessoas; discutem cada detalhe, disse. "De que parte de Devonshire você gosta mais?" É divertido ver como esse tipo de pergunta aparece na realidade, antes de nos acostumarmos com ela. Molly é muito pálida, muito amorfa, como uma morsa; cortou a franja, que é de um cinza puro; e consegue se vestir muito melhor do que eu. Adoro os modos distraídos e ocupados dessas mães – não há parcimônia de vida, como acontece com os que não têm filhos – sempre há algo que deve ser decidido ou feito. A velha Sra. MacCarthy é, eu acho, a pessoa mais chata, grosseira e perniciosa do mundo; como uma criança, mas que não pode ser ignorada; insiste em que sua história seja ouvida; totalmente incapaz de ver além do seu próprio prato de pão com manteiga; precisa saber que tipo de geleia é. Gosto mesmo destas velhas senhoras, sem ocupação, as mais insuportáveis do mundo. Há dois dias, ela virou católica romana. Charlie Sanger chegou; afagou a mão de Molly. Ele também respeita o calor maternal. Tem um grande respeito pelo valor da natureza humana, sempre noto isso; respeita as qualidades honestas; sabe como a vida é difícil – e talvez não como é agradável. Um dia desses quero escrever uma história sobre a vida transformando todos os rostos num vagão do metrô em cinza, empapados, valentes, desiludidos. Mas por que não faz algum deles parecer satisfeito, feliz, como se tivessem conseguido o que queriam? Dá vivacidade aos jovens, contentamento aos velhos, muito pouco prazer intenso, diria, ao olhar para eles.

Ontem, os provincianos Turner vieram medir as alcovas, e me perguntaram se a escrivaninha do pai da Sra. Turner poderia ficar no gabinete de trabalho – Você deve se lembrar do piano, e da caixa da pianola, disse Edith, um desses perturbadores "corpos" indefinidos, que compõem as classes médias; mulheres fastidiosas, feitas à máquina, mas todas cheias de opiniões; sentem calor e frio, são caprichosas e agitadas, como outras pessoas; mais ainda, de fato; mas não consigo entender por que a natureza as fornece, a não ser para abastecer Dartmouth de cadetes, e coronéis, de esposas[419]. Nelly foi ao apartamento comigo, e no dia seguinte fez uma tabela de horários, para mostrar que por volta das 15 horas ela ainda teria que lavar a louça do almoço e lustrar as botas de Leonard. Muito bem, eu disse, ache um lugar com a Lottie. Mas o resultado de uma semana de reflexão, aparentemente, é que Lottie vai com os Turner, e Nelly fica conosco. O dinheiro foi pago, e a casa provavelmente será nossa amanhã. Assim, eu terei um quarto todo meu para me sentar, depois de quase 10 anos, em Londres. Agora preciso escrever a Logan, para pedir um livro para a editora[420], e depois ler os elisabetanos para o meu próximo capítulo. De qualquer maneira, a leitura para este livro abençoado é uma grande fonte de deleite para mim.

Sábado, 9 de fevereiro

Estamos medindo o apartamento. Agora surge a pergunta: será barulhento? Não preciso entrar nos meus pensamentos sobre essa questão. Fitzroy Sqre expôs um nervo que nunca adormecerá novamente enquanto houver um ônibus naquela vizinhança. Minha impressão sobre esta mudança é que estamos fazendo a coisa mais corajosa; enfrentando os fatos, o que, por dez anos, será bom de fazer. Sim, esta pequena conquista foi boa, eu acho.

Morgan esteve aqui na noite passada; *Uma passagem para a Índia* está pronto; e ele está muito entusiasmado, em plena atividade, consultando L. sobre termos; ofereceram-lhe £750. Portanto, ele *está* bem. E Heinemann, esta manhã, quer publicar meus ensaios. Os Henderson vêm jantar, e Janet [Vaughan]. Eu me gabei de L. (diz ele). Não dá para fazer piada com pessoas que não conhecemos. Eles nem mesmo jantam no subsolo, naturalmente. Desmond tombou da escada de Mary há duas noites, e quebrou a rótula. Clive não pôde ficar com ele. Sentiu uma dor muito forte, mas, Ethel Sands disse, foi muito valente. Agora está muito irritado. Portanto, nossos sentimentos em relação aos nossos amigos mudam. Corte-me em qualquer lugar, e eu sangro muito profusamente. A vida criou muita "sensação" de algum tipo em mim. Então (estou tão cansada com pacotes etc. que não consigo me concentrar), Marjorie pôs brincos nas orelhas e abandonou Joad. Pobre fedelha! Tem 24 anos. Eu estava em Fitzroy naquela época, e também infeliz como um diabo. Ela encontrou uma carta, abandonou a casa – mora num porão. É um melodrama, mas foi forçada a ele por Cyril, presumo. Eu estou trabalhando n'*As horas*, e o considero uma tentativa muito interessante; posso ter encontrado minha mina desta vez, eu acho.

Posso retirar dela todo o meu ouro. A grande coisa é nunca se sentir entediada com a sua própria escrita. Esse é o sinal para uma mudança – não importa qual, contanto que traga interesse. E o meu veio de ouro está nas profundezas, em canais muito tortos. Para apanhá-lo devo abrir caminho com um martelo, me inclinar e tatear. Mas é ouro de má qualidade, eu acho. Morgan disse que eu tinha adentrado mais na alma em *O quarto de Jacob* do que qualquer outro romancista. Ele estava fazendo aulas de piano com Hilda Saxe – urdiu os dedos agilmente pela partitura. (E é tão barulhento aqui, se você ficar escutando, quanto pode ser em T[avistock]. S[quare]. Você se acostuma a não ouvir. Lembre-se deste sábio conselho.) Tom, o incrível Tom, escreve "Não faço nenhuma previsão de antagonismo", saudando alguma resenha nova. Meredith, de branco e coroada de louros, não poderia ser mais magistral[421].

Karin tem feito confidências. Adrian quer voltar. Ela quer a vida. Não gosto muito dela, divertindo-se à grande, mas entendo o que ela quer dizer, e respeito a sua consciência, porque ela pensa em A. Ele senta-se sozinho em Mecklenburgh Sqre. "É essa qualidade que vocês, Stephens, têm", ela disse. "É verdadeira", como um americano com uma mesa no Sheraton. Faith Henderson diz que flertou com Ralph, quer a luz da lua, grandes homens, diamantes, beijos; mas é velha demais; e não é boa o suficiente. Hubert pega suas próprias opiniões. Janet tem o chocalho dos Vaughan na garganta; uma lady; grande, desajeitada, vai casar e se reproduzir.

Segunda-feira, 5 de maio

Este é o 29º aniversário da morte de minha mãe. Acho que aconteceu cedo numa manhã de domingo, e eu olhei pela janela do quarto e vi o velho Dr. Seton indo embora com as mãos para trás, como que para dizer que está terminado, e depois as pombas a descer, para bicar na rua, imagino, com uma queda e descenso de infinita paz. Eu tinha 13 anos, e poderia encher mais de uma página inteira com as minhas impressões daquele dia, muitas delas mal-recebidas por mim, e escondidas dos adultos, mas muito memoráveis por causa disso: como eu ri, por exemplo, por trás da mão que deveria esconder as minhas lágrimas; e através dos dedos vi as enfermeiras a soluçar[422].

Mas basta de morte – é a vida o que importa. Voltamos de Rodmell há 7 dias, depois de uma Páscoa majestosa, a qual Nelly sobreviveu heroicamente. Após remover as ervas daninhas, tive que entrar em casa para sair do sol; e como o silêncio me envolvia! e depois, que entediada fiquei, para ser justa: e como a beleza transbordou sobre mim e mergulhou os meus nervos até estremecerem, como já vi uma planta aquática estremecer ao ser inundada pela água. (Isto não está certo, mas um dia eu preciso expressar essa sensação.) E então, meus problemas com o ruído aqui – tive uma dor de cabeça, ou quê? [Segunda-feira, 26 de maio] Eu me esqueço, depois de voltar de Rodmell agora pela segunda vez, e acabando com minhas inquietações como antigamente. Pois me parece que este diário pode morrer de Londres, se eu não tomar cuidado[423].

Londres é encantadora. Piso num tapete mágico amarelo-acastanhado, parece, e sou levada para dentro da beleza sem levantar um dedo. As noites são extraordinárias, com todos os pórticos brancos e largas avenidas silenciosas. E as pessoas entram e saem, levemente, divertidamente, feito coelhos; e eu olho para Southampton Row, molhada como o dorso de uma foca ou vermelha e amarelada pela luz do sol, e observo o ir e vir dos ônibus, e ouço os velhos órgãos loucos. Um dia desses vou escrever sobre Londres, e como ela ocupa a vida privada e a leva adiante, sem esforço algum. Rostos que passam elevam a minha mente; impedem-na de se acomodar, como acontece no silêncio de Rodmell.

Mas a minha mente está cheia de *As horas*. Agora estou dizendo que o escreverei durante 4 meses, junho, julho, agosto e setembro, e depois estará pronto, e eu o deixarei de lado por três meses, quando terminarei meus ensaios; e então isso será – outubro, novembro, dezembro-janeiro: e eu o revisarei em janeiro fevereiro março abril; e em abril meus ensaios serão publicados, e, em maio, o meu romance. Este é o meu programa[424]. Está saindo rapidamente e livremente da minha cabeça, agora; como é de costume desde a crise do último mês de agosto, que eu conto como sendo o começo, e passou rápido, mas com muitas interrupções, contudo. Está ficando mais analítico e humano, eu acho; menos lírico; mas sinto como se tivesse afrouxado os laços completamente, e pudesse despejar tudo lá dentro. Se for assim – será bom. Resta lê-lo. Meu objetivo são 80.000 palavras desta vez. E eu gosto de Londres para escrevê-lo, em parte porque, como digo, a vida nos sustenta; e com a minha mente de gaiola de esquilo, é uma grande coisa que nos façam parar de girar. Ver seres humanos livremente e rapidamente é um benefício infinito para mim. E eu posso entrar e sair e revigorar a minha estagnação.

Deixei toda a sociedade por registrar. Tidmarsh, Cambridge, e agora Rodmell: Fizemos uma festinha esquisita aqui esses dias – quando o sinistro e pedagógico Tom interpretou uma esquisita personagem. Não consigo me livrar completamente das suspeitas sobre ele – no pior dos casos, se resumem a chamá-lo de mestre-escola americano: um homem muito vaidoso. Ele me levou para ver o *Lear* (não registrado no diário) e nós dois o escarnecemos e menosprezamos; e agora ele sai na *Criterion* com uma censura pomposa e solene àqueles que escarnecem e menosprezam[425]. Censurei-o levemente por isso: não mudou de ideia e disse que ele queria dizer isso mesmo que escreveu: então o que ele quer dizer com o que diz? Só Deus sabe. Há alguma coisa meio escamoteada, maledicente, suspeita, complexa, inquietante, a respeito dele: muito disso seria liberado por uma ducha de puros elogios, os quais ele tem poucas esperanças de receber. E lá esteve também Philip Ritchie, com seu nariz muito bem definido. E eu não devo tomar um banho? porque Dr. Glover vem aqui discutir a S.P.L.[426], e depois pôr o meu vestido vermelho novo? Leonard pensa menos de mim por empoar o meu nariz e gastar dinheiro com vestidos. Não importa. Eu adoro Leonard.

Sábado, 14 de junho

Voltamos de Pentecostes em Rodmell, e estou saindo agora para sentar na Gordon Square com Nessa e Angelica; portanto, meu diário será defraudado; sufocado por vida demais. O que não é registrado entope a minha caneta. A história de Roger no Etoile aquela noite talvez tenha sido a notícia mais sensacional que tive. "Uma coisa terrível aconteceu comigo", ele me disse, olhando-me fixamente com seus grandes olhos bem abertos. Ao que eu, sendo frívola, ri. "Mas foi terrível", e, para crédito do meu coração, este parou de bater, esperando um câncer. E então ele me contou a história da camponesa louca da França que se matou com um tiro, porque o amava, num penhasco em Havre com vista para Inglaterra. "E assim minha última chance de felicidade acabou", disse Roger. E depois caminhamos pela Tottenham Court Road sob uma chuva torrencial, eu, a declarar afeição, e Roger a dizer que estava condenado, que estava amaldiçoado; nunca teve mais de três semanas de felicidade na vida. "Sinto prazer – gosto da companhia de meus amigos – mas, felicidade, não tenho." Entendo o que quer dizer. E ele é tão jovem, diz – e gosta tanto de mulheres. Ao que Nessa diz, pertinentemente, que ele vai se recuperar, e fará tudo de novo. Pois é claro que não podemos evitar tornarmo-nos cínicas e divertidas. Caso nos ouvissem, simplórias como Ott. (que está por aqui, a contaminar as noites de junho) pensariam que não temos coração. Mas por quanto tempo Roger consegue amar uma mulher sem levá-la à loucura? Esta criatura achava que ele havia zombado dela, pois ele tingira coletes de amarelo e os enviara, dizendo que ela se voltasse para o leste e os vestisse, a fim de curar sua tuberculose. E enviou-lhe fotos de esculturas africanas. Por alguma razão, contrariando o meu costume, creio que gostaria de escrever uma história a partir disso[427].

Sábado, 2 de agosto

Aqui estamos em Rodmell, e com 20 minutos para preencher antes do jantar. Um sentimento de depressão paira sobre mim, como se fôssemos velhos e estivéssemos próximos do fim de todas as coisas. Deve ser a diferença em relação a Londres e à ocupação incessante[428]. E assim, encontrando-me numa maré baixa em relação a meu livro – a morte de Septimus, – começo a me considerar um fracasso. Agora, o propósito da editora é impedir completamente os pensamentos tristes e me oferecer algo sólido em que me apoiar. Enfim, se não consigo escrever, posso fazer com que outras pessoas escrevam: posso criar um negócio. O país é um convento. A alma nada até a superfície. Julian veio e já foi embora, um rapaz alto, o qual, como me creio inveteradamente jovem, parece-me um irmão mais novo: enfim, sentamos e conversamos, tudo muito natural. Tudo está praticamente a mesma coisa – a escola dele continua sendo a escola de Thoby[429]. Ele me conta sobre meninos e professores, como Thoby fazia. Interessa-me exatamente da mesma forma. É um menino sensível, muito perspicaz, bastante combativo; cheio de Wells[430] e de descobertas e do futuro do mundo. E, sendo sangue do meu sangue, pode se entender facilmente – será muito alto, e será advogado, arrisco-me a dizer. Não obstante, apesar dos resmungos com que comecei isto, não me sinto velha, sinceramente; e é uma questão de concentrar minhas energias novamente para escrever. Se ao menos eu pudesse entrar em meu veio e nele trabalhar completamente, profundamente, facilmente, em vez de arrancar essas miseráveis 200 palavras por dia. E assim, conforme o manuscrito cresce, sinto o velho medo dele. Eu o lerei, e o acharei pálido. Confirmarei que é verdadeiro o que disse Murry, de que não há forma de prosseguir depois de *O quarto de Jacob*[431]. No entanto, se este livro puder confirmar alguma coisa, será que só consigo escrever desta forma, e que nunca a abandonarei, mas irei explorá-la cada vez mais e, graças a Deus, nunca me entediarei nem por um instante. Mas esta leve depressão – o que será? Acho que consigo curá-la atravessando o canal e não escrevendo por uma semana. Quero ver algo acontecer de forma agitada, mas sem tomar parte: uma cidade francesa com um mercado, por exemplo. De fato, se eu dispuser de energia, irei até Dieppe; ou me contentarei em explorar Sussex de ônibus. Agosto deverá ser quente. Dilúvios descerão. Hoje buscamos abrigo sob um monte de feno. Mas ah, a delicadeza e a complexidade da alma – pois não comecei a cutucá-la levemente e a ouvir sua respiração, afinal? Uma mudança da casa me faz ficar oscilando durante dias. E isso é a vida; isso é saudável. Nunca estremecer é o destino do Sr. Allinson [Allison], da Sra. Hawkesford e de Jack Squire. Em dois ou três dias, aclimatada, depois de começar a ler e escrever, nada disto existirá mais. E se não vivêssemos ousadamente, puxando a cabra selvagem por sua barbicha, e tremendo diante dos precipícios, nunca nos deprimiríamos, não tenho dúvida; mas já estaríamos desbotadas, fatalistas e envelhecidas.

Domingo, 3 de agosto

Agora já está desaparecendo, a minha névoa de prata, e quase não reconheço a pessoa que era ontem. L. tem me contado sobre a Alemanha, e sobre as indenizações, e como o dinheiro é pago. Deus, que cérebro fraco eu tenho – é como um músculo não utilizado. Ele fala; e os fatos entram, e não consigo lidar com eles. Mas por meio de exercícios cerebrais bastante dolorosos, talvez eu consiga entender um pouco mais do que Nelly sobre a situação internacional. E L. entende tudo – entende todos esses assuntos do jornal diário, instantaneamente, e conecta-os, e está pronto para produzir algo. Às vezes acho que o meu cérebro e o dele são de categorias diferentes. Não fossem os meus acessos de imaginação, e a inclinação dele para os livros, eu seria uma mulher bastante comum. Nenhuma faculdade minha é mesmo muito forte.

Mas é uma questão de trabalhar. Já estou bastante sob controle ao me ater a meus livros: minhas 250 palavras de ficção primeiro, e depois, um começo sistemático, me arriscaria a dizer que é o 80°, do *Common Reader*, que poderia ter sido concluído num relâmpago, tivesse eu a oportunidade de relampejar, e de terminá-lo. Mas há muito trabalho nessas coisas. Percebo que preciso ler o *Pilgrim's Progress* agora: a Sra. Hutchinson. E deveria demolir Richardson? O qual nunca li. Sim, correrei pela chuva, entrarei em casa para ver se Clarissa está lá. Mas isso é uma grande porção do meu dia, um romance muito, muito longo. E preciso ler Medeia. Preciso ler um pouco de Platão traduzido[432].

Addison 1672-1719
Defoe 1659-1731
Pepys 1660
Evelyn 1660

Segunda-feira, 15 de setembro

Aqui estou, esperando L. voltar de Londres, e nesta hora, como fui machucada, ano passado, quando ele se atrasou, a velha ferida volta a doer. Ele tem se encontrado com Nancy Cunard, então espero fofocas. Vita esteve aqui no domingo. Deslizou pelo vilarejo em seu grande Austin azul novo, o que faz com perfeição. Vestia um pulôver amarelo com círculos, um chapelão e tinha uma mala cheia de joias de prata e camisolas embrulhadas em papel de seda. Nelly disse: "Se ao menos ela não fosse uma pessoa ilustre!" e eu não consegui aguentar suas besteiras. Mas gosto que ela seja ilustre, e ela o é, uma perfeita lady, com todo o ímpeto e coragem da aristocracia, e menos de sua infantilidade do que eu esperava. Ela deixou-nos um conto que muito me interessa[433]. Vejo meu próprio rosto nela, é verdade. Mas ela perdeu a antiga verborragia, e reconciliou-se com um certo vislumbre da arte, assim penso; e, de fato, fico maravilhada com sua habilidade e sensibilidade; pois não é ela mãe, esposa, grande dama, anfitriã, e além disso escreve? Que tão pouco faço eu disso tudo; meu cérebro nunca me deixaria ordenar a quantia de 20 mil palavras em duas semanas, então deve-me faltar algum vigor essencial, eu imagino. Aqui estou, perscrutando através de Vita a minha abençoada *Mrs. Dalloway*; e não consigo parar de pensar por uma noite na cena seguinte e em como devo concluí-la. Vita, para voltar a ela, é como uma uva madura demais em seus traços, com bigode, amuada, um pouco pesada; anda sobre belas pernas, numa saia bem cortada, e embora seja constrangedora no café da manhã, tem um bom senso e simplicidade masculinos que tanto eu quanto L. achamos satisfatórios. Ah, sim, eu gosto dela; poderia acrescentá-la à minha equipagem para sempre; e imagino que, se a vida o permitisse, esta seria uma espécie de amizade. O relógio bate às 7 horas da noite, e me pergunto se ouço Leonard, sobre o ruído do vento cinza e selvagem, a conversar com Nelly na cozinha. Grizzle levanta uma orelha, deixa-a cair novamente. Ele trabalha e trabalha. O carteiro esteve aqui, fazendo-me engasgar um pouco, sentimental nata que sou, por esperar tão honesta e sinceramente que o Sr. Woolf fosse falar sobre o ILP[434] em Lewes, na Liga das Nações? Este tipo de coisa conta: Murry, o professor da alma, fala aos carteiros sobre a Liga das Nações? Gosto de sua confiança e admiração, e da oscilação entre o convite de Knole e Lorde Sackville (O *Q.J.* é o seu romance favorito) e os carteiros aparecendo nas reuniões locais, que subitamente me parecem assuntos da maior importância. Tudo isso confirma o que havia pensado, de que somos fragmentos e mosaicos; e não, como costumavam crer, imaculados, monolíticos, consistentes todos. Como escrevo coisinhas; e que utilidade terá isto para a minha grande época de escrita de memórias?

Com Vita, discutimos o assassinato do Sr. Joshua[435], Ottoline, literatura. Depois ela nos levou a Charleston – e como nosso mundo dá voltas – tudo parecia muito cinza e malcuidado e malfeito, à luz de sua presença. Monk's House virou um celeiro em ruínas, e nossos piqueniques eram feitos sobre um monte de lixo. Recobrei meu gosto pela vida cerca de uma hora mais tarde. Agora volto para casa, a esperar por L.

Sexta-feira, 17 de outubro

É uma desgraça. Subi as escadas correndo, pensando que arranjaria tempo para registrar aquele incrível fato – as últimas palavras da última página de *Mrs. Dalloway*; mas fui interrompida. De todo modo, ontem fez uma semana que o consegui. "Porque lá estava ela", e me senti feliz de me livrar disso, porque foi uma grande tensão, nas últimas semanas, embora estivesse com a cabeça mais fresca; isto é, com menos daquela sensação habitual de que escapei por pouco, e que mal consegui manter meus pés sobre a corda-bamba. Sinto-me mais aliviada do meu significado do que o normal – se isto vai se sustentar quando o reler, é discutível. Mas, de certa forma, este livro é uma proeza; terminado sem uma pausa na doença, o que é uma exceção; escrito realmente em um ano; e, por fim, escrito do final de março até 8 de outubro, com apenas alguns dias de intervalo para escrever artigos jornalísticos. Portanto, poderá ser diferente dos outros. Enfim, sinto que exorcizei o feitiço sob o qual Murry e outros disseram que eu estava, depois de *O quarto de Jacob*. A única dificuldade é evitar escrever outros. Minha rua sem saída, como a chamaram, vai tão longe e mostra tantas paisagens[436]. Já consigo enxergar *The Old Man*.

Mas chega, chega – contudo, sobre o que devo escrever aqui, além de minha escrita? É estranho como a moral convencional sempre nos invade. Não devemos falar de nós mesmas, não devemos ter vaidade etc. Mesmo em completa privacidade esses fantasmas escorregam entre mim e a página. Mas devo fazer uma pausa aqui para ir ao correio, para descer aquela maravilhosa rua iluminada, que se tornou mais bela e mais fantástica através das minhas janelas duplas. E eu fico protegida dentro delas. Esta casa agora está perfeita. O estúdio é o melhor estúdio que já tive.

O pensamento sobre Katherine Mansfield me vem – como sempre, de forma muito repreensível – primeiro, ao desejar que ela pudesse ver Southampton Row, pensando sobre a estupidez que foi sua morte, deitada lá em Fontainebleau – um fim onde não existia um fim, e depois ao pensar que, sim, se ela estivesse viva, teria continuado a escrever, e as pessoas teriam percebido que a mais talentosa era eu – isso só teria ficado cada vez mais claro. Creio que seria assim, de fato. Penso nela dessa forma, às vezes – aquele estranho fantasma, com olhos muito separados, a boca tensa, a se arrastar pelo quarto. E Murry está casado novamente, com uma mulher que passa uma hora no banheiro, e por isso os Anrep os expulsaram[437]. Murry choraminga publicamente por causa de um apartamento em Adelphi. A propósito, eis uma página sórdida da minha vida, Murry. Mas me atenho a ela; K. e eu tivemos nosso relacionamento; e jamais terei outro como aquele.

Lytton jantou aqui esses dias – uma noite bem-sucedida. Ah, eu tinha razão em ter me apaixonado por ele há 12 ou 15 anos. É uma deliciosa sinfonia, a sua natureza, quando todos os violinos começam a tocar, como naquela noite; tão profunda, tão fantástica. Conversamos com facilidade. Está apaixonado por Philip Ritchie outra vez. E um pouco magoado, ainda capaz de sentir dor; mas agora sabe que é ridículo, o que também o fere, e ele o sente. Pois, quando perguntamos se podíamos ajudá-lo, ficou emocionado. Falamos sobre seus escritos, e acho que agora escreverá outro livro; falamos sobre mim; a Escola de Proust, ele disse; depois sobre Maynard; um lado dele é detestável; deveria ter se casado com Barbara; ter engordado; sobre a pintura de Nessa, que ele poderá comprar (quero ver Nessa agora mesmo, mas ela foi a Norfolk para ver uma casa, e espero que não fique com ela, e deixe Londres e Charleston e vá morar lá até morrer, com seus filhos pintando em Norfolk, e eu aqui, e talvez L. vá para a Índia[438] – tenho pensado nisso desde que voltei, e ele me contou, durante o chá, na primeira tarde, sábado, que o ILP lhe pediu que fosse, e que ele queria muito ir e tirar uma semana de folga para ir a Hambantota, o que me magoou um pouco. Mas eu disse a mim mesma que esse é um lado da vida para o qual não me preparei. Devo encarar isto, também. Não sabemos de nada, ainda, mas ainda tenho um pouco de medo do correio que chega pela manhã, porém escondo isso de L. – caso ele fosse, isso seria depois das eleições, em nov. Sim, depois das eleições, pois devido à derrota do governo no Caso Campbell, estamos agora condenados a uma dose de mentiras todas as manhãs: a tradicional querela anual dos estudantes começou[439]. Se eu ainda fosse uma feminista, capitalizaria essa briga. Mas segui viagem – como K.M. me disse, via-me como um navio no mar, ao longe. Mas K.M. sempre me disse coisas afetuosas e de admiração, pobre mulher, a qual imagino que amei, à minha própria maneira. As afeições humanas não devem ser chamadas por nomes muito fortes nem muito positivos, eu acho. Aqui temos o velho e pobre

Jacques, que me escreve, e Gwen quer vir me visitar depois de 11 anos: um relacionamento reanimado pela arte da escrita, através da França[440]. Tenho muito medo desses ressurgimentos: em parte por vaidade; você está mais gorda, menos bonita, mudada; tão consciente de mim mesma que sou; e depois – o esforço. Encontrar pessoas, agora que as encontro com tanta facilidade, é um esforço. Por quê –

Phil Baker vai se lançar candidato pelo partido trabalhista[441]. Irene vai mandar arrumar os dentes dele e fazer com que entre – (um fragmento de diálogo *real*). Registrei o meu progresso em direção à Imortalidade Perpétua (para citar um dos desejos de Peggy Webling quando criança – um resumo que estou fazendo, ou deveria estar fazendo[442]?) Pedi a Todd 10 libras por mil palavras; ela pede quatro artigos por esse valor[443]: a *Harper's* quer (acho) que eu escreva um Browns e Bennetts[444] americano; e a *Vogue* (por meio de Dadie) vai contratar a Sra. Woolf, para promovê-la: e-e-e- Então, é muito provável que a esta altura do ano que vem eu seja uma dessas pessoas que, como dizia meu pai, encontram-se no pequeno círculo da Sociedade Londrina que representa os Apóstolos, creio, numa escala maior. Ou será que isso não existe mais? Conhecer todo mundo que valha a pena conhecer. Entendo o que ele quis dizer; imagine estar nessa posição – se é que as mulheres podem estar. Lytton está: Maynard; Lorde Balfour; Hardy talvez não. O que me faz lembrar que devo visitar a Sra. Hardy, que está numa casa de repouso; seu tumor foi extraído; com a Srta. Charlotte Mew[445]. Nada de muito emocionante, nem mesmo para se gabar, nada muito emocionante agora. H. lembra-se de seu pai: não gostava de muita gente, mas gostava dele; fala sobre ele seguidamente. Gostaria de o conhecer. Mas não consigo me encaixar facilmente nessa relação; a filha agradecida por elogios velhos a seu pai. Mas gostaria de vê-lo; de ouvi-lo – dizer alguma coisa. O quê? Uma ou duas palavras sobre uma flor, ou sobre uma paisagem, ou uma cadeira de jardim, talvez.

(Percebo que neste livro eu *pratico* a escrita, faço as minhas escalas; sim, e trabalho em certos efeitos. Arrisco dizer que pratiquei Jacob aqui, – e *Mrs. D.*, e que aqui inventarei meu próximo livro; pois aqui escrevo meramente no espírito – também é muito divertido, e a velha V. de 1940 verá algo nisto também. Será uma mulher capaz de ver, a velha V.: tudo – mais do que eu consigo, creio. Mas estou cansada agora.)

Sábado, 13 de dezembro

Ponsonby, eu iria mencionar, sem dúvida[446]. Mas tudo aquilo se desvaneceu. E este diário pode morrer, não por causa de Londres, mas da Editora. Durante 14 dias estivemos no meio de uma longa revolução editorial – Dadie indo embora Marjorie indo embora Marjorie ficando Angus Davidson chegando[447]. Esse é o resultado final, mas que foi atingido somente ao custo de 40 milhões de palavras. De minha parte, nunca conseguiria ver Dadie como um sócio permanente. Dadie com seus ternos cinza-prateados, camisas cor-de-rosa, com seu rosto róseo e branco empoado, seu nervosismo, seus modos, seu amor pelos elogios. Angus, no entanto, após três dias já me parece permanente e confiável. Como sempre falo sobre dinheiro aqui, e sobre elogios e rejeições, primeiro admitirei que meu panfleto é o que menos vende de todos. Depois, que a *Harper's* me ofereceu "pelo menos 50 libras" por um editorial no *Times*! Foram-se os tempos em que tentava arrancar 15 libras de Jack Squire! Portanto, estou sugerindo três artigos por ano a Richmond; e se isto frutificar, vai nos ajudar a abandonar o *Nation*, objetivo que sempre almejo, apesar de suas muitas regalias.

Neste momento galopo sobre *Mrs. Dalloway*, datilografando tudo desde o início, o que é mais ou menos o que fiz com o A.V., um bom método, creio, pois desta forma trabalhamos com um pincel molhado sobre a totalidade, e juntamos as partes que foram compostas separadamente e que já haviam secado. Realmente, e honestamente, eu o considero o mais satisfatório dos meus romances (mas ainda não o li a sangue frio). Os resenhistas dirão que é desarticulado por causa das cenas malucas que não se conectam às cenas de Dalloway. E imagino que haja um tanto de escrita superficial e brilhosa. Mas será "irreal"? Será apenas um feito? Creio que não. E como acredito já ter afirmado antes, isto parece me deixar submersa nos estratos mais ricos e profundos da minha mente. Consigo escrever e escrever e escrever, agora: a sensação mais feliz do mundo.

Um inverno londrino é cheio de cômodos luminosos, passagens por ruas escuras em direção a cenas de esplendor; mas só me recordo do chá com Ethel Sands, de um almoço com Lady Colefax, a propósito, agora ela é Sybil; de uma festa ontem à noite na casa de Gumbo [Marjorie Strachey], que, por ser informal e descontraída, proporcionou-me bastante prazer. Ray é igual a um belo gato malhado, que, depois de castrado, cresceu e ficou de um tamanho enorme, e nunca se mexe. Fica sentada, sorrindo, com seus olhos azul-esverdeados de gato. Ela vai nos enviar, para minha grande agitação, seu novo romance. Julia Strachey também estava lá, a quem interroguei; a preguiçosa talentosa[448]. Leys e Vita são, ambos, muito requisitados, Simkin chamou-os urgentemente esta manhã, e Angus partiu apressado. Mas não deixarei a Editora devorar completamente esta página. Estou bastante zangada com Marjorie [Joad], porque ela é contra minhas críticas à sua vida privada; e depois por tirar três semanas de férias, o que nos deixará muito pouco tempo, e sabe-se lá quando isso vai ser. Mas ela parece estar num estado de nervos – apavorada com a ideia de ficar doente, apavorada com a ideia de nos deixar, agitada, infeliz, num momento, irritada, noutro, prestativa, tendo Tom Marshall por aqui, e tendo que se divorciar de Ralph Wright e Cyril[449], o que, em minha opinião, distrai a sua mente do trabalho, e diminui minhas chances de vender os meus livros. Mas a coisa a se ter em mente agora é uma relação de negócios impessoal e amistosa, tenho certeza. Agora temos Angus, menos compaixão e mais trabalho.

> Esta briga foi inventada

Não importa o que digam, Vita e Clive e Lytton, as pessoas vêm em bando até a editora, e não é possível mandá-las embora. Bernadette Murphy estava pronta para vir. Angus caiu aqui feito uma fruta madura de uma árvore. Vita explica que o Herdeiro de Redcliffe, seu primo, implora-lhe que resista à contaminação de Bloomsbury, personificada na serpente destruidora V.W. Eu, até certo ponto, gosto disso, até certo ponto me incomodo[450].

1925

Terça-feira, 6 de janeiro

A terrível verdade é que emendarei um ano em outro, porque não posso desperdiçar tantas páginas em branco.

Com que floreios comecei o ano de 1924! E hoje, pela 165ª vez, Nelly deu o seu aviso prévio – Ninguém vai mandar nela: precisa fazer como as outras moças. Este é o fruto de Bloomsbury[451]. De modo geral, estou propensa a crer em sua palavra. O incômodo de organizar a vida para que seja adequada às suas manias e a pressão das "outras moças" são demasiados, apesar de ela ser uma boa cozinheira e, também uma solteirona honesta e mal-humorada, de confiança, em geral; amável, gentil, mas incuravelmente picuinha, nervosa, inconsistente. De todo modo, a questão dos empregados não me preocupa muito mais.

Ontem à noite jantamos na casa nova de Mary, na Albert Road, nº 3[452]. Gosto que o ano novo comece com sentimentos cálidos e amistosos – e foi um jantar excelente. Havia crianças lá, uma menina e um menino simpáticos; uma menina com *lindos olhos de mulher*, compreensivos, sobressaltados; e selvagem como uma menina. (Eu quero começar a descrever o meu próprio sexo.) O que quero dizer com essa expressão? Extrema juventude, e ainda assim, sentíamos que esta sensação sempre existira; muito feminina. Aqui concebo minha história – mas estou sempre concebendo histórias agora. Histórias curtas – por exemplo, "O velho" (um personagem de L.S.), "O professor falando sobre Milton" – (uma tentativa de crítica literária)[453] e, agora, "A Interrupção", mulheres falando sozinhas. Entretanto, voltemos à vida. Onde estamos?

Passei esta manhã escrevendo um artigo sobre uma peça e[lisabe]tana – para a qual estive lendo peças todo o ano[454]. Depois descobri que o ponteiro dos minutos do meu relógio caíra (quando conversava com Lytton sobre [Samuel] Richardson ontem à noite – foi quando o encontrei solto): então fui até a sala da tipografia para olhar as horas – e encontrei Angus e Leonard fazendo as contas de Simkin. Fiquei por lá e ri. L. foi para o escritório depois que caminhamos com o cão ao redor da praça. Voltei e montei uma página de Nancy. Depois fui a Ingersoll, para levar o meu relógio para consertar[455]. Depois caminhei com o cachorro. Depois voltei para cá. Estava um dia escuro, granulado, de inverno; trechos da calçada pretos como tinta onde não havia iluminação. Nunca conseguirei descrever todos os dias que percebi. Não o consigo fazer bem o suficiente, e ainda assim, se eu ler isto aqui de novo, talvez possa entender o que quis dizer antes.

Rodmell era só ventania e inundação; estas palavras são exatas. O rio transbordou. Tivemos 7 dias de chuva num total de 10. Muitas vezes não pude encarar uma caminhada. L. podou as plantas, o que precisou de uma coragem heroica. Meu heroísmo foi puramente literário. Revisei *Mrs. D[alloway]:* a coisa mais chata de todo o negócio de escrever; a mais deprimente e exigente. A pior parte é o começo (como sempre), onde o avião tem algumas páginas só para si e fica menos convincente. L. o leu; acha que é o meu melhor – mas será que ele não *tem* que pensar assim? De qualquer forma, concordo. Ele acha que tem mais continuidade do que o Q[uarto] de J[acob], mas que é difícil por causa da falta de conexão, visível, entre os dois temas.

De todo modo, já o enviei a Clark, e as provas chegam na semana que vem. Este é para a Harcourt Brace, que o aceitou sem ver e me aumentou para 15 por cento[456].

Não vi muita coisa em Rodmell, já que precisei manter meus olhos sobre a máquina de escrever.

Angus passou o Natal conosco, um rapaz muito quieto, muito atencioso, generoso e ponderado, com um senso de humor encantador – sem cor, diz Lytton: passivo. Mas penso bem dele, mesmo assim.

Quarta-feira, 8 de abril

Acabo de chegar de Cassis. Muitas vezes, enquanto estive por lá, pensei que escreveria aqui com frequência e assim registraria algumas das miríades de impressões que capturo todos os dias. Mas, assim que chegamos, o que acontece? Tiramos a roupa e mergulhamos na corrente, e estou obcecada com uma ideia boba, e não tenho tempo de parar para escrevê-la, ou que eu deveria estar fazendo algo sério. Mesmo agora, corro febrilmente, pensando, na metade do tempo, mas devo parar e levar Grizzle [*o cão*] a passear; preciso organizar meus livros americanos[457]; a verdade é que tenho que tentar separar meia hora em alguma parte do meu dia e dedicá-la à escrita do diário. Dar-lhe um nome e um lugar, e assim, talvez, tal é a mente humana, começarei a pensar nisto como um dever e ignorarei outras tarefas por sua causa.

Estou sob a impressão do momento, que é complexo, de voltar do sul da França para casa, para esta privacidade ampla e sombria – Londres (assim parecia, ontem à noite), que está manchada pelo acidente que vi esta manhã, e uma mulher dizendo Ai ai ai, baixinho, pressionada contra as grades de ferro, com um carro em cima dela. Escutei aquela voz o dia inteiro. Não fui ajudá-la; mas, de todo modo, todos os padeiros e vendedores de flores o fizeram. Um enorme sentido da brutalidade e selvageria do mundo continua comigo – havia uma mulher de roupa marrom caminhando pela calçada – de repente um carro vermelho dá uma cambalhota, cai por cima dela, e ouvimos este ai, ai, ai. Eu estava a caminho da casa nova de Nessa e encontrei Duncan na praça, mas como ele não tinha visto nada, não conseguia sentir nem um pouco do que senti, e nem Nessa, apesar de ela ter feito um esforço para relacioná-lo com o acidente de Angelica na primavera passada. Mas eu garanti a ela que se tratava apenas de uma mulher vestida de marrom, que passava; e depois visitamos a casa com suficiente calma[458].

Desde a última vez que escrevi, nestes meses, Jacques Raverat morreu; depois de ter desejado morrer; e ele havia me enviado uma carta sobre *Mrs. Dalloway* que me proporcionou um dos dias mais felizes da minha vida[459]. Eu me pergunto se desta vez realizei mesmo alguma coisa. Bem, de qualquer forma, não é nada comparado a Proust, em quem estou submersa agora. A coisa sobre Proust é a sua combinação da máxima sensibilidade com a máxima tenacidade. Ele persegue essas sombras de borboletas até o último instante. É tão resistente quanto uma corda feita de tripa, e tão evanescente quanto o nascer de uma borboleta. E acredito que irá tanto me influenciar quanto me irritar a cada frase minha. Jacques morreu, como eu disse; e imediatamente o cerco de emoções começou. Recebi a notícia tendo um grupo aqui – Clive, Bee How, Julia Strachey, Dadie[460]. Não obstante, não me sinto mais inclinada a tirar meu chapéu para a morte. Eu gosto de sair da sala falando, com uma frase casual por terminar nos lábios. Tal foi o efeito que isso teve em mim – nenhuma despedida, nenhuma submissão – mas alguém que ingressava na escuridão. Mas para o pesadelo era terrível. Tudo o que posso fazer agora é continuar sendo natural com ela, o que acredito ser uma questão de considerável importância. Cada vez mais, repito a minha própria versão de Montaigne: "É a vida que importa"[461].

Estou esperando para ver que forma Cassis enfim tomará na minha mente. As rochas. Costumávamos sair depois do café da manhã e sentar nas rochas, com o sol sobre nós. L. sentava sem chapéu, a escrever sobre o joelho. Numa manhã, encontrou um ouriço – são vermelhos, com espinhos que tremem levemente. Depois saíamos para uma caminhada à tarde, pelo morro, e entrávamos nos bosques, onde um dia ouvimos carros e descobrimos a estrada para La Ciota[t] bem embaixo deles. Era de pedra, íngreme, e muito quente. Ouvimos um grande ruído, uma tagarelice que parecia de pássaros, uma vez, e me lembrei dos sapos. As tulipas vermelhas haviam desabrochado nos campos; todos os campos eram prateleiras angulares, cortadas no morro, pautadas e estriadas por vinhas; e todas vermelhas e róseas e púrpura aqui e ali, com os rebentos de alguma árvore frutífera. Aqui e ali havia uma casa angulosa pintada de branco, ou amarelo ou azul, com suas persianas bem fechadas; e caminhos planos ao seu redor, e às vezes fileiras de tocos; uma limpeza e definição incomparáveis por todos os lados. Em La Ciota[t], grandes navios cor de laranja elevavam-se na água azulada da pequena baía. Todas essas baías são bastante circulares, e orladas de casas de gesso de cor pálida, muito altas, com persianas fechadas, remendadas e descascadas, ora com um vaso e tufos verdes nele, ora com roupas a secar; ora uma senhora velha, velha, a observar. No morro, que é tão pedregoso quanto um deserto, redes de pesca secavam; e, nas ruas, crianças e garotas conversavam sobre a vida alheia e caminhavam sem rumo, todas em xales claros e vestidos de algodão, enquanto os homens retiravam a terra da praça principal para transformá-la num pátio pavimentado. O Hotel Cendrillon é uma casa branca, com um chão de lajotas vermelhas, capaz de alojar talvez oito pessoas. Lá estavam a Srta. Toogood, os Howard, a Srta. Betsy Roberts, o Sr. Gurney, o Sr. Francis e, por fim, o Sr. Hugh Anderson e o Sr. Garrow Tomlin[462]. Todos merecem páginas de descrição. E depois todo o ambiente de hotel me deu muitas ideias: ah, tão frios, indiferentes, superficialmente educados, e exibindo relacionamentos tão estranhos: como se a natureza humana estivesse agora reduzida a uma espécie de código, que desenvolveu para atender a essas emergências, em que pessoas que não se conhecem se encontram e reivindicam seus direitos de membros da mesma tribo. Na realidade, nos comunicamos o tempo inteiro; mas nosso íntimo não foi invadido. Mas L. e eu estávamos felizes demais, como se diz; se eu fosse morrer agora etc[463]. Ninguém dirá de mim que não conheci a felicidade perfeita, mas poucos poderiam assinalar esse momento, ou dizer do que se constituiu. Eu mesma, agitando-me ocasionalmente na piscina do contentamento, só poderia dizer: mas isto é tudo o que quero; não poderia pensar em nada melhor; e tinha apenas a sensação meio supersticiosa, como os deuses devem ter tido ao criar a felicidade, de me ressentir dela. Mas não se você a consegue de modo inesperado.

Segunda-feira, 20 de abril

Felicidade é ter uma cordinha à qual as coisas vão se amarrando. Por exemplo, ir até a minha costureira, na Judd Street, ou melhor, pensar num vestido que eu poderia pedir que ela fizesse, e imaginá-lo ser feito – essa é a corda, que, se for mergulhada livremente numa onda de tesouros, traz à tona pérolas grudadas em si. A pobre Murphy está tristonha, por causa da inclemência de Leonard – ele negaria, com toda a certeza, cada um dos epítetos. Ela não tem uma cordinha submersa numa onda verde; as coisas não se conectam para ela; nem se acumulam naqueles fascinantes fardos que são a felicidade. E é provável que os meus dias sejam um encadeamento deles. Gosto desta vida londrina do início do verão – perambular pelas ruas e frequentar a praça, e se meus livros (nunca falo sobre o panfleto de L.) forem um sucesso; se pudéssemos começar a construir em Monk's, e colocar um rádio para Nelly, e fazer os Skeats irem morar no chalé de Shanks – se

– se – se[464] – O que vai acontecer serão *algumas* intensidades de prazer, alguns mergulhos profundos de tristeza. Resenhas negativas, ser ignorada; e depois, algum aplauso delicioso de reconhecimento. Mas, na verdade, o que eu queria mesmo era ter 3 libras para comprar um par de botas com sola de borracha e fazer caminhadas no campo aos domingos.

Uma coisa, a se considerar meu estado mental agora, que me parece indiscutível, é que finalmente consegui perfurar e alcançar meu poço de petróleo, e não consigo escrever rápido o suficiente para trazer tudo à superfície. Tenho agora pelo menos seis histórias que se acumulam em mim, e sinto, finalmente, que consigo pôr todos os meus pensamentos em palavras. Um infinito número de problemas ainda permanece; mas nunca senti esta pressa e urgência antes. Acredito que possa escrever muito mais rapidamente: se escrever for – colocar rapidamente uma frase no papel, e depois datilografar, e datilografar uma vez mais – tentar de novo, a escrita verdadeira sendo agora como o movimento de um pincel; preencho-a mais tarde. Agora imagine que eu possa me tornar um dos romancistas interessantes – não direi dos grandes – mas interessantes? Estranhamente, apesar de toda a minha vaidade, até agora não tive muita fé em meus romances nem pensei que fossem a minha própria expressão.

Quinta-feira, 14 de maio

O primeiro dia do verão, folhas visivelmente a brotar, e a praça quase verde. Ah, que dia campestre – e alguns dos meus amigos estão agora lendo *Mrs. D.* no campo.

Tinha a intenção de registrar mais sobre a temperatura dos meus livros; O *C.R.* não vende; mas é elogiado. Fiquei muito satisfeita ao abrir o *Manchester Guardian* esta manhã e ler o que o Sr. Fausset escreveu sobre "The Art of Brilliance", combinado com integridade; profundo, bem como excêntrico[465]. Agora, se ao menos o *Times* pudesse falar assim, mas o *Times* só murmura e murmura, como um homem que estivesse chupando pedrinhas – eu falei que ganhei quase duas colunas murmurantes sobre mim nele? Mas isto é que é estranho: sinceramente, não estou nem um pouco nervosa em relação a *Mrs. D.* Por que será? Na verdade, estou um pouco entediada, pela primeira vez, só de pensar no quanto vou ter que falar este verão. A verdade é que a escrita é o prazer profundo, e ser lida é o superficial. Agora o meu maior desejo é parar com o jornalismo e começar *Ao farol*. Este será razoavelmente curto: vou construir completamente o personagem de meu pai nele, e o de minha mãe; e St. Ives; e a infância; e todas as coisas que costumo colocar neles: vida, morte etc. Mas o centro é o personagem de meu pai, sentando num bote, recitando "Perecemos, cada qual, sozinhos" enquanto esmaga uma cavala moribunda – Entretanto, devo me conter[466]. Devo escrever algumas historinhas antes disso, deixar *Ao farol* cozinhando, acrescentar coisas nele entre o chá e o jantar, até que esteja pronto para ser escrito.

Ontem foi um grande dia de conversas – Desmond depois do Dr. Leyes, Lorde Olivier depois de Desmond, e para terminar, James e Dadie, enquanto L. teve não sei quantas entrevistas com a imprensa e comitês, para completar. A Liga das Nações está florescendo (Innes, quero dizer)[467]. Mas queria descrever meu velho e querido Desmond, o qual fiquei muito feliz em ver novamente, e ele me estendeu as duas mãos, e eu o acomodei em sua cadeira e conversamos até as 7 horas da noite. Está bastante desgastado e envelhecido, achei, ele sente que tem 45 anos e não realizou nada, exceto, é claro, pelos filhos, os quais adora – Mickey vai escrever, Dermod e Rachel trinam e chilreiam na flauta e no piano[468]: todas as suas relações humanas, muito férteis, e a florescer, mas ah, ele disse, ao falar sobre Houseman, não o deixe desistir de negociar milho para se dedicar à literatura[469]! Vi-o pensando sobre seus 50 artigos por 5 anos, sua confusão de artigos velhos empoeirados em caixas, e agora Geoffrey Scott foi promovido a escrever sobre Donne, o que Desmond deveria ter feito no ano de 1912. Eu me lembro dele me contando a história em Brunswick Square. Então eu disse que tomaria o assunto em minhas próprias mãos e resolveria o que diz respeito a ele, pois filhos não são o suficiente, afinal; queremos algo que seja feito somente de nós mesmos – e cinco caixas de artigos empoeirados ao longo de 45 anos são mesmo uma ninharia. E ele elogiou o *C.R.* com entusiasmo; e vai escrever sobre ele[470], e depois ficamos conversando; Vernon Lee, com seus anéis baratos e refinados; e seu italiano idiomático; e a forma despeitada de ela ver as coisas, pelo que não ousa escrever suas memórias; Lily Langtry descendo as escadas do teatro e a filha vindo atrás dela, beleza que "me atingiu no peito"; também Logan e Ottoline – sobre como Alys está doente, com câncer, mais uma vez – "que vida mais miserável e triste, pobre mulher" – L. com a nova Sra. B.R. de um lado, seria esfolado até a morte por Ott., na porta ao lado; mas, feito um tolo, Logan não deixou nada disso claro, e apenas reclamou que a paz de cidade interiorana de Chelsea seria destruída por O., do que, naturalmente, ela se ressentiu[471]. Nisso tudo, Desmond agiu como solvente e intermediário, todos se aproveitando de sua natureza bondosa e de seu bom senso. O que mais discutimos? Os elisabetanos? A Phoenix; a enorme e miserável boca frouxa de Ray Litvin, e o seu pequeno corpo[472]; foi quando L. chegou, e depois tínhamos o jantar, e só tive tempo para uma caminhada rápida ao redor da praça; tanto Dadie quanto James foram muito agradáveis e afáveis, de fato, senti uma afeição considerável por Dadie – tão sensível e suave, e um dia desses vai conseguir se controlar e ser menos imprevisível. De fato, acabou falando de forma muito séria e, com entusiasmo, sobre sua dissertação e o uso que os poetas fazem das palavras, como eles se fixam numa palavra e enchem-na de significado e a tornam simbólica. Mas o que esses eruditos querem é entender livros escrevendo livros, não por sua leitura[473].

Mas eu preciso me lembrar de escrever sobre minhas *roupas* da próxima vez que sentir um impulso de escrever. Meu amor pelas roupas me interessa profundamente; mas não é amor, e o que é, preciso descobrir.

Sexta-feira, 15 de maio

Duas resenhas desfavoráveis sobre *Mrs. D.* (o *Western Mail* e o *Scotsman*[474]): ininteligível, não é arte etc. e uma carta de um jovem de Earls Court: "Desta vez você conseguiu – você apanhou a vida e a pôs num livro..." Por favor, desculpe esta explosão, mas continuar a citação é desnecessário; e não acho que devesse me dar o trabalho de escrevê-lo, se não estivesse nervosa por quê? O calor repentino, acho, e a algazarra da vida. É ruim para mim ver minha própria fotografia. E tenho almoçado com Desmond e lido o jornalismo daquela querida e velha Coruja. A questão é, ele não consegue manter a força ao longo do artigo. Agora, Lytton ou eu mesma, apesar de não pensarmos melhor, ou escrevermos melhor, temos um impulso em nós que deixa um artigo completo. No entanto, existem coisas que valem a pena manter, e ele fica sensível e irracional quando pensa nelas, e eu quero que ele fique contente – então, almoçamos no restaurante dos Connaught Rooms, onde outros homens falavam de negócios, tomamos uma garrafa de vinho e vasculhamos nos pacotes de sujeira, como ele os chama[475]. Chego em casa e vejo que a *Vogue* me mandou fotos – mais fotos: *T.P.* quer uma, o *Morning Post* quer outra[476]; e o *C.R.* vende duas ou três cópias por dia.

Estamos saindo nesta Londres amarelo-acastanhada para ver uma peça – mas o jornalismo é o diabo. Não consigo escrever depois de o ler. Não há tempo – e eu preciso trocar de roupa, e escrever sobre roupas algum dia, em breve.

Domingo, 14 de junho

Uma confissão desgraçada – é manhã de domingo, um pouco depois das dez, e aqui estou sentada para escrever no diário, e não ficção ou resenhas, sem ter desculpa alguma, exceto pelo meu estado mental. Após terminar esses dois livros, porém, não é possível se concentrar imediatamente num livro novo; e depois as cartas, as conversas, as resenhas, todas servem para dilatar a pupila da minha mente mais e mais. Não consigo me concentrar, contrair e desligar. Escrevi 6 historinhas, anotei-as rapidamente, de qualquer jeito, e pensei bem, talvez claramente demais, sobre *Ao farol*. E os dois livros são, até agora, um sucesso. Vendeu-se mais *Dalloway* este mês do que *Jacob* em um ano. Acho possível que vendamos 2.000. O Common está fazendo algum dinheiro esta semana. E sou tratada com muita solenidade por senhores idosos.

A Sra. Cartwright, uma mulher de 50 anos, forte, grande, de olhos azul-claros, quer ser a sucessora de Murphy; e Murphy quer ficar[477]. Como as pessoas querem trabalhar! Que tremenda atração um pouquinho de dinheiro exerce no mundo! Mas qual será a solução, e como a encontraremos, não sei. Aqui eu saúdo Leonard com uma ilimitada, e mesmo infantil, adoração. De alguma forma ele vai, gentil e firmemente, decidir a coisa toda, enquanto Angus e eu vacilaremos e prevaricaremos. Porém, confio feito uma criança em Leonard. Ao acordar esta manhã, bastante deprimida por *Mrs. D.* não ter vendido ontem, por Peter [Lucas], Eileen Power e Noll e Ray [Strachey] terem vindo ontem à noite[478], e ter achado isso uma trabalheira, e nenhum elogio me foi concedido; por ter comprado um colar de contas de vidro por uma libra, por ter dor de garganta e o nariz gotejando, e estar bastante indisposta, aconcheguei-me no âmago da minha vida, que é este conforto completo com L., e lá encontrei tudo tão satisfatório e calmo que me reanimei, e comecei de novo; sentindo-me completamente imune. O enorme sucesso de nossa vida, creio, é que o nosso tesouro está escondido; ou melhor, está em coisas tão comuns que nada o pode tocar. Isto é, se apreciamos um passeio de ônibus até Richmond, sentados no parque, fumando, tirando as cartas da caixa de correio, arejando as marmotas, escovando Grizzle, fazendo sorvete, abrindo uma carta, sentando, após o jantar, lado a lado, e dizendo: "Tudo bem por aí, irmão?" – Bem, o que poderia perturbar esta felicidade? E cada dia está necessariamente cheio dela. Se dependêssemos de fazer palestras, ou de ganhar dinheiro, ou de sermos convidados a festas – o que me faz lembrar da festa horrorosa de Ottoline esses dias. O que me levou a falar o tempo inteiro com Helen Anrep? Em parte, a pletora de rapazes me irrita levemente. Não sou uma boa leoa, realmente. Com toda a minha vaidade, agora estou ficando um pouco cínica, ou por que será que não aprecio tanto a admiração dos Turner, Kitchin e Gathorne Hardy? Uma mulher é muito mais calorosamente compreensiva. Ela carrega sua atmosfera consigo. E os poderes de anfitriã de Ott estão totalmente desgastados. As pessoas estavam sentadas muito longe umas das outras, e podíamos perceber o tique-taque do relógio, e Ott. a dizer "Isto é um fracasso, um fracasso", e não sabendo juntar os cacos[479].

Agora preciso responder a Gerald Brenan, e ler o "Genji"; pois amanhã ganharei 20 libras da *Vogue* pela segunda vez[480]. Contei que Sybil me rejeita? De Sybil, ela voltou a se chamar Lady Colefax. Nenhum convite por um mês.

Quinta-feira, 18 de junho

Não, Lytton não gosta de *Mrs. Dalloway*, e, o que é estranho, gosto muito mais dele por me dizer isso, e não me importo tanto. O que ele diz é que há uma discordância entre o ornamento (extremamente belo) e o que acontece (bastante ordinário – ou sem importância). Isto é causado, ele acredita, por alguma discrepância na própria Clarissa; acha que ela é desagradável e limitada, mas que eu alternadamente rio dela, e a cubro, muito notavelmente, comigo mesma. Assim, creio que, como um todo, o livro não parece sólido; entretanto, ele diz que é um todo; e diz que às vezes a escrita é de extrema beleza. O que pode se chamar isso, além de gênio? ele disse! Quando virá, nunca conseguimos saber. Mais cheio de gênio, ele disse, do que qualquer coisa que já fiz. Talvez, ele disse, você ainda não tenha dominado o seu método. Você deve fazer algo mais selvagem e mais fantástico, uma estrutura de trabalho que admita qualquer coisa, como Tristram Shandy. Mas aí perderei o contato com as emoções, eu disse. Sim, ele concordou, deve existir realidade para você poder começar. Só Deus sabe como você vai fazer isso. Mas ele pensou que eu estava no início, e não no fim. E ele disse que o *C.R.* era divino, um clássico; e *Mrs. D.* sendo, eu temo, uma pedra defeituosa. Isto é muito pessoal, ele disse, e antiquado, talvez; mas acho que existe alguma verdade aí. Pois me lembro da noite em Rodmell quando decidi desistir, porque achei que Clarissa tinha, de alguma forma, um brilho falso demais. Depois, inventei suas memórias. Mas acho que algum desgosto por ela persistiu. Mesmo assim, isso era fiel ao meu sentimento por Kitty[481], e devemos não gostar de pessoas na arte sem que isso importe, a menos que seja mesmo verdade que alguns personagens diminuam a importância do que acontece com eles. Nada disto me fere ou deprime. É estranho que, quando Clive e outros (vários deles) dizem que o livro é uma obra de arte, não fico muito feliz; quando Lytton encontra os buracos, volto ao meu modo de trabalho combativo, que é natural para mim. Não me vejo como um sucesso. Gosto mais da sensação de esforço. As vendas caíram completamente por 3 dias; agora voltam a pingar novamente. Ficarei mais do que feliz se vendermos 1500. Estamos agora em 1250.

20 de julho.
Vendeu cerca de 1550

Segunda-feira, 7 de dezembro

Quero me deitar feito uma criança cansada e chorar esta vida de cuidados até que se acabe – e meu diário deverá me receber em seu travesseiro fofo[482]. A maioria das crianças não sabe por que chora; nem eu, totalmente. É meio-dia de segunda-feira, um dia muito frio, mas ensolarado, saudável, alegre. Sinos tocam no andar de baixo, portas são batidas. Eu deveria estar cheia de boa disposição, porque depois de todas essas semanas sonolentas e dependentes, estou quase livre disso mais uma vez; e consigo ler e escrever, e caminhar um pouco, e divertir moderadamente. Bem, isso em parte é por causa daquele diabo, Vita. Nenhuma carta. Nenhuma visita. [Pobre Mulher! Ela tentou mesmo vir – mas foi detida, névoa etc.] Nenhum convite para ir a Long Barn. Ela esteve por aqui na semana passada, mas não apareceu. Tantas boas razões para tal negligência me ocorrer que sinto vergonha de chamar isto de um motivo para chorar. Só que se eu não a vir agora não a verei – mais: pois o momento de intimidade será perdido até o próximo verão. E eu me ressinto disto, em parte porque gosto dela, em parte porque odeio o poder que a vida tem de dividir. E também porque sou vaidosa. Clive deve saber *por que* Vita não veio me ver. Depois de perseguir esse velho rato até seu buraco, chegou o cartão postal de Tom sobre "On Being Ill" – um artigo que eu, e também Leonard, consideramos um dos meus melhores: para ele, é característico etc. Quero dizer, não ficou entusiasmado; então, lendo as provas agora mesmo, vi nele palavras demais, fraqueza e todos os vícios[483]. Isso aumenta meu desgosto pela minha própria escrita, e o desalento com a ideia de começar outro romance. Que tema tenho? Não serei detida por razões pessoais? Vai ser muito parecido com o meu pai, ou a minha mãe: e, estranhamente, sei tão pouco sobre meus próprios poderes. Aqui temos um outro rato perseguido até o seu buraco. Agora vamos às notícias.

Passaremos o Natal em Charleston. Receio que Leonard não vá gostar muito. Caminhamos em Hampstead no sábado. Fazia muito frio – pessoas patinando por todos os lugares, menos lá, e L. levou os patins. Havia uma beleza nebulosa de inverno. Fomos a Ken Wood (mas cachorros devem ser levados na coleira) e lá chegamos ao campo de duelos, com enormes árvores ao redor, e que provavelmente abrigava os espadachins do século XVIII (como começo a amar o passado – acho que tem algo a ver com meu livro) e foi lá que conversamos sobre Lytton, seriamente, como pessoas casadas. Mas meu Deus – que satisfação é, após 12 anos, creio, ter algum ser humano com quem possamos conversar tão diretamente como converso com L.! Bem, foi uma questão de mudança de sentimentos por parte de Lytton. Ele tem os defeitos de alguém com uma natureza menor, disse L. Não é generoso. Pede, mas nunca dá. Mas eu sempre soube disso – muitas vezes vi aquela pálpebra pesada cair, se pedíssemos um pouco demais: o mesmo revestimento de egoísmo que o protege de se importar muito, ou de se comprometer de forma desconfortável. É cauteloso. É um valetudinário. Mas – existem, como sempre, outras coisas, e, como eu disse, já sabia da pálpebra coriácea desde os meus 20 anos. Nada me chocou tanto, acredito. Mas L. disse que, quando estavam em Cambridge, Lytton não era assim com ele. Primeiro, havia a *I[nternational] Review*: e Lytton se recusou a escrever; depois, Ralph; e depois nunca houve uma palavra de elogio a outras pessoas[484]. Morgan, disse Leonard, enquanto voltávamos pelos outeiros escorregadios, enxergando tão pouco enquanto caminhávamos (e, no entanto, toda esta parte de Hampstead me faz lembrar de Katherine – o tênue fantasma, com os olhos firmes, os lábios zombeteiros, e, no final, a coroa posta sobre seu cabelo[485]), Morgan melhorou; Morgan é, creio, naturalmente mais amistoso para com L. do que Lytton. Ele gosta de "bobos"; gosta da simplicidade dependente de Morgan e da minha. Gosta de acalmar nossas mentes, e do nosso imenso alívio por causa disso. Tudo bem[486].

Estou lendo *Uma passagem para a Índia*; mas não discorrerei sobre isso aqui, já que o farei em outro lugar. Este livro é para a H.P.: creio que encontrarei alguma teoria sobre a ficção[487]. Lerei seis romances, e começarei algumas conversas. A que tenho em mente é sobre *perspectiva*. Mas não sei. Meu cérebro pode não dar conta disso. Não consigo pensar bem o suficiente. Mas consigo – se o *C.R.* for um teste – produzir ideias, e expressá-las, agora, sem muita confusão. (A propósito, Robert Bridges gosta de *Mrs. Dalloway*; diz que ninguém vai lê-lo; mas é lindamente escrito, e algo mais que L., que ficou sabendo por Morgan, não conseguia lembrar[488].)

Não acho que seja uma questão de "desenvolvimento", mas algo a ver com a prosa e a poesia, nos romances. Por exemplo, Defoe, num extremo: E. Brontë, no outro. A realidade é algo que eles colocam a distâncias diferentes. Teríamos que entrar em convenções; vida real, e assim por diante. Essa teoria poderá me durar – mas devo sustentá-la com outras coisas. E a morte – como sinto, sempre – se aproximando rapidamente. 43 anos: quantos livros mais?

Katie veio aqui[489]; uma espécie de estrutura de beleza descartada, pendurada agora numa forma surrada. Com a firmeza da carne e o azul do olho, a sua formidável maneira de ser também foi-se embora. Posso vê-la como era no nº 22 do H[yde] P[ark] G[ate] há 25 anos: de casaquinho e saia; esplêndida; de olhos semicerrados; uma linda voz zombeteira; ereta; tremenda; tímida. Agora apenas balbucia.

"Mas nenhum duque me convidou, jamais, minha querida Virginia. Chamavam-me de Rainha do Gelo.

E por que me casei com Cromer? Eu detestava o Egito; detestava os inválidos. Tive duas épocas muito felizes em minha vida – a infância – não quando eu estava crescendo, mas depois, com meu clube de meninos, meu chalé, meu cachorro – e agora. Agora tenho tudo o que quero. Meu jardim – meu cachorro."

Não acho que o seu filho seja uma parte muito grande disso. Ela é uma dessas grandes inglesas, frias e excêntricas, que desfrutam enormemente de sua posição, e a eminência que isto lhe confere em St. John's Wood, e agora é livre para entrar em todos os buracos empoeirados e esquinas, vestida como uma arrumadeira, e com as mãos de uma, e as unhas cheias de sujeira. Nunca para de falar. Não tem muito corpo. Quase se dissolve na névoa. Mas eu gostei. Apesar de pensar que ela tem poucos afetos, e não tem interesses muito apaixonados. Agora, depois de ter dito tudo o que pensava, farei uma lista de presentes de Natal. Ethel Sands vem tomar chá[490]. Mas nada de Vita.

Segunda-feira, 21 de dezembro

Mas nada de Vita! Mas estive com Vita 3 dias em Long Barn, de onde L. e eu retornamos ontem[491]. Estas safistas *amam* as mulheres; a amizade nunca é sem traço de amorosidade. Para resumir, meus medos e temores, minha "impertinência", minha habitual inibição na relação com pessoas que possam não me querer, e assim por diante – eram, como disse L., tudo uma enorme bobagem, e em parte graças a ele (ele me fez escrever) terminei este ano ferido e devastado em grande estilo. Gosto dela e de estar com ela, e o esplendor – resplandece na mercearia em Sevenoaks com o brilho de uma vela acesa, andando sobre pernas que são como faias, o brilho róseo, a fartura de uvas, as pérolas pendentes. Esse é o segredo de seu glamour, imagino. De qualquer forma, acha-me incrivelmente desmazelada, nenhuma mulher importou-se menos com a aparência pessoal – ninguém veste as coisas como eu as visto. Ainda assim, tão bonita e etc. Qual é o efeito disso tudo em mim? Muito confuso. A sua maturidade e o seu peito farto: seu navegar a todo pano em marés altas, enquanto velejo rente à costa em águas represadas; sua capacidade, quero dizer, de tomar a palavra em qualquer companhia, de representar seu país, de visitar Chatsworth, de controlar prata, empregados, cachorros; sua maternidade (mas é um pouco fria e ríspida com seus meninos[492]), de ser, em suma (o que nunca fui), uma mulher de verdade. E há alguma voluptuosidade nela; as uvas estão maduras; e não é reflexiva. Não. Em cérebro e discernimento, não é tão organizada quanto eu. Mas está ciente disso; e, assim, me dá abundante proteção maternal, o que, por algum motivo, é o que mais desejei de todo mundo. O que L. me dá, e Nessa me dá, e Vita, de seu modo externo, mais atrapalhado, tenta me dar. Pois, é claro, misturado a todo esse glamour, cachos de uva e colares de pérola, existe algo que não se encaixa direito. O quanto, por exemplo, realmente sentirei falta dela quando ela estiver dirigindo pelo deserto? Escreverei uma nota sobre isso ano que vem. De todo modo, estou muito feliz com sua vinda para tomar chá, hoje, e vou perguntar se ela se importa que me vista tão mal. Acho que se importa. Li o seu poema, que é mais compacto, e parece melhor do que qualquer coisa que já fez[493].

Os contos de Mary, lamento, são ruins[494]. Meu Deus – quer dizer que Roger está apaixonado por H[elen Anrep]. O artigo de Morgan me alegrou bastante[495]. L. está fazendo focas de borracha e coelhos de pelúcia no momento. Os trabalhadores martelam, seus motores pulsam na frente do hotel. Vamos a Charleston amanhã, não sem alguma agitação de minha parte, em parte porque estarei ansiosa com as nuvens de glória emanadas de Long Barn, o que sempre me desorienta e me deixa mais nervosa do que o normal: mas sou mesmo – tão estranha em alguns sentidos. Uma emoção sucede a outra[496].

1926

Terça-feira, 23 de fevereiro

Aqui temos o habitual som da campainha da porta/ e acho que Gwen entrou, e fiquei bastante deprimida, sentindo que não tinha nada para lhe dar, e ela tinha tudo a pedir. Como eu previra, está presa numa rede de fogo: eis a verdade, ama a rede, a fogosa rede de – quem era? – que ardeu até a morte. E a dela é mais dolorosa que a dele, e mais duradoura[497]. E, no entanto, quão pouco enfrentamos aquilo que conhecemos! Sua rede está sobre mim; mas não me queima. E faço pequenos atos fúteis de bondade para com ela, que pouco ajudam a qualquer um; e não os faço, e sinto compunção. Por isso tudo, tenho pouco apetite para escrever, de tão exacerbada que estou 1. porque Nelly não quer fazer geleia; 2. porque certa cerimônia se aproxima; 3. porque não posso ir, em deferência ao desejo de L., à festa de despedida de Mortimer, 4. porque Dadie me convidou para tomar chá, e não fui; 5. porque – o ultimo porquê eu não consigo lembrar – um vago descontentamento: primavera e funerais; luzes amareladas e flores brancas; belas praças angulosas, pretas e amarelas, quadrados pontiagudos pretos e amarelos – e assim por diante. Vita é uma escritora de cartas mudas[498], e eu sinto falta dela. Sinto falta do ardor e da adulação e do festival. Sinto a falta dela, não muito intimamente, acho. No entanto, sinto mesmo a falta dela, e queria que hoje fosse o dia 10 de maio; e depois não quero mais; porque sou tão impaciente que encontrar pessoas com muita frequência me faz não gostar de vê-las[499].

Meu romance me agita ao vento feito uma bandeira velha. Este é *Ao farol*. Acho que vale a pena dizer, por interesse próprio, que finalmente, finalmente, depois daquela batalha que foi *O quarto de Jacob*, aquela agonia – só agonia, menos o final, *Mrs. Dalloway*, estou agora escrevendo tão rápida e livremente quanto jamais escrevi em toda a minha vida; mais do que – vinte vezes mais – do que qualquer romance. Acho que esta é a prova de que estava no caminho certo; e que qualquer fruto que esteja em minha alma vai ser alcançado lá[500]. É engraçado, agora invento teorias de que a fertilidade e a fluência são as coisas: eu costumava implorar por uma espécie de esforço concentrado, terso. Enfim, isso ocorre durante a manhã inteira; e tenho o trabalho diabólico de não flagelar meu cérebro a tarde inteira. Vivo inteiramente nele, e venho à superfície de forma bastante obscura, e, muitas vezes, não consigo pensar no que dizer quando caminhamos ao redor da praça, o que é ruim, eu sei. Mas talvez possa ser um bom sinal para o livro. Claro que conheço grande parte dele: mas foi assim com todos os meus livros. Sinto que posso deixar tudo ir embora flutuando agora; e "tudo" significa uma multidão e um peso e uma confusão na mente.

Vi Lytton: vi Eddy; Mary; eu me esqueço: tenho sido discreta em minhas companhias, e gostei disso. Talvez eu esteja me animando mais uma vez, depois da minha letargia. A época dos lançamentos está a ponto de começar. Nessa diz: por que você não desiste disso? Eu digo: porque gosto disso. Mas depois me pergunto: gosto mesmo? E Roma e a Sicília? E Manning Sanders não vale o esforço[501]. Serei uma entusiasta do trabalho, como meu pai? Acho que tenho pendor para isso, mas não sinto prazer. Esta noite, Francis Birrell e Rose Macaulay vêm jantar conosco[502]. Para celebrar a ocasião, comprei um porta-torradas e uma colcha, que cobre aquela cômoda atroz que me preocupa há dois anos. Agora estou tão feliz com a cor que vou até lá só para olhá-la.

Domingo, 18 de abril

<Isto foi escrito>

Isto não foi escrito a sério – óbvio que não –, para experimentar uma caneta, acho. E agora é [*sexta-feira*], *30 de abril*, a última de um mês ventoso e úmido, com exceção da repentina abertura de todas as portas na Páscoa, e o verão que se mostrou escaldante, como sempre é, acho; só que escondido pelas nuvens. Nada falei sobre Iwerne Minster. Seria divertido agora ver o que me lembro disso. Cranbourne Chase: as árvores aborígenes atrofiadas da floresta, espalhadas, não agrupadas em plantações; anêmonas, campainhas, violetas, todas pálidas, dispersas, sem cor, lívidas, pois o sol quase não brilhou. Em seguida, Blackmore Vale; uma vasta cúpula de ar, e campos que baixavam até o fundo; o sol batendo, lá adiante, lá adiante; uma carga d'água caindo, como um véu a escorrer do céu, ali e acolá, e as colinas a se erguer, escarpadas (se essa for a palavra) tão vigorosamente que tinham estrias e rebordos; e depois uma inscrição numa igreja "buscou paz e a assegurou", e a pergunta, quem escreveu esses epitáfios sonoros e estilísticos? – e toda a limpeza da aldeia de Iwerne, sua felicidade e bem-estar, levando-me a fazer a pergunta, já que tendíamos ao escárnio. Ainda assim, este é o método correto, seguramente; e, depois, chá com creme – disto eu me lembro: os banhos quentes; meu casaco novo de couro; Shaftesbury, muito mais baixa e menos imponente do que a minha imaginação, e a ida de carro a Bournemouth, e o cão, e a senhora atrás da rocha, e a vista de Swanage, e a volta para casa.

E depois, o horror: Nelly; quase foi embora; estava resoluta, mas muito triste; na terça-feira, parou-me no patamar da escada e me disse: "Por favor, minha senhora, posso lhe pedir desculpas?", e desta vez estávamos tão decididos, e, implicitamente, acreditei tanto nela que escrevi 6 cartas. Nenhuma das cozinheiras veio, porém; e eu tive que me debruçar tanto sobre a "questão dos empregados" que fiquei feliz de estar a salvo mais uma vez com Nelly. Agora eu juro, aconteça o que acontecer, que não acreditarei mais nela. "Gosto demais da senhora para ser feliz com outra pessoa", ela disse. Em termos de elogios, talvez este seja o maior que eu possa receber. Mas minha mente divaga. É uma questão sobre roupas. Isto é o que me humilha – a propósito de elogios – caminhar na Regent St., Bond Str. etc.: e ser notavelmente mais malvestida que as outras pessoas.

Ontem terminei a primeira parte de *Ao farol*, e hoje comecei a segunda. Não consigo entendê-lo – eis o texto mais difícil e abstrato – tenho que fornecer uma casa vazia, nada de caráter das pessoas, a passagem do tempo, tudo sem olhos e sem características, sem nada a que se agarrar: bem, faço-o rapidamente, e prontamente esparramo duas páginas. Será *nonsense*, será brilhante? Por que sou tão transbordante de palavras, e aparentemente livre para fazer exatamente o que quiser? Quando leio um pouco, parece-me também cheio de energia; precisa ser resumido, mas não de muito mais. Compare esta arrojada fluência com as duras e atrozes batalhas que travei com *Mrs. Dalloway* (exceto pelo final). Isto não é inventado: é a pura verdade. Sim, e estou consideravelmente famosa. Quanto ao resto, perdemos tempo com o *Nation*. Maynard, vestido com um sobretudo leve, está de volta; hesita quanto a se candidatar a reitor da King's[503]. Dissemos-lhe que Lydia gostaria disso. Ele diz que isso significa meia-idade e respeito. Sinto um pouco de compaixão por ele. Isto é porque ele está ficando grisalho, digo a Clive. Clive voltou; Nessa está partindo[504], e eu me preocupando com as minhas roupas, e como Roger me chateou ontem à noite dizendo que Nessa critica o meu temperamento pelas minhas costas. Depois (no novo estabelecimento para canhotos de Ralph[505]) Inez, assim como Vivien [Eliot], olha inquisitivamente para os meus olhos, com os seus olhos esverdeados de contorno rosa, e diz, preciso lhe contar duas coisas: e então, diz que me admira. Depois de eu engolir isto (duvidosamente), ela pergunta, você já teve um caso com Oliver[506]? Esta é conexão: ela não gostava de mim por causa de ciúmes. Eu afirmei que nunca o beijara e que ele nunca havia olhado para mim. Ela se recusa a acreditar. Tem se recusado a acreditar há anos – uma pequena e estranha entrevista, com direção de palco de Oliver* e dela: por fim aconteceu. Eu chamei Leonard, e acho que a convenci.

* Oliver negou ter qualquer conhecimento sobre isto; e disse que inventara tudo como desculpa para ter uma conversa íntima. "Tantas mulheres são assim", disse Rose Macaulay, muito magra, como um gato mumificado, em sua cadeira (isto foi escrito em 12 de agosto).

Quarta-feira, 5 de maio

Seria interessante manter um diário preciso da greve[507]. Por exemplo, agora é 1:45: há uma névoa castanha; ninguém trabalhando em construção; está chuviscando. A primeira coisa que fazemos de manhã é ir para a janela e observar o tráfego na Southampton Row. É incessante. Toda gente andando de bicicleta; automóveis passam repletos de passageiros suplementares.

Não há ônibus. Nenhum cartaz. Nenhum jornal. Há gente trabalhando na calçada; a distribuição de água, gás e eletricidade se manteve; mas às 11:00 a luz foi cortada. Sentei-me na editora, em meio à névoa acastanhada, enquanto L. escrevia um artigo para o Herald[508]. Um rapaz de aparência muito revolucionária chegou de bicicleta trazendo a *British Gazette*[509]. L. tem que responder a um artigo que saiu lá. Tudo continha uma austeridade militar, e um certo segredo. Clive apareceu, então, de passagem; a porta estava aberta. Ele vai oferecer seus serviços ao governo. Maynard, agitado, quer que a H. [ogarth] P. [ress] divulgue um número especial de *The Nation*[510]. É tudo enfadonho e deprimente, meio como estar fora de uma estação esperando um trem. Rumores circulam: que o gás vai ser cortado à 1:00; falso – claro. Fica-se sem saber o que fazer. E a natureza foi inflexível hoje – nevoeiro, chuva, frio. Uma voz, bem prosaica e oficial, a única voz comum que ainda nos restava, às 10:00 nos deseja bom dia. É a voz da Inglaterra, à qual não temos como responder. A voz[511] é bem trivial, e nos informa apenas que o Príncipe de Gales está voltando [de Biarritz], que as ruas de Londres oferecem um espetáculo sem precedente.

Terça-feira, 25 de maio

O calor chegou, trazendo consigo as inexplicavelmente desagradáveis memórias de festas, e George Duckworth; um medo me assombra ainda agora, enquanto passo por Park Lane no segundo andar de um ônibus, e penso em Lady Arthur Russell, e assim por diante[512]. Eu me desapaixono por tudo; mas me apaixono novamente quando o ônibus chega a Holborn. Uma transição curiosa essa, da tirania à liberdade. Misturada a ela está a habitual "Eu achava que, quando você morreu, em maio passado, Charles, esse lugar tivesse morrido com você" – a morte estando escondida entre as folhas: e o aniversário de Nessa entre os pequenos e duros frutos rosados dos crategos, que costumávamos parar para cheirar nas calçadas no topo do Hyde Park Gate, e eu me perguntei por que, se era maio, não saíam no dia 1º [513]; saem agora, e o aniversário de Nessa, que deve ser o seu 47º, será em alguns dias. Está na Itália: Diz-se que Duncan "cometeu uma ofensa à moralidade pública" pela qual foi multado em 10 liras.

L. está com aquela gripe venenosa de Nelly, que foi trazida por Lottie – Será que o estou ouvindo? Grizzle diz Sim: levanta, o rabo abanando – Ela tem razão. Vita também está gripada; ou eu estaria jantando –

Temos frequentado a praça. L. está melhor. Estou mais feliz. Amanhã vamos a Rodmell – para ver o banheiro e o lavabo e a sala de estar com a parede derrubada. Depois de tantas interrupções e retiradas, quase não posso acreditar que vamos usufruir disto... E devo observar que a greve ainda faz com que eu precise localizar os trens em Victoria.

Terminei, de forma muito rudimentar, admito – a segunda parte de *Ao farol* – e pode ser que o tenha totalmente reescrito até o fim de junho. Um recorde – 7 meses, se der certo.

Então Vita veio: e senti o choque de tê-la encontrado depois de sua ausência; como sou tímida; como me desiludo com o corpo real; quão sensível aos novos matizes – algo "feminino" que detectei, mais maduro; e ela estava mais maltrapilha, veio direto com suas roupas de viagem; e não estava tão bonita quanto outras vezes, talvez; então ficamos conversando no sofá ao lado da janela, ela bastante quieta, eu tagarelando, um pouco para desviar sua atenção de mim, e para evitar que pensasse: "Bem, isto é tudo?" como ela acabaria pensando, depois de declarar tão abertamente por escrito. Então as duas sentimos alguma desilusão; e talvez também tenhamos adquirido alguns grãos adicionais de solidez – isto poderá durar mais do que o primeiro arroubo. Mas eu comparei seu estado, justamente, a um bando de pássaros a voar aqui e acolá, fugindo, confusos: voltando, depois de uma longa viagem, para o centro das coisas mais uma vez. Ela estava mais quieta, mais tímida, até mais sem jeito do que o normal. Não tem um discurso pronto – ao ser confrontada por Nelly ou pela Sra. Cartwright, fica lá parada, feito uma garotinha. Acho provável que ela faça Harold sair do emprego. Mas, como costumo sentir, com sua "vida grandiosa", as Dotties e etc., que não conheço em absoluto, pode ser que haja muitas partes suas que não são iluminadas[514]. Mas não consigo escrever. Na maior parte do tempo, consigo escrever. De repente, o instinto da palavra me abandona. Este é o estado permanente da maioria das pessoas, sem dúvida. Maynard encontrou George e Lady M[argaret] na casa dos Darwin. Ele é uma fraude, e ela é um demônio, ele me escreve. Agora ela anda com uma bengala[515].

Que mundo monótono é este – estas bolhas se encontrando uma vez a cada 20 anos, ou quase isso.

[Sábado, 31 de julho]

Meu próprio cérebro.

Eis um colapso nervoso em miniatura. Chegamos aqui na terça-feira. Afundei-me numa cadeira, mal podia me levantar; tudo insípido; sem gosto, sem cor. Desejo enorme de descansar. Quarta-feira – o único desejo era de estar sozinha, ao ar livre. O ar, delicioso – evitei falar; não conseguia ler. Pensei no meu poder de escrita com veneração, como algo incrível, pertencente a outra pessoa; a nunca mais ser desfrutado por mim. A mente em branco. Dormi na minha cadeira. Quinta-feira. Nenhum prazer na vida; mas me senti, talvez, mais em sintonia com a existência. Caráter e idiossincrasia, enquanto Virginia Woolf se afundava por completo. Humilde e modesta. Dificuldade em pensar no que dizer. Li de forma automática, como uma vaca a ruminar. Dormi na cadeira. Sexta-feira. Sensação de cansaço físico; mas uma leve atividade cerebral. Começo a prestar atenção. Faço um plano ou dois. Nenhuma capacidade de construir frases. Dificuldade em escrever a Lady Colefax. Sábado (hoje), muito mais claro e leve. Achava que conseguia escrever, mas resisti, ou achei impossível. Um desejo de ler poesia chegou na sexta-feira. Isto traz de volta um senso de minha própria Individualidade. Li um pouco de Dante e Bridges, sem me preocupar em entender, mas tive prazer com eles. Agora começo a ter vontade de fazer anotações, mas ainda não de escrever um romance. Porém, hoje os sentidos estão se avivando. Nenhum poder de "inventar" ainda; nenhum desejo de criar cenas em meu livro. A curiosidade sobre a literatura está voltando: quero ler Dante, Havelock Ellis, e a autobiografia de Berlioz; e também de fazer um espelho com uma moldura de conchas. Estes processos às vezes se espalharam por diversas semanas.

Mudanças nas proporções

Que à noite, ou em dias desprovidos de cor, as proporções da paisagem mudam abruptamente. Vi pessoas jogando *stoolball*[516] no campo; pareciam afundadas num tabuleiro liso; e as colinas erguiam-se ao seu redor, montanhosas. Os detalhes haviam sido apagados. Era um efeito extremamente belo; as cores dos vestidos das mulheres também se mostravam muito claras e puras na paisagem quase sem cor. Eu sabia, também, que minhas proporções eram anormais – como se estivesse olhando por entre minhas pernas.

Arte de segunda categoria

Por exemplo, C., de Maurice Baring. Dentro de seus limites, não é de segunda categoria, ou, não existe algo que seja claramente assim, à primeira vista. Os limites são a prova de sua inexistência. Só consegue fazer uma coisa: isto é, ele mesmo; charmoso, limpo, um inglês modesto e sensível: fora desse alcance, não vai muito longe, nem ilumina muito, tudo é – como deveria ser; leve, seguro, proporcional, até mesmo comovente; contado de uma maneira tão educada que nada é exagerado, tudo relacionado, proporcional. Eu poderia ler isto para sempre, eu disse. L. disse que logo se enjoaria mortalmente dele.

Wandervögeln[517]

da tribo dos pardais. Duas garotas decididas, bronzeadas, de pulôver e saia curta, mochilas às costas, funcionárias na cidade, ou secretárias, caminhando pela rua sob o sol quente em Ripe[518]. Meu instinto imediatamente lança um anteparo, que as condena: acho-as, sob todos os aspectos, angulosas, estranhas e seguras de si. Mas isto é um grande erro. Esses anteparos me deixam do lado de fora. Não tenha anteparos, pois são feitos do nosso próprio tegumento; e vá direto à coisa em si, que nada tem, absolutamente, em comum com uma tela. O hábito de fazer anteparos, no entanto, é tão universal que provavelmente preserva nossa sanidade. Se não tivéssemos esse recurso para isolar as pessoas de nossas compaixões, poderíamos, talvez, nos dissolver completamente. Mas os anteparos estão em excesso; não a compaixão.

Saúde que retorna

Isto é demonstrado pelo poder de criar imagens: o sugestivo poder de cada visão e palavra é enormemente aumentado. Shakespeare deve ter tido isso até certo ponto, o que torna o meu estado normal o estado de uma pessoa cega, surda, muda, dura como pedra e com sangue frio como o de um peixe. E eu o comparei à pobre Sra. Bartholomew, quase na proporção que Shr. o tem, em comparação a mim[519].

[Domingo, 5 de setembro]

Então tudo estará pronto, isto é, reescrito, daqui a 3 semanas, prevejo. O que emerge daí? Neste momento, ando à procura de um fim. O problema é como juntar Lily e o Sr R[amsay] e fazer uma combinação interessante no final. Tenho várias ideias. O último capítulo, que começo amanhã, é "No barco": pretendia terminá-lo com R. subindo na rocha. Se assim for, o que será de Lily e seu retrato? Deveria haver uma página final sobre ela e Carmichael olhando para o retrato, resumindo o personagem de R.? Nesse caso, perco a intensidade do momento. Caso isto intervenha entre R. e o farol, serão demasiados cortes e mudanças, creio. Poderia fazê-lo num parêntese? De modo que tivéssemos a sensação de ler as duas coisas ao mesmo tempo?

Resolverei isto de alguma forma, imagino. Depois entrarei na questão da qualidade. Acho que pode correr rápido demais, e livre demais, e ser, portanto, bastante ralo. Por outro lado, acho-o mais sutil e humano que o *Q[uarto] de J[acob]* e *Mrs. D[alloway]*. E me sinto encorajada por minha própria abundância enquanto escrevo. Está provado, acredito, que o que eu tenho que dizer deve ser dito desta maneira. Como sempre, histórias secundárias brotam com grande variedade enquanto concluo isto: um livro de personagens; o fio inteiro é puxado a partir de alguma frase simples, como a de Clara Pater: "Você não acha que os alfinetes Barker não têm ponta[520]?" Acho que consigo esticar todas as suas entranhas desta forma; mas isso é irremediavelmente não dramático. Tudo está em *oratio obliqua*. Nem tudo; pois tenho algumas poucas frases diretas. As partes líricas de *Ao F.* são reunidas no lapso de 10 anos, e não interferem no texto tanto como de costume. Sinto que fecha seu círculo de forma bastante completa desta vez: e não tenho certeza de como será a crítica habitual. Sentimental? Vitoriana?

Depois, devo começar a planejar meu livro sobre literatura para a Editora. Seis capítulos. Por que não grupos de ideias, sob alguma única rubrica? – por exemplo: Simbolismo. Deus. Natureza. Enredo. Diálogo. Abrir um romance e ver quais são as partes que o compõem. Separar, e trazer sob elas exemplos de todos os livros que as exibem melhor. Provavelmente, isto seria realizado historicamente. Poderíamos criar uma teoria que juntasse os capítulos. Não acho que consiga ler seriamente [?] e exatamente para tal. Em vez disso, quero organizar todas as ideias que se acumularam em mim.

Depois, quero fazer uma série de "Esboços" para ganhar dinheiro (já que, sob um acordo novo, devemos dividir todo o dinheiro acima de £200 que eu ganhar): isto devo deixar bastante ao acaso, conforme os livros que aparecerem no meu caminho. Estou tão contente que me assusto, nestes últimos dias, a propósito. Não consigo entender muito bem. Talvez a sensatez tenha algo a ver com isso. Charleston e Tilton me abalaram por um momento: Nessa e seus filhos: Maynard e seus tapetes. Meus próprios dons e quinhão parecem tão modestos em comparação; é minha culpa, também – um pouco mais de autocontrole de minha parte e poderíamos ter tido um menino de 12 anos, uma menina de 10: Isto sempre me deixa infeliz nas primeiras horas do dia. Então eu disse: estou estragando aquilo que tenho. E, portanto, decidi [?] explorar minhas posses ao máximo; posso ganhar dinheiro e comprar tapetes; posso aumentar o prazer da vida enormemente vivendo-a de forma cuidadosa. Sem dúvida, esta é uma racionalização de um estado que não é realmente dessa natureza. Provavelmente sou muito afortunada. A Sra. Allinson diz que gostaria de se parecer comigo[521]. Mary diz que sou a única mulher que ela ama. Nelly cozinha de forma admirável. E também sou muito feliz caminhando pelas colinas. Não quero falar com Eddy em Charleston. Gosto de ter espaço para espalhar a minha mente. Não importa o que pense, posso dizê-lo abruptamente a L. Somos, de certo modo, muito independentes, livres, harmoniosos. Não quero nem um pouco me apressar e nem que este tempo aqui acabe. Quero ir a Seaford e voltar a pé pelas colinas; ir ver a casa em East Chiltington; inspirar mais luz e ar; ver mais vales cinzentos e milharais dourados e a primeira terra arada a brilhar claramente, com gaivotas cintilantes. Não: não quero que alguém venha até aqui e me interrompa. Estou imensamente ocupada. E assim chego à minha moral, que é simplesmente gostar daquilo que se gosta, sem cair em tentações, ah, mas Nessa tem filhos, Maynard tem tapetes. Pode ser que eu vá passar uns dias com Ethel [Sands, *na Normandia*]. Pois os meus próprios desejos são sempre definidos o suficiente para me dar um rumo, de uma forma ou de outra; e a principal alegria da vida é seguir estas luzes; estou, agora, quase que totalmente cercada de ovelhas. Deus sabe que eu gostaria que pudéssemos comprar o eirado, e ter um jardim ao redor do chalé – mas isto não é uma séria diminuição da felicidade[522].

Clive & Mary vieram aqui ontem, enquanto o sol brilhava. Sentamo-nos sobre as mós, (uma ovelha tem um rabo que parece uma corda de badalar sino – os outros todos são um pouco curtos.) Wells. Hardy. Maynard Richardson, [*palavra ilegível*]. Christabel – vai à Grécia para passar um mês com Lesley Jowitt. As metáforas de Maupassant – o Questionário. O harém de Lytton – sua monotonia – Carrington, uma cozinheira que não sai de casa aos domingos. Se Eddy é inteligente ou não. Tonks e Steer e Moore – Tonks apaixonado por Mary, Clive insiste; ela é modesta. Conversamos[523]. Depois fui com eles até Laye, de carro, subi a colina depois de Asheham e deixei todo aquele vento e sol soprarem nas velas malucas do meu antigo moinho de vento, o que ainda me dá muito prazer[524]. Esqueci o que pensei naquele momento: não pensei, imagino; foi tudo um turbilhão de emoções por ser amada por Mary e por ser um sucesso etc. Voltei para casa para ouvir música, para minha nova mesa de 15 xelins, e para conversar com L.: uma sensação de grande felicidade e bem-estar. Fui ver as estrelas, mas não consegui sentir propriamente um assombro (consigo-o bastante bem às vezes), porque L. disse

"Agora entre. Faz frio demais para estar aí fora."

Quarta-feira, 15 de setembro

Às vezes usarei a forma de anotações: por exemplo, isto:

Um Estado Mental

Acordei às 3, talvez. Ah, está começando a chegar – o horror – fisicamente como uma onda dolorida crescendo sobre o coração – e me arremessando. Estou infeliz, infeliz! Triste – Meu Deus, queria estar morta. Uma pausa. Mas por que estou sentindo isto? Deixe-me ver a onda se erguer. Observo. Vanessa. Filhos. Fracasso. Sim; detecto isso. Fracasso, fracasso. (A onda se ergue). Ah, eles riram do meu gosto pela tinta verde! A onda quebra. Queria estar morta! Tenho apenas mais alguns anos para viver, espero. Não consigo enfrentar mais este horror – (esta é a onda a se espalhar por cima de mim).

Isto continua; muitas vezes, com variedades de horror. Então, durante a crise, em vez de a dor permanecer intensa, ela se torna bastante vaga. Cochilo. Acordo num sobressalto. A onda, novamente! A dor irracional: a sensação de fracasso; geralmente, um incidente específico, como por exemplo o meu gostar de tinta verde, ou comprar um vestido novo, ou perguntar a Dadie sobre o fim de semana, na sequência.

Por fim digo, observando tão desapaixonadamente quanto possível: Agora se recomponha. Chega disto. Uso o bom senso. Faço um levantamento de pessoas felizes e infelizes. Preparo-me para empurrar para lançar para demolir. Começo a marchar cegamente adiante. Sinto os obstáculos caírem. Digo que não importa. Nada importa. Torno-me rígida e reta, e durmo outra vez, e mal me desperto e sinto a onda se formar e observo a luz clareando e me pergunto como, desta vez, o café da manhã e a luz do dia vão superar isto; e logo ouço L. no passadiço e simulo, para mim mesma, e para ele, grande alegria, e geralmente estou alegre, quando o café da manhã termina. Será que todos passam por este estado? Por que que tenho tão pouco controle? Não é digno de elogio nem de amor. É a causa de tanto desperdício e dor em minha vida.

Terça-feira, 28 de setembro

Minha intenção foi registrar, todos os dias, um estado de espírito. Mas este sempre desapareceu (como é característico), porém se repetiu com frequência suficiente para ter adquirido alguma importância. Chove forte esta noite; ingressamos no período calmo da partida de Nelly. Portanto, vou tentar, antes de meus dedos esfriarem e minha mente divagar para o fogo, escrever aqui o que consigo lembrar.

Depressão intensa: preciso confessar que sucumbi a isto diversas vezes desde 6 de setembro (acho que é esta data, ou perto desta.) Para mim é tão estranho não conseguir entendê-la direito – a depressão, isto é, que não vem de algo concreto, mas do nada. "Onde não há nada", a frase retornou a mim, enquanto estava sentada à mesa na sala de estar. Claro que eu estava interessada; e descobri que, pela primeira vez em muitos anos, estivera ociosa sem estar doente. Estivemos caminhando, fazendo expedições no tempo bom e quente. Eu escrevia as últimas páginas de *Ao farol* (concluído, de forma provisória, em 16 de setembro). De certo modo, minha leitura havia caducado. Não estava caçando lebre alguma. Uma noite abri o livro de Geoffrey Scott sobre arquitetura, e uma pequena faísca de força motriz despertou em mim[525]. Este é um aviso, então; nunca cessar o uso do cérebro. Então usei o meu cérebro. Depois, por falta de planejamento, ninguém veio até aqui passar uns dias, e recebi muito poucas cartas; e os puros dias quentes e felizes sucederam-se; e este vazio persistiu, e comecei a suspeitar o mesmo do meu livro; e Nessa cantarolava e retumbava e prosperava do outro lado da colina; e uma noite tivemos uma longa, longa discussão. Vita a começou, por ter vindo aqui com Plank[526], e L. (eu é quem digo) estragou a visita ao ficar melancólico porque eu disse que ele se zangara. Ficou quieto, e foi irônico. Ele negou isto, mas admitiu que minha mania de o descrever, e a outros, muitas vezes causavam esse efeito. Eu me vi, minha inteligência, gênio, charme, beleza (etc. etc. – os assistentes que me fizeram passar flutuando por todos estes anos) diminuir e desaparecer. Sou na verdade uma mulher velha, desleixada, rabugenta, feia, incompetente, vã, tagarela e fútil. Vi isto de forma vívida e impressionante. Depois ele disse que nossas relações não andavam tão bem ultimamente. Ao analisar o meu estado mental, eu admiti que estivera irritada, primeiro por causa do predomínio dos cães (e Grizzle está no cio, além disso[527]). Em segundo lugar, por causa de sua suposição de que temos condições de nos atrelar a um jardineiro em tempo integral, de comprar ou construir-lhe um chalé, e tomarmos o eirado para ser o jardim. Assim, disse eu, vamos nos amarrar a este lugar; nunca viajaremos; e vamos achar que Monk's House é o centro do mundo. Isto, certamente não é, eu me disse; nem quero gastar tamanha quantidade do nosso dinheiro em jardins, quando não podemos nem comprar tapetes, camas ou poltronas boas. Acho que L. ficou chateado com isso, e eu me zanguei em tê-lo dito, mas o fiz, não com raiva, mas em prol da liberdade. São mulheres demais que cedem nisto, e ressentem-se em segredo do seu altruísmo, sem nada dizer – um clima ruim. Nosso clima melhorou incontestavelmente depois disso, Tommie [Tomlin] veio passar o fim de semana conosco, e estou uma vez mais cheia de trabalho, sob pressão, interessada, e bastante incapaz, eu sei, de deixar bem clara mesmo aos meus próprios olhos a minha estação de profundo desânimo.

Se eu quiser evitar isto no futuro, recomendo em primeiro lugar uma atividade cerebral incessante; leitura e planejamento; em segundo lugar, um sistema metódico para convidar pessoas a vir aqui visitar (o que é possível tendo Nelly obediente e feliz); em terceiro lugar, maior mobilidade. Talvez eu me organize para visitar Ethel Sands de uma vez no ano que vem. Com meu carro, terei mais mobilidade.

Mas é sempre uma questão, se eu quero mesmo evitar essas melancolias. Em parte, são o resultado de viajar sozinha, e têm um interesse psicológico que falta ao estado normal de trabalho e prazer. Estas nove semanas nos fazem mergulhar em águas profundas; o que é um pouco assustador, mas muito interessante. Todo o restante do ano é o nosso (e, arrisco a dizer, corretamente) frear e controlar desta alma estranha e imensurável. Quando esta se expande, apesar de estarmos assustadas e entediadas e tristes, é, como digo a mim mesma, tremendamente estranho. Há uma intensidade nisso que me parece ser de grande importância às vezes. Vamos até o fundo do poço e nada nos protege de sermos tomadas de assalto pela verdade. Lá embaixo não consigo escrever nem ler; contudo, existo. Sou. Pergunto-me, então: o que sou? e recebo uma resposta mais acertada, embora menos lisonjeira, do que receberia na superfície – onde, para dizer a verdade, ganho mais elogios do que seria certo. Mas este elogio vai embora; ficaremos a sós com este ser esquisito na velhice. Fico feliz em o considerar tão interessante, de modo geral, apesar de tão intensamente desagradável. Também posso, se tomar alguns cuidados, ter muito mais consideração pelos sentimentos de L.; e assim manter-me mais estável em nosso nível normal de intimidade e bem-estar: um nível, creio, que nenhum outro casal há tanto tempo junto alcança e nele se mantém de forma tão constante.

Quinta-feira, 30 de setembro

Queria acrescentar alguns comentários a isto, sobre o lado místico desta solidão; como não é o que somos, mas algo no universo que nos resta. É isto que é assustador e emocionante em meio a minha profunda tristeza, depressão, tédio, o que quer que seja: vemos uma barbatana passando ao longe. Que imagem posso alcançar para transmitir o que pretendo dizer? Não há nenhuma mesmo, acho. O interessante é que, em todo o meu sentir e pensar, nunca havia deparado com isto antes. A vida é, de maneira sóbria e certa, a coisa mais estranha; contém a essência da realidade. Eu costumava sentir isso quando era criança – lembro que não consegui pular uma poça d'água certa vez por pensar, que estranho – o que sou eu? etc. Mas não alcanço coisa alguma escrevendo. Tudo o que pretendo é fazer uma anotação sobre um estado mental curioso. Arrisco supor que este pode ser o impulso por trás de um outro livro. No momento minha mente está totalmente em branco e virgem de livros*

* Talvez *As ondas* ou *As Mariposas* (out. de 1929).

Quero observar e ver como a ideia acontece primeiro. Quero poder rastrear o meu próprio processo.

Hoje fiquei deprimida mais uma vez porque Vita não veio (mas aliviada ao mesmo tempo); tive que ficar segurando a escada de L. no jardim, quando queria escrever ou experimentar o vestido novo de Nessa; e tinha um pouco de medo de que este vestido não ficasse muito bem.

Mas arquivarei o problema do vestido, seguindo estes princípios. Tenho roupas baratas para o uso diário, e um bom vestido da Brooke; e estou menos aborrecida em me manter dentro dos limites, já que só tenho que escrever e me agitar para ganhar 50 libras a mais por ano, calculo, para as minhas extravagâncias. Não vou mais deixar que um casaco de £3 me arrase no meio da noite, nem terei receio de almoçar fora porque "não tenho roupas". Uma compreensão mais ampla e ousada é o que desejamos. Entro aqui na questão da organização e etc., como uma governanta recebendo os mantimentos. Em breve, a esta altura da semana que vem, não terei mais tempo para a tristeza ou a introspecção. "Quando posso ir visitá-la?", assim vai ser. Betty Potter já começou[528].

Agora devo planejar um pouco o meu livro de crítica.

Sábado, 11 de dezembro

Nunca fui capaz de pagar 2 libras/ por um bom pedaço de camurça, mas compro dezenas de caixas de fósforos por ⅙.

Estou desistindo da esperança de ser uma pessoa bem-vestida.

Violet Dikinson acabou de passar pela terceira operação séria e fui para uma antiga loja de curiosidades em vez de ir visitá-la[529].

Leonard está almoçando com Maynard e um embrulho registrado grande acabou de ser entregue contendo a dissertação de Dadie[530].

Está se aproximando, em 30 de março.

Certa superstição me impede de ler a autobiografia de Yeats como eu gostaria[531].

Estou muito feliz no momento: organizei minha semana em geral de forma muito agradável.

Mas tenho sido muito inescrupulosa. Adiei os Stephen, em Thorpe; provavelmente ficarei em Knole.

Alguns pensamentos para ocupar o tempo enquanto espero o jantar.

Um artigo sobre Londres:

Como o pote de nanquim de Vita floresceu em sua mesa.

A vaidade de Logan: escrevo tudo 8 vezes —

(Então é assim que se faz, pensei: ele achou que essa era a única maneira de escrever algo como eu)

Mas todos os meus pensamentos perecem de imediato. Eu os crio tão vastos. Como embotar o aguilhão de um comentário desagradável: repeti-lo de novo e de novo e de novo. Fui andando até a casa de Violet; levei um cravo vermelho e um branco para ela. Meus sentimentos se apressaram quando me aproximei. Visualizei a operação quando parei à sua porta.

Também criei uma passagem para *Ao farol*: sobre pessoas indo embora e o efeito no sentimento de quem fica por elas.

Mas ler Yeats transforma minhas frases de um jeito; ler Sterne as transforma de outro.

1927

Segunda-feira, 21 de fevereiro

Por que não inventar um novo tipo de peça – por exemplo
A mulher pensa:...
Ele faz.
O órgão toca.
Ela escreve.
Eles dizem:
Ela canta:
A noite fala:
Eles/perdem

Algo nestas linhas, creio – embora agora não consiga ver o quê. Distante dos fatos: livre; mas concentrada; prosa, mas poesia; um romance e uma peça.
Mas hoje é

Segunda-feira, 14 de março

Embora esteja irritada por não ter notícias de Vita por carta, nem mesmo na semana passada, irritada de uma forma sentimental, e até certo ponto por vaidade – mesmo assim devo registrar a concepção, entre a meia-noite e a uma hora da noite passada, de um novo livro. Eu falei que estaria atenta a sintomas desse processo extremamente misterioso. Durante algumas semanas, desde concluir *Ao farol*, eu me imaginei virgem, passiva, sem ideias. Brinquei vagamente com a ideia de uma flor cujas pétalas caem; do tempo num canal lúcido, visto por um telescópio, através do qual minha heroína teria de passar voluntariamente. As pétalas caindo. Mas nada resultou disso. Esquivei-me do esforço – parecia não ter nenhum impulso nesse sentido, imaginei que havia esgotado o meu veio. Faith Henderson veio para o chá, e, ao me debater corajosamente nas águas da conversação, imaginei as possibilidades que uma mulher desprovida de atrativos de beleza, sem um centavo, sozinha, ainda conseguiria trazer à existência. Comecei a imaginar a posição – como ela pararia um carro na Dover Road e iria até Dover: atravessaria o canal: etc. Ocorreu-me uma vaga ideia de escrever uma narrativa à maneira de Defoe, por diversão. De repente, entre a meia-noite e a uma hora, concebi uma fantasia inteira a ser chamada "As noivas de Jessamy[532]" – por que, eu me pergunto? Criei várias cenas em torno dela. Duas mulheres, pobres, solitárias, no último andar de uma casa. Podemos ver qualquer coisa (pois isso tudo é uma fantasia), a Tower Bridge, nuvens, aviões. E, também, idosos a escutar na sala no fim do corredor. Tudo deve cair desordenadamente. Deverá ser escrito como escrevo cartas à minha velocidade máxima: sobre as senhoras de Llangollen; sobre a Sra. Fladgate; sobre as pessoas que estão passando[533]. Nenhuma tentativa será feita para entender o personagem. O safismo será insinuado. A sátira será o tom principal – a sátira e o furor. As senhoras terão Constantinopla à frente. Sonhos de abóbadas douradas. Minha própria veia lírica será satirizada. Tudo será zombado. E deverá terminar com três pontinhos... assim. Pois a verdade é que sinto a necessidade de uma escapada depois desses livros experimentais poéticos sérios [*Orlando*, levando a *As ondas*. (8 de julho de 1933)] cuja forma sempre é considerada tão rigorosamente. Quero me divertir, e não me preocupar. Quero incorporar todas aquelas incontáveis ideiazinhas e historietas que aparecem subitamente na minha cabeça em todas as estações. Creio que me divertirei enormemente ao escrevê-las, e isso vai descansar minha mente antes de começar o trabalho muito sério, místico e poético que pretendo que venha em seguida. Enquanto isso, antes que possa tocar nas "Noivas de Jessamy", preciso escrever o meu livro sobre ficção, e este não ficará pronto até janeiro, creio eu. Posso escrever à pressa uma página ou duas de vez em quando, a título de experimentação. E é possível que a ideia evapore. De todo modo, isto registra a maneira apressada e estranha como estas coisas subitamente se criam – uma coisa depois da outra em uma hora ou quase isso. Assim criei *O quarto de Jacob* olhando para a lareira acesa em Hogarth House; assim criei *Ao farol* uma tarde aqui na praça.

Sábado, 18 de junho

Este diário está terrivelmente magro, por alguma razão que desconheço: a metade do ano já foi gasta, e sobraram apenas estas poucas páginas. Talvez eu esteja escrevendo demais pela manhã para conseguir escrever aqui também. Três semanas aniquiladas pela dor de cabeça. Passamos uma semana em Rodmell, lembro-me de várias imagens a se desenrolar diante de mim, espontaneamente (por exemplo, o vilarejo diante do mar na noite de junho, casas parecendo navios, o pântano, uma espuma flamejante) e o conforto imenso de estar lá deitada, imersa em paz. Passo o dia inteiro no jardim novo, com o terraço. Já está sendo feito. Chapins-azuis fizeram ninho no oco do pescoço de minha Vênus[534]. Vita veio aqui numa tarde muito quente. Caminhamos com ela até o rio. Pinker agora vai nadando atrás do graveto de Leonard. Leio – qualquer porcaria. Maurice Baring; memórias de esportistas. Aos poucos, ideias começam a pingar. E, subitamente, me empolguei (a noite em que L. jantou com os apóstolos) e contei novamente a história das Mariposas, a qual acho que escreverei com muita rapidez, talvez no meio dos capítulos daquele grande e iminente livro sobre ficção[535]. Agora creio que The Moths[536] (As mariposas) preencherão o esqueleto que esbocei aqui: a ideia da peça-poema: a ideia de algum fluxo contínuo, não somente de pensamento humano, mas do navio, da noite etc, tudo fluindo junto: interseccionado pela chegada das reluzentes mariposas. Um homem e uma mulher deverão estar sentados a uma mesa, conversando. Ou permanecerão em silêncio? Será uma história de amor: ela finalmente deixará a última grande mariposa entrar. Os contrastes poderão ser algo desse tipo: ela poderá falar, ou pensar, sobre a idade da terra: a morte da humanidade: e então, as mariposas continuarão chegando. Talvez o homem possa permanecer absolutamente vago. França: perto do mar; à noite; um jardim sob a janela. Mas precisa de amadurecimento. Trabalho um pouco nela ao entardecer, quando o gramofone está tocando as últimas sonatas de Beethoven. (As janelas agitam-se em suas trancas, como se estivéssemos no mar.)

Estivemos no Hyde Park, onde meninos da igreja marchavam; soldados a cavalo, em suas capas, feito estátuas equestres[537]. Este tipo de cena sempre me dá a ideia de seres humanos participando de um jogo, em grande parte, imagino, para sua própria satisfação.

Vimos Vita receber o Hawthornden[538]. Um espetáculo horroroso, eu achei: não da pequena nobreza na tribuna – Squire, Drinkwater, Binyon, somente – de todos nós: todos nós, escritores falastrões. Meu Deus! Que insignificantes todos parecíamos! Como poderemos fingir que somos interessantes, que nossos trabalhos importam? Todo o negócio de escrever se tornou infinitamente desagradável. Não havia ninguém com quem eu me importasse se leu, gostou ou não gostou da "minha escrita". E ninguém cuja crítica me importasse, também: a tepidez, a convencionalidade de todos me espantou. Mas pode haver um fluxo de tinta neles que importe mais do que a sua aparência – vestidos tão sobriamente, mornos e decorosos – mostrou. Senti que não havia nenhuma mente plenamente desenvolvida entre nós. A bem da verdade, foi a classe média burra e aborrecida das letras que encontramos; não a aristocracia. Vita chorou à noite.

Quarta-feira, 22 de junho

Pessoas que odeiam as mulheres me deprimem, e tanto Tolstói quanto a Sra. Asquith odeiam as mulheres. Imagino que minha depressão seja uma forma de vaidade. Mas também o são todas as opiniões fortes de ambos os lados. Odeio o estilo duro, dogmático, vazio da Sra. A. Mas chega: escreverei sobre ela amanhã[539]. Escrevo todos os dias sobre alguma coisa, e separei deliberadamente algumas semanas para ganhar dinheiro, para que eu consiga colocar 50 libras em cada um de nossos bolsos até setembro. Este vai ser o primeiro dinheiro que é meu mesmo desde que me casei. Nunca senti a necessidade de dinheiro até ultimamente. E posso consegui-lo, se quiser, mas me esquivo de escrever por dinheiro.

O pai de Clive morreu ontem[540]. Harold Nicolson e Duncan jantaram conosco, e Nessa chegou depois, muito quieta, inescrutável e, talvez, crítica. Como família, desconfiamos de qualquer pessoa de fora do nosso grupo, eu acho. Também decidimos em definitivo que tal pessoa não tem as virtudes necessárias. Ouso dizer que Harold não as tem. Ao mesmo tempo, há muita coisa nele de que gosto: é rápido e ousado e impulsivo; não à nossa maneira, muito inteligente; ansioso; de aparência jovem; na transformação de diplomata para intelectual; não é par para Vita; mas é honesto e cordial. L. diz que ele é muito banal. Gostei do meu pequeno dueto com ele. Vestia uma camisa verde, ou azul, e gravata; é bronzeado, rechonchudo, insolente [?]; animado. Falou sobre política, mas foi superficial, em comparação a Leonard – eu achei. Disse que era com L. e comigo que se sentia completamente à vontade. Contou histórias que soam bastante vazias nas salas despidas de Bloomsbury.

Quinta-feira, 30 de junho

Agora tenho que descrever o eclipse.

Terça-feira, por volta das 10 da noite, vários trens muito compridos, completamente cheios (o nosso com funcionários públicos) partiram de King's Cross[541]. No nosso compartimento estavam Vita e Harold, Quentin, L. e eu. Aqui, me parece, é Hatfield, eu disse. Eu estava fumando um charuto. Então, pouco depois, L. disse: aqui é Peterborough. Antes de escurecer, ficamos olhando para o céu; aveludado e salpicado de nuvens; mas havia uma estrela sobre Alexandra Park. Olha, Vita, é o Alexandra Park, disse Harold. Então os Nicolsons ficaram sonolentos; H. se enroscou com a cabeça no joelho de V. Adormecida, ela parecia a Safo de Leighton[542]; então nós mergulhamos na região das Midlands; fizemos uma parada interminável em York. Às 3, pegamos nossos sanduíches e ao voltar do banheiro eu me deparei com Harold sendo energicamente limpo, depois de lambuzar-se de creme. Em seguida ele quebrou a caixa de sanduíche de porcelana. Nesse momento, L. teve um ataque de riso. Tiramos, depois, outro cochilo, ao menos os N. tiraram; e houve, então, uma passagem de nível, diante da qual se via uma longa fila de ônibus e automóveis, todos com os faróis lançando suas pálidas luzes amareladas. O céu estava mais acinzentado – mas ainda com nuvens pequenas e pouco densas. Chegamos a Richmond por volta das 3:30; estava frio e os N. tiveram uma discussão, motivada pela bagagem de

V., disse Eddie[543]. Tomamos, então, um ônibus, e vislumbramos um castelo enorme (a quem pertence?, perguntou Vita, que se interessa por castelos). Havia uma janela anexada à fachada e uma luz acesa, eu acho. Os campos estavam cobertos de grama alta e plantas com ramagens vermelhas, ainda pálidas, todas elas, nesta época. Pálidas e cinzentas eram também as obstinadas pequenas fazendas de Yorkshire. Quando passamos por uma delas, o fazendeiro e sua esposa e sua irmã saíram, todos bem-arrumados e com roupas pretas, como se estivessem a caminho da igreja. Em outra fazenda, quadrada e feia, havia duas mulheres olhando pelas janelas de cima. As persianas brancas estavam suspensas apenas pela metade. Formávamos um comboio com 3 carros enormes, um deles tinha que parar para que os outros pudessem seguir; tudo em ritmo lento e pesado; enfrentando encostas extremamente íngremes. A certa altura, o motorista desceu e colocou uma pequena pedra atrás do nosso pneu — insuficiente. Poderia ter acontecido um acidente; havia também muitos automóveis particulares. E a quantidade foi subitamente aumentando à medida que alcançávamos o topo de Bardon Fell. Pessoas acampavam ao lado de seus carros. Saímos do carro e percebemos que estávamos bem no alto, num terreno árido, pantanoso, coberto de urzes, com muretas para a caça de perdizes. Havia trilhas de grama aqui e ali e as pessoas já tinham tomado seus lugares. Então nos juntamos a eles, em direção ao que parecia ser o ponto mais alto com vista para Richmond. Surgiu uma luz lá embaixo. Vales e charnecas ondulavam ao nosso redor. Parecia a região de Haworth. Mas sobre Richmond, onde o sol nascia, havia uma nuvem acinzentada. Uma mancha dourada nos indicava a localização do sol. Mas ainda era cedo. Tivemos que esperar, batendo com os pés no chão para nos mantermos aquecidos. Ray [Strachey][544] se embrulhou num cobertor com listras azuis, tirado de uma cama de casal. Ela ficou gigantesca e parecia um quarto de dormir. Saxon[545] me pareceu envelhecido. Leonard não parava de olhar para o relógio. Quatro imensos setters irlandeses surgiram aos saltos. Ovelhas pastavam atrás de nós. Vita tentou comprar um porquinho da índia – são selvagens, advertiu Quentin – ela ficou só olhando para eles, então, de vez em quando. Havia algumas regiões mais rarefeitas nas nuvens e em outras abriam-se buracos completos. A questão era saber se, quando chegasse a hora, o sol seria visível através de uma nuvem ou de alguma dessas aberturas. Começamos a ficar ansiosos.

Vimos raios atravessando as nuvens. Então, por um breve instante, vimos o sol, arrebatador – ele dava a impressão de navegar em alta velocidade e muito brilhante, numa brecha; pusemos nossos óculos escuros; e o vimos crescente; o incandescer de um vermelho-fogo; no instante seguinte, de novo navegando veloz para dentro da nuvem; de onde saiam apenas rajadas vermelhas; e depois somente uma bruma dourada, como a que sempre vemos. O tempo foi passando. Julgamos ter sido tapeados; olhamos para as ovelhas; elas não demonstravam qualquer preocupação; os setters continuavam correndo por ali; todos de pé em longas filas, com ar grave, olhar ao longe. Eu pensei que devíamos nos assemelhar a gente de eras arcaicas, do começo do mundo — a druidas em Stonehenge; (essa idéia se impôs sobretudo à luz pálida da aurora). Atrás de nós havia grandes clarões azuis entre as nuvens. Ainda estavam azuis. Mas agora a cor estava sumindo; as nuvens empalideciam; um vermelho-róseo enegrecido. Embaixo, no vale, havia uma mistura extraordinária de vermelho e preto; havia aquela única luz acesa; tudo era nuvem, ao longe, e muito belo, tão delicadamente tingido. Não se via nada através da nuvem. Os 24 segundos estavam passando. Então olhamos para trás novamente para o céu azul: e rapidamente, muito muito rápido, todas as cores empalideceram; ficou mais e mais escuro como se fosse o começo de uma tempestade violenta; a luz submergia e submergia: nós dizíamos essa é a sombra; e pensávamos agora acabou – essa é a sombra quando então subitamente a luz se apagou. Uma queda. Estava tudo extinto. Não havia mais cor alguma. A terra estava morta. Esse foi o momento assombroso: e em seguida, como uma bola ricocheteando, a nuvem voltou a ganhar cor, somente uma faísca etérea de cor e então a luz voltou. Quando ela se extinguiu, eu fui fortemente tomada por uma sensação de vasta reverência; de que algo estava se ajoelhando, e se inclinando para baixo e subitamente se ergueu quando as cores voltaram. Elas voltaram assombrosamente luminosas e rapidamente e belamente no vale e sobre as colinas vibrantes - a princípio com um brilho miraculoso e etéreo, depois quase corriqueiro, mas impregnado de grande sensação de alívio. Era como uma reparação. Foi muito pior do que imaginávamos. Nós vimos a morte do mundo. Tal é a força da natureza. Nossa grandeza, ela também se manifestou. Agora nos tornamos de novo Ray enrolada num cobertor, Saxon com uma boina na cabeça e etc. Estávamos congelando de frio. Eu diria que o frio aumentou à proporção que a luz diminuía. Nós ficamos lívidos. Tudo encerrado — então — até 1999. O que restou foi a consciência do conforto que é termos outra vez luz e cor em profusão, coisa que usualmente tomamos como certo. Durante algum tempo, isso pareceu com certeza um grande bem. No entanto, quando tudo voltou ao normal em toda parte, perdeu-se essa compreensão e a sensação de trégua e alívio que tivemos quando luz e cor voltaram depois da escuridão. Como posso descrever a escuridão? Foi um mergulho repentino quando já não era mais esperado: ficar à mercê do céu: nossa própria grandeza: os druidas; Stonehenge; e a corrida dos cachorros; tudo isso estava na minha mente. Além disso, ser retirada de sua sala de estar em Londres e instalada na região mais selvagem da Inglaterra foi extraordinário. A cor, em alguns momentos, era da mais bela espécie – fresca, variada; azul aqui, e marrom ali: todas cores novas, como se lavadas e repintadas. No mais, lembro-me de tentar me manter acordada enquanto Eddy falava nos jardins em York e acabar caindo no sono. Dormi de novo no trem. Estava quente e nós felizes. O vagão estava entupido de coisas. Harold foi muito gentil e atencioso: Eddy estava rabugento. Rosbife e pedaços de abacaxi, disse ele. Chegamos em casa talvez às 8:30.

Sábado, 22 de outubro

Este é um livro, creio já ter dito antes, que escrevo depois do chá. E meu cérebro estava cheio de ideias, mas as consumi com Mr. Ashcroft e a Srta. Findlater, ferventes admiradores[546].

"Vou mergulhar nisto por uma semana" – não fiz nada, nada, nada mais por duas semanas; e agora estou lançada sobre *Orlando: uma biografia*[547] de modo um tanto furtivo, mas com paixão redobrada. Será um livro curto, e escrito até o Natal. Achei que o podia combinar com o "Fiction", mas uma vez que a cabeça está quente, não é possível parar; caminho inventando frases; sento-me arquitetando cenas. Estou, para resumir, no meio do maior êxtase que conheço; do qual me mantive afastada desde fevereiro passado, ou antes disso. E por falar em planejar um livro ou esperar por uma ideia! Esta chegou num ímpeto. Eu disse a mim mesma, a fim de me acalmar, já que estava entediada e cansada das críticas e havia deparado com aquele chato e insuportável "Fiction": "Você escreverá uma página de uma história para se divertir: vai parar exatamente às 11h30 e continuar com os Românticos." Tinha pouca ideia sobre o que a história seria. Mas o alívio de movimentar a minha mente daquela maneira era tamanho que me senti mais feliz do que estive em meses; como se nele pusesse o sol, ou espalhasse almofadas; e após dois dias desisti completamente da minha tabela de horários e me abandonei ao puro deleite desta farsa: de que gosto tanto quanto jamais gostei de alguma coisa; e escrevi até ficar com um pouco de dor de cabeça, e precisei parar, como um cavalo cansado, e tomar um pouco de remédio para dormir à noite passada: o que tornou nosso café da manhã fogoso. Não terminei de comer meu ovo. Estou escrevendo *Orlando* num estilo meio burlesco, muito claro e simples, para que as pessoas entendam cada palavra. Mas o equilíbrio entre a verdade e a fantasia deve ser cuidadoso. Está baseado em Vita, Violet Trefusis, Lorde Lascelles, Knole etc[548].

Muitos incidentes para registar. Sempre vêm juntos, num ímpeto, estes dias claros de outubro, todos de volta, recém-chegados da solidão, alegres, atarefados, sociáveis. Nessa deu início, informalmente, às noites de domingo; e nelas a Velha Bloomsbury irá se reunir após o jantar – Helen Clive Roger e assim por diante.

E então perguntei as horas na Editora, há uma semana.

"Leonard pode lhe dizer", disse Angus, irritado.

"Pergunte a Angus. Pois parece que eu não sei", disse Leonard, bastante mal-humorado. E depois vi a Sra. C. baixar sua cabeça sobre a máquina de escrever, e rir. Este foi o final de uma terrível briga sobre o tempo entre eles. Angus foi demitido; mas diz a Nessa que quer ficar, se os temperamentos pudessem ser compatibilizados. Um ano ruim, este, financeiramente, para a Editora: ainda assim, as perspectivas parecem prosperar, se ao menos as Marys e Braithwaites não engolissem todo o lucro. Dottie (que vem para o chá com grande simplicidade, mas permanece por tempo demais depois) vai investir suas £200 anuais em Stella Gibbons etc., e me dá seus próprios poemas, que imediatamente atiro no vaso sanitário[549]. Vita espreita a editora, toda de vermelho e preto (assim também é *Orlan-*

do) diz que Lizzie [um cão?] foi morto a tiros por um fazendeiro, não, um dono de pub (ela respeita os fazendeiros, não os donos de pubs): vem até aqui comigo, e Harold aparece para dizer adeus. Sentamo-nos, de forma muito aconchegante e íntima diante do radiador, apesar de todo o seu cosmopolitismo: ele acaba de ir ao Ministério das Relações Exteriores e eles foram "tão bons. Realmente, eles me tratam bem demais", ele diz, sendo fiel ao Ministério, que agora o envia a Berlim por três anos[550]. Vita irá por pouco tempo apenas, ela diz. Gosta dele. Ela o mima: quer que eu faça uma xícara de chá para ele.

E Clive. Instalou suas escadas do verde mais vívido, de 5 polegadas de largura: tem todos os confortos e conveniências. Jantei em sua casa para encontrar Harold e Tom: Tom, é claro, num colete branco, um cosmopolita; o que estabelece o tom, e assim eles começam a contar histórias a respeito de "Jean" (Cocteau), Ada Leverson, Gosse, Valéry, etc. etc. e L. e eu nos sentimos um pouco bloomsburianos, talvez; não, acho que este tipo de conversa não corresponde às expectativas. Harold fez o melhor que pôde. Ele estava em Petersburgo quando mandaram Stolypin pelos ares, ou seus filhos, consegue descrever o buum bum bum de uma bomba caindo na vida: e a imperatriz com o branco dos olhos amarelado; e o Rei George atirando o Sr. Britling com violência ao chão. E "pode-me faltar distinção, mas diabos me carreguem se eu for um estrangeiro" foi o seu comentário sobre uma frase de Wells[551].

E isso me faz lembrar que vimos o caixão cinza pálido da Sra. Wells deslizar pelos portões de Golders Green. Tinha borlas feito cordas de sinos. Wells estava sentado de sobretudo azul-escuro ao lado de [George Bernard] Shaw, soluçando. Víamos seu lenço branco sair e voltar ao seu bolso. O Sr. Page, um erudito desgrenhado e maltrapilho, leu algumas páginas datilografadas de Wells sobre "nossa amiga Caroline"[552]. "Pobres, pobres tolos", ela dizia, em seus anos de má reputação. Este coloquialismo se misturou à cerimônia do funeral; e de certa forma o efeito foi um pouco desinteressante. O objetivo era enfatizar a vida; e a generosidade, e como as vidas generosas prosseguem; uma coisa me comoveu. "Algumas estão estabelecidas sobre um promontório e sua vida é um farol para a humanidade. Outras vivem afastadas e pouco são conhecidas; mas suas vidas são as mais preciosas", o que me lembra do que meu pai escreveu, e que realmente quisera dizer aquilo, naquele momento, sobre minha mãe[553]. Depois o caixão deslizou "até a fornalha da criação material". Ela havia se tornado parte das rosas que amava, e do sol sobre a neve. Pobre Jane! Foi desesperador ver que grupo deselegante e desleixado e imperfeito éramos; que frágeis; que feios, na maioria. E mesmo assim estávamos fazendo o melhor que podíamos para dizer algo sincero sobre nossa grande aventura (como Wells quase a chamou). E ele foi ousado e mergulhou em sua banheira e agitou as águas, para sermos justos com ele. Depois, ficamos por lá, cumprimentando; Lydia chorava copiosamente; Shaw disse "Você não deve chorar. Jane está bem. Jane está esplêndida", e fomos embora – eu fui a Fortnum & Mason comprar sapatos.

Quinta-feira, 22 de dezembro

Abro isto aqui só por um momento, por estar com a cabeça estagnada, para escrever uma séria reprimenda minha a mim mesma. O valor da sociedade é esnobar-nos. Não valho nada, sou medíocre. Um embuste. Estou me acostumando a conversas fúteis. De ouro falso, pareceram-me, ontem à noite, na festa de Keynes[554]. Estava de mau humor e por isso conseguia ver a transparência das coisas que eu mesma dizia. Dadie disse algo que era verdadeiro, também: quando V. deixa o estilo tomar conta dela, só pensamos nisso. Quando usa clichês, pensamos no que ela quis dizer. Mas ele diz que não tenho força lógica e escrevo e vivo num sonho opiáceo. E que o sonho, muitas vezes, é sobre mim mesma.

Agora, com o aproximar da meia-idade, e com a velhice pela frente, é importante sermos duras com esses defeitos. Com que facilidade posso vir a me tornar uma mulher egoísta dotada de um cérebro de lebre, exigindo elogios, arrogante, limitada, mirada. Os filhos de Nessa (sempre me meço em relação a ela, e acho-a a maior, a mais humana de nós duas, penso nela agora com uma admiração desprovida de inveja: com algum traço do velho sentimento infantil de que éramos duas contra o mundo; e como sou orgulhosa de sua vitória triunfante em todas as nossas batalhas: enquanto ela [batalha?] com tanta modéstia desinteressada, quase anonimamente por seu objetivo, com os filhos ao seu redor; e com apenas um pouco de ternura adicional (uma coisa tocante nela) que me mostra que ela também sente assombro, surpresa, ao ter passado por tantos terrores e dores a salvo –

O sonho por vezes demais é sobre mim mesma. Para corrigir isto e para esquecermos de nossa própria pequena personalidade intensa e absurda, nossa reputação e tudo o mais, devemos ler; encontrar desconhecidos; pensar mais; escrever de forma mais lógica; acima de tudo, estar cheia de trabalho; e praticar o anonimato. Silêncio em companhia; ou a frase mais quieta, não a mais espalhafatosa, também é "indicada", como dizem os médicos. A festa foi bastante vazia, ontem à noite. Aqui é muito agradável, no entanto; e acho que F.B. é favorável.

1928

Quinta-feira, 31 de maio

Não, eu não consigo ler Proust neste momento –

Leonard está lendo *Orlando*, que vai para a gráfica amanhã. Está muito calmo aqui. Pentecostes já passou. Estivemos em Rodmell e vimos as corridas, onde era o pântano. E nosso campo foi vendido a Allinson – que vai construir lá[555]. E o que mais? Já não me resta cérebro com que pensar. E Leonard está discutindo no porão com Dadie. Sobre o que poderá ser? Pinker está dormindo na cadeira. Angelica volta amanhã. Sinto uma espécie de seca causada pela falta de Nessa, e como é que vou me arranjar se ficarmos longe uma da outra por 6 meses, não só 4[556]? Mas a minha fé é derrotar a oposição. Encontrei –

Um bom número de pessoas na semana passada: Rose Macaulay, Rebecca West, Maurois vêm à mente, juntos[557]; e o quarto de Todd; para mérito dela, o de um profissional; Garland com pérolas e seda; Todd roliça feito um texugo. Rebecca uma velha depravada e inveterada, ouso dizer, mas não é boba; e toda a atmosfera era profissional; sem charme, exceto pelo charme excessivo de Garland.

Saiu o livro de Clive – muito superficial, diz L[558].

O sol apareceu de novo; estou quase me esquecendo de *Orlando* já, desde que L. o leu, e é quase como se não me pertencesse mais. Acho que lhe faltam as marteladas que lhe daria se tivesse demorado mais tempo: é muito extravagante e desigual. Muito brilhante ocasionalmente. Quanto ao efeito do todo, isso eu não consigo julgar. Não é, eu acho, "importante" entre as minhas obras. L. diz que é uma sátira.

Edmund Gosse morreu e estou quase reconciliada com ele pois dizem nos jornais que escolheu arriscar uma operação perigosa em vez de ser um inválido para o resto da vida. Esse tipo de vitalidade sempre me toca. Mas – as mentiras prosperam mesmo assim ao redor de seu túmulo, e o pobre e velho Desmond com 3 filhos para sustentar tem que ser tão pródigo com eles quanto qualquer outra pessoa[559].

Nós o encontramos ontem em Kingsway, justamente quando pensava em como deveria descrevê-lo se escrevesse um livro de memórias, como insiste Molly. Ele surgiu como se o meu pensamento o tivesse tornado visível. Deu-me o primeiro número de seu jornal.

Rose Macaulay diz "Sim eu ganhei o prêmio" – de forma bastante impertinente[560]. Imediatamente achei que ela tem inveja, e testo tudo o que ela diz a fim de descobrir se tem ou não. Sobre Colefax: "Sou a única dos meus amigos que não é convidada a ir lá." Sobre trabalho: "Tenho que trabalhar amanhã", eu digo, como desculpa para não ir à festa de Raymond. "Todos temos", diz, abruptamente, e assim por diante. Isso fica evidente numa dúzia de pequenas frases, enquanto conversamos sobre os Estados Unidos, artigos e etc. Ela tem inveja de mim; é ansiosa por comparar-nos: mas pode ser só a minha imaginação: e revela a minha própria inveja, sem dúvida, como as suspeitas sempre fazem. Não poderíamos saber se não as tivéssemos. E agora, vou ver Angelica, e com um pacote de balas. Estou começando a ler novamente.

L. leva *Orlando* mais a sério do que eu esperava. Acha que em alguns sentidos é melhor do que *Ao farol*; é sobre coisas mais interessantes, e com mais apego à vida, e maior. A verdade é que eu acho que o comecei como uma piada, e o continuei de modo sério. Portanto, falta-lhe unidade. Ele diz que é muito original. Enfim, estou feliz por estar livre de escrever "um romance" agora, e espero nunca ser acusada disso novamente. Agora eu quero escrever alguma crítica rigorosamente pensada; um livro sobre ficção; alguma espécie de ensaio (mas não sobre Tolstói para o *Times*). A festa noturna do Dr. Burney, creio que para Desmond[561]. E depois? Estou ansiosa para descansar o machado: não deixar entrar tantos projetos. Algo abstrato poético da próxima vez – não sei. Gosto bastante da ideia dessas biografias de pessoas vivas. Ottoline sugere a si mesma – mas não. E eu devo rasgar todo aquele manuscrito, e escrever muitas anotações e me aventurar no mundo – como farei amanhã, quando for furar minhas orelhas com Vita.

O clima de junho. Calmo, claro, fresco. Por causa do Farol (carro) não me sinto tão presa em Londres como de costume, e posso agora imaginar a noite em alguma charneca, ou na França, sem a inveja que eu tinha, em Londres numa noite bonita. Londres, em si, perpetuamente me atrai, estimula, me dá uma peça, e um conto, e um poema, sem qualquer problema, exceto o de movimentar minhas pernas pelas ruas. Caminhei com Pinker até os jardins de Greys Inn esta tarde e vi – Red Lion Square: a casa dos Morris; pensei neles em noites de inverno nos anos 50; pensei que somos tão interessantes quanto eles[562]; vi a Great Ormond St., onde uma garota morta foi encontrada ontem; vi e ouvi o Exército da Salvação tornar o cristianismo alegre para as pessoas: muitas cutucadas e piadas por parte de rapazes e garotas muito feios; tornando-o animado, imagino; e entretanto, para dizer a verdade, quando os observo eu nunca rio ou critico, apenas sinto como isto é estranho e interessante: pergunto-me o que querem dizer com "Venha para o Senhor". Arrisco dizer que o exibicionismo é responsável por uma parte disso: o aplauso da plateia: isso atrai os garotos a cantar hinos; e estimula os garotos das lojas a anunciar em voz alta que estão salvos. É o que escrever para o *Evening Standard* é para Rose Macaulay, e eu ia dizer para mim mesma: mas até agora não o fiz[563].

Quarta-feira, 20 de junho

Estou tão cansada de *Orlando* que não consigo escrever nada. Corrigi as provas em uma semana e não consigo criar sequer uma frase. Detesto a minha própria volubilidade. Porque estar sempre a jorrar palavras? E também quase perdi a capacidade de ler. Ao corrigir provas 5, 6 ou 7 horas por dia, escrever meticulosamente uma coisa ou outra, feri gravemente a minha capacidade de leitura. Abrir um livro de Proust para ler depois do jantar e depois fechá-lo. É a pior hora de todas. Fico suicida. Agora verei como ressuscitar. Acho que vou ler algo – uma vida de Goethe, por exemplo. Depois farei visitas. Ainda bem que Nessa está de volta. Meus campos estão irrigados uma vez mais. Volto às palavras de uma sílaba: sinto uma mudança leve como uma pena sobre mim: muito verdadeiro, isso: como se meu corpo físico vestisse uma pele macia e confortável. Ela é uma necessidade para mim – mas não sou para ela. Corro para ela como o pequeno canguru corre para o velho canguru. Ela é muito alegre, sólida, feliz. As ninharias que irritam outras pessoas, ela nem nota; como se sua felicidade fosse um ou dois milhões no banco. E com que maestria controla uma dúzia de vidas; nunca está atrapalhada, ou desesperada, ou preocupada; nunca gasta uma libra ou um pensamento sem necessidade; ainda assim, é livre, sem cuidados, aérea, indiferente: um feito notável.

Julian vem jantar conosco hoje à noite para conhecer a Srta. Sylva Norman[564], que eu resgatei da completa inexistência ontem à noite, ao telefone. Outra maravilha da ciência. E lá estava ela, 10 minutos após pensarmos nela a dizer que ADORARIA vir. Julian é um rapaz enorme gordo forte doce moderado cativante, em cujos braços me deixo cair, metade irmã, metade mãe, e metade (mas a aritmética nega isto) a amiga trocista estimulante contemporânea. Ainda bem que Julian têm instintos saudáveis e normais: tem uma enorme testa e um endereço considerável e competência na administração da vida. Mas meu dente está doendo. Eles vêm jantar conosco; e estou pronta para isso – para me aventurar nos caudais da vida de outras pessoas – especulando, à deriva.

Quarta-feira, 7 de novembro

E isto será escrito para o meu próprio prazer, –
Mas essa frase me inibe: pois se escrevemos somente para o nosso próprio prazer – não sei o que acontece. Imagino que a convenção da escrita seja destruída; portanto, nada escrevemos. Tenho bastante dor de cabeça, e me sinto confusa pela falta de sono. Esta é a consequência (o que isso significa – Trench, a quem abro ociosamente, aparentemente nada diz[565]) de *Orlando*. Sim, sim, desde a última vez que escrevi aqui, estou dois centímetros mais alta à vista do público. Creio que agora possa dizer que estou entre os escritores mais conhecidos. Tomei chá com Lady Cunard – poderia ter almoçado ou jantado com ela a qualquer dia[566]. Encontrei-a em seu chapeuzinho, falando ao telefone. Não era o seu ambiente – este, de conversas solitárias. Ela é astuta demais para ser expansiva, e precisa estar em companhia para ser impetuosa e aleatória, o que é o seu objetivo. Uma mulherzinha ridícula com cara de periquito; mas não ridícula o suficiente.

Fico desejando superlativos: não conseguiria ter a ilusão de bater as asas. Lacaios, sim; mas sem graça, e simpáticos. Pisos de mármore, sim; mas nenhum glamour; nenhuma melodia a tocar, ao menos para mim. E as duas, lá sentadas, precisávamos ser quase convencionais e monótonas – o que me faz lembrar de Sir Thomas Browne – o maior livro dos nossos tempos – dito de forma um pouco monótona por uma mulher de negócios, para mim, que não acredito nesse tipo de coisa a menos que seja lançada com champanhe e guirlandas. Depois chegou Lorde Donegall, um rapaz irlandês, superficial, moreno, macilento, dissimulado, a falar sobre a imprensa[567]. Não lhe tratam como um cachorro? Eu perguntei. "Não, em absoluto", ele respondeu, surpreso que alguém pudesse tratar um marquês como um cachorro. Depois subimos para ver as fotos nas escadas dos salões de baile, e, por fim, fomos ao quarto de dormir de Lady C., que só tinha peças florais penduradas. A cama com seu toldo triangular de seda rosa-avermelhada; as janelas que dão para a praça têm cortinas de brocados verdes. Sua *poudreuse*[568] – como a minha, só que pintada e com detalhes dourados, aberta, com escovas douradas, espelhos, e em seus chinelos dourados havia meias douradas cuidadosamente postas. Toda esta parafernália para uma velha anã esquelética. Pôs duas grandes caixinhas de música para tocar e eu perguntei: ela se deitava na cama para escutá-las? Mas não. Ela não tem nada de fantástico, nesse sentido. Dinheiro é importante. Contou-me histórias bastante sórdidas sobre Lady Sackville, que nunca a visitava sem lhe enganar com alguma coisa – num dia um busto, que valia £5, pelo qual ela pagou £100; noutro, um batente de latão. "E as suas conversas, que não me interessavam..." De certo modo, consegui captar essas conversas sórdidas e banais, e foi difícil espalhar pó de ouro nesse ar. Mas, sem dúvida, ela tem sua perspicácia, e uma mordida firme na vida; mas que coisa adorável, pensei enquanto voltava para casa pé ante pé em meus sapatos apertados, na névoa, no frio: podíamos abrir uma daquelas portas que ainda tão venturosamente abro e encontrar uma pessoa real, viva e interessante, uma Nessa, um Duncan, um Roger. Que vulgares e banais e monótonas são essas Cunard e Colefax – apesar de todas as suas surpreendentes competências no comércio da vida.

E não consigo pensar no que "escrever depois". Quero dizer, a situação é: este *Orlando* é, claro, um livro muito rápido e brilhante. Sim, mas não tentei explorar. E será que preciso sempre explorar? Sim, ainda acho que sim. Porque a minha reação não é a de sempre. Nem consigo, depois de todos esses anos, escrever rapidamente sem consequências. *Orlando* me ensinou a escrever uma frase direta; me ensinou continuidade e narrativa, e como manter as realidades a distância. Mas evitei, de propósito, claro, qualquer outra dificuldade. Nunca cheguei às minhas profundezas e nunca ajustei as formas, como o fiz em *Ao farol*.

Bem, mas *Orlando* foi o resultado de um impulso perfeitamente definido e, de fato, dominador. Quero divertimento. Quero fantasia. Quero (e isto era a sério) dar às coisas o seu valor caricatural. E esta disposição ainda está sobre mim. Quero escrever uma história, por exemplo, sobre Newnham, ou sobre o movimento das mulheres, no mesmo estilo. O estilo está em mim profundamente – pelo menos é efervescente, urgente. Mas não será estimulado pelo aplauso? Estimulado demais? O que noto é que existem competências que devem ser liberadas pelo talento, para o alívio do gênio: o que significa que temos o lado da diversão; o dom, quando é mero dom, dom não aplicado; e o dom quando é sério, direto ao assunto. E um alivia o outro.

Sim, mas e *As mariposas*? Esse era para ser um livro abstrato, místico, sem olhos: um poema-peça. E pode haver afetação ao ser muito mística, muito abstrata; dizer que Nessa e Roger e Duncan e Ethel Sands admiram isso: é o meu lado intransigente; logo, é melhor que eu consiga a sua aprovação –

Mais uma vez, um resenhista afirma que cheguei a uma crise na questão do estilo: é tão fluente e fluido agora que corre pela mente feito água.

Essa doença começou em *Ao farol*. A primeira parte saiu fluida – como escrevi sem parar!

Deverei agora verificar e consolidar mais no estilo de *Dalloway* e de *O quarto de Jacob*?

É mesmo a minha opinião que o resultado disso serão livros que aliviam outros livros: uma variedade de estilos e assuntos: pois, afinal, tal é o meu temperamento, acredito: ser muito pouco persuadida da verdade de qualquer coisa – o que digo, o que as pessoas dizem – sempre seguir, cegamente, instintivamente, com a sensação de pular sobre um precipício – o chamado de – o chamado de – agora, se eu escrever *As mariposas*, precisarei me reconciliar com esses sentimentos místicos.

Desmond acabou com a nossa caminhada de sábado. Anda aborrecido, e para mim é deprimente. É completamente razoável e charmoso. Nada o surpreende, nada o choca. Já passou por tudo, percebemos. E saiu redondo, liso, deveras encharcado, amassado e desarranjado, como um homem que passara a noite sentado num vagão de terceira classe. Seus dedos têm manchas amarelas de cigarro. Falta-lhe um dente na arcada inferior. Seu cabelo é oleoso. Seu olhar é dúbio, mais do que nunca. Há um buraco em sua meia azul. Ainda assim, ele é resoluto e determinado – é isso que acho tão deprimente. Ele parece ter certeza de que a sua opinião é que está certa; as nossas são caprichos, desvios. E se a sua opinião é que está certa, Deus sabe que não há mais por que viver: nem mesmo uma bolacha engordurada. E o egoísmo dos homens me surpreende e me choca até hoje. Haverá uma mulher das minhas relações que pudesse ficar sentada na minha poltrona das 15 horas às 16h30, sem ao menos suspeitar que eu possa estar ocupada, ou cansada, ou entediada; e que, lá sentada, pudesse falar, resmungar, cheia de rancor, sobre suas dificuldades e preocupações; e depois comer chocolates, e depois ler um livro, e por fim ir embora, cheia de aparente indulgência consigo mesma, e envolta numa gosma de nebulosa autossatisfação? Não as garotas de Newnham ou Girton. São espertas demais, disciplinadas demais. Essa autoconfiança não é com elas.

Pagamos pelo nosso jantar no Lion. A Srta. Thomas e a Srta. –? ficaram aliviadas em não terem que se desfazer de tantas meias-coroas. E nos mostraram os corredores cor de chocolate de Girton, que pareciam celas de um convento; –

E, depois, a reunião no estúdio do Sr. Williams Ellis – uma ampla sala na Ebury Street, ostentando cadeiras com capas esfarrapadas[569]. Nosso aspecto esfarrapado, enquanto afirmação, infelizmente não era tão pomposo; é parte de nossas almas; uma falta de elegância que não é esfarrapada, porém; uma respeitabilidade meticulosa que não é o meu estado quando estou trabalhando; porque nele sou, acredito, quase pitoresca. Como grupo, juntos, alcançamos apenas um aspecto lúgubre e alguma coisa que é egoísta e sem reservas em nossos rostos; quanto ao velho Garnett, senti que alguém deveria realmente pôr aquela desalinhada, desgrenhada, carrancuda e avelhantada monstruosidade (decerto suas unhas precisam ser cortadas e o seu casaco está coberto de lama e carrapichos) na câmara de gás. Digo o mesmo de sua amante: a metade superior, esquimó, a inferior, maio em Hampstead – musselina decorada com flores, sandálias[570]. Vita, como sempre, uma lâmpada ou uma tocha no meio deste reino pequeno-burguês; mérito da educação dos Sackville, pois, sem se importar com roupas, surge entre eles (com toda a sanidade e força de um corpo bem feito) como um poste de iluminação pública, ereta, incandescente.

Pobre Rose Macaulay – nada mais que uma pirralha. Depois de um *wafer*, fomos ver os Henderson, em Hampstead, onde o meu spleen e o spleen de Frankie eram gêmeos: o pobre Frankie, contudo, continuou matraqueando por horas, só se ouvia a ele, enquanto eu me afundava numa poltrona tolerável e não conseguia dizer nada; apesar de a Sra. Enfield, que já lera tudo de Balzac, ter progredido com Proust[571]. Acho que Faith viu languidez, maus modos e arrogância nisto tudo. Ela nos viu desprezar seu lar e seu marido. Ela mesma os desprezava. Foi para a cama dizendo algo amargo a Hubert, e olhou de volta para a sala, a se perguntar por que todas as cores estavam erradas. Mas na manhã seguinte estarão os filhos durante o café da manhã, e ela se recupera um pouco, mas precisa ser dura com a Sra. Maypole, a empregada contratada (10 xelins por noite), que deixou cair os pratos, e deixou o Sr. Birrell a segurar a concha; e o gelo era sal. Então ela abre *Orlando* e diz a Hubert: "Este livro é muito superestimado – é muito, muito pior que *Ao farol*..." e ao mesmo tempo: "Que vidas animadas levam essas pessoas! Bloomsbury..."

Quarta-feira, 28 de novembro

O dia de anos de meu pai. Faria 96 (1928-1832=96), sim, hoje; e poderia ter 96 anos, como outras pessoas que conheci, mas, ainda bem, não teve. Sua vida teria acabado completamente com a minha. O que teria acontecido? Nada de escrita, nada de livros – inconcebível. Costumava pensar nele e em minha mãe diariamente; mas ao escrever *Ao farol*, guardei-os em minha mente. Agora ele volta, às vezes, mas de forma diferente. (Acredito que isto seja verdadeiro – que eu era obcecada por ambos, de forma doentia; e escrever sobre eles foi um ato necessário.) Ele volta agora mais como um contemporâneo. Preciso lê-lo algum dia. Pergunto a mim mesma se consigo sentir novamente, ouço sua voz, saberei isto de cor?

A noite passada foi uma de nossas noites – um sucesso, ao que parece; Adrian, Hope, Christa, Clive, Raymond, Bunny, Lytton, Vita e Valéry, quase no final: e Elizabeth Ponsonby[572]. Eles gostaram. Eu, talvez não; talvez sim. No meio da noite, Lytton desapareceu (está hospedado no andar de cima), expulso da sala pela gritaria de Clive, acredita L. Clive deixa tudo muito estridente, iluminado, como se houvesse uma banda de música. Percebi uma alteração estranha em minhas sensações quando Lytton foi embora. Em outras ocasiões, senti o seu silêncio desaprovador; controlei minha insanidade e tentei impedir que ele fosse embora. Mas agora esse homem escreve sobre Elizabeth e Essex; fiquei pensando: bem, se ele conseguir nos impingir isso, após anos de esforço – aquele livro animado, superficial e enganoso – ele pode ir embora ou ficar o quanto quiser. Não me afeta a sua desaprovação. E apesar de um dos meus vícios mais vis ser a inveja, da fama de outros escritores, apesar de ficar (e acho que todos ficamos) secretamente feliz em achar o livro de Lytton ruim, também me sinto deprimida. Se tivesse que analisar, a verdade é que acho que o prazer é cruel, e, assim sendo, não é profundo, nem satisfaz. No íntimo, teríamos sentido prazer verdadeiro, apesar da dor superficial, caso *E&E* fosse uma obra-prima. Ah, sim, eu o sentiria – pois tenho uma mente que se alimenta completamente, desapaixonadamente e independentemente de minhas vaidades e invejas, da literatura, e para isso seria preciso uma obra-prima. Misturada à minha sensação, na noite passada, havia uma curiosa insatisfação pessoal: que o Lytton a quem amei e amo escreva dessa maneira. É uma reflexão sobre o meu próprio gosto. É tão fraco, tão raso; e, no entanto, Lytton em si não é nada disso. Então, em seguida, acusamos o público, e depois os Carrington, e os rapazes. E depois recriamos um Lytton enclausurado, recluso, a açoitar os flancos da linguagem, pondo-a neste galope frenético, quando o pobre animal está coberto de esparavões e feridas. E Dadie e Pernel e Janie Bussy e Dorothy [Bussy] todos declararam emocionados que este era o seu melhor livro!

Assim passam-se os dias, e às vezes pergunto a mim mesma se não estaremos hipnotizados, como uma criança com um globo prateado, pela vida; e se isto é viver. É tudo muito rápido, brilhante, excitante. Mas superficial, talvez. Gostaria de tomar o globo em minhas mãos e senti-lo calmamente, redondo, liso, pesado. E segurá-lo assim, dia após dia. Acho que vou ler Proust, voltando e indo adiante.

Quanto ao meu próximo livro, evitarei escrevê-lo até que o sinta iminente: que tenha crescido e pese na minha mente como uma pera madura; suspensa, grávida, pedindo para ser cortada ou cairá. *As mariposas* ainda me assombram, chegando, como sempre, sem convite, entre o chá e o jantar, enquanto L. toca o gramofone. Dou forma a uma página ou duas; e me faço parar. De fato, encontro algumas dificuldades. A fama, para começar. *Orlando* foi muito bem. Eu poderia continuar escrevendo assim, agora – o impulso de o fazer está em mim. As pessoas dizem que isto foi tão espontâneo, tão natural. E eu gostaria de conservar essas qualidades se pudesse, sem perder as outras. Mas aquelas qualidades foram, em grande parte, o resultado de ignorar as outras. Surgiram de escrever exteriormente; e se eu cavar, não as perderia, necessariamente? E qual é a minha própria posição em relação ao interior e ao exterior? Creio que um certo sossego e energia sejam bons; – sim: creio que mesmo a externalidade seja boa; uma combinação disso deveria ser possível. A ideia me ocorreu de que saturar cada átomo é o que desejo agora. Pretendo eliminar todo o desperdício, torpor, superfluidade: dar o momento inteiro; não importa o que incluir. Digamos que o momento seja uma combinação de pensamentos; sensações; a voz do mar. Desperdício, torpor, surgem da inclusão de coisas que não pertencem ao momento; essa coisa apavorante que é narrativa do realista: que vai do almoço ao jantar: é falsa, irreal, puramente convencional. Por que admitir qualquer coisa à literatura que não seja poesia – com o que quero dizer saturada? Não é essa a minha queixa contra os romances[istas] – que nada selecionam? Poetas têm êxito ao simplificar: praticamente tudo é deixado de fora. Eu quero incluir praticamente tudo; e ainda assim saturar. É o que quero fazer em *As mariposas*. Precisa ter *nonsense*, realidade, sordidez: mas tornados transparentes. Acho que preciso ler Ibsen e Shakespeare e Racine. E escreverei alguma coisa sobre eles; porque isso é o melhor estímulo, sendo minha mente o que é; assim leio com fúria e exatidão; de outro modo, escorrego e salto: sou uma leitora preguiçosa. Mas não: estou surpresa e um pouco inquieta com a austeridade sem remorso da minha mente: ela nunca para de ler e escrever; faz-me escrever sobre Geraldine Jewsbury, sobre Hardy, sobre mulheres – é profissional demais, e restou muito pouco da amadora que sonhava.

1929

Terça-feira, 28 de maio

 É um verão estranho esse, talvez sem igual na nossa história. Na terça-feira vamos para Cassis passar uma semana. Isto é uma revolução. Acho que nunca estivemos no exterior num período tão tardio do ano. A eleição terá terminado. Seremos governados por um partido conservador ou por um trabalhista – conservador, eu imagino. Para benefício da posteridade, posso dizer que ninguém finge saber qual será o resultado, a não ser os candidatos. Todos eles – até Hubert[573] – estão confiantes. E eu tenho a estranha sensação de que esta é uma eleição importante. Andando à noite pela King's Road outro dia com Sidney Waterlow – depois de jantarmos no seu clube[574] numa mesa de mogno cercada por retratos de estadistas – não tomei vinho, só um coquetel – e era um dia tempestuoso – Leonard estava com dor de cabeça – e nos sentamos na sala de recepção das senhoras – um cômodo cor de ovo de pato com globos lançando a luz para o teto, não para baixo – muito elegante, maciçamente monótono, meio como estar dentro de uma forma de manjar branco – até Sidney, sentindo que precisava fazer alguma coisa, sugerir vamos então e passamos para ver os Sanger? Era o que devíamos fazer. Isso os alegraria tanto. Ele comprou, então, para mim, na saída, três ramos de violetas de uma senhora que disse estar comemorando 40 anos de casada: seria esse um tributo por eu ter recebido certa vez uma proposta de casamento de Sidney? – Eu fiquei com elas nas mãos a noite toda, e descobrimos que os Sanger[575] tinham saído; apenas um criado obsequioso surgiu do porão. Resolvemos visitar os MacCarthy[576]. E foi assim que andamos pela Kings Road, falando das eleições. Sidney disse que a natureza humana se aperfeiçoou. Estamos todos nos tornando mais gentis e mais sábios. Até os cachorros estão. Agora não se vê mais briga de cachorros, ele disse e dito e feito um grande vira-lata veio pacificamente pela rua para farejar a porta de uma taverna. A história para aí. Pois creio que não aconteceu muita coisa na casa dos MacCarthy. Era preciso manter a conversa. Nada me chamou a atenção, eu acho. As coisas memoráveis acontecem talvez quando há um espaço grande de silêncio à sua volta. Não sei.

Agora sobre este livro, *The moths*. Como devo começar? E o que ele vai ser? Não sinto nenhum grande ímpeto; nem febre; só a forte pressão da dificuldade. Por que escrevê-lo então? Por que escrever afinal? Todas as manhãs faço um pequeno esboço, para me divertir.

Não estou dizendo, devo declarar, que esses esboços tenham alguma relevância. Não estou tentando contar uma história. Talvez até possa ser feito dessa forma. Uma mente pensando. Podem ser talvez ilhas de luz - ilhas no fluxo que estou tentando produzir; a vida mesma acontecendo. A nuvem de mariposas voando intensamente nessa direção. Uma luminária e um vaso de flores no centro. A flor pode estar sempre se transformando. Mas entre cada cena deve haver mais unidade do que consigo divisar nesse momento. Talvez venha a ser chamado de autobiografia. Como vou criar uma virada, ou ato, entre as aparições, cada vez mais intensas, das mariposas; se houver apenas cenas? Deve-se ter a sensação de que este é o começo; este é o meio; aquele é o clímax – quando ela abre a janela e a mariposa entra. Eu devo manter as duas correntes diversas – a revoada das mariposas; a flor bem no centro; um perpétuo despedaçamento e renovação da planta. Nas folhas ela pode ver coisas acontecerem. Mas quem é ela? Quero muito que ela não tenha nome. Não quero uma Lavinia ou uma Penélope: prefiro "Ela". Mas isso pode se transformar, de algum modo, em afetação artística, floreio, artifício: algo frouxamente simbólico. É claro que posso fazê-la pensar para trás e para frente; posso contar histórias. Mas não se trata disso. Tenho que me livrar também de tempo e lugar exatos. Tudo pode desmanchar no ar – um navio – um deserto – Londres.

Domingo, 23 de junho

Estava muito quente aquele dia, enquanto íamos de carro até Worthing, para ver a mãe de Leonard. Minha garganta doía. Na manhã seguinte, tive uma dor de cabeça. Por isso ficamos em Rodmell até hoje. Em Rodmell, li todo o *Common Reader*; e isto é muito importante – preciso aprender a escrever de forma mais sucinta. Especialmente em ensaios que tenham uma ideia geral, como o último, "Como parece a um contemporâneo", fico horrorizada com a minha própria pouca firmeza. Até certo ponto, por não ponderar as coisas cuidadosamente antes; em parte, por distender o meu estilo a fim de abarcar migalhas de significado. Mas o resultado é uma instabilidade e um efeito difuso e uma falta de ar que detesto. Preciso corrigir *Um teto todo seu* com muito cuidado antes de o imprimir. E assim afundei no meu grande lago de melancolia. Meu Deus, que profundo é! Sou uma melancólica nata! A única maneira de me conservar à tona é trabalhando. Um lembrete para o verão: devo aceitar mais trabalho do que provavelmente conseguiria realizar – não, não sei de onde vem. Assim que paro de trabalhar, noto que afundo mais e mais. E, como sempre, acho que se afundar mais chegarei à verdade. Essa é a única atenuação; uma espécie de nobreza. Solenidade. Devo me fazer encarar o fato de que não há nada – nada para qualquer um de nós. Trabalho, leitura, escrita, são todos disfarces; e as relações com pessoas. Sim, mesmo ter filhos seria inútil.

Fomos até o bosque de faias perto da pista de corrida. Gosto destes bosques e as águas da folhagem a se fechar sobre nós; tão rasas, com o sol a bater nelas; depois tão fundas, à sombra. E gosto dos galhos das faias, entrelaçados, muito intricados; como muitos braços; e os troncos, como colunas de pedra numa igreja. Mas se eu fosse a Sra. Bartholomew, com certeza faria algo violento. Este pensamento voltou a mim várias vezes. O que poderíamos fazer, debaixo de tamanho peso [?]; com aquele íncubo da justiça sobre nós? Annie Thompsett e seu bebê vivem com 15 xelins por semana. Eu desperdiço 13 xelins em cigarros, chocolates e passagens de ônibus. Ela comia arroz-doce ao lado do berço do bebê quando entrei.

No entanto, agora começo a ver *As mariposas* com demasiada clareza, ou pelo menos mais tenazmente, para meu alívio. Acho que começará assim: o amanhecer; as conchas numa praia; não sei – o canto de um galo e um rouxinol; e depois todas as crianças numa mesa comprida – lições. O começo. Bem, todos os tipos de personagens devem estar lá. Então, a pessoa que está na mesa pode chamar qualquer um deles a qualquer momento; e criar a partir dessa pessoa o tom, contar uma história; por exemplo, sobre cães ou enfermeiras; ou uma aventura infantil; tudo será muito Mil e uma Noites; e assim por diante: isto será a Infância; mas não deve ser a minha infância; e os barcos no lago; a sensação de crianças; irrealidade; coisas com proporções estranhas. A seguir, outra pessoa ou figura deve ser selecionada. O mundo irreal deve estar em volta disto tudo – as ondas fantasmas. A Mariposa deve entrar: a bela e única mariposa. Precisa haver uma flor crescendo.

Não poderíamos fazer com que as ondas sejam ouvidas o tempo inteiro? Ou os ruídos da fazenda? Alguns ruídos irrelevantes, estranhos. Ela poderia ter um livro – um para ler – outro para escrever – cartas antigas.

A luz do início da manhã – mas não é preciso insistir nisso; porque deve haver grande liberdade quanto à "realidade". Mas tudo deve ter relevância.

Bem, tudo isso é, claro, a vida "real"; e o nada só surge na ausência disto. Eu consegui comprovar isto, com certeza, na última meia hora. Tudo fica verde e vivo em mim quando começo a pensar nas Mariposas. Além disso, creio, tornamo-nos muito mais capazes de entrar em outros –

Quarta-feira, creio que 4 de setembro

Acabo de voltar de Long Barn, isto é, da floresta de Ashdown, onde L. foi me buscar; e acabo de comer uma pera que estava ainda quente da luz do sol, com suco a brotar, e pensei neste expediente: colocar

A Mente Solitária

separadamente em *As mariposas*, como se fosse uma pessoa. Não sei – parece possível. E estas anotações demonstram que estou muito feliz.

Arrisco a dizer que este é o dia mais quente deste ano – o dia mais quente de setembro nestes vinte anos. Os jornais poderão contar isto amanhã. Realmente, estava quente demais no jardim em Long Barn. As crianças estavam mal-humoradas – Nigel [Nicholson] andando entre os canteiros de flores em sua bicicleta, e Ben estirado no banco dizendo, numa voz razoavelmente triste, Nigel, você não está bem – você não parece bem. Boski diz que você não parece. Mamãe, ele precisa lavar os pés. Vita (da janela) mas ele já lavou os pés. Ben. Bem, eles estão sujos de novo. Boski chegou com os horários. Os ônibus não combinam. Eles não conseguem voltar de Fairlawn antes das 8h. Vita. E depois ligar para a Sra. Cazalet e dizer que não podem ir. Devo dizer a eles que precisam cancelar. Ela foi ao quarto de Harold, onde estavam sentados, estudando com o Sr. O'Connor, e lhes contou. Nigel pôs-se a discutir. Ela foi firme, e saiu a passos largos. Tudo isso aconteceu num calor de rachar. O carro estava muito quente. George trouxe uma garrafa de água com gás. Almoçamos entre pinheiros na floresta de Ashdown, e nos deitamos depois, eu com meu chapéu de palha sobre o rosto. Em seguida, L. nos encontrou, pontualmente às 16h, em Duddimans (não – não era esse nome) e nos sentamos sobre umas folhas espinhosas de azevinho no urzal e conversamos com Vita sobre a carta de Harold. Ele diz que não vale a pena publicar os poemas dela. Ela é muito calma e modesta, e parece não se importar muito – nunca houve uma poeta menos suscetível. Mas será que um poeta de verdade pode ser um poeta não suscetível?

Ela estava como sempre [?]; andando a passos largos; meias de seda; camisa e saia; opulenta; calma; distraída; falando longa e serenamente com o tutor de Eton, um jovem admirável, com nariz reto e dentes brancos, que foi cedo para a cama, ou para o seu quarto, deixando-nos sozinhos. Observei os garotos chamando-o de Senhor e curvando-se com salamaleques sobre sua mão e depois beijando Vita – que inglês – que estival e que de alta classe – que agradável – que sem sotaque. Isto tem acontecido há mil anos, eu percebi; ao menos, consigo me lembrar de verões assim – calças de flanela brancas e tênis, mães, e tutores e casas inglesas e jantar com mariposas voando ao redor das velas e falar de torneios de tênis e senhoras a me convidar para o chá a minha vida inteira – tão agradável, tão sem sotaque. E o tutor era o eterno tutor de rapazes – engraçado, afetuoso, severo: olhando para Nigel com divertimento e ternura "Agora o Nigel real falou" quando N. disse que esperava que tivesse derramado o molho nas calças: – como um córrego a fluir profundamente e corretamente e imperturbável por beiradas estreitas. Este tipo de coisa fazemos agora à perfeição. Não é interessante, mas sua admirável plenitude e uniformidade nos faz sentir ternura por isso.

Nelly esteve fora esta tarde e colheu, creio, três quilos de amoras para fazer geleia. Por favor, lembre-se disto como o seu modo de me agradecer por termos Lottie – afinal, ela não tem outra pessoa. E tendemos a esquecer isso.

Sexta-feira, 11 de outubro

E eu me agarro à ideia de escrever aqui para não escrever *As ondas* ou *As mariposas*, ou seja lá como vai ser chamado. Pensamos que tínhamos aprendido a escrever rapidamente; mas não. E, o que é estranho, não estou escrevendo com entusiasmo ou prazer: por causa da concentração. Eu não o estou despachando, mas o fixando. Além disso, nunca, em minha vida, avancei contra um plano tão vago e ao mesmo tempo tão elaborado; sempre que faço algo importante, tenho que pensar na relação disso com uma dúzia de outras coisas. E embora pudesse avançar com considerável facilidade, estou sempre parando para avaliar o efeito total. Existe alguma falha radical específica no meu esquema? Não estou completamente satisfeita com este método de escolher coisas no quarto e ser lembrada por estas de outras coisas. No entanto, não posso, no momento, inventar coisa alguma que se conserve tão próxima do projeto original e aceite movimento.

Por causa disso, quem sabe, estes dias de outubro sejam para mim um pouco tensos e cercados de silêncio. O que eu quero dizer com esta última palavra, não sei direito, já que nunca parei de "ver" pessoas – Nessa e Roger, os Jeffer, Charles Buxton, e deveria ter visto Lorde David e devo ver os Eliot – ah e também Vita. Não; não é um silêncio físico; é uma certa solidão interior – interessante de analisar, se pudéssemos. Para dar um exemplo – estava andando por Bedford Place – é aquela rua reta, com todas aquelas pensões, esta tarde, e disse a mim mesma – espontaneamente, algo assim. Como sofro, e ninguém sabe como sofro, andando por esta rua, lutando com a minha angústia, como estive quando Thoby morreu – sozinha; lutando contra algo sozinha. Mas naquele momento eu tive que lutar com o demônio, e agora nada. E quando chego em casa, é tudo tão silencioso – não há um grande acelerar de rodas na minha cabeça – mas estou escrevendo – e, ah, somos muito bem-sucedidas – e há – o que mais amo – mudanças à frente. Sim, aquela última noite em Rodmell, quando Leonard veio buscar-me contra a sua vontade, os Keynes vieram. E Maynard está desistindo do *Nation*, bem como Hubert, e portanto, sem dúvida, nós também vamos. E é outono; e as luzes estão subindo; e Nessa está em Fitzroy Street – numa grande sala nebulosa, com gás chamejante e pratos e copos embaralhados no chão, – e a Editora está crescendo – e esta coisa de celebridades é bastante crônica – e sou mais rica do que jamais fui – e comprei um par de brincos hoje – e, por tudo isso, há ócio e silêncio em algum lugar da máquina. De modo geral, não me importa muito; porque, o que eu gosto é de aparecer e correr de um lado para o outro, instigada pelo que chamo de realidade. Se nunca senti estas tensões extraordinariamente penetrantes – de inquietação, ou descanso, ou felicidade, ou desconforto – deveria flutuar até a aquiescência. Aqui está algo contra o que lutar: e quando acordo cedo digo a mim mesma: lute, lute. Se pudesse apanhar o sentimento, eu o faria: o sentimento de cantar o mundo real, enquanto somos levadas para longe do mundo habitável pela solidão e o silêncio; a sensação que me vem de ter partido numa aventura; de ser estranhamente livre, agora, com dinheiro e tudo o mais, para fazer qualquer coisa. Vou buscar os ingressos do teatro (*A matriarca*) e vejo uma lista de excursões baratas dependurada, e prontamente penso que irei a Stratford ou à feira de Avon Mob amanhã – por que não? – ou à Irlanda, ou a Edimburgo, por um fim de semana. Arrisco-me a dizer que não irei. Mas tudo é possível. E este curioso corcel, a vida; é genuíno – Algo disto tudo comunica o que quero dizer? – Mas eu ainda não pus as minhas mãos no vazio, afinal.

É estranho, agora que penso nisso – sinto falta de Clive.

Ocorre-me que Arthur Studd era outro daqueles jovens brilhantes. Mas havia algo inocente a respeito dele, em comparação com Bernard e Geoffrey: ele falava pelo nariz e tinha uma voz gutural macia; e uma testa calva, e olhos castanhos bastante bonitos, como os de um cão: era canino, em alguns aspectos; viajado, distinto, rico; com uma mãe corpulenta de quem ele não gostava, e dessa forma ganhou a compaixão de minha mãe. Ele tinha mãos grossas e vermelhas, mas pintava à maneira de Whistler – gesticulando sobre a tela, e depois produzindo alguma pequena, agradável e melodiosa natureza morta, com a qual, muito misticamente, ficava muito satisfeito. O que ele gostava era de "Ser um artista". Tinha belos cômodos em Cheyne Walk; e as meninas brancas e as nuvens rosa e os rios e os fogos de artifício de Whistler pendurados neles. Foi até Samoa, para pintar Whistlers, quem sabe, e voltou quando Stella morreu, e sofreu por ela, eu acho. Ele a amou, da sua maneira desastrada e ineficaz. Depois escreveu poeminhas, sobre Eton, que amava, e esperava ser enterrado lá – mas por que pensaria em ser enterrado, com todas as vantagens que tinha? Existia algo ineficaz a respeito dele – não conseguia fazer nada; mas tinha, para nós, crianças, um certo charme; fazia coisas impossíveis e extravagantes – como chamar um táxi e levar-nos, todos, de repente, para jogar críquete no Lords – disso eu me lembro. Acho que ele era a fina flor de Eton e dos anos 1890, e cobriu-se de arte e de Paris e da vida no estúdio, e de Chelsea. Ele me mandou um cartão-postal de St. Ives uma vez, e um poema sobre Eton – e então – de repente, veio a guerra; e sendo infinitamente gentil e generoso e ineficaz, sem dúvida fez grandes coisas pelos refugiados, e morreu, sem que ninguém percebesse, que eu saiba – um solteiro rico; com não muito mais do que 50 anos, acho. Outro "jovem rapaz" – não exatamente brilhante, mas agradável em minha memória, modesto, diferente, inesperado e sempre tão nasal.

Domingo, 17 de novembro

Uma data horrível. Sim, eu me sinto um pouco adoentada, com calafrios; não consigo fazer nada; estou numa agitação; tento ler Mauron – escrever – e meus lábios começam a formar palavras; começo a murmurar longas conversas entre mim e Vita sobre Dotty ao telefone; sobre a Srta. Matheson: atuo em papéis: me pego falando em voz alta; digo coisas repetidamente, como: "Gostaria de saber se depois do que aconteceu aquela manhã você quer me dar um aviso prévio?... Bem, então, como você não responde, receio que eu precise lhe dar, agora, o aviso prévio... Mas quero explicar exatamente por quê. Depois que você me disse para sair do seu quarto, fui ter com o Sr. Woolf e disse que não poderia mais mantê-la como minha empregada. Mas não me decidi às pressas. Estou pensando nisso desde junho. Tentei me organizar para não pedir o jantar, a fim de evitarmos cenas. Mas as cenas em Rodmell foram piores do que nunca. E agora esta é a última. Receio que não possa continuar assim. Hoje é 17 de novembro. Espero que vá embora em 17 de dezembro." Sim, isso é o que tenho que dizer a Nelly[577] às 9h30 de amanhã, e depois ir até a [agência de domésticas] da Sra. Hunt, e estou quase tremendo de nervosismo por antecipação enquanto escrevo. Mas isto precisa ser feito.

[Quinta-feira, 26 de dezembro]

Rodmell. Boxing Day[578]

E estou sentada em meus novos aposentos – um quarto, não uma sala de estar; com cortinas lareira escrivaninha e duas ótimas vistas; às vezes sol sobre os riachos e tempestade sobre a igreja. Um Natal violento, um claro e calmo Boxing Day, e duas ocasiões bem felizes – completamente felizes, não fosse pelo maldito Byng-Stamper e seu poder de vender o campo para a exploração de algum sindicato. Descubro por Percy que essa é a intenção dele, e estou disposta a protestar; de fato preciso escrever para Ottoline e perguntar a ela o nome do homenzinho que protege os campos. Este lugar está sempre correndo risco e sendo salvo, então talvez isso aconteça de novo. A derrubada de árvores e a destruição dos campos são minhas duas maiores iniquidades – como a Sra. Cole considerava a questão dos armênios[579]. Acho quase inacreditavelmente calmante... passar duas semanas sozinhos... quase impossível de se permitir. Temos espantado os visitantes de forma implacável – Morgan, Roger, Adrian. Desta vez vamos ficar sozinhos, dizemos; e realmente parece possível. Então Annie é muito simpática comigo; meu pão é bem assado. Tudo é um tanto extasiante, simples, rápido e efetivo – exceto pelo meu avanço truncado no *As ondas*. Escrevo duas páginas de completa baboseira, depois de muito esforço; escrevo variações de cada frase; ajustes; más escolhas; possibilidades; até que meu livro em andamento pareça o sonho de um lunático. Então confio em ter inspiração na releitura e reviso tudo até criar algum sentido. Ainda assim não fico satisfeita. Acho que tem algo faltando. Não sacrifico nada em nome da adequação. Pressiono meu âmago. Não me importo se tudo for rasurado. E há algo lá. Agora estou inclinada a tiradas violentas – sobre Londres – sobre falar – abrindo caminho de modo impiedoso – e então, se isso não rende nada, pelo menos avaliei as possibilidades. Mas eu queria me divertir mais. Não penso nisso o dia todo, como foi com *Ao farol* e *Orlando*.

Antes de eu partir, Clive foi tomar chá comigo; passamos uma ou duas horas sozinhos. Ele perguntou se me contaram que ele tinha criticado *Um quarto*. Eu disse que não. Ele estava um pouco agitado; disse que as piadas eram anedotas de palestra. "Garotas me procuram" – com muitas dessas –

pequenas ideias – nada comparado a *Orlando*. Então, inconsistentemente, ele elogiou mais O. do que F[arol]., contrariando o que disse na época. Mas a crítica dele é baseada na teoria de que eu não sinto o sexo: que tenho a luz roxa apagada e *portanto* devo escrever *Orlandos*, não *Faróis*. Ouso dizer que há certa verdade – especialmente quando ele diz que meus solilóquios, fluxos de pensamento, são melhores que minhas silhuetas. Mas, como sempre, ele quer ter sua opinião reafirmada: que Amor é suficiente – e, se o amor faltar, a pessoa se afunda para sempre. Pois tocamos no assunto de Mary, é claro, e de novo ele protestou que ninguém teria agido diferente de como ele agiu – e então ele ameaçou vagamente uma aliança, na França, com sua amada – ou a mulher que ama. Mas ela ama? Ela o leva ao Egito? Agora tudo tremula de modo irreal. Mary mudou tudo; não restou qualquer fundamento. E eu sempre sinto quanta alegria, voracidade, conversa e festejo há em você! Há quanto tempo nos conhecemos – e daí a figura de Thoby assoma atrás de mim, esse estranho fantasma. Às vezes penso na morte como o fim de uma excursão em que parti quando ele morreu. Como se eu pudesse entrar e dizer bom, aí está você. E, no entanto, talvez agora já não o conheça mais. Aquelas cartas que Clive leu o deixaram estranho e alheio[580].

Mas um cachorro late e meu lampião oscila – mesmo em meu quarto perfeito. Então desço até Leonard, para ler elisabetanos e esquentar nossa refeição.

[anos 1930]

Diários 1930-1941

Ao lado da regularidade dessa escrita (mesmo nas circunstâncias mais adversas), o que distingue a prática do diário por Virginia Woolf ao longo da década de 1930 até 1941 (ano de sua morte), é a intensificada sobreposição de um sombrio horizonte histórico às anotações sobre o cotidiano, a vida intelectual, sobre suas viagens, leituras e seus projetos literários. Como ela sublinha, numa das notas, "a circunferência (a guerra) parece fazer um círculo" em torno de tudo.

Os diários finais registram, como os demais, a sua trajetória como escritora, as exigentes escolhas impostas por um romance-em-vozes como *As ondas*, as experiências no sentido de um romance-ensaio (que se desdobrariam, em seguida, em *Os anos* e *Três guinéus*), e a dinâmica entre o romance, o lírico e o dramático na composição de *Entre os Atos*. Mas neles se expõem, simultaneamente, a expansão do fascismo pela Europa, as disputas entre pacifismo e rearmamento, os ataques aéreos cada vez mais letais, o bombardeio de sua residência londrina em 1940 e a ameaça de uma invasão nazista do Reino Unido.

Não apenas na ficção (*Os anos*, *Entre os atos*) e nos seus ensaios desse período (como "Why Art Today Follows Politics", *Os três guinéus* e "Thoughts on Peace in an Air Raid") intensificam-se a dimensão política e a perspectiva coletiva, mas, também, no seu esforço de engajamento pessoal na organização de exposições antifascistas realizadas em Londres e Cambridge em 1935, na aproximação da International Association of Writers for the Defence of Culture (IAWDC) e na participação mais regular na "For Intellectual Liberty" (FIL), associação da qual participavam também E. M. Forster, Herbert Read, C. P. Snow, Adrian Stephen, Aldous Huxley, Henry Moore, entre outros.

(*Flora Süssekind*)

1930

Domingo, 16 de fevereiro

Deitar no sofá por uma semana. Hoje estou sentada, naquele estado habitual de animação irregular. Abaixo do normal, com um desejo espasmódico de escrever, depois cochilar. Está fazendo um dia bonito e frio, e se minha energia e senso de dever persistirem, vou de carro até Hampstead. Mas duvido que possa escrever com qualquer finalidade. Há uma nuvem boiando na minha cabeça. Estamos muito conscientes do corpo e empurradas para fora da rotina da vida para poder voltar à ficção. Uma vez ou duas senti aquele zunido estranho de asas na cabeça, que surge quando estou doente, tantas vezes – a esta altura do ano passado, por exemplo, eu estava deitada na cama criando *Um teto todo seu* (que vendeu 10.000 cópias há dois dias). Se eu pudesse ficar na cama por mais quinze dias (mas não há chance disso), acredito que conseguiria ver a totalidade de *As ondas*. Ou, é claro, poderia fazer algo diferente. Da maneira como as coisas estão, estou disposta a insistir numa viagem rápida a Cassis; mas talvez isso precise de mais determinação do que tenho; e aqui nos degeneraremos ainda mais. Pinker está andando pela sala, procurando pelo canto iluminado dela – um sinal da primavera. Acredito que estas doenças são, no meu caso – como devo expressá-lo? – em parte, místicas. Algo acontece na minha mente. Ela se recusa a continuar registrando impressões. Fecha-se. Torna-se crisálida. Fico acamada, bastante torpe, muitas vezes com dor física intensa – como no ano passado; só desconforto, isto. Então, de repente, algo brota. Duas noites atrás, Vita esteve aqui; e quando foi embora, comecei a sentir a qualidade da noite – como era a primavera que chegava: uma luz prateada; misturando-se às primeiras lâmpadas; os táxis correndo pelas ruas; tive uma tremenda sensação de vida que começa; misturada a essa emoção, que é a essência do meu sentimento, mas que escapa à descrição – (continuo criando a cena de Hampton Court em *As ondas* – Meu Deus, como me pergunto se vou conseguir fazer este livro! É uma confusão de fragmentos até agora). Bem, como eu estava dizendo, entre essas longas interrupções (porque estou meio tonta e escrevo mais para me estabilizar do que para fazer uma afirmação correta), senti o começo da primavera, e a vida de Vita tão cheia e abundante; e todas as portas se abrindo; e isto é, acredito, a mariposa balançando suas asas em mim. Então começo a inventar minha história, seja a que for; ideias correm por mim; muitas vezes, porém, isto é antes que eu possa controlar minha mente ou caneta. Não adianta tentar escrever neste estágio. E duvido que possa preencher este monstro branco. Eu gostaria de me deitar e dormir, mas sinto vergonha. Leonard enxotou sua gripe em um dia e foi fazer as suas tarefas sentindo-se doente. Aqui estou, ainda ociosa, ainda por me vestir, e Elly[581] vem amanhã. Mas como estava dizendo, minha mente trabalha na ociosidade. Não fazer nada é, muitas vezes, o caminho mais proveitoso para mim.

Estou lendo Byron: Maurois: o que me leva a *Childe Harold*; faz-me especular. Que mistura estranha: a mais fraca e sentimental Sra. Hemans combinada com puro vigor mordaz. Como se combinaram? E às vezes as descrições no *C.H.* são "belas"; como um grande poeta.

Existem três elementos em Byron:

1 A moça morena de cabelos escuros cantando melodias de salão ao violão.

"Tambourgi! Tambourgi! teu alarme, ao longe
Traz esperança ao valente e a promessa de guerra;

* * *

Ah! quem é mais bravo que o moreno Suliota?
Em sua camisa nevada e capote felpudo"

– algo fabricado: uma pose; bobagem.

2 E, além disso, a retórica vigorosa, como a sua prosa, e boa enquanto prosa.

Escravos hereditários! Não sabeis
Quem quer ser livre deve dar o golpe?
Por seus próprios braços deve a conquista ser forjada?
Gaulês ou russo irá reparar-vos? Não!...

3 E então o que me soa mais verdadeiro, e é quase poesia.

A natureza querida é ainda a mãe mais gentil!
Embora sempre cambiante, em seu suave aspecto;
De seu seio nu, deixa-me tomar a minha dose,
Seu filho nunca desmamado, mas não o favorito.
(tudo no Canto 11 de *CH*.)

* * *

Para mim, dia ou noite, ela nunca sorriu,
Embora eu a tenha visto, quando nenhum outro o fez,
E a procurei e procurei, e amei-a ainda mais no ódio.

4 E depois, claro, o satírico puro, como a descrição de
5 um domingo em Londres; e por fim (mas isso perfaz mais de três) a quase inevitável, quase genuína nota trágica, que vem como um refrão, sobre a morte e a perda de amigos.

Tudo o que podes ter de meu, severa Morte!, tens;
O pai, o amigo, e agora o mais que amigo:
Nunca voaram tuas flechas tão rápido,
E a dor com a dor, continuando a mistura,
Levou a pouca alegria que me daria a vida.

Estes, creio, o compõem. E fazem muito do que é espúrio, insípido, e, no entanto, muito mutável. Rico, e com maior alcance que os outros poetas, poderia ter botado o todo em ordem. Poderia ter sido um romancista. No entanto, é estranho ler em suas cartas, sua prosa, um sentimento aparentemente genuíno em relação a Atenas: e compará-lo com a convenção que adotou em verso. (Há um certo escárnio em relação à Acrópole.) Mas o escárnio pode também ter sido pose. A verdade pode ser isto: você está carregado com uma voltagem tão alta que não consegue se encaixar em nenhum dos sentimentos humanos comuns; deve fazer pose; deve fazer rapsódias; não se encaixa. Ele escreveu no livro da hospedaria que tinha 100 anos. E isso é verdadeiro, se mensurarmos a vida pelo sentimento.

Sexta-feira, 28 de março

Sim, mas esse livro[582] é um negócio bem estranho. Vivi um dia de embriaguez em que disse "Crianças não são nada comparadas a isso": em que examinei o livro todo e em que discuti com L.[eonard] (sobre Ethel Smyth) e saí caminhando: senti, então, a pressão da forma – o esplendor, a grandeza – como talvez jamais os tivesse sentido. Mas não vou me abandonar à embriaguez e correr com o livro. Continuo trabalhando duro; e acho que este é o mais complexo e difícil de todos os meus livros. Como terminá-lo, a não ser com uma discussão tremenda, na qual cada vida fará ouvir a sua voz – um mosaico – eu não sei. A dificuldade é que tudo se acha submetido a uma alta pressão. Eu ainda não tenho pleno domínio sobre a voz que fala. Creio, no entanto, que há alguma coisa ali; e me proponho a seguir arduamente nessa busca, e, depois, reescrever tudo, relendo boa parte em voz alta, como na poesia. Ele poderá sofrer expansões. Parece comprimido demais, acho. Faça eu o que fizer dele – é um tema vasto e potente – o que *Orlando* talvez não fosse. Em todo caso, consegui saltar o obstáculo.

Volto para casa depois de tomar chá com Nessa e Angelica. Um belo dia de primavera. Caminhei pela Oxford St[583]. Os ônibus se enfileiram, como se presos por uma corrente. As pessoas se empurram e se acotovelam. Arremessam-se mutuamente para fora da calçada. Homens velhos sem chapéu; um acidente de automóvel, etc. Andar sozinha em Londres é a coisa mais reconfortante que existe.

Quarta-feira, 9 de abril

O que penso agora (sobre *As ondas*) é que consigo dar, em poucas pinceladas, o essencial sobre o caráter de uma pessoa. Isto deve ser feito com ousadia, quase como caricatura. Ontem entrei no que pode ser a última etapa. Como qualquer parte do livro, vai acontecendo aos arrancos. Nunca saio incólume disso; sou puxada de volta. Espero que isto contribua para a solidez; e preciso cuidar das minhas frases. O abandono de *Orlando* e *Ao Farol* é bastante limitado pela extrema dificuldade da forma – como em *O quarto de Jacob*. Acho que este é o maior feito até agora; mas é claro que pode dar errado em outro lugar. Acho que me ative estoicamente à concepção original. O que receio é que a reescrita seja tão drástica que talvez eu misture tudo de alguma forma. Está fadado a ser imperfeito. Mas acho possível que tenha conseguido colocar as minhas estátuas contra o céu.

Domingo, 13 de abril

Leio Shakespeare *imediatamente* após terminar de escrever, quando minha mente está aberta e afogueada e quente. É surpreendente. Nunca soube o quão maravilhosos eram sua envergadura e velocidade e o poder de cunhar palavras até que os senti superar e ultrapassar completamente o meu próprio, que parece começar igual, mas depois eu o vejo ir adiante e fazer coisas que não conseguiria imaginar nem durante a minha agitação mais selvagem, nem em minha maior pressão mental. Mesmo as peças piores e menos conhecidas são escritas a uma velocidade que é mais rápida do que o mais rápido de qualquer outra pessoa; e as palavras tombam tão rapidamente que não se pode pegá-las. Veja isto: "Upon a gather'd lily almost withered" (isto é puro acidente: encontrei-a por acaso[584].) Evidentemente, a flexibilidade de sua mente era tão completa que ele conseguiria renovar qualquer curso de pensamento; e, ao se relaxar, deixa cair uma chuva dessas flores tão desapercebidas. Por que então qualquer outra pessoa deveria tentar escrever? Isto não é "escrever", em absoluto. De fato, poderia dizer que Shakespeare ultrapassa a literatura por completo, se eu soubesse o que queria dizer com isto.

Eu queria que esta anotação fosse sobre as estufas de Waddesdon. Havia filas de hortênsias, a maioria de um azul profundo. Sim, disse o Sr. Johnson, Lorde Kitchener veio aqui e perguntou como nós as deixávamos azuis[585]... Disse a ele que colocamos coisas na terra. Ele disse que também colocava. Mas, às vezes, mesmo com todo o nosso cuidado, elas saíam um pouco rosadas. A Srta. Alice não aceitaria isso. Se houvesse um traço de rosa nelas, não serviriam. E ele nos mostrou uma hortênsia de pétalas metálicas. Não, isso não serviria para a Srta. Alice. Pareceu-me, que loucura, e como é fácil imobilizar a nossa mente na cor azul das hortênsias, e hipnotizar o Sr. Johnson para que pense somente na cor azul das hortênsias. Ele costumava ir vê-la todas as noites, pois ela quase não encontrava ninguém, e falavam duas horas sobre plantas e política. Como é fácil enlouquecer por causa do azul das hortênsias e não pensar em mais nada.

Quarta-feira, 23 de abril

Esta é uma manhã muito importante na história de *As ondas*, porque eu acho que virei a curva e vejo a última volta logo à frente. Acho que entendi Bernard nessa passada final. Ele vai seguir agora e depois ficar à porta e então haverá uma última imagem das ondas. Estamos em Rodmell e me arrisco a dizer que devo ficar um ou dois dias (se me arriscar) para não quebrar a corrente e terminá-lo. Meu Deus, e então um descanso; e depois um artigo e em seguida voltar a esse pavoroso formatar e moldar. Ainda assim, ainda há de ter algumas alegrias nisso.

Quarta-feira, 20 de agosto

À noite passada foi aniversário de Quentin. "Outro aniversário de Quentin passou", disse Maynard, ao portão, depois dos fogos de artifício, contando, quem sabe, os anos remanescentes. Os foguetes ascenderam rugindo e espalharam seus grãos dourados. Esta é uma frase velha; mas eu sempre penso em grãos quando os vejo. Nunca consigo encontrar outra. Os salgueiros ficaram iluminados de uma cor cinza no lago. A fogueira era bifurcada, como galhos no vento. Nessa, de vermelho, jogou uma tela por cima dela. Angelica, zunindo e girando como uma bruxa velha a gritar, dançava ao redor. "Infância – a verdadeira infância", disse Lydia. Por alguns minutos, tudo o que foi dito tinha a qualidade das falas numa peça de Tchekhov.

Escrevo isto enquanto cozinho minhas batatas. Foi um dia quente pesado feio irritadiço [?]; quieto, sulfuroso; e os cães latiram por toda a aldeia, um fazendo o outro começar. E os homens estiveram martelando na torre da igreja. E eu fui obrigada a sair e a entrar. Dormi aqui, enquanto lia um artigo de Vernon Lee, que Ethel me enviou em sua carta diária. As cartas de Ethel são diárias: pois nós temos tanto que colocar em dia. O tempo é curto. "Eu gostaria de visitar a Itália antes de morrer", diz ela, na carta de hoje. Devo lhe pôr limites e restringir as cartas? Acho que não. Se nos aventuramos, nos aventuramos completamente. E ela é tão corajosa, tão admiravelmente astuta, que seria mera covardia minha adiar por medo do ridículo (eles ainda martelam, às 18h45.) Então deixo aquela velha fogueira ficar furiosamente vermelha e talvez jogue uma tela sobre ela. É um verão muito feliz, livre, e realmente, para mim, ocasionalmente sublime. Sim, acho que já me decidi contra Nelly: mas não me deixe cutucar essa ferida. Acho que agora estou começando a colher os frutos de *As ondas*. E as minhas caminhadas. Que lindo sair a explorar até o Hump ontem! Como é estranho que, em quase 20 anos, nunca tenha ido para aqueles lados – pela estrada do pântano, atrás da casa de Sutton. Vejo uma linha reta que posso fazer até Lewes. Caí e torci o tornozelo. Vi uma variedade surpreendente de pinhas, com ângulos cinza e penugens douradas, apoiadas umas nas outras. Estava muito feliz. A felicidade quieta, profunda, lenta é a que mais gosto. Um dia caminhei até Firle, sob chuva, e achei um canivete de quatro lâminas.

Acho que *As ondas* está se resolvendo (estou na página 100) numa série de monólogos dramáticos. O importante é mantê-los correndo homogeneamente, para dentro e para fora, no ritmo das ondas. Podem ser lidos consecutivamente? Não sei nada sobre isso. Acho que é a maior oportunidade que já pude me dar: portanto, imagino, o mais completo fracasso. Ainda assim, eu me respeito por escrever este livro. Sim – mesmo que exiba meus defeitos congênitos.

Janet Vaughan está noiva, e Gerald Brenan, casado[586].

Barbara [Bagenal], ontem à noite, parecia envelhecida, fora de seu elemento, impertinente, muito vermelha e bicuda.

Julian, quieto. Clive, sem dúvida, a navegar num rumo diferente, que não permite intimidade comigo. Faço essas anotações esperando em vão a ocorrência daquela observação muito interessante, que estava na ponta da minha língua; e que não irá surgir agora, ainda que eu jogue a isca e espere. Se fazemos pequenas anotações, subitamente pensamos em algo profundo. Estou lendo Dante, e eu digo, sim, isto torna toda a escrita desnecessária. Isso supera a "escrita", como disse sobre Shakespeare. Li o "Inferno" por meia hora, depois de escrever minha própria página: e esse é o lugar de honra; isso é colocar a página dentro da fornalha – se é que tenho uma fornalha. Agora vou amassar as batatas. e L. colocou o meu tapete.

Segunda-feira, 8 de setembro

Vou sinalizar o meu retorno à vida – isto é, à escrita – começando um livro novo, e hoje, me dei conta, é o aniversário de Thoby. Ele faria 50 anos, creio, hoje.

Depois de chegar aqui, tive a habitual – ah, que habitual – dor de cabeça; e fiquei deitada, como uma fibra de músculo cansado, em minha cama na sala de estar, até ontem. Agora estou de pé e em ação novamente, com uma nova imagem na cabeça; meu desafio à morte no jardim.

Mas a frase com que este livro deveria abrir era "Ninguém, em nenhum momento, trabalhou tanto quanto eu" – exclamado enquanto eu punha um prendedor nas 14 páginas do meu Hazlitt agora mesmo. Foi-se o tempo em que eu despachava todas essas coisas num dia de trabalho. Agora, em parte porque preciso fazê-las para os Estados Unidos e por causa de planos para bem mais à frente, arrisco-me a dizer que gasto um tempo ridículo, e tenho mais problemas, com eles. Comecei a ler Hazlitt em janeiro, acho. E não tenho a certeza de que cravei com minha lança aquela pequena enguia – essa medula – que é o nosso objeto de crítica. Um negócio muito difícil, sem dúvida, encontrá-la, em todos esses ensaios; tantos; tão curtos; e sobre todos os assuntos. Não importa; devo enviá-la hoje; e, inexplicavelmente, meu apetite pela crítica foi estimulado. Eu tenho um dom para isto, não fosse por todo o trabalho árduo e a tortura que é –

Vita vem amanhã; vamos a Sissinghurst na quarta-feira; atacarei *As ondas* na quinta-feira. Esta doença significou um intervalo de duas semanas –

mas, como frequentemente penso, períodos de silêncio, e meditação, e de inventar muito mais do que podemos aproveitar, são fertilizantes. Eu estava espremendo demais o meu cérebro.

De qualquer forma, este é o verão mais feliz desde que tivemos Monk's House; o mais satisfatório. Temos esperanças no testemunho de Percy – P. estava arrumando a sepultura do velho Hawkesworth – que a fazenda Byng Stamper foi comprada por um criador de cavalos, e toda a terra vai estar sob a grama – e não haverá bangalôs. E Annie nos surpreende diariamente com sua afabilidade, destreza e simpatia – o argumento mais convincente a favor de viver fora de casa que conheço. Ontem enviei um anúncio para a Time & Tide – mas silêncio! O sigilo profundo é essencial[587]. O clima é o clima de setembro, brilhante, ensolarado, fresco. Temos um projeto para transformar o meu quarto em sala de estar – por causa da vista. Desperdiçá-la, dia após dia, parece um crime: olhos senis não podem desperdiçar nada. Não, eu gostaria de ter outra vida, e vivê-la em ação. Assim pensava, ao olhar para o Monte Caburn, e imaginar os sentimentos de um jovem forte, a subi-lo, com esposa e filhos, e uma carreira na zona financeira da cidade... eu acho. Não, era um político; e acho que também era funcionário público na Índia. Não era escritor: estas são as histórias que inventamos. E isto: "Aos 50 anos, Priestley vai dizer 'por que os intelectuais não me admiram? Não é verdade que só escrevo por dinheiro'." Ele vai ser extraordinariamente rico; mas vai existir esse espinho no sapato dele – ou, ao menos, espero eu. No entanto, ainda não li, e arrisco-me a dizer que nunca lerei, um livro de Priestley. E (para o meu consolo) recebo uma carta de um tal Sr. Spender, dizendo que se importa mais com a minha apreciação do que a de qualquer crítico – e me envia seus poemas[588]. E invento esta frase para Bennett e Priestley: "os comerciantes das letras."

Domingo, 2 de novembro

E esta noite a derradeira carta para Nelly será enviada; ali está, em minha bolsa vermelha, mas tenho muita relutância em a ler novamente, já que a tive de escrever. Ainda assim, não acho que ela vá se importar muito. Em primeiro lugar, ela já está preparada, acredito, pela nossa prontidão em ficarmos sem ela; e desde a famosa cena em novembro passado, acho que está consciente de uma mudança. Estes cinco meses, de todo modo, provaram que estamos mais livres, mais à vontade, e de fato mais confortáveis, sem ela, apesar de todo o seu bom humor, sensatez e gentileza; o que, agora que escrevi a carta, consigo ver mais uma vez em suas verdadeiras proporções. E estou ausente e aérea, porque duvido que Annie venha – duvido que deveria – a desejar realmente ter moradores no futuro. Ah, nunca mais ter essas cenas com criados – essa é a minha ambição. Como costumávamos andar em volta da praça ponderando os ultimatos de Nelly; quantas horas perdemos e ainda perderíamos. Não: este é um intervalo saudável, e tira 10 anos dos meus ombros. Ah, mas a terei de ver...

[? Quarta-feira, 5 de novembro]

Aqui vão mais anotações sobre Nelly, já que um pequeno pedaço estranho da vida foi partido; psicologia de empregados e assim por diante. À minha carta longa, explícita e afetuosa, ela respondeu com uma palavra: Caros Sr. e Sra. Woolf. Obrigada por seu cheque. Atenciosamente.

Mas, ontem à noite, uma voz amargurada, assustada, mal-humorada, esta é a descrição de Rivett, e, pelo som, ela identificou Nelly, ouviu-se ao telefone. Ela pediu que me chamassem; mas eu felizmente estava fora de casa, ou aqui. Podemos conjecturar que, após ter-nos esnobado, ela veio consultar Lottie, talvez vá ver a Sra. Hunt, e, por alguma razão, eles decidiram fazer uma entrevista. Imagino que ela já tenha regressado. E a sensação de liberdade se alastra cada vez mais. A carta já foi enviada; o choque passou. E eu volto para casa e a encontro vazia e silenciosa.

Uma pequena imprecisão, se aplicada aos últimos dias. Ethel Lyn e Hugh Walpole vieram para o chá na segunda-feira; Vita, Clive e Hilda Matheson para o jantar; Hugh novamente, mais tarde, e sua lamentável, e contorcida e assustadora e ridícula história do retrato de Willie Maugham[589]. De fato, foi um inteligente artefato de tortura; Hugh palpavelmente exposto como o hipócrita e popular romancista de sucesso e pele grossa que dá palestras sobre jovens romancistas e faz seus próprios livros venderem: que tem dedos grossos e é insensível em qualquer aspecto. Mas, disse Hugh, revolvendo em seu leito de espinhos repetidas vezes, e apertando mais e mais os espinhos, isso é não o que mais me importa. O que me importa são algumas coisinhas – coisinhas que Willie e eu tínhamos juntos – que só ele e eu sabíamos – aquelas que ele publicou. Isso é o que não consigo superar. Por exemplo, não consigo lhe contar todos os sentidos que existem para mim quando ele diz que eu era como um homem apaixonado por uma duquesa – (o sentido é que Hugh está apaixonado por um cantor de ópera[590]). Você se importaria, Virginia? (isto foi dito após a meia-noite, Vita e eu sozinhas) E eu disse que sim. "E ele me escreveu e disse que não conseguia acreditar que eu pudesse ter ficado magoado. Disse que tinha escrito sem pensar nem uma vez em mim. Mas aquela carta é quase pior que o livro."

Clive está em casa, cego de um olho, e precisando muito de companhia. Pensei nele, sabe Deus por quê, muito admirável e tocante; determinado a não ser um peso para seus amigos, mas muito grato para com a nossa bondade (e eu devo convidá-lo a vir aqui hoje à noite). Tão instruído de certa maneira nas pequenas graças e também nas inevitáveis solidões, sem a sua Mary, mas também acho que ele tem a sua Joan. E não consegue ler nem escrever, e contratou alguém para ler para si. As noites é que vão ser ruins, ele disse. Nessa, como é característico, escreve de Cassis, que não pensa grandes coisas sobre isso, e imagina que uns óculos, "que todos nós usamos" vão resolver a questão.

E os poemas de Julian foram publicados, e me sinto aliviada – mas por quê, vaidade de meus próprios poderes críticos? inveja de sua fama? – ouvir que Vita concorda comigo que, apesar de todo o admirável bom senso e observação e amor pela vida no campo, ele não é um poeta. Pessoas que tratam as palavras como ele trata me afligem consideravelmente – digo isso para me livrar parcialmente da vaidade e da inveja. Bom senso e Cambridge não são suficientes, não importa o que Bunny diga.

Quarta-feira, 12 de novembro

E eu tive minha conversa com Nelly ontem à noite. Quando estava subindo para ficar sossegada por uma hora, e quem sabe ler o poema de Dotty, pensei ter ouvido o sino da porta, olhei escada abaixo e vi Nelly. Então nos sentamos por duas horas. Uma conversa estranha cheia de voltas, na maior parte afetuosa e até mesmo íntima. Uma de suas preocupações foi demonstrar seu próprio fardo pesado e a inocência de todos os crimes entre os funcionários da panelinha⁵⁹¹. Nós a tratamos mal, recusando-a por problemas de saúde. Quando a confrontei, ela disse isto mais como uma desculpa, quase uma piada, do que qualquer coisa. "Ainda assim, não entendo por que você não me quer de volta..." Mas Nelly, você me deu aviso prévio dez vezes nos últimos seis anos – e mais... Mas eu sempre o retirei. Sim, mas esse tipo de coisa é irritante. Ah, minha senhora, nunca quis cansá-la – não continue falando agora se isto lhe cansar – mas você não me dava ajuda alguma. Agora Grace tem toda a ajuda que quiser – bem, eu disse, é um trabalho longo. Mas Nelly, você se esqueceu disso quando estava conosco. Mas eu estou doente há 3 anos. E nunca vou gostar tanto de uma patroa quanto gosto da senhora... e assim por diante – todas aquelas velhas conversas, algumas tão tocantes, tão patéticas, outras (fico feliz em dizer) tão irracionais histéricas e com aquela curiosa reiteração sem sentido de queixas que me deixava frenética. A verdade – mas eu nunca poderia dizer isso a ela – é que esse tipo de dependência e intimidade, com sua exigência, e ciúme e infinita minúcia nos desgastam; é uma tensão psicológica. E ainda temos as fofocas. Ah, não vou dizer como foi que fiquei sabendo, mas fiquei sabendo –. Você diz – e então, por fim, depois de cada variação de sentimento, fiquei com aquela sensação de que não, não poderia ter você dormindo aqui de novo. Ficar livre dessa inspeção, desse frigir em panelas engorduradas, a todo o custo. Nada disso pode ser dito, e a situação, apesar de muito menos tempestuosa do que eu temia, tem suas pontas aguçadas. A pobre e velha Nelly, pensamos, encontrando um lugar – empacotando suas coisas – indo até o cartório – depois de 15 anos.

[*Adicionado mais tarde*] E então eu a deixarei voltar, por três meses, a partir de 1º de janeiro. Como é que posso pedir suficientes desculpas a mim mesma?

Segunda-feira, 22 de dezembro⁵⁹²

Morte horrível de Douglas: Conferência indiana. Névoa. Intermitente. O tempo deve ficar mais frio⁵⁹³.

Ocorreu-me ontem à noite, enquanto ouvia um quarteto de Beethoven, que misturaria todas as passagens interpostas no discurso final de Bernard, e terminaria com as palavras "Ah solidão: fazendo assim com que ele absorvesse todas aquelas cenas, e não havendo mais ruptura alguma. Isto também é para mostrar que o tema esforço, esforço, é dominante: não as ondas: e personalidade: e desafio: mas não tenho certeza do efeito, artisticamente; porque as proporções podem precisar da intervenção das ondas, finalmente, de modo a fazer uma conclusão.

Terça-feira, 30 de dezembro

O que falta, provavelmente, é unidade; mas creio que está bastante bom (estou falando comigo mesma diante da lareira a respeito de *As ondas*). Suponha que eu pudesse fazer todas as cenas correrem mais juntas? – por meio do ritmo, principalmente. A fim de evitar esses cortes; a fim de fazer o sangue correr como uma torrente, de ponta a ponta – não quero o desperdício que as quebras trazem; quero evitar capítulos; isso de fato é o meu feito, se algum houver, aqui: uma completude saturada, sem interrupções; mudanças de cena, de humor, de pessoa, feitas sem derramar uma gota. Agora, se puder ser retrabalhado com calor e fluência, é só o que falta. E o meu sangue está ficando mais quente. (temp. 37,2)

Mas, mesmo assim, fui a Lewes e os Keynes vieram tomar chá; e, tendo subido em minha sela, o mundo inteiro volta ao normal; é esta escrita que me dá as minhas proporções.

1931

[Sexta-feira, 2 de janeiro]

A maré virou. Os dias se alongam. Hoje foi um dia bom do começo ao fim – nosso primeiro desde que viemos, eu acho. E pela primeira vez fiz minha caminhada até Northease e vi a lua nascer às 15h, pálida, bem fina, em um céu puramente azul sobre vastos campos enevoados e planos, como se fosse o começo de uma manhã de junho.

Eis as minhas resoluções para os próximos três meses; a próxima volta do ano.

A primeira é não ter nenhuma. Não estar presa.

A segunda é ser livre e gentil comigo mesma, sem instigar terceiros: me sentar, de preferência sozinha, para ler no estúdio.

Fazer um bom trabalho com *As ondas*.

Não me importar em ganhar dinheiro.

Quanto a Nelly, não me irritar pela certeza de que nada vale a irritação: se eu ficar irritada, ela deve ir embora. E então, dessa vez, não ser levada pela facilidade de deixá-la ficar[594].

E então – bom, a primeira resolução é a mais importante – não ter resoluções. Às vezes ler, às vezes não ler. Sair de casa, sim, mas ficar em casa mesmo sendo convidada a sair. Quanto a roupas, penso em comprar algumas de qualidade.

Esta manhã Sandells trouxe Miranda e ela agora está parada em sua alcova. Fomos a Charleston ontem e lutei, com sucesso, contra a depressão de sempre. Seria a frivolidade deles? – algum sarcasmo? Mas nada tão ruim quanto de costume. Duncan estava lá. Voltamos para casa e o ambiente tinha o usual efeito caverna vermelha – caverna vermelha num profundo vazio invernal[595].

Terça-feira, 20 de janeiro

Tive um momento, enquanto tomava banho, e concebi um livro inteiramente novo – uma continuação de *Um teto todo seu* – sobre a vida sexual das mulheres: deve se chamar *Profissões para mulheres*[596] – Deus que emoção! Brotou do artigo[597] que vou ler na associação da Pippa[598] na quarta-feira. Agora quanto a *As ondas*. Graças a Deus – mas estou muito animada.

(Isto é
Aqui e Agora
Eu acho
Maio. 34)

Segunda-Feira, 2 de fevereiro

Acho que estou quase terminando *As ondas*. Talvez possa terminar no sábado. Esta é apenas uma nota de autor: nunca forcei tanto a cabeça por conta de um livro. A prova é que ando quase incapaz de ler ou escrever qualquer outra coisa. Só consigo me liberar quando a manhã acaba. Oh, Senhor, que alívio quando esta semana terminar, e eu tiver, de alguma forma, a sensação de essa longa gestação estar pronta e acabada: encerrei aquela visão. Acho que consegui fazer o que pretendia: claro que alterei significativamente o esquema; mas sinto que insisti, de uma forma ou de outra, em certas coisas que queria dizer. Imagino que a insistência possa ter sido de tal ordem que venha a ser um fracasso do ponto de vista do leitor. Bem, não importa: é uma tentativa corajosa, eu acho, (e marca) algo por que lutei. Ah, e então a alegria de estar fora de combate de novo – o deleite do ócio, e de não ter que me importar muito com o que acontece; e então vou conseguir ler com plena concentração outra vez - coisa que, ouso dizer, não consegui fazer nestes 4 meses. Terão sido 18 meses escrevendo: e creio que não vamos poder publicá-lo até o outono. William P.[599] falou outra noite mais sobre o novo romance dele, a Autobiografia ou Experiências? de um emigrante do que L. de seus livros em toda a sua vida.

Sábado, 7 de fevereiro

Devo registrar aqui, nos poucos minutos que faltam, louvado seja o céu, o fim de *As ondas*. Eu escrevi há 15 minutos as palavras Oh, Morte[600], cambaleando pelas últimas dez páginas com momentos de tamanha intensidade e embriaguez que eu parecia tropeçar atrás da minha própria voz, ou quase isso, de algum emissor (como quando estava louca). Cheguei a sentir medo, lembrando das vozes que costumavam esvoaçar à minha volta. De qualquer modo, está feito; e eu estou aqui há 15 minutos em estado de glória, e calma, e algumas lágrimas, pensando no Thoby e se eu poderia colocar o nome Julian Thoby Stephen 1880-1906 na primeira página. Suponho que não. Como é física a sensação de triunfo e alívio! Bom ou ruim, está feito; e como de fato senti no final, não está apenas terminado, mas pronto, completo, tudo dito – quão intempestivamente, quão fragmentariamente eu sei; mas quero dizer que consegui enredar aquela barbatana[601] que me apareceu, num fio d'água, ao olhar os pântanos pela janela em Rodmell, quando estava terminando *Ao farol*. Nesse estágio final, o que me interessa são a liberdade e a ousadia com que a minha imaginação escolheu, usou e pôs de lado todas as imagens e símbolos que eu tinha elaborado. Estou certa de que essa é a maneira correta de usá-las – não em composições, coerentemente, como tentei a princípio, mas simplesmente como imagens; não tentar fazer com que funcionem; apenas sugerir. Espero ter mantido, assim, subconscientemente presentes o som do mar e dos pássaros, do amanhecer, e do jardim, realizando de modo subterrâneo o seu trabalho.

Sexta-feira, 14 de fevereiro

E eu fiz permanente no cabelo há dois dias. Com alguma dificuldade, controlei o meu insondável desespero quando Nessa não aprovou. Eu vou enfrentar o mundo cacheada, disse a mim mesma às 6 da manhã: muito valentemente; gosto do meu temperamento experimental.

Encontrei Janet Case[602] ontem. Murcha, estreita, fraca, envelhecida e muito pobre. Notei seus sapatos baratos e o chapéu de veludo sujo e velho. Suponho que ela agora tenha uns 70 anos e ainda assim só penso nela com 45. Ela se apega à juventude. "Mas nunca vemos pessoas jovens" e então lê

Tom Eliot etc.: está alerta a respeito de si mesma: mas, minha nossa, a pena que dá quando seus professores passam a aprender com você. Acredito que ela tenha tido uma vida muito mais difícil do que eu tinha conhecimento – doença, pobreza, e todas as limitações da vida; sozinha com Emphie; sem luxo algum e a ideia de – não sei a respeito – deixar E. ou ser deixada por ela. Estava morando com um idoso de 91 anos. Que sensação curiosa de ansiedade possessiva uma idade tão avançada nos dá: o rosto dela se tornou pontudo, embranquecido; encolhido; seus olhos se mantêm iguais. Como eu costumava aguardar pela sua aula e depois os argumentos, os estímulos. Eu tinha 17 anos, ela disse quando veio. Sentia-se um fracasso.

Segunda-feira, 8 de junho

Sonhos.

Eu tive três recentemente: um com Katherine Mansfield: como nos encontramos, no além-morte, e nos cumprimentamos, dizendo alguma coisa como que para explicar; e por amizade: e eu sabia que ela estava morta. Um curioso resumo, pareceu, do que aconteceu desde a morte dela.

Depois o sonho com Daphne Sanger e como ela provou ser a herdeira do trono da Inglaterra. E Charlie estava lá. E um outro sonho que esqueci quando L. entrou para dizer que Jean Stewart gostaria de vir para o chá[603]. A propósito, eu identifico uma frieza vinda de Ethel. Nenhuma comunicação desde a última terça-feira, com exceção de um cartão bem formal. Eu pretendo ficar invisível e não fazer nada.

Ah, meu Deus, não – nenhuma briga, custe o que custar.

Duas notas: a mulher estampada em branco no pão em Kensington Gardens: a mulher com aparência indiana vasculhando a caixa de areia – as duas selvagens, bizarras, com enfeites puídos ao alcance. Foi na semana passada.

Sexta-feira, 17 de julho

Sim. Esta manhã acho que posso dizer que terminei. O que significa que transcrevi, pela décima oitava vez, as frases iniciais. L. lerá amanhã; e vou abrir este diário para registrar seu veredito. Minha opinião — oh, céus — é a de que é um livro difícil. Acho que nunca me senti tão sobrecarregada. E estou nervosa. Confesso, com L. Pois certamente ele será sincero, mais do que o normal. E talvez o livro seja um fracasso. E não consigo mais fazer isso. E estou inclinada a achar que é bom, embora incoerente, denso: solavancos, um após o outro. Seja como for, é trabalhado, compacto. Seja como for, tive uma chance de alcançar minha visão e, se não cheguei lá, foi um salto na direção certa. Mas estou nervosa. Talvez seja pequeno e temeroso no geral. Sabe Deus. Como falei, repetindo-me para reforçar a ligeira e bastante desagradável alegria em meu coração, ficarei nervosa ao ouvir o que L. dirá ao aparecer, digamos, amanhã à noite ou no domingo pela manhã, no jardim, trazendo o manuscrito, e se sentar e começar: "Bem!"

Domingo, 19 de julho

"É uma obra-prima", disse L. ao entrar no meu alojamento. "E o seu melhor livro." Tal coisa anotei, completando que ele também achou as 100 primeiras páginas extremamente difíceis, e que tem dúvidas de quanto um leitor comum será capaz de acompanhar. Mas Deus! Que alívio! Eu me arrastei pela chuva e dei uma voltinha até a fazenda abandonada[604] em júbilo, e quase estou resignada com o fato de que uma fazenda de Cabras, com uma casa anexa em construção, está se estabelecendo na subida perto de Northease.

Sexta-feira, 9 de outubro

Sinceramente, esse livro incompreensível está sendo melhor "recebido" do que qualquer outro. Uma nota no *The Times*, de verdade — é a primeira vez que esta honra me é concedida. E está vendendo — que inesperado, que estranho que as pessoas consigam ler aquelas coisas tão difíceis e arrastadas!

Segunda-feira, 16 de novembro

Mas não vamos nascer e morrer no número 47. O corretor de Bedford não abriga uma editora, criaria um precedente; vans parariam na porta. No entanto, com complacência inesperada, o Sr. Upton nos disse que podemos ficar depois do fim do contrato: a lateral da praça deve ser derrubada, mas não é um bom momento para construir e vão nos tratar com respeito. Então de todo modo ficamos no próximo ano[605]. Com John em dúvida (murmuro isso em segredo), é mais sensato assim: e, Deus, como eu amo a chance de qualquer escape – do quê? para o quê?

Estou desorientada. Fui ao centro e vi São Bartolomeu. Voltei para casa para esperar Vita. Vita precisa levar Dotty para uma casa de repouso, então não pôde vir; minha noite está estragada – a cabeça não descansa. O que vai ser de Lottie ainda sem um lugar? Nessa telefona. Clive vai recebê-la? Estou lendo o livro de Clive[606].

Aqui vou me dar o prazer – devo? – de copiar uma ou duas frases da carta não solicitada de Morgan sobre *As ondas*:

"Eu espero poder escrever-lhe novamente quando reler *As ondas*. Tenho estudado o livro e falado sobre ele em Cambridge. É difícil se expressar sobre um trabalho considerado tão importante assim, mas o tipo de entusiasmo que sinto com ele vem de acreditar ter encontrado um clássico"[607].

Eu me arrisco a dizer que essa carta me deu mais prazer do que qualquer carta que eu tenha recebido sobre qualquer livro. Sim, eu acho, vindo de Morgan. Para começar me dá motivos para pensar que eu devo estar certa por seguir esse caminho extremamente solitário. Digo, hoje na cidade estive pensando em outro livro – sobre comerciantes e taberneiros, com cenas imorais, e eu confirmei esse rascunho com a opinião de Morgan. Dadie concorda. Ah sim, entre os 50 e 60 anos eu devo escrever alguns livros bem singulares, se eu estiver viva. Eu acho que estou prestes a incorporar, finalmente, as formas exatas do meu cérebro. Que trabalho árduo alcançar esse início – se *As ondas* é meu primeiro trabalho com meu próprio estilo!

Para registro, curiosidades da minha história literária: eu diligentemente evito encontrar Roger e Lytton, que suspeito não gostarem de *As ondas*. Eu suspeito que Ottoline, Colefax, Mary e Christabel também chamam de fracasso. Lorde David não liga nem Hugh Walpole. Eu fico firme na minha segurança, evitando com cuidado qualquer encontro com Roger e Lytton. Por que eu presumo que os dois são hostis comigo por causa de *As ondas*? É improvável – Não; eu não gostei de Lytton ter escrito Q. Eth. Eu me lembro.

Mas, ah, a alegria dessa vida –

Estava pensando comigo mesma hoje que poucas pessoas em Cheapside podem dizer "É bom demais para ser verdade – que eu e L. iremos jantar sozinhos esta noite".

Então, é claro que por nenhuma razão L. está bem quieto e triste na hora do chá; Vita não aparece; não posso continuar com Philip Sidney e então o meu globo perfeito de cristal está atravessado por uma sombra. Agora L. está na impressão e talvez o jantar seja tudo o que eu planejei. E se não for, minha alegria é substancial demais para ser danificada. [Incluído depois:] Mas o jantar foi muito bom.

Estou trabalhando muito – da minha maneira, para consertar dois longos artigos elisabetanos para a capa da nova *Common Reader*[608]: depois devo rever toda a extensa lista de artigos. Eu também não consigo ignorar que posso inventar um novo método crítico; algo bem menos rígido e formal do que os artigos do *Times*. Mas eu devo me ater ao antigo estilo neste volume. E como, eu imagino, poderia fazê-lo? Deve haver métodos mais simples, mais sutis e mais próximos de escrever sobre livros, assim como sobre pessoas, e que eu poderia atacar.

[Incluído depois:] (*As ondas* vendeu mais de 7.000 cópias. As vendas de Deludge estão indo muito bem.)

Sempre há alguém tocando acordeão se uma das janelas dos fundos está aberta – um tipo de acordeão com gaita de foles. Isso me lembra que eu rabisquei uma página com o que acredito ter o nome de Diário ou Calendário a cada manhã antes de entregar ao Harvey, na qual eu pego tais reflexões – e um dia irei publicá-las em um volume quadrado, encapado com papel cinza, bem fino: uma espécie de caderno com um calendário do mês estampado no topo.

Sexta-feira, manhã de Natal

Lytton ainda está vivo pela manhã. Pensamos que ele poderia não sobreviver à noite. Foi uma noite enluarada. Nessa ligou para contar que ele havia tomado chá com leite depois de uma injeção. Ontem quando ela foi a Hungerford os dois estavam desesperados e sem fazer muita coisa. Ele não tomara nada por 24 horas e estava semiconsciente. Talvez tenha sido o motivo, ou não significar nada[609]. Estamos almoçando com os Keynes. Novamente agora toda a razão deixa o corpo dele e se expande, e eu começo a pensar em coisas que devo dizer a ele, tão intensa é a vontade de viver – o triunfo da vida.

Uma névoa fraca pela manhã.

Depois de escrever a última página, 16 de novembro, eu não consegui escrever sem sentir uma dor de cabeça incessante e tirei o mês para me deitar; não escrevi uma linha; eu li *Fausto*, *Coningsby* etc. e encontrei Clive, Christabel, Nessa, Srta. Bowen, Alice Ritchie: até os últimos 14 dias, quando eu soube de Lytton[610]. Faz um mês que ele está doente. Eu já experimentei todo tipo de sentimentos de novo: depois o telefonema; e Angelica vindo; e então visitar James; e vir para cá na última terça-feira, uma viagem de carro sombria, uma árvore me lembrando de Lytton. Fomos a Brighton ontem. Tudo muito silencioso, nublado; um céu azul e nuvens brancas na noite passada. Conversei com L. ontem à noite sobre a morte: sua estupidez, o que ele sentiria se eu morresse. Ele provavelmente iria desistir da editora, mas devemos agir com naturalidade. E a sensação de envelhecer caindo sobre nós, e a dificuldade de perder os amigos, e a minha aversão em relação à geração mais nova, e então eu pondero, como se deve compreender. E estamos mais felizes agora.

1932

Quarta-feira, 13 de janeiro

Ah mas isso, como eu sempre digo, dando uma desculpa para mim mesma, não é o primeiro dia do ano. É o décimo terceiro, e eu estou num daqueles momentos de letargia e baixos da vida, quando não consigo lançar palavra alguma à parede. Eu juro, foi tamanho o esforço de *As ondas*, foi uma náusea tamanha que eu ainda sinto a distensão!

Voltamos de Rodmell no último domingo à tarde – uma noite chuvosa, e foi bom estar de volta, aqui tão alto, além dos latidos dos cães. "Irei à falência se um desses cachorros latir novamente", digo a Annie com alguma veemência, e então, insinuando sua ruína, fez com que ela falasse com Elsie e os cachorros ficaram em silêncio. É notório que a Srta. Belsher[611] está "muito doente". L. vai visitar o Belsher pai à tarde e eu devo encontrar a Srta. Thring sobre um "assunto privado e confidencial" que suspeito ser a impressão de um pequeno livro de poemas de sua autoria. Na hora – 15h30 para ser exata – saberemos. [Não: foi para conseguir dinheiro. Ela era uma trapaceira conhecida que tirou 70 libras de Hugh]. E a Srta. Cashin também está doente: a editora se segura em duas pernas, uma é a perna forte do amável Walton[612]. John também trabalha, mais nervosamente, e sente-se exausto e quer uma semana de folga, e também quer ser o nosso gerente, e não sócio, mas mantendo a capacidade. Então talvez porventura – não vou me precipitar – a boa e velha editora, a que devo tanto trabalho, testemunhe a fortuna de MMS antes de mim – e diversão – ah, sim, uma grande quantia de diversidades e estranhezas, a vida estocada aqui embaixo sempre que surge um impulso para crescer – talvez agora se estabilize para sempre. Pelo restante das nossas vidas. Quanto tempo será? Podemos contar mais 20 anos? Devo completar 50 anos no dia 25, na segunda-feira, e às vezes eu sinto que já vivi 250 anos e às vezes como se ainda fosse a mais jovem entre as pessoas no ônibus. (Nessa diz que ainda pensa nisso quando se senta no andar de baixo). E eu quero escrever mais quatro romances: *As ondas*, digo, e *The Tap on the Door*, e passear pela literatura inglesa, como uma corda ao redor do queijo, ou bem como uma traça devorando seu caminho de um livro a outro, de Chaucer a Lawrence. É um planejamento, considerando como eu escrevo devagar, e como fico mais lenta, densa e mais intolerante ao me entregar à onda para durar mais 20 anos, se é que eu os tenho. Lytton perdura, um momento está melhor, em outro não tão bem. Foi retirado daqueles dias funéreos em que parecia sumido de parte da vida. "Devemos nos convencer de que talvez nunca mais vejamos Lytton", Leonard disse algo assim; o que nos deixou desolados; o fim de uma parte e agora eu digo que não é o fim.

E Vita sustenta o peso dos Nicholson sobre os ombros; trabalha, trabalha, trabalha tanto que não consegue dormir à noite, diz Ethel diz Hilda[613]. Mas por quê? As pessoas deveriam seguir pela vida como cavalgam. Esse dinheiro acumulado, manter os filhos estudando em Eton e Long Barn e Siss[inghurs]t, sempre no máximo, a mim parece um pouco servil: a exceção é que ela gosta de ser generosa e é esforçada; mas tem aquela verve estranha de pensar que o dinheiro vem de trabalhar como uma formiga, independente, profissional, romântica. E então ela escreve resenhas, trabalha no rádio – deus me proteja para eu nunca cair nessa armadilha do dinheiro!

Domingo, 31 de janeiro

Como já disse, tendo terminado a versão final de *Carta a um jovem poeta*[614], como eu chamo, posso ter alguns momentos de liberdade. Diante do tom cínico dessa frase, vejo que a minha finalização não está segura. Escrever fica mais e mais difícil. Coisas que eu escrevi às pressas e agora condenso e repito. E por motivos que eu não preciso descrever aqui, quero usar essas páginas para diálogos por um tempo. Deixe-me conduzir a desanimada e tediosa entrevista com minha sogra[615]. Ah, o calor naquela sala cor-de-rosa, com três luzes fortes ligadas, as mesas tomadas por flores e bolos, a lareira acesa. A sra. W sentada ereta numa cadeira de encosto alto, com os pés sobre um banquinho: mais almofadas de seda cor-de-rosa atrás dela: colares de pérolas balançando. Eu cheguei atrasada, ela falava sobre – eu me esqueci: falava sobre a garota a quem Cecil talvez tenha amado: a filha de um advogado em Colchester. Ah sim: ela pegou uma gripe e foi para uma casa mantida com o dinheiro deixado pelo Sr. Andrews. E foi relutante a princípio – uma casa que se conhecia. Mas quando lá chegou qual não foi sua surpresa? As mulheres gentis, flores por todo o lado, um armário com tônicos e doces para eles; prataria georgiana na mesa de jantar; um jardim, e um carro para levá-los para sair e espaço e leite quente às 23h, ou chocolate, e o rádio, um menino que vinha a pedidos e para o jardim. Tudo o que se poderia querer e sem pagar um centavo! Isso é tão raro, caridade realmente atenta, caridade para mulheres educadas com bons sentimentos que adoeceram num momento ruim. Bem Virgínia, e suas novidades? Ah e havia o capitão Steel, todo Natal ele recebe um cartão do duque de Gloucester e agora vende aspiradores de pó a 2 libras e 10 por semana. Mas o que podemos fazer esses dias? Devemos fazer o que conseguimos fazer. E suas novidades Virginia? Êxodo? Você não conhece? às vezes me repreendo por não estar lendo a Bíblia ultimamente. Deuteronômio? Ah sim, é sobre a construção do templo. Eu não digo que tudo seja verdade, mas que histórias para contar às crianças! Eu nunca esquecerei de contar a Bella. É claro que o primeiro filho é sempre uma criança maravilhosa. Ela costumava jantar comigo aos dois anos. E lamentava ser verão quando Eve roubava a sua maçã. Se fosse inverno, não haveria uma maçã. E ela também dizia: eu sei de onde vem o ouro – vem do chão, mas e molduras, de onde vêm? Nós tínhamos grandes molduras douradas na sala de jantar com retratos de família. (V.) Por que você não escreve sobre as suas crianças? Ah não, eu não poderia dizer tudo o que penso sobre elas. E você já vai, tão cedo? Mas mal chegou. E você vai jantar comigo na semana que vem? Ela desceu até o salão e suponho que fosse falar com algumas mulheres ruborizadas jogando cartas na sala de estar.

Segunda-feira, 8 de fevereiro

Por que fui dizer que faria outro volume do *Common Reader*? Isso vai me tomar semanas, meses. Contudo, um ano lendo literatura inglesa – com alguns desvios pela Grécia e Rússia – sem dúvida vai fazer bem à minha mente de ficcionista. Mas a deixo descansar. Um dia de repente a ficção a invadirá. Anoto estas observações no fim de uma longa manhã de trabalho sobre Donne, que precisará ser refeito, e valerá a pena fazê-lo? Acordo à noite com a sensação de estar num salão vazio: Lytton morto, e aquelas fábricas em construção. Qual é o sentido disto – a vida, quando não estou trabalhando, de repente fica escassa, indiferente. Lytton está morto e não há nada de definitivo que assinale isto. E, além disso, escrevem uns artigos fracos sobre ele. Jack Squire, por exemplo – como se ele não tivesse tido muita importância[616].

E continuamos – em Rodmell, no fim de semana; fomos a Caburn, e caminhamos por entre aquelas colinas primitivas, que parecem uma cama Heal, L. disse, de tão confortáveis: sombras em forma de tigelas; meios círculos; curvas; um vale profundo. Quentin, à noite passada: que maduro, de certa forma; falou com bom senso. Explicou calmamente sua situação com John. Tem toda a sensatez de Nessa e a astúcia de Clive. De repente ele pede com sua voz infantil, arrastada, alguns livros sobre a história italiana para ver um relato sobre um acordo de armamento; porque é muito objetivo, interessado em política, em behaviorismo, em psicanálise. Nossa conversa foi sobre isso. E Benita, diz ele, tem medo demais de mim para me enviar suas memórias. Existe alguma censura implícita – a menos que isto seja apenas o resultado da "sensibilidade palpitante da Sra. Woolf, sem igual desde Sterne" – uma frase de um artigo sobre música no *M. Guardian*, que afagou bastante o meu ego[617].

Quinta-feira, 17 de março

Então Carrington se matou; e mais uma vez o que L. chama de "estas conversas de mausoléu" começam novamente. Fomos os últimos a falar com ela, e, portanto, poderíamos ter sido convocados para o inquérito; porém, eles determinaram que foi um acidente. Ela assegurou isto, até mesmo para Ralph. Seu pé resvalou enquanto ela estava atirando num coelho.

E conversamos o suicídio; e eu sinto, como sempre, os fantasmas (diminuindo), mudando. O de Lytton foi afetado por esse ato. Às vezes não gosto dele por isso. Ele absorveu-a [,] fez com que se matasse. E, além disso, a integridade romântica que tanto afeta Mary, "um gesto belo – sua vida e sua morte". Bobagem, diz Leonard: foi histrionice: e o fato é que nunca mais veremos Lytton. Isto é irreal. Então conversamos sobre o suicídio, e os fantasmas, como eu disse, mudam de forma tão estranha na minha mente; como as pessoas vivas, que mudam conforme o que ouvimos falar sobre elas. Agora temos que encontrar Pippa, e James e Alix. A seguir, Rodmell: depois – talvez – Grécia com Roger e Ha[618]. Que aventura seria: e acho que estamos dispostos a aventuras depois destes tempos mórbidos; tanta conversa sobre a morte; e a morte nelas está, claro.

Fomos de Cambridge a Kings Lynn no sábado; pela encantadora costa solitária que fica entre lá e Cromer, aonde pretendo ir novamente: prados verdes diante do mar; e árvores, e a completa solidão, e, às vezes, uma fileira de casinhas antigas: e Stiffkey, com sua casa senhorial; e alguma aldeia esparramada, como num quadro medieval, sobre o topo de uma duna, e nomes de lugares adoráveis, desconhecidos e persistentes; e estradas ermas; e Blickling, Holt, e Coke of Norfolk e Houghton; e os Pastons – todo este emaranhado de certa forma obscurecido pela morte de Carrington: o nome Partridge, é claro, aparecendo em túmulos e em armazéns[619].

Quinta-feira, 21 de abril

Atenas [Hotel Majestic]

Sim, mas o que posso dizer sobre o Parthenon – que meu fantasma me encontrou, uma garota de 23 anos, com a vida inteira pela frente: isso; e, depois, que isto é mais compacto e esplêndido e robusto do que lembrava[620]. Os pilares amarelos – como direi? juntos, agrupados, irradiando sobre a rocha, diante do céu mais violento, de um azul pálido espalhafatoso e depois de um preto-acinzentado; multidões correndo como se fossem suplicantes (na verdade, eram estudantes gregos). O templo como um navio, tão vibrante, teso, navegando, apesar de imóvel por todas essas eras. É maior do que lembrava, e mais bem conservado. Talvez eu tenha perdido um tanto do sentimentalismo da juventude, que tende a tornar as coisas melancólicas. Agora tenho 50 anos (escrevi isto corajosamente no livro de hóspedes do hotel – o bom iaque absteve-se – outra prova do complexo de inferioridade), agora que tenho os cabelos grisalhos e já atravessei boa parte da vida, acho que gosto do que é vital, o floreio diante da morte. E há Atenas lá embaixo, feito cascas de ovos quebrados, e as colinas com um mato cinza e preto. "Os alemães aparecem como se fossem coisas escondidas num bolso", eu disse. Como era previsível, chegaram quando a tempestade passou, pessoas honestas [?], suando, feias, tomando mais da Acrópole para si mesmas do que qualquer outra nação, achamos. Andamos sem rumo; Roger dizia: "Formidável, formidável." No museu, de manhã, disse: "Eles não fazem composições. Essa forma é a de uma estrela-do-mar. Veja como as linhas são finas: e não há nada atrás." Havia – e ainda há – miríades de vasos gregos, pretos e vermelhos, ou vermelhos e pretos, cada um capaz de inspirar um livro, e diante deles desfilavam crianças cansadas, mães cansadas, as empregadas domésticas mais estranhas e maltrapilhas, e funcionários, cuja fortuna inteira fora gasta no ingresso, e eles voltarão para casa e dominarão alguma pequena rua suburbana dizendo "eu estive em Atenas em abril de 1932": veja o busto de puro mármore da imagem de Fídias sobre a lareira. Isto é deprimente nos museus.

Gosto de Atenas perto das 19 horas, quando as ruas estão numa azáfama, num clamor, com todas aquelas mulheres de preto e de cara esbranquiçada passando rapidamente, e mulheres de xale, e homenzinhos elegantes que chegam com morcegos e prímulas nas cidades do sul, *ai lalagos*. Margery, ao ouvir a conversa no Averrov esta noite, disse que o tom é o mesmo que o do inglês[621]. Ela é cheia de comentários razoáveis e cultos – como o de que o Cristo nunca fora pintado ao ser lavado; de que os sacerdotes ganham grampos de cabelo de graça, pois têm cabelos longos e podem se sentir tentados a usar ornamentos afeminados. Disse isso perto do jardim das flores, esta manhã – ranúnculos como conchas cor-de-rosa e violeta, com muitas dobras; as íris negras com manchas brancas se agitando. A outra observação foi feita na igreja bizantina em Dafne. "Ah, formidável – melhor do que eu pensava", disse Roger, colocando seu chapéu e bengala e dois ou três guias e dicionários sobre um pilar. Então todos olhamos fixamente para o Cristo branco e vingativo, maior que um pesadelo, no mosaico azul e branco do teto. Gostamos muito dessa igreja. É alta e rústica, e arqueada, e o mosaico está quase todo descascado. E vimos, pela porta, aquelas árvores verdes frondosas, cada copa como um sol aceso e uma onda nublada – tão claras tão escuras são as ondas verdes na floresta por onde caminhamos. Uma família grega cuida da igreja – homens e mulheres de meia-idade, sentados em roupas citadinas (os homens), com sobretudos, e anéis de ouro, lendo jornais às 15h30. Tanto ócio, tanta ausência de objetivo, como nunca vi na Inglaterra. Por fim, a mais nova, uma mulher de xale, chinelos e vestido de algodão, se afasta, sobe um muro em ruínas e começa a colher flores amarelas – nada mais a fazer. Depois descemos de carro até o mar – e como é belo o lábio puro do mar tocando a costa selvagem; com colinas atrás e planícies verdes, e Elêusis à distância e rochas verdes e vermelhas, e um navio a vapor prestes a partir.

Terça-feira, 10 de maio

Só o escrevinhador mais empedernido poderia tentar escrever no Expresso do Oriente – as letras são varridas da minha mão, de qualquer jeito. Aqui estamos, às 10h30, na Iugoslávia, um país mais dominado e subjugado que a Grécia, a qual terminamos de ver na noite passada – atravessando um enorme desfiladeiro de pedra numa ponte louca, olhando para baixo pela janela até tremermos, sentando para jantar com Vênus a colidir com a lua, e uma cabana de pastores, e dois homens de casacos longos iluminados pelas luzes elétricas do nosso vagão-restaurante. Contrastes curiosos! Nossa suficiência e civilização comprimindo tudo com a privação, pobreza, desolação, pastores, ovelhas, torrentes, rios solitários serpenteando entre rochas. Jantamos na porcelana cinza esfumaçada de sempre. Outra noiva e noivo a bordo. Aglomerados no salão da estação, todos os seus amigos, que vieram com caixas de chocolate. Ela disse em inglês: "Achei este cinto ao mexer nas minhas coisas" e deu-o ao rapaz com a caixa de chocolates. Algumas frases – especialmente íntimas – provocantes? – em inglês; depois um balbuciar em grego de novo. Uma língua que não compreendemos é sempre não acentuada, sibilante, macia, ondulada, impossível de identificar com palavras. A última noite foi ruim. Muito quente. Depois, interrupções. Em Salonika (1.30), entraram perguntando sobre dinheiro. Tinham nos aconselhado a esconder tudo menos 600 dracmas – onde? Na luminária elétrica, ele disse. Uma ideia impraticável – então o espalhamos por todos os lados, dentro do Baedeker[622], num envelope. Na Iugoslávia, a mesma pergunta.

Assim fomos, parando e recomeçando a viagem a noite toda. Acordamos e fizemos nossa higiene olhando para as montanhas. Mas o fuso horário havia mudado e tivemos que esperar duas horas para tomar café. Agora vou ler Rousseau.

Segunda-feira, 23 de maio

Vou escrever aqui uma pequena cena, já que estou entediada com a adaptação de Dickens[623].

Ontem estávamos voltando para casa de carro [*de Richmond*]. Quando chegamos à ponte de Mortlake, enxerguei algumas cabeças balançando no rio. Achei que eram meninos tomando banho; e achei estranho, por que tomar banho debaixo de uma ponte num domingo! Depois vi um bote adernado; e depois uma multidão; então liguei os pontos e percebi que essa cena ondulante e silenciosa significava que um acidente tinha ocorrido. Paramos o carro, saímos, e vimos três ou quatro pessoas nadando bem devagar, completamente vestidas, a poucos metros da margem. Depois ouvimos um som de ronco, um soluço. Ninguém se mexia. Ninguém animado ou brincando. Havia uma mulher com o rosto vermelho e cabelos desgrenhados, deitada de costas. Um homem a puxava e empurrava. Finalmente, chegaram à margem e um velho de olhos claros subiu rapidamente o barranco íngreme, correu, respingando água, as calças pretas coladas às pernas, até o parapeito, onde havia deixado um chapéu e um sobretudo. Foi um espetáculo sórdido, silencioso – este resgate heroico. Pessoas de classe média em suas roupas de domingo imersas n'água fria. Pensei na imagem de um milagre; pessoas completamente vestidas, flutuando: havia um toque de grotesco; nenhum de terror ou de sublime. O bote, de lado, parecia um barco escavado num tronco.

Depois voltamos para casa: e Hilda está disposta e ontem, bem tarde, John veio e renovou sua solicitação. A mistura de emoção e compreensão é tão estranha: dura como pedra e depois toda trêmula.

Quinta-feira, 26 de maio

E hoje subitamente o peso foi retirado da minha cabeça. Consigo pensar, raciocinar, ater-me a uma coisa só e me concentrar. Talvez este seja o começo de um novo impulso. Talvez eu o deva à conversa com L. ontem à noite. Tentei analisar minha depressão: como meu cérebro está esgotado pelo conflito entre dois tipos de pensamento, o crítico, o criativo; como me perturbam os conflitos e os sobressaltos e as incertezas do lado de fora. Esta manhã sinto o interior de minha cabeça fresco e tranquilo, e não tenso e turbulento.

E então eu desmaiei no Ivy; Clive teve que me levar para fora. Uma sensação curiosa. Eu a senti chegando; ficar sentada imóvel e depois apagar: depois Clive do meu lado e uma mulher com sais. E a estranha liberação das emoções no táxi com Clive; e o completo prazer da escuridão e da cama: depois daquela barulheira estridente e do calor e de Frankie gritando; e coisas sendo agitadas, removidas.

Escrevo isto numa manhã muito quente, porque L. está ensinando a Srta. C[ashin] a organizar os livros: portanto não consigo corrigir os artigos. "Onde quer que olhe as coisas estão numa desordem... Ou a Northern Saga não deveria estar aqui de jeito nenhum – ou deveria estar na outra sala... (John está doente: ontem foi um dia de lançamentos; Harold, apatetado, impertinente, quando eu esperava uma "crítica séria" – por que nutrir esperanças?) tudo isso tem que ir para lá – Aqui estão três exemplares do *Nature has no tune*, do qual não vendemos nem uma cópia por ano...."[624]

Ah, céus. Tenho vinte minutos para usar; e não consigo "corrigir" mais. Que aventuras vou ter na ficção e na liberdade quando isto acabar! Imediatamente, um norte-americano vem me pedir que considere escrever artigos por uma quantia enorme. E (isto deve ser dito em voz baixa) mandei a Nessa um cheque de £100 ontem à noite: e Leonard deu £50 à sua mãe, e a Philip [seu irmão mais novo], £50. Estas estão entre as coisas realmente boas, creio: as £100 de Nessa vão poder comprar algum alívio para as suas preocupações, espero: Clive disse que precisam gastar £600 a menos por ano. Roger vai se submeter a uma cirurgia amanhã, que deve ser mínima. Adrian ficou bastante inquieto – quase desmaiou na rua – mas deve ir mesmo assim à casa de Nessa e pedir água e passar a noite lá – de acordo com os caprichos de sua Doris. Isto é o que Francis havia previsto: uma garota de moral duvidosa, e a mim, me parece um bacalhau. E Monk's House está cheia de pulgas: e vamos para lá, e há besouros negros aqui, e dizem que também camundongos.

Segunda-feira, 11 de julho

Vou pegar uma caneta nova e começar uma página nova para registrar que agora é um fato que pus uma gominha verde ao redor do *Common Reader*, segunda série, e lá está, faltando dez minutos para as 13 horas, pronto para ser levado para o segundo andar. Nenhuma sensação de glória, só de ter feito um trabalho árduo e enfadonho. E, no entanto, diria que é um livro de leitura bastante agradável – mas ainda assim duvido que escreva outro. Preciso achar uma forma mais rápida de fazer livros do que esta. Mas ainda bem que não vai ser agora. Agora vou tirar umas férias. Ou seja: o que vou escrever amanhã? Posso me sentar e pensar nisso.

Sábado, 20 de agosto

Um dia curioso em Londres ontem. Eu me disse, diante de janela de L., "Preste atenção neste momento, não faz calor assim há 21 anos". Havia um vento quente, como se atravessássemos uma cozinha no caminho do estúdio à editora. Lá fora garotas e rapazes vestidos de branco estavam deitados no gramado da praça. Estava tão quente que não conseguimos ficar na sala de jantar. L. trazia e levava coisas e quase não me deixou subir as escadas com meu próprio corpo. Na volta, como tínhamos deixado o para-brisa do carro aberto, fomos os dois sentados naquele vento quente. Conforme nos aproximávamos das alamedas e bosques, ficou deliciosamente frio e verde. O lugar mais fresco é o assento dianteiro de um carro a 60 km ou 80 km com o para-brisa aberto. Hoje, às 12h30, um vento se levantou: nuvens desceram; agora, aproximadamente 15h45, é quase um dia quente de verão. Este calor durou dez dias. Depois do desmaio a minha cabeça começa a latejar por nada: ou pelo menos eu acho. Penso um pouco sobre morrer subitamente. E pondero: bom, então vamos continuar comendo e bebendo e rindo e alimentando os peixes. Estranho – o ridículo que atribuímos à morte – o desejo que temos de diminuí-la em importância, e de sermos encontrados, como dissera Montaigne, dando risadas com garotas e com bons companheiros. E L. está colocando estacas no lago artificial, para demarcá-lo; e eu vou ser fotografada. Mais três livros serão publicados sobre a Sra. Woolf; o que me faz lembrar que preciso escrever um texto sobre o meu trabalho alguma hora[625].

Leituras em agosto[626]:

Souvenirs de Tocqueville
Qualquer quantidade de biografias
Coleridge – um ou dois poemas
As memórias de Lorde Kilbracken
Retratos de Shaw Pen
As memórias de Ainslie
O romance de Vita
Manuscritos (Livingstone)
.... Nada de muito bom –
..... Salvo por de T:

As cartas de Coleridge; mas não consegui terminar o vol. 2

Pessoas em agosto:

Nessa. Julian.
Clive. F. Marshall.
Maynard. Lydia
Sheppard. Roger.
Alice Ritchie (veio ficar)
Tom e Vivienne.
Adrian e Karin
Judith
Os Nicholson.

Quarta-feira, 2 de novembro

Ele [Stephen Spender] é um moço barulhento, de olhos arregalados, magrela, que se acha o maior poeta de todos os tempos. Arrisco-me a dizer que ele seja – um assunto que não me interessa enormemente neste momento. O que me interessa? A minha própria escrita, claro. Acabei de revisar L[eslie]. S[tephen]. para o *Times* – um bom livro, achei, considerando as correntes que oscilam ao redor desse assunto, justamente no *Times*, de todos os jornais. E reformulei completamente o meu "Ensaio". Será um Ensaio-Romance, chamado *The Pargiters* – e vai incluir tudo, sexo, educação, vida etc.; e virá aos saltos mais poderosos e ágeis, como uma camurça atravessando precipícios, de 1880 até aqui e agora – essa é a ideia, de todo modo, e tenho andado em tamanha névoa e sonho e embriaguez, declamando frases, enxergando cenas, enquanto caminho por Southampton Row, que mal posso dizer que estive de todo viva desde o dia 10 de outubro. Tudo corre voluntariamente para o fluxo, como foi com *Orlando*. O que aconteceu, claro, depois de me abster do romance de fatos durante todos estes anos – desde 1919 – e D[ia] e N[oite], é que, de fato me pego me tendo um prazer infinito com os fatos, para variar um pouco, e na posse de quantidades impossíveis de uma contagem: embora sinta às vezes a fisgada da visão, mas resisto a ela. Esta é a linha verdadeira, tenho certeza, depois de *As ondas – The Pargiters* – é o que conduz naturalmente ao próximo estágio – o ensaio-romance. E claro, por estar tão excitada, tão acesa, tenho que ficar animada com Priestley e sua qualidade de sacerdote, e escrever um ensaio, que L. recomendou com toda a razão que não enviasse ao *N. Statesman*. Então guardei-o na adega, para um dia de chuva, ocasião em que o reescreverei como ensaio – "Middlebrow"[627]. E depois essa incandescência toda me levou aos cavalos galopantes em meu coração na noite de anteontem. Estava deitada na cama, pensando que não conseguiria me render. Morte, desafio-te etc. Mas foi um tremendo esforço continuar firme às rédeas. Então, às 2h30, acordei L. e pedi gelo, muito razoavelmente, e ele trouxe. E os meus cavalos se acalmaram – foi muito sensato. Demorei um pouco para dormir, mas Elly [Rendel] veio ontem e disse que estou colocando uma tensão em meu coração que, claro, chega ao limite, no Ivy, ou no jardim, mesmo não havendo algo de errado. Então eu interpreto isto como permissão para não ir a festas, como a de Mary, em Sadlers Wells, e para não fazer nada que me desagrade. E essa é uma grande descoberta. Acredito que desta forma terei um inverno razoavelmente feliz, escrevendo *The Pargiters*, mas, pelo amor de Deus, preciso ter cuidado e ir devagar, e organizar a minha agitação – pessoas como Logan e Eddy que me atormentam com a sua vaidade; devo ruminar e mastigar e sonhar, e ser totalmente natural, e sentir, como o faço pela primeira vez, que este livro é importante. Por que sinto isso, e nunca o senti minimamente antes quanto aos outros livros? Entrei na Sociedade de Pippa; jantamos com Pippa [em 27 de outubro] e ela nos contou histórias sobre vacas e chapéus de chaminés.

Segunda-feira, 19 de dezembro

Sim, hoje, 19 de dezembro, segunda-feira, escrevi até a beira da extinção total. Louvada seja a minha capacidade de parar e me comprazer na frescura e nas colinas, e deixar que as rodas da minha imaginação – como imploro que o façam – se resfriem e girem mais devagar e parem por completo. Devo retomar *Flush* para me refrescar um pouco. Por Deus, escrevi 60.320 palavras desde 11 de outubro. Acho que esse deve ser, de longe, o livro que está indo mais rápido: muito à frente de *Orlando* ou *Ao farol*. Mas essas 60 mil palavras serão arduamente trabalhadas e reduzidas a 30 ou 40 mil – uma enorme trabalheira pela frente. Não importa. Já garanti as linhas gerais e consegui encontrar uma forma para o restante. Sinto pela primeira vez que não, não devo me arriscar ao atravessar a rua até que o livro esteja pronto. E apesar de ser tão importante para mim, levo, na casa de Clive – na de George, toque a campainha e saia correndo – a primeira das pequenas ferroadas que vão ser tão generosamente oferecidas quando *The Pargiters* for publicado. Ah, mas até lá terei aperfeiçoado minha técnica social. Pratico-a com Eddy e pretendo fazer outras experiências, quando a oportunidade me for oferecida, com Logan. Sim, serei livre e plena e absoluta e senhora da minha vida até 1º de outubro de 1933. Ninguém virá aqui em seus próprios termos; ou me arrastará até si nos seus. Ah, e vou escrever um livro de poeta em seguida. Este aqui, porém, libera uma tamanha torrente de fatos que eu não sabia conter em mim. Devo estar observando e coletando nestes 20 anos – desde *O quarto de Jacob*, ao menos. Uma tamanha riqueza de coisas vistas se apresenta que não sou capaz nem de escolher – daí 60 mil palavras só sobre um parágrafo. O que preciso fazer é manter o controle; e não ser muito sarcástica; e conservar o grau adequado de liberdade e reserva. Mas ah, que fácil é esta escrita em comparação com *As ondas*! Pergunto-me qual será o quilate de ouro nos dois livros. Claro que isso é uma coisa externa: mas há uma boa dose de ouro – mais do que tinha pensado – na externalidade. De qualquer forma, o que me importa a minha cama de penas de ganso? Vou embora com os ciganos maltrapilhos! Ah! Os ciganos, eu digo: e não Hugh Walpole e Priestley – não.

Na verdade, *The Pargiters* é primo de primeiro grau de *Orlando*, mas na carne: *Orlando* me ensinou o truque. Agora – Ah, mas agora preciso parar por 10 dias, pelo menos – não, 14 – isso se não forem 21 dias – agora preciso compor o capítulo de 1880-1900, que necessita de certa habilidade. Mas gosto de usar a habilidade que possuo. L. foi até a Lanchester, furioso[628]. Vou aprontar meus trabalhos: e amanhã vamos embora.

Um outono muito frutífero, variado e, acredito, bem-sucedido – graças até certo ponto ao meu coração fatigado: assim pude impor condições: e nunca vivi em tamanha correria, tamanho sonho, tamanhos impulsos e compulsões violentas – não enxergando quase nada além de *The Pargiters*.

Sábado, 31 de dezembro

Este é de fato o último dia de 1932, mas estou tão cansada de fazer *Flush* – tal pressão sobre o cérebro é causada por escrever dez páginas diariamente – que vou tirar uma manhã de folga e devo usá-la aqui, do meu jeito preguiçoso, para resumir a totalidade da vida. Com essa frase, uma das minhas coloquialidades, só queria dizer que gostaria de conseguir fazer um retrato de todos os meus amigos, pensamentos, ações, projetos, neste momento. Vita está em alto mar, viajando para a América do Norte. Nosso carro novo chegou, um substituto, ontem – é um empréstimo. E recebi uma longa carta de Ottoline, de puro afeto, e uma ainda mais longa de Ethel Smyth, de ciúme duvidoso e uma raiva reprimida, e de amor sufocado, a ponto de explodir. E Anrep[629] quer me pôr no chão do Banco da Inglaterra como Clio, e – cartões, agradecimentos, catálogos de vendas de inverno. Na segunda-feira vamos [a Londres] à festa de Angelica. Na terça-feira retornaremos. E estaremos aqui até 14 de janeiro. E a Srta. Scott Johnson não está dando certo. E estamos, como sempre, precisando de originais; e o lago artificial está enchendo; os peixinhos dourados morreram; é um dia de inverno com um céu da cor de olhos claros; e – e – e – meus pensamentos se voltam com emoção para *The Pargiters*, pois desejo sentir minhas velas enfunadas e navegar a toda velocidade com Elvira, Maggie e os outros por toda a vida humana.

E, realmente, não consigo resumir isto aqui, por estar com a cabeça cansada. Penso em Lytton também. Sim, claro que este outono tem sido uma tremenda revelação. Você compreenderá que todos os obstáculos de repente sumiram. Foi uma grande temporada de libertação. Tudo parecia muito claro, emocionante. Não tive quaisquer restrições, e assim fiquei livre para definir meu comportamento com um vigor e certeza que nunca experimentei antes. Dei tudo de mim para cortar essas urtigas. Disse que não vou mais ficar presa por qualquer laço artificial. Então eu disse o que pensava a Eddy[630] e tentei <dominar> conter Logan[631]. Bem – o quanto um ser humano pode ser livre sempre é incerto. Os laços não são puramente artificiais. Não conseguimos abrir um caminho completamente reto. No entanto, reservei a mim mesma uma temporada de alegria contagiante. E não pretendo pagar por isto com o desespero sombrio usual. Quero contornar esse fantasma que sempre vem depois – esse que sempre arrasta suas asas úmidas atrás das minhas glórias. Serei muito cuidadosa, muito hábil – como agora – escrevendo devagar para evitar uma dor de cabeça. Reprimir-se e ser livre na alegria, ou divertir-se com alegrias impessoais e dar risadas – essa é a receita completamente infalível e simples.

Por exemplo, com Julian e Lettice Ramsay, ontem à noite – por que não simplesmente ser fluida em suas vidas, se a minha própria vida é fraca? E usar as minhas mãos e olhos; falar com as pessoas; ser uma palha flutuando no rio de vez em quando – passiva, sem fazer um esforço para dizer: isto é isto. Se não relaxamos e resumimos e dizemos ao instante, este exato instante: "Fica, és tão belo, qual será o nosso proveito ao morrer"? Não: fica, instante. Ninguém diz isso o suficiente. Sempre a pressa. Agora vou entrar, ver L. e dizer: fica, fica, instante[632].

1933

Domingo, 15 de janeiro

Vim aqui escrever cartas nesta nossa última manhã, então escrevo neste caderno, naturalmente. Mas não escrevi uma linha nestas três semanas – apenas datilografei *Flush*, que, graças a Deus, terminei quase sem aspas ontem. Ah, mas a escrita de *Flush* foi pouco a pouco impelida para fora por *The Pargiters*, como se por um cuco que nasceu no ninho. Como são estranhas as funções da mente! Há quase uma semana comecei a conceber as cenas – inconscientemente: eu me dizia frases; e então, durante uma semana, sentei aqui olhando para a máquina de escrever e dizendo em voz alta frases de *The Pargiters*. Isso é cada vez mais enlouquecedor. Mas tudo vai terminar em poucos dias, quando me permitir escrever de novo.

Estou lendo Parnell[633]. Sim; mas a criação de cenas acelera meus batimentos cardíacos com uma rapidez desconfortável. Enquanto eu me forçava a escrever *Flush*, a minha velha dor de cabeça voltou – pela primeira vez neste outono. Por que *Os P.* fariam meu coração pular, por que *Flush* endureceria a parte de trás do meu pescoço? Que conexão tem o cérebro com o corpo? Ninguém na Harley St. consegue explicar isso, e, no entanto, os sintomas são puramente físicos e são tão diferentes quanto um livro é do outro.

Enquanto isso, a gravata alugada de L. lhe causou uma coceira. Ele apanha o que acredita serem insetos pretos em seu pescoço – não posso imaginar nada mais terrível do que ter insetos sob a roupa – vê-los desfilando em legiões. Agora tentarei convocar a minha mente de *Os P.* e a atrelar ao Sr. Shaw Desmond, a Tom, a Holtby, a K. Furse; mas não a E. Smyth, acho[634].

E eu ia me esquecendo de dizer que "O Dilúvio" [o carro da Lanchester] chegou ontem. Nós o esperávamos às 13h15. Às 15 horas chegaram

Julian e Angelica. Às 16 horas quando J. e A. saíam para comprar doces no mercado, L., que estava podando as plantas, gritou "Está chegando". E o carro se foi. Foi até o fim o vilarejo, mas voltou. Em cor e forma, está além do que poderíamos ter imaginado – quero dizer, é elegante, verde-prateado, lindamente compacto, um modelo robusto, mas não é tão rico – não é um carro de quem tem dinheiro. Fomos nele a Lewes e agora devemos levá-lo a Londres; e agora, como disse, vou escrever = cartas. Um dia nublado, de velas enfunadas, com escudos prateados.

Quinta-feira, 6 de abril

Ah, estou tão cansada! Esgotei-me de tanto escrever *The Pargiters* nesta última etapa. Cheguei até Elvira na cama – a cena que tive em minha mente por tantos meses, mas não consigo escrevê-la agora. É a virada do livro. Precisa de um grande empurrão para fazê-lo se mover em suas dobradiças. Como sempre, dúvidas me invadem. Não é tudo rápido demais, ralo demais, brilhante demais na superfície? Bem, eu estou exausta demais para destruí-lo, se for o caso; e, portanto, devo enterrá-lo por um mês – até voltarmos da Itália, quem sabe; e escrever sobre Goldsmith etc. enquanto isso. Depois vou agarrá-lo novamente e trabalhar rapidamente nele em junho julho agosto setembro. Quatro meses devem ser suficientes para terminar o primeiro rascunho – 100.000 palavras, eu acho. 50.000 palavras escritas em 5 meses – o meu recorde.

Este é um momento de términos. Tenho sempre muitas pessoas para ver. Ott. [Olive] amanhã. O pessoal de Manchester me escreveu, muito educadamente, com mais respeito por mim, porque não aceito distinções acadêmicas. E vou até o Hugo [o Instituto de Idiomas] ouvir Sigrun Martyn falando em italiano. O meu é um caso perdido. Ela discorre fluentemente sobre o carro dela – eu só tropeço e me atrapalho. Bianca está na Itália. Nessa e os demais em Charleston. Ontem à noite, Lorde Olivier, um velho chato, que foi um cachorrão em sua juventude, jantou aqui[635]. E Pippa chegou mais tarde – engordou, mas parece infeliz. E fomos a Bedford [livros de viagem] na terça-feira, com este clima de junho, e a St. Neots, e vimos o teto entalhado [da igreja da paróquia de St. Mary].

Comecei os quatro grandes volumes de Goldsmith esta manhã[636].

[Sábado, 29 de abril]

Ontem à noite – para descansar um pouco da correção desse livro bobo, *Flush* – ah, que perda de tempo –, escreverei aqui sobre Bruno Walter[637]. É um homem moreno, meio gordo; nada inteligente. Não é em absoluto o "grande maestro". É um pouco eslavo, um pouco semita. Está quase louco; ou seja, não consegue tirar de si mesmo o "veneno", como chamava Hitler. "Você não deve pensar nos judeus", ele insistia. "Você deve pensar neste terrível reino da intolerância. Você deve pensar em todo o estado do mundo. É terrível, terrível. Que esta maldade, que esta mesquinhez, sejam possíveis! A nossa Alemanha – que eu amava – com nossa tradição – nossa cultura – agora somos uma vergonha." Depois nos contou que você não pode mais que sussurrar. Há espiões por toda parte. Teve que ficar sentado à janela do seu hotel em Leipzig? um dia inteiro, telefonando. O tempo inteiro soldados marchando. Nunca param de marchar. E no rádio, entre os programas, tocam música militar. Horrível horrível! Para ele a monarquia é a única esperança. Nunca mais voltará lá. Sua orquestra existiu por 150 anos: mas é o espírito do todo que é horrível. Devemos nos unir. Temos de nos recusar a encontrar qualquer alemão. Devemos dizer que não são civilizados. Não negociaremos com eles nem jogaremos com eles – devemos fazê-los sentirem-se párias – não lutando contra eles; ignorando-os. Depois começou a falar sobre música. Ele tem a intensidade – um gênio? – o que o faz viver cada coisa que sente. Descreveu a regência: deve conhecer todos os músicos.

Domingo, 14 de maio

Sim eu estou lendo – aos saltos – *A fonte sagrada* [de Henry James] – talvez o mais inadequado de todos os livros para esta barulheira – estou sentada ao lado da janela aberta, vendo cabeças e cabeças e mais cabeças – toda Siena desfilando, de cinza e rosa, e os carros buzinando. O quão finamente correm esses fios intricados? Eu não os faço correr – essa é a resposta. Eu os deixo quebrar. Apenas observo que a marca de um escritor magistral é o seu poder de quebrar cruelmente a sua fôrma. Nenhum dos imitadores tímidos de H.J. têm o vigor, uma vez que urdiram sua frase, de destruí-la.

Ele tem uma vitalidade nata – uma figura; meteu fundo a colher num ensopado próprio – uma mistura fervilhante. Isso – sua vitalidade – seu vernáculo – seu salto súbito e domínio e ritmo sempre investem, renovados, sobre mim, quando pergunto como é que alguém, salvo uma orquídea numa estufa, poderia criar um tamanho sonho de orquídea! Ah, estas senhoras eduardianas de cabelo claro, estas frases sob medida, "meus queridos homens"! Mas em comparação com aquele velho, vulgar e bruto Creevey[638] – L. acaba de ser mordido por uma pulga – H.J... é musculoso, definido. Sem dúvida a sociedade do Regente – o cheiro de conhaque e ossos, as mulheres de Lawrence pintadas sobre veludo – a lassidão e a lascívia e a vulgaridade em geral estão aqui em sua forma superlativa. É claro que os Shelley, os Wordsworth, os Coleridge existiam do outro lado da cerca-viva. Mas quando vem jorrando da página de Creevey, é igual para todo o mundo – algo entre o Palácio de Buckingham, Brighton; e o próprio estilo itálico da rainha – tão incontido, tão fraco: e como podemos ter esperanças ou nos importarmos com uma única pessoa? Todos os monótonos Lordes e Ladies com aqueles olhares desejosos e comendo em excesso; e plush e ouro; e a princesa e o príncipe – penso na dissolução e na obesidade tomando conta do século XVIII e inflando-o até a forma de um cogumelo. O ano de 1860 é consideravelmente mais apropriado.

Quarta-feira, 31 de maio

Acho que agora cheguei ao ponto de conseguir escrever *The Pargiters* quatro meses sem parar. [Ah, e, também, fui imediatamente convocada a fazer o sorteio do nosso bolão do Derby. Não há favoritos este ano, dizem.] Ah, o alívio – o alívio físico. É como se não mais pudesse me conter – como se meu cérebro fosse torturado batendo de cabeça constantemente contra uma parede branca – quero dizer, *Flush*, Goldsmith, viajar de carro pela Itália: agora, amanhã, pretendo acabar com isso. E suponhamos que só apareçam bobagens? O negócio é ser audaz, valente, transpor qualquer obstáculo. Podemos introduzir peças, poemas, cartas, diálogos: devemos chegar ao redondo, não apenas ao reto. Não só a teoria. E conversas, discussões. Como fazer isso será um dos problemas. Isto é, discussões intelectuais na forma de arte: isto é, como dar à vida desperta ordinária de Arnold Bennett a forma de arte? Estes são problemas complexos para os quatro meses à minha frente. E não reconheço meus próprios dons neste momento. Estou completamente desorientada depois de quatro semanas de férias – não, três – mas amanhã vamos a Rodmell de novo. E devo pôr as leituras em dia – e não quero ficar só lendo livros.

Bem, agora preciso ir encontrar Murray por causa do meu vestido; e a casa de Ethel é ali perto, mas nada de cartas; é a desorganização de Pentecostes outra vez. Pensava, ao atravessar Richmond de carro ontem, em algo muito profundo sobre a síntese do meu ser: como somente a escrita o compõe: como nada perfaz um todo, a menos que eu esteja escrevendo; agora esqueci o que me parecia tão profundo. O rododendro, como montículos de vidro colorido em Kew. Ah, a agitação, o desconforto deste estado de ânimo.

Domingo, 10 de setembro[639]

Para começar com outra pergunta (acabo de ler as últimas páginas): por que estou sentada aqui, às 10h30 de uma manhã de domingo, com as costas doendo, os lábios machucados, escrevendo num diário e não um romance? Em grande parte, por causa do nosso velho Tom querido. Vinte e quatro horas (com um pequeno intervalo para dormir) de conversa ininterrupta, precedidas por duas horas de conversa fiada com os Hutchinson. E às 13h30 Rosamond e Wogan vieram almoçar e às 16h30 viemos a Charleston tomar chá. Por isso estou sentada aqui. Amanhã, na santa paz da segunda-feira, caminharei pelas colinas e pensarei em Tom e em meus lábios ressecados com algum prazer. Sim, valeu a pena, apesar de minha língua ter ficado dormente e meu coração ter parado quando um segundo dia parecia estar no horizonte. Ele é dez anos mais novo: está forte, alerta, um escoteiro glorificado, de calças curtas e uma camisa amarela. Diverte-se muito. É teso e brilhante como um tatu-bola (não estou escrevendo para a publicação). Mas há água de poço nele, fria e pura. Sim, gosto de conversar com Tom. Mas sua asa bate curvada, feito uma cimitarra, até o seu próprio centro. Ele está se acostumando com algum rigor a ser um grande homem. Keats não o era. Conversamos sobre as cartas de Keats. Tom disse que a escrita de cartas era uma forma que preferia à escrita de editoriais do *Times*. Acho que isso mostra alguma mudança em seus pontos de vista. Ele disse que não tinha mais tanta certeza sobre uma ciência da crítica. Também disse que as pessoas exageram a intelectualidade e erudição de sua poesia. "Por exemplo, Ross Williamson, em seu livro sobre mim..." Diz isso de forma muito séria. Eu não conseguiria citar Holtby com a mesma franqueza. Ross aparentemente atribuiu o cachorro, na citação que Tom fez de Webster, a profundas associações com a Estrela do Cão. Não é nada disso, diz Tom: eu estava fazendo piada com Webster[640]. Associo tudo isso à sua vida efervescente. Aos 46 anos quer viver, amar; até visitar Rochester é um acontecimento para ele. Não tem visto nada, ninguém, nos últimos 10 anos. Conversamos abertamente sobre V. no café da manhã. Alguma aspereza da parte de Tom. Não admite sua desculpa de insanidade – diz que ela finge; tenta se enganar; por esse motivo, mistifica Eth. Bowen. Achei-o um pouco ressentido com todo o desperdício e exigências do passado. Creio que nos visitará bastante: e se eu tivesse tempo e se pudesse remover a pesada rocha de sua autoestima um ou dois centímetros, gostaria de conversar com Tom sobre escrever. Mas sempre há essa reserva – não consigo falar sobre "minha escrita"; então essa conversa sobre a escrita dele perde o interesse [?]. Mas fiquei de encontrar dois cômodos para ele em Somers Town[641]. E concordamos sobre a infâmia que é o ensino de inglês; a estupidez das aulas; toda a hierarquia de professores, do sistema e tudo mais: de todo modo convenci-o até certo ponto a denunciar Oxford e Cambridge também. Ele aprendeu (1) a confiar em si mesmo em Oxford; (2) a escrever em inglês simples – isso é tudo. Atrevo-me a dizer, no entanto, que ele se tornará Professor de Poesia em Oxford um dia desses.

Seu pai era um comerciante de tijolos em St. Louis; e eles viveram em cortiços entre terrenos baldios. E o seu pai sempre dava dinheiro; e infelizmente morreu em 1919, antes que Tom se tornasse – bem, felizmente sua mãe viveu para vê-lo, como ela mesma dizia (e acho que Tom também), um grande homem[642]. Que vaidade estranha e ingênua tudo isso é! Mas, claro, quando se é atirado como uma azagaia contra o couro do mundo – esta pode ser uma definição de gênio – você permanece fincado lá; e Tom permanece. Isolar-se, concentrar-se – são, talvez – talvez – algumas das condições necessárias. E agora são quase 11 horas; os sinos estão tocando; as folhas estão muito iluminadas na pereira e na macieira; e acho que passarei algum tempo com cartas e livros – preciso ler *Noite de reis*, por extorsão de Lydia (um artigo sobre sua atuação) e depois cochilar tão serenamente quanto possível até termos que conversar sem parar até as 20 horas – e depois, ah, Deus – o silêncio, jantar sozinha e dormir no meu quarto arejado; e nada de conversa amanhã ou depois.

(Por que não escrever um livro de crítica neste estilo?)

Domingo, 29 de outubro

Não, minha cabeça está muito cansada para continuar com Bobby e Elvira – eles devem se encontrar na catedral de St. Paul – esta manhã. Queria conseguir fazê-lo pleno, calmo e inconsciente. Este último é difícil, por causa de *Flush*, do perpétuo respingar de comentários que me mantém acordada. Ontem a Granta disse que sou uma defunta agora. *Orlando, As ondas, Flush* representam a morte de uma grande escritora em potencial[643]. Isso é só um pingo de chuva; quero dizer, a esnobação que algum universitário cheio de espinhas gosta de oferecer, assim como colocaria um sapo em nossa cama: mas também existem todas as cartas e os pedidos de fotografias – tantos que, talvez de forma bastante ingênua, escrevi uma carta sarcástica ao *N.S.* – obtendo com isso mais pingos de chuva[644]. Essa metáfora mostra como é tremendamente importante o inconsciente quando estamos escrevendo. Mas deixe-me lembrar que a moda na literatura é uma coisa inevitável, e, também, que devemos crescer e mudar; e, ainda, que eu finalmente consegui chegar a uma filosofia do anonimato. Minha carta ao *N.S.* é a afirmação pública crua de uma parte dela. Como foi estranha a revelação do inverno passado! A liberdade; que agora, descubro, torna tão fácil recusar os convites de Sibyl, e levar a vida de uma forma mais forte e estável[645]. Não serei "famosa", "grande". Continuarei me aventurando, mudando, abrindo a mente e os olhos; me recusando a ser rotulada e estereotipada. O importante é nos libertarmos; deixar o eu encontrar suas dimensões e não ser impedido. E apesar de isto ser apenas um tiro a esmo, como sempre, há bastante substân-

Um homem escreveu para dizer que a minha carta deve ser a base de uma nova associação da Proteção da Privacidade. Ver o número de janeiro dessa coisa.

cia nisto. Outubro foi um mês ruim; mas poderia ter sido muito pior sem a minha filosofia. Foi perturbado, e L. com gripe, mesmo se só por dois dias, aumenta a minha sensação de desastre; e além disso Nessa estava viajando, Quentin estava doente; apesar de tudo me forcei a não levar tanto em conta esses horrores.

Mas chega. Raymond veio ontem; Francis continua paralisado; depois de dez minutos a máquina de Raymond emperra; uma mente arenosa, rasa e inquieta; Eth. Bowen, melhorando; ah, e os Kingsley Martin nunca param de nos convidar para conhecer Low.

Devo ler o Novo Testamento agora?

O grande jantar da família será hoje à noite.

Acho que a bomba melhorou depois da carta a Bentley[646].

1934

Segunda-feira, 19 de março

Não consigo descrever o quanto a situação de Nelly pesa no meu humor. Estou decidida a não a discutir com L., também. Ela me pressionou hoje de manhã. Você não demonstra confiança em mim; não me trata como uma empregada. Ah, Deus – como fiquei tentada a dizer "Então vá embora"; mas dobrei a língua. E agora estou aqui tentando consertar as coisas. Não poderia imaginar que seria tão difícil, e o pior ainda está por vir. E ainda por cima esse martelar, a pintura, a encomenda de livros. E, portanto, não consigo entrar no fluxo com *A.&A*[647]., apesar de ter tido, acredito, uma grande iluminação sobre como tornar compacta a deveras fluida Eleanor. Farei uma tentativa, em todo caso. Mas Nelly estraga tudo. E pensar que nada disso precisaria ter acontecido se eu tivesse sido firme há três anos! Agora preciso ser, e serei.

Fomos a Cambridge no sábado, almoçamos com Dadie [Rylands], Rosamond [Lehmann] e Wogan [Philipps]; preciso parar de chamá-lo assim. Ele tem inveja da fama de R.: ela, não. E então fomos até An. e C. e lá estava Shephard [J.T. Sheppard] com todos aqueles garotinhos de Eton, feito as bochechas brancas de um leitão de Natal. Uma apresentação arrastada e fraca[648]. Foi lindo voltar para casa no crepúsculo, atravessando os campos vastos sem demarcação. Jantei com Nessa ontem à noite. Clive estava lá. N. está radiante com o sucesso da sua mostra e com o dinheiro arrecadado. Depois chegou Lydia, toda entusiasmada também por seu sucesso; e eu me senti tão fria, tão melancólica, não havia nada de florido ou de fogoso em mim, por causa de Nelly, mas não estava com inveja: acho que não. Mynd [Maynard] também estava bastante envaidecido, e Duncan também, e Clive estava quieto, e agora penso em caminhar até a casa de Ott para encontrar Lady Oxford e ver se consigo melhorar o meu humor – um remédio bastante violento. Um dia de primavera claro e úmido. Fomos até a Drews e compramos o presente de Cashin, e depois fomos ao chapeleiro e ao alfaiate de L.; depois, viemos para casa. Ontem arrumei os livros da sala de jantar o dia inteiro. Hoje ele está terminando o escritório e vão pintar as escadas. Ah, como aguardo o fim deste capítulo, Rodmell, e a paz e a liberdade para usar a minha cabeça de novo.

Terça-feira, 17 de abril

Estou tão exausta depois de ontem à noite que não consigo colocar nem mais uma palavra no meu Sickert nem fazer um esboço dos últimos capítulos de *Aqui e agora*. Um alto preço a se pagar por um jantar apressado na casa dos Hutches; por ter ido correndo para ver Macbeth; conversado com Dodo MacNaghten; e depois, Sir Fred Pollock no palco do Sadler's Wells[649].

Uma ideia sobre Sh[akespea]re
Que a peça exige vir à superfície – portanto, insiste numa realidade que o romance não precisa ter, mas que talvez devesse. Contato com a superfície. Vir à tona. Com isto eu resolvo a minha teoria dos diferentes níveis de escrita e como combiná-los: pois começo a achar a combinação necessária. Essa relação em particular com a superfície se impõe ao dramaturgo por necessidade: o quanto terá influenciado Shakespeare? Uma ideia: poderia pensar numa teoria de ficção etc. nesse sentido: quantos níveis tentaram fazer, se foram mantidos ou não.

Terça-feira, 1º de maio

Waterville [Hotel Butler Arms]
Parece-se demais ao nome; sopra o borrifo das ondas e a chuva sobre uma terra chata, e horrendas casas de balneário de 1850 se esparramando. Névoa hoje, vento à noite; e L., ao abrir o primeiro *Times* que encontramos pelo caminho, disse que George Duckworth tinha morrido[650]. Pois morreu

mesmo. Sinto as habituais nuances contraditórias de sentimento, uma deste ano, uma de outro – que papel enorme ele cumpria, e agora quase nenhum. Mas eu me lembro do entusiasmo verdadeiro no verão passado quando fui visitá-lo – o que sempre me fez rir e que, no entanto, era muito definido nele. Mas como ele significou pouco para mim depois do seu casamento – e ainda assim como a infância tem a ver com ele – o críquete, as risadas, os convites para sair para comer, os presentes, nos levava de ônibus para ver igrejas famosas, as casas de chá no centro, e assim por diante – isso era o melhor, e que de um modo estranho acabou voltando um pouco nos últimos anos, com as salsichas de Lincoln, os frascos de água de colônia, o grande buquê de flores. Lembro-me de Margaret brincando ao redor dele e pensei, que felizes eles eram, do jeito deles. Mas tudo isso aconteceu num lugar muito distante. Aqui estou sentada em minha cama, no hotel desta praia ventosa, e estou esperando o jantar, com esta sensação usual do tempo se deslocando e a vida ficando irreal, e tão breve vai desaparecer, enquanto o mundo continuará por milhões e milhões de anos.

Terça-feira, 22 de maio

Finalmente hoje, terça-feira, depois de riscar o fósforo na caixa de um jeito desesperançado, estéril, – ah, eu estava tão tomada pela rigidez e pelo vazio – uma pequena chama surgiu. Talvez eu tenha conseguido, finalmente. Eu me refiro àquela dificuldade diabólica que começa na Parte 7, de novo depois da gripe. Elvira e George, ou John, conversando no quarto dela. Ainda estou a quilômetros de distância deles, mas acho que esta manhã cheguei ao tom de voz certo. Anoto isso como uma advertência. O que importa agora é ir muito devagar; parar no meio da inundação; nunca pressionar para ir adiante; relaxar e deixar o suave mundo subconsciente ficar populoso; não exigir espuma dos meus lábios. Não há pressa. Tenho dinheiro o suficiente para me durar um ano. Se este livro sair em junho do ano que vem, é tempo o suficiente. Os últimos capítulos devem ser tão ricos, tão sucintos, tão entrelaçados que só poderei ir adiante se eu deixar minha mente ruminar todas as manhãs sobre o livro inteiro. Não há mais necessidade de avançar, já que a parte da narrativa acabou. O que eu quero é enriquecer e estabilizar. Este último capítulo deve se igualar em extensão, importância e volume ao primeiro livro; e deve de fato oferecer o outro lado, o lado submerso disso. Acho que não o devo reler; devo convocá-lo novamente de memória – a reunião para tomar chá, a morte, Oxford, e assim por diante. E como o livro inteiro depende de que eu consiga fazer isso, devo ser vagarosa e paciente, e cuidar da minha cabeça bastante frágil, e a ninar com a língua francesa, e assim por diante, da forma mais hábil que puder. Voltaremos esta tarde, e a etapa do verão portanto começa agora a sério; Mabel etc.

À noite passada fomos até Charleston por entre uma névoa branquíssima, e meu estado de dormência e torpor ficou ligeiramente incandescente. Benita estava lá. Clive Nessa Duncan Quentin todos conversando ao mesmo tempo sobre os quadros de Spencer[651].

Quarta-feira, 12 de setembro

Roger morreu no domingo[652]. Eu estava caminhando com Clive no terraço quando Nessa chegou. Ficamos lá sentados por algum tempo. Na segunda fomos a Londres com Nessa. Ha veio. Nessa esteve com Helen [Anrep]. Amanhã vamos lá, obedecendo a um certo instinto, para o funeral. Sinto-me atordoada: inexpressiva. Mulheres choram, L. diz: mas eu não sei por que choro – especialmente com Nessa. E eu me sinto muito estúpida para escrever qualquer coisa. Minha cabeça está toda dura. Acho que agora a pobreza da vida é o que me atinge, um véu fino e escuro sobre tudo. O tempo quente. Um vento que sopra. A substância ausente de tudo. Não acho que esteja exagerando. Creio que vai voltar. De fato, sinto um grande desejo às vezes de morar em vários lugares, de visitar pessoas, de criar, mas por enquanto não sou capaz desse esforço. E não consigo escrever a Helen, mas preciso agora fechar isto aqui e tentar.

Maupassant, sobre escritores (verdadeiro, eu acho).

"En lui aucun sentiment simple n'existe plus. Tout ce qu'il voit, ses joies, ses plaisirs, ses souffrances, ses desespoirs, deviennent instantanément des sujets d'observation.. Il analyse malgré tout, malgré lui, sans fin, les coeurs, les visages, les gestes, les intonations[653]."

Lembro-me de me afastar da cama de minha mãe, quando ela morreu, e de Stella nos levando para rir escondidas da enfermeira que estava chorando. Ela está fingindo, eu disse: aos 13 anos. E tinha medo de que não estivesse sentindo o suficiente. Como agora.

<Sur l'eau 116>

O temperamento do escritor.
"ne jamais souffrir, penser, aimer, sentir comme tout le monde, bonnement, franchement, simplement, sans s'analyser soi-meme apres chaque joie et après chaque sanglot[654]"

Quinta-feira, 11 de outubro

Uma anotação breve. No *Lit. Sup.* de hoje eles anunciam *Men without Art*, de Wyndham Lewis. Capítulos sobre Eliot, Faulkner, Hemingway, Virginia Woolf[655]... Eu agora sei, por bom senso e instinto, que se trata de um ataque; que acabam comigo em público: nada mais resta de mim em Oxford e Cambridge e nos lugares onde os jovens leem Wyndham Lewis. Meu instinto é: não o ler. E por este motivo: bem, abro Keats, e encontro isto: <167> "Elogios ou críticas tem somente um efeito momentâneo no homem cujo amor pela beleza abstrata o faz um crítico severo de seus próprios trabalhos. Minha própria crítica me causou dor maior do que *Blackwood* ou a *Quarterly* poderiam infligir... É apenas uma questão momentânea – acho que figurarei entre os poetas ingleses após minha morte. Mesmo como questão de interesse atual, a tentativa de me demolirem na *Quarterly* só me trouxe mais à evidência[656]."

Bem: e eu penso em figurar entre os romancistas ingleses após a minha morte? Quase nunca penso nisso. Então por que evito ler W.L.? Por que sou sensível? Acho que por vaidade. Não gosto de pensar que riem de mim, da satisfação que A B e C vão ter ao saber que V.W. foi destruída: isso também vai estimular mais ataques. Talvez eu me sinta insegura dos meus próprios dons: mas também sei mais sobre eles do que W.L.: e de qualquer forma pretendo continuar escrevendo. O que farei é deduzir astuciosamente a natureza da acusação por meio de conversas e resenhas: e daqui a um ano, quem sabe, quando o meu livro for publicado, eu o lerei. Já sinto a calma que sempre me chega com os insultos: estou contra a parede: escrevo por escrever; e também existe o estranho prazer vergonhoso de ser insultada – de ser uma personagem, de ser um mártir, e assim por diante.

Domingo, 14 de outubro

O problema é que usei cada grama da minha mente criativa para escrever *The Pargiters*. Não tenho dor de cabeça (exceto pelo que Elly chama de enxaqueca típica – ela veio ver L. ontem, por causa de seu esgotamento). Não posso esporear meus flancos. É verdade que já planejei o capítulo romântico de notas: mas não consigo começar a fazê-lo[657].

Esta manhã a flecha de W[yndham]. L[ewis]. atingiu meu coração: zomba tremendamente e com prazer de B. e B.: diz que sou bisbilhoteira, mas que não observo, que sou essencialmente uma puritana; mas sou um dos quatro ou cinco vivos (ao que parece) que são artistas[658]. A flagelação se resume a isso, pelo que entendi: (Ah, sou subestimada, diz Edith Sitwell.) Bem, este mosquito pousou aqui e me picou; e acho (12h30) que a dor já passou. Sim. Acho que vai passando em ondas. Só que não consigo escrever. Quando meu cérebro vai se reanimar? Em dez dias, acho. E é capaz de ler de forma admirável: comecei *The Seasons* [Thomson] ontem à noite; depois da ridícula fanfarronada de Eddie – ou assim a julgo: como o Madame Tussaud: um enorme livro chamado *The Sun in Capricorn*: um livro sem valor, achei; então, a minha intenção de acenar em sua direção está suspensa. Não, eu não gosto dele. Destrói e difama; e essa bobagem mórbida. Denzil Torrant etc.[659]

Bem: eu ia dizer, ainda bem que não preciso nem consigo escrever, porque o perigo de ser atacada é que nos faz responder – uma coisa absolutamente fatal. Quero dizer, fatal mexer nos Ps[660] para se ajustar às críticas. E acho que minha revelação, dois anos atrás, me deixa em sublime vantagem para me aventurar e fazer descobertas e não permitir poses rígidas: ser flexível e aberta à verdade. Se houver verdade em W.L., bem, precisarei encará-la: não tenho dúvidas de que sou puritana e bisbilhoteira. Bem, então preciso viver de forma mais ousada. Mas, pelo amor de Deus, não tentem deformar o que escrevo. Não que seja possível. E existe aquele prazer estranho, também, em ser insultada: e a sensação de ser jogada na obscuridade também é agradável e salutar.

Segunda-feira, 29 de outubro

Leio *Antígona*. Que poderoso ainda é aquele feitiço – o grego. Ainda bem que o aprendi quando jovem – uma emoção diferente de qualquer outra. Lerei Plotino: Heródoto: Homero, acho.

Domingo, 30 de dezembro

Já que esqueci de trazer o meu caderno de escrever, tenho que preencher estas folhas soltas. É fim de ano; esses malditos cachorros estão latindo: estou sentada na minha casa nova; e ainda por cima são 15h10; e está chovendo; e a Vaca [Mabel] está com dor na ciática; e vamos levá-la a Lewes para pegar um trem a Londres; depois vamos tomar chá em Charleston, encenaremos a peça [isto é, ensaiaremos *Freshwater*][661] e jantaremos por lá. Este foi o Natal mais úmido já registrado, me arriscaria a dizer. Só ontem consegui fazer a minha caminhada pela fazenda fantasma; mas se Deus quiser, depois do Natal vai parar de chover e os cachorros da Srta. Emery vão parar de latir[662].

Foi bobagem vir sem um caderno, já que eu termino cada manhã com a cabeça cheia de ideias para *The Pargiters*. É muito interessante escrevê-las. Estou reescrevendo bastante. A minha ideia é <espaço> contrastar as cenas. Bastante intensas, depois menos. Depois, drama, depois, narrativa. Mantendo uma espécie de balanço e de ritmo durante tudo isso. De qualquer forma, acolhe uma grande variedade – este livro.

Acho que vai se chamar "Pessoas comuns". Terminei, em termos, Maggie e Sarah, a primeira cena, no quarto de dormir: com que emoção a escrevi! E agora quase não resta linha alguma do original. Sim, mas capturei o espírito, acho. Escrevo umas 60 páginas, talvez, antes de conseguir capturá-lo. E, voltando, vejo-o dando pulinhos como um canário amarelo num poleiro. Quero fazer personagens ousados de S. e M., usando diálogo entre personagens. Depois vamos para a visita de Martin a Eleanor: depois aquele dia longo que termina com a morte do rei. Suei para escrever 80 ou 90 páginas, mas principalmente por causa de um defeito na paginação.

Fim do ano: e Francis morrendo naquela casa de repouso em Collingham Place. A expressão no seu rosto é o que enxergo: como se estivesse passando por uma tristeza solitária peculiar. A nossa própria morte – imagine estar lá deitada, sozinha, olhando para ela, aos 45 anos ou quase: com um grande desejo de viver. "E então o *New Statesman* vai ser o melhor jornal de todos os tempos, certo?" Ele está morto, mas falam dele (Brimley Johnson) com certa amargura[663]. Nenhuma dessas palavras está exatamente correta.

E aqui estamos, irritados com a pata aleijada da Vaca e com os cachorros: mesmo assim muito felizes, como sempre, acho: cheios de ideias. L. está terminando uma manhã de *Quack Quack*[664]: Zet [Mitz][665] engatinha de uma cadeira a outra – mexendo na cabeça de L.

E Roger está morto. E o que devo escrever sobre ele? E este atiçar das brasas – isto é, a vontade de fazer o maior fogo possível. Agora vamos nos preparar para dirigir na chuva – os cachorros ainda estão latindo.

1935

Sábado, 19 de janeiro

A peça foi encenada na noite passada, e o resultado é que meu cérebro está ressecado esta manhã, e só consigo usar este caderno como travesseiro[666]. Disseram, inevitavelmente, que foi um grande sucesso; e eu gostei – deixe-me ver, do quê? Do elogio de Bunny; de Oliver; mas não muito do de Christabel, ou das conversas animadas com David [Cecil], Cory [Bell], Elizabeth Bowen: mas, de modo geral, é bom rir desbragadamente às vezes. Angelica estava encantadora, claro, mas adulta demais para o meu gosto. Isto é, Bloomsbury me aflige; mas aprecio muito a franqueza sem jeito, a realidade crua das garotas da família Stephen: tão desajeitadas e grandes. Mas elas vão se tornar trabalhadoras – pela causa de – como as frases que escrevemos e ouvimos tantas vezes correm pela nossa cabeça! E Bobo [Mayor], a propósito, de cabelos grisalhos, de prateado e rosa, muito bonita, exasperada comigo por eu ter dito que estava sempre publicando. Estou? Mas retirei esse espinho cuidadosamente e o coloquei na estante. E Morgan disse que foi adorável, isto é, a peça. No meio, a velha Gumbo [Marjorie Strachey] entregou um envelope gordo, com uma foto de sua mãe. A velha Gumbo nunca foi aos Estados Unidos, afinal. E a peça de Rosamond é dúbia, já que Gielgud teve tanto sucesso com *Hamlet*[667]. Existe algo de agradável nos infortúnios dos meus amigos: eu me pergunto.

Helen disse que Margery está toda eriçada novamente por causa de Roger: o que me faz imaginar que ela tem dúvidas sobre aquela biografia. O fantasma de Roger bateu à porta – seu retrato de Charlie Sanger foi entregue no meio do ensaio[668]. E como Francis teria gostado disto, Leonard disse. Estes são os nossos fantasmas agora. Mas eles aplaudiriam a tentativa. Depois fomos dormir: e agora Deus abençoe minha alma, como diria Tenn.

[ver *Freshwater*], preciso enxaguar e refrescar a minha mente e fazê-la trabalhar de modo sóbrio em algo difícil: tenho o meu Dante; e Renan. E a terrível etapa do inverno começa; os dias pálidos e feios, como uma velha avistada às 11 horas da manhã. Mas L. e eu vamos fazer uma caminhada hoje à tarde; e isso me parece um enorme saldo no banco: pura felicidade.

Tenho uma ideia para uma "peça" de uma noite de verão. Alguém numa cadeira. E vozes saindo de flores.

Quarta-feira, 27 de março

Vejo que estou me tornando uma escritora constante de diários. Eis o motivo: não consigo fazer a transição de *The Pargiters* a Dante sem algum tipo de ponte. E isso refresca a minha mente. Estou bastante preocupada com o capítulo sobre o ataque aéreo: com medo de o comprimir, preocupada se vou estragá-lo. Não importa. Continuo trabalhando e vejo o que vai surgir depois. Lydia também me interrompeu, trazendo uma cópia de Mirsky[669] em sua mão, ofendendo-o bastante. Vai lhe escrever e dizer que o acha um pequeno canalha. Ela não pode vir encontrar os Morgan, já que vão viajar a Charleston na Páscoa. Então é tudo conosco.

Ontem fomos até a Torre, que é um lugar impressionante, funesto, sangrento, cinza, frequentado por corvos, um quartel militar, uma prisão, uma masmorra; a prisão do esplendor inglês; o reformatório no fundo da história; onde demos tiros e torturamos e encarceramos. Os prisioneiros riscaram seus nomes de um modo bonito nas paredes. E as joias da coroa brilhavam, espalhafatosas, e havia encomendas, como na Spinks ou nos joalheiros de Regent St. Vimos os exercícios militares da Guarda Escocesa e um soldado andando devagar, para lá e para cá, como um tigre, um soldado com uma cabeça de manequim, treinado para ter um equilíbrio impassível. O sargento-mor gritava e falava palavrões. Tudo isso num grito rouco: os homens batiam o pé no chão e se movimentavam feito – máquinas: depois o soldado também gritou: tudo preciso, desumano, se exibindo – uma visão degradante, estupidificante, mas que combinava com os muros cinza, as pedras redondas e o bloco que o carrasco usava para decapitar. Pessoas sentadas à margem do rio em volta de um canhão antigo. Navios etc. Muito romântico: uma sensação de estar num calabouço.

Depois voltamos para casa e Elizabeth Read e Denny apareceram de repente. Vão ter um filho em agosto, são muito bonitos, genuínos, com princípios elevados. Ela falou sobre si mesma, Denny, as dívidas dele, sua mulher holandesa, falou que é corretor de seguros, anda num carro velho por Yorkshire. Vivem em cômodos alugados em Sheffield, têm um chalé em Caradoc. Gostei dela – uma moça estranha, pequena e magra, truculenta, corajosa, que pode ser levada pelo vento. Ele é especialista em clássicos, mas é um "bobo". Não consegue dormir nem comer. Mas eles vão resolver os problemas tendo um filho.

Segunda-feira, 15 de abril

Uma reunião não muito agradável na casa de Nessa ontem à noite, porque de repente L. ficou duro como uma pedra, daquele jeito que eu conheço: e se irritou na volta para casa aparentemente porque sugeri ficarmos não sete dias em Roma, mas dez. Imagino que tenha sido aquele velho rancor agindo feito uma toupeira novamente, jogando para fora súbitos morros de terra. Mas isso tudo é uma bobagem, eu disse, enquanto esperava que ele viesse falar comigo, mas não veio; então, entrei e ri. A verdade é que ele havia passado a manhã inteira preenchendo formulários para a nossa viagem – o que, afirmo, eu mesma poderia ter feito; e depois estraguei os planos dele por causa de minha família, e continuamos conversando. E foram duas horas de Willy: ele está cansado. E, pensando bem, estamos muito felizes, os dois. Ficarei feliz quando pudermos passar algum tempo em Monk's House e não precisarmos estar com os Bells, e pudermos começar a agir feito toupeiras. Para recompensar o meu temperamento tão doce – mas o que achará L. sobre o meu temperamento? meu livro se saiu bem hoje; provavelmente é muito bom, acredito.

Ontem, outra defesa de Bloomsbury, de Ellis Roberts, no *S. Times*: de mim em particular (creio que graças ao meu "charme" na casa de Ottoline); sou a mente mais original a escrever romances nos últimos 20 anos e assim por diante. Nessa vai ver Cochran esta manhã por causa de uma cortina nova para os espetáculos dele, e eu não estou com ciúmes. Ah, mas que bom não precisar lidar com isso tudo por seis semanas! Agora vou escrever um pouquinho de italiano de Danaro. Aprenderei alemão no ano que vem[670].

Sábado, 27 de abril

Qualquer desejo de praticar a arte da escrita me abandonou por completo. Não consigo imaginar como seria: quero dizer, para ser mais precisa, não consigo deformar a minha mente para seguir a linha de um livro: não, nem mesmo a de um artigo. Não é a escrita, mas a arquitetura que é um esforço. Se escrevo este parágrafo, depois haverá o próximo e depois mais um. Mas, após um mês de férias, serei tão forte e flexível quanto, digamos, uma raiz de urze. E os arcos e abóbadas saltarão em pleno ar, firmes como aço e leves como uma nuvem – mas todas estas palavras são inúteis.

Stephen Spender me pede uma carta com críticas. Não consigo escrevê-la[671]. Nem sou capaz de descrever com certeza a Sra. Collett, por quem L. e eu nos apaixonamos ontem. Uma mulher-galgo: olhos azul-acinzentados; um pulôver de pintas prateadas; completamente livre, afiada, franca, viúva do filho do prefeito, que morreu diante dos seus olhos quando pilotava um avião. Depois disso ela desabou e a única cura era ir para Hong Kong e ficar com Bella, ela disse[672]. Não esperávamos nada de mais, para dizer a verdade; ao passo que ela ridicularizava o Jubileu, o prefeito, e nos contou tudo sobre a vida em Mansion House[673]. O prefeito gasta £20 mil do próprio bolso num ano de governo; £10 mil em seu condado; depois compra um casaco de arminho por £1 mil só para receber o Rei em Temple Bar[674]. Chove; o Rei passa por ele rapidamente, o casaco estraga. Não gosto do meu sogro, ela disse; não faz as coisas direito. Sua sogra é uma mulher muito sensata, que vai comprar peixe com uma sacola. A Rainha ofereceu-lhe, como prova de estima, duas enormes conchas gravadas com a história de Jorge e o dragão. Estas felizmente foram deixadas em M[ansion] House. O prefeito usa um vestido pesado de tanto ouro. Um estado terrível de ostentação e feiura – mas ela foi tão simpática e tranquila que a convidei para uma visita – ela não sabe, mas é um elogio que nunca, nunca fazemos, nem à família real. Mas não consigo escrever nem mesmo aqui; então vou ler um conto de Pirandello. James e Alix vêm jantar para conversar sobre a vida de Lytton, imagino.

Segunda-feira, 6 de maio

Zutphen

Este é o dia do Jubileu, parece-me; um dia muito bonito e quente. Quanto à Holanda: em primeiro lugar, as vacas usam casacos; e os ciclistas andam em bandos feito estorninhos, se agrupando, entrando e saindo deles. Dirigir é perigoso. As cidades são grandes. Também são esparramadas, quilômetro após quilômetro. Voltamos a 1913. Por todos os lados há lojas cheias de roupas, comidas, livros. As pessoas vestem-se de modo perfeitamente respeitável. Os marinheiros usam chapéus de feltro. Dos 10 aos 25 anos as garotas são elegantes, de um cinza-claro, esguias, passando rapidamente em suas bicicletas. Dos 30 aos 50 anos já acumulam vastos corpos. Mas os corpos são tesos, arrumados, os sapatos são elegantes, os penteados muito bem-feitos (e agora deixei cair cinza de cigarro nos lençóis perfeitamente limpos deste hotel modesto e vazio). Todas as ruas são do século XVI ou XVII, com toldos curvos, da cor de damasco. Como se diz, as casas são a glória da Holanda – casas ricamente esculpidas, de janelas grandes; algumas um pouco inclinadas, outras pontudas; mas cada uma delas é sólida, arrumada, perfeitamente digna. Ontem à noite vi um jantar de domingo, velhos e velhas sentados com crianças, cactos; um gato e um cão. Temos 20 pessoas ao nosso redor sempre que paramos. O *apzi* – o *kleine apzi*! Esqueci como era. As cidades são grandes demais, claro: Amsterdã, um monstro inchado de pedra, feito uma ruína ao lado do pântano: nosso primeiro almoço em Haia constituiu-se de 20 pratos. Muito caro. As refeições são feitas muito cedo. Pessoas imensamente respeitáveis. Nenhum sinal de crise ou guerra. O homem no *ferry* disse, como todo mundo, que eles queriam ter saído do padrão ouro. Nenhum visitante. O comércio com a Inglaterra acabou. Mas, ah, as portas talhadas, as fachadas brancas e curvas, os lilases, o ar de prosperidade limpa e adornada, antiguidade, ar, limpeza. Aqui em Zutphen – mas faz apenas duas horas que chegamos e tivemos nossa Mitzi[675] *levée*, e depois chegamos a esta modesta hospedaria, com um canal na frente e um rio largo mais adiante.

Ideias que tive.

Que quanto mais complexa é uma visão, menos se presta à sátira: quanto mais entende, menos consegue resumir e tornar linear. Por exemplo:

Shakespeare e Dostoiévski, nenhum dos dois satiriza. A idade do entendimento: a idade da destruição – e assim por diante.

Belchamber.

Um conto tocante, à sua maneira, completo. Mas raso. Um livro superficial. Mas também um livro acabado. Bem concluído. Só é possível se você permanecer um centímetro abaixo; porque as pessoas, como Sainty, têm que fazer coisas sem mergulhar muito fundo; e este segue a corrente: o que se presta à completude. Isto é, se um escritor aceita as convenções, e deixa seus personagens serem guiados por estas, e não entrarem em conflito com estas, ele pode produzir um efeito de simetria: muito agradável, sugestivo; mas apenas na superfície. Isto é, não me importa o que acontece: mas gosto da concepção. Tampouco gosto da psicologia gato macaco, à qual é admiravelmente fiel. Uma mente sincera e sensível – Howdie fazendo os bordados dele e observações perspicazes. Também não é um esnobe[676].

Quinta-feira, 9 de maio

Sentada ao sol do lado de fora da alfândega alemã. Um carro com uma suástica na janela traseira acaba de passar pela barreira em direção à Alemanha. L. está na alfândega. Estou folheando Aaron's Rod [de D. H. Lawrence, 1922]. Devo entrar e ver o que está acontecendo? Uma manhã seca, agradável, cheia de vento. A alfândega holandesa levou 10 segundos. Esta já está demorando 10 minutos. As janelas são fechadas por grades. Agora saíram e o homem sombrio ri de Mitzi. Mas L. contou que quando um camponês entrou e manteve o chapéu, na cabeça, o homem avisou: Esta agência é como uma Igreja e o fez tirá-lo. Heil Hitler disse o garotinho magro, na barreira, abrindo a bolsa, talvez com uma maçã dentro. Nós ficamos agradecidos – encantados quando os oficiais sorriem para Mitzi – o primeiro vergar da nossa espinha.

Que uma obra de arte significa que uma parte tira a sua força de outra parte.

Em Ulken[677]: chegamos tarde depois de sermos desviados no caminho para ceder lugar ao Ministro Presidente[678].

Às margens do Reno, sentada à janela, olhando para o rio. O garçon estava falando. Ele esteve na América: democrático; fala como se fosse o anfitrião. Como um macaquinho acrobático. "Deixe-me ver, vocês gostam de um bom café. O que mais temos de bom?" e assim por diante. Também o gerente – estava na estrada – gostaria de voltar e manter uma pousada alemã em Bedford Place. Fomos seguidos ao longo do rio por Hitler (ou Göring) e tivemos que passar por fileiras de crianças com bandeiras vermelhas. Elas saudaram Mitzi. Eu levantei a mão. Pessoas reunidas ao sol – meio forçado como nas atividades esportivas escolares. Faixas espalhadas pela rua "O judeu é nosso inimigo" "Não há lugar para judeus em – ". Fomos seguindo em frente, então, até estarmos fora do alcance da multidão histérica e submissa. Nossa adulação gradualmente se transformando em raiva. Os nervos em frangalhos. A percepção de um comportamento estúpido de massa mascarado de temperamento afável. Viemos, então, para Unkel, para essa velha casa de campo, com corrimão curvo, degraus rasos, porta gradeada preta e pátio. Alguns olhinhos no telhado, coelhos e pombos em dependências externas. O dono da pousada está jogando cartas com sua mulher. Todos eles querem ir embora – voltar para Islington, para Washington – Oh tão agradável, disse o garçom, que queria continuar falando.

Quarta-feira, 29 de maio

[Chartres]

E eu começo esta frase numa noite cinza e barulhenta, poderia ser a metade de setembro em Chartres, decidida a deixar uma boa quantidade de tempo passar antes de pegar o volante novamente. A vidraça que fica firmemente pressionada à mente nestas viagens – lá estou eu, vitrificada em meu assento – sem conseguir ler, falar ou escrever – só olho para as infindáveis avenidas – plátanos, choupos – chuva, chuva – um velho com uma carroça – pergunto a quilometragem – olho o mapa, acendo um cigarro e remoo os velhos problemas – praticamente os mesmos, porque não consigo começar um novo até que as portas da jaula sejam abertas – tudo isso torna os últimos dois dias tão intoleráveis quanto os primeiros foram extasiantes.

E sempre chove; chegando pelo planalto [?] de Chartres era quase uma névoa. Em Orleans estava tão cinza quanto em novembro. Só a ideia de ficar quieta em nossa própria cadeira torna esta barulheira – escrevo à janela, vejo um vasto espaço vazio – tolerável. Mas é estranho como desejamos soltar a mola que está no cérebro – deixá-la voar: que insípida é a vida sem – escrever, é isso mesmo? E, no entanto, esta é a melhor e a menos aflitiva de nossas viagens. Só poderia ter desejado dois dias a menos atravessando a França.

É a depressão, também, dos garçons e das mulheres atrás da vidraça no salão. Mas vou saborear o meu jantar. E só mais um dia – mas serão necessários um dia ou dois para remover a vidraça.

E, repousando minha caneta, fui buscar L., e andamos até a Catedral, que estava quase escura e melodramática – quero dizer, surpreendente, só há arcos e sombras à mostra, estávamos completamente sozinhos, e as janelas azuis ardendo na noite fria e cinza. De fato, foi como ver o esqueleto e os olhos da catedral acesos ali. Apenas ossos, e os olhos azul-avermelhados. As janelas são todas azuis e vermelhas, e numa ponta está a joia ardente – a grande joia em forma de rosa, ardendo, azul, em seu pretume de carvão, para o mundo inteiro, como alguma coisa posta sobre um vasto – o quê? O corpo de uma mulher não serve. A joia do mundo, então – ou isso é sentimental? Depois de sentarmos e olharmos, a cor cinza voltou aos poucos aos pilares grossos, mas ainda assim a aparência oca e sombria permaneceu. Nunca a vimos tão vazia, tão arquitetural, uma declaração de proporções, exceto pelo vidro incandescente e de um azul profundo, pois o vidro ia de lúgubre a transcendente. Depois voltamos para um jantar de primeira categoria – um jantar planejado e presidido por um jovem e gracioso chef, exatamente como Raymond, só que com maiores dons e charme. Por exemplo, ele preparou um molho com creme, vagem, mostarda, sal e vinho. Para adicionar o vinho, colocou seu dedo, que não estava muito limpo, sobre o gargalo da garrafa. E depois deixou o molho cozinhar em fogo baixo sobre uma lamparina a álcool. Depois trouxeram uma outra caçarola marrom-avermelhada e serviram o molho por cima dela. Nosso jantar foi esplêndido e cuidadoso: pedi cogumelos cremosos. E observei como um bom garçom serve um prato, com infinito cuidado e respeito, como se lidasse com algo precioso. Agora Chartres está mais calma, e então vamos dormir.

Terça-feira, 25 de junho

Uma cena curiosa e muito desagradável com Mabel. Estava chorando porque o Sr. Woolf nunca acredita numa palavra do que ela diz. E acho que isso é verdade. L. é muito duro com as pessoas; especialmente com a classe dos empregados. Não tem compaixão com eles; é exigente, despótico. Falei com ele ontem, quando reclamou do café. "Se eu não posso nem dizer que o café está ruim etc." A rigidez extrema de sua mente me surpreende; isto é, na relação com os outros: sua austeridade: não comigo, mas eu me levanto e o insulto. De onde isso virá? Em parte, por não ser um cavalheiro: mal-estar diante das classes mais baixas: sempre suspeita delas, nunca lhes é simpático. Philip e Edgar [Woolf] são a mesma coisa. Seu desejo é o de dominar, acho. Amor ao poder. E depois escreve contra isso. Vou dizer isso tudo a ele de novo, não importa; em nosso relacionamento; e ainda assim odeio que as pessoas percebam isso; Nessa; Dadie; mesmo Kingsley Martin — que todos admiram e respeitam. Um estudo interessante. Isso vem acompanhado de um grande senso de justiça, de certa forma; e simplicidade, também; e de fazer coisas boas: mas a sós é uma característica muito difícil. Agora preciso me livrar de Mabel e encontrar outra pessoa. Esta briga o precipitou, e me deu uma boa desculpa para demiti-la: mas sinto que é injusto com ela.

Quinta-feira, 27 de junho

Uma boa coisa para a velha Bloomsbury ser sacudida, sem dúvida: uma boa coisa jantar com R. West e o Sr. Andrews [*seu marido*] ontem à noite em seu apartamento em P[ortman] Sqre., com aquela vista, com a estante de livros de £750, e o peixe esculpido de um galho de teixo, e os quadros modernos, a mobília antiga, a caixa de correspondência na parede, e que não funciona (nem a de Arnold Bennett funcionava — você tem que a cutucar com uma varinha). Mas a luz elétrica no armário dos casacos funciona. E o que há de errado? O nariz do encanador — o canário na mina, uma vez mais. Isto é, farejar as diferenças, e, esperamos, as inferioridades. Claro que é admirável, à sua própria maneira — impessoal, relaxado, sim, prossigamos, a encarar a vida, a jantar no Savoy, a encontrar milionários, mulheres e homens do mundo; mas não — devo mencionar também a bondade, inteligência e a erudição do admirável e afetado Andrews, de olhos inchados e óculos

– o culto fidalgo que virou banqueiro, com sua devoção a R. – Cecily, ele a chama, a quem compra todos esses peixes e estantes. O que está errado, então? Por onde escapa o gás? Acho que é o vazio, a formalidade, o estrato social em que vivem – as aparências, como diriam os Apóstolos: a sensação de Agora estamos realizando um jantar e conversaremos até as 23 horas: amanhã haverá outro. Hospitalidade para com o editor americano e os Woolf. Nada de natural ou espontâneo foi dito. Mas não é bem isso; poderíamos continuar jantando todas as noites e nunca nos conhecermos melhor. Não há intimidade naquela ponta da Oxford Street. E a minha própria autoestima diminuiu – por quê? Porque... me diferenciaram de outras pessoas? Não. Ou de Leonard? Mas será que isto não é a presunção de Bloomsbury – o nosso maldito refinamento? Fui até a cobertura com Andrews e vi Londres inteira – uma metrópole magnífica, tão arrumada, tão enfeitada, tão continental e cosmopolita à noite, naquele bairro: lá está Oxford Street, lá o Hyde Park, lá o novo bloco de apartamentos Lyons. E as praças do West End; e retângulos de luz branca e luz amarela iluminando os rostos, os rostos pintados de rouge dos escritórios e campanários e gruas. Tudo muito impressionante; muito *soigné*, como o rosto pequeno e pontiagudo do Sr. Ginsburg: tão radiante – e eu tão impressionada, acho [?]. Graham chegou um pouco desorientado: acho que tinha bebido além da conta; teve problemas com R[679]. Ela possui grande vitalidade: é uma mulher de testa larga, vigorosa, banal: uma batalhadora: lançou-se às ondas, creio; e pode falar em qualquer língua: por que então essa sensação de que ela é uma quadra moderna iluminada, inundada de luz elétrica?

Quarta-feira, 4 de setembro

O dia mais crítico desde 4 de agosto de 1914[680]. É o que dizem os jornais. Em Londres ontem. Inscrições espalhadas em todos os muros. "Não lute por estrangeiros. Os ingleses devem cuidar da própria vida." Seguidas de um círculo com um símbolo dentro[681]. Propaganda fascista, disse L. Mosley[682] ativo de novo. O funeral da Rainha da B[683]. Bandeiras a meio mastro. Comprei um guarda-chuva por 25 shillings. O primeiro guarda-chuva bom que eu tenho em anos. Um homem no ônibus viu que era novo, com uma borla pendurada.

L. esteve com a Srta. Swinstead Smith, mulher muito nervosa, simpática, esquisita, jovem ainda; é seu primeiro livro; a Constable[684] quase o publicou, mas desistiram por motivos comerciais. Mas nós vamos publicá-lo[685]. Ela mora em Sennen num chalé que aluga por £ 12 ao ano. Fui a Leicester Square e comprei seda para fazer camisola. Mabel está no apartamento, muito competente. Calor, com vento. Voltar cedo para ficar reclamando. Chuva torrencial agora. Carta de Denny[686], uma carta exagerada e tola. Tem um filho. Natureza. Ela escreve pior do que fala. Talvez o que escreve para mim. E Queenie Leavis[687] também me escreveu, uma carta pedante, chamando atenção para *Life as We Have Know It*[688], naquele manual de arrogância, *Scrutiny*. Tudo que conseguem fazer é escolar.

Oh, como chove! Usei meu guarda-chuva pela primeira vez para atravessar o jardim. Não consigo escrever hoje. Suponho que depois daquilo de ontem. Nessa em Londres. Vimos uma cobra comendo um sapo[689]: ela já estava com ele metade dentro, metade fora; sugava-o de vez em quando. O sapo ia desaparecendo lentamente. L. cutucou a cauda da cobra; ela estava enjoada do sapo esmagado, e eu sonhei com homens cometendo suicídio e conseguia ver o corpo disparando pela água.

Quinta-feira, 5 de setembro

Tive que desistir de escrever *Os anos* – é assim que vai se chamar – esta manhã. Estou absolutamente desconcertada. Sally está de cama. Não consigo escrever uma palavra. Mesmo assim sou capaz de ver que existe algo ali; então vou esperar um dia ou dois e deixar o poço encher. Desta vez tem que ser bastante profundo – 740 páginas. Psicologicamente, esta é a mais estranha das minhas aventuras, acho. Metade do meu cérebro desidrata completamente; mas só preciso me virar e lá está a outra metade, acho, pronta, muito satisfeita em escrever um pequeno artigo. Ah, se ao menos alguém soubesse alguma coisa sobre o cérebro. E, mesmo hoje, quando estou desesperada, quase chorando ao olhar para o capítulo, incapaz de lhe acrescentar algo, sinto que só preciso mexer nele um pouco para encontrar a ponta do novelo – um lugar por onde começar, alguém para olhar para Sara, talvez – não, não sei – e minha cabeça se encheria, e o cansaço iria embora. Mas tenho acordado preocupada. Estou incomodada com a indigestão de L., e a sua perda de peso, com a colheita das maçãs e a reunião do comitê no outono pela frente.

Uma voz muito espetaculosa no alto-falante ontem à noite. M[ussolini]. fecha a porta. Profunda decepção. O que virá depois? Etc. Mas os jornais esta manhã estão menos melodramáticos e tendem a pensar que o assunto vai se arrastar sem resolução por algum tempo. Também fiquei ansiosa com a guerra e o patriotismo ontem à noite. E quando tenho que pensar sobre o meu país! Ainda bem que a vida de John Bailey foi publicada. Devo buscar conforto nela. E escrever sobre a Sra. Lindbergh?[690]

Quinta-feira, 26 de setembro

Por que será – isto é, a primeira cena com Sally e Maggie no quarto, a mais difícil que já escrevi?

Suspeito que Winifred Holtby esteja morrendo[691]. O dia está muito bonito. Dois lugres de velas marrons descem o rio bem devagar. Estivemos em Londres ontem. E Londres está em plena atividade. "Os abissínios se mobilizaram", exclama uma senhora suburbana a outra no ônibus. "Deu no jornal ontem." Um grande enxame na Ryman's, onde fui comprar uma pasta para minhas anotações sobre *Roger*. No futuro escreverei em cadernos de folhas soltas e assim evitarei essas páginas volumosas. Mabel fez um almoço muito bom. Observei os homens na T[avistock] Sqre comendo na calçada. Estão abrindo a rua com uma broca. Comem na ponta da faca. Seu almoço é embrulhado em jornal. Aquecem alguma bebida num balde. Têm pelo menos uma hora de intervalo. É quando exercitarei o meu cérebro, eu digo a mim mesma. Belsher está doente. A Srta. West, viajando. Nosso último dia em Londres. Muito feliz em estar de volta. Mas os garotos estão fazendo uma fogueira no campo. Rezamos por alguns dias de paz. Agora dois homens querem vir aqui amanhã para conversar sobre a Associação Educacional dos Trabalhadores (WEA) em Rodmell[692]. Isso deve ser administrado. L. se indispôs um pouco com Kingsley sobre o partido trabalhista e a Liga.

Quarta-feira, 2 de outubro

Ontem fomos à reunião do L[abour]. P[arty][693]. em Brighton, e claro, apesar de eu ter me recusado a voltar lá esta manhã, perdi de tal modo o prumo que não consigo engatar em *Os Anos* novamente. Por que? A imersão em toda aquela energia e toda aquela disputa por algo bem alheio a mim; fez com que eu percebesse o meu alheamento. Não, não é bem isso. Foi muito dramático: o ataque de Bevin a Lansbury[694]. Lágrimas me vieram aos olhos enquanto L[ansbury] falava. Contudo ele parecia representar – posando inconscientemente como o cristão perseguido. Bevin, por seu lado, também atuava, eu acho. Encolheu a cabeça nos ombros enormes até se assemelhar a uma tartaruga. Disse a L.[eonard] para não sair apregoando o que pensa por aí. E qual é o meu dever como ser humano? As representantes mulheres tinham voz muito fraca[695] e pouca substância. Na segunda-feira, uma delas disse: É hora de pararmos de lavar a louça. Um protesto tênue e frágil, mas verdadeiro. Um sopro agudo de voz, quais são suas chances contra o peso de todo esse rosbife e cerveja – que cabe a ela cozinhar? Tudo muito intenso e interessante; mas se sobrepondo mutuamente: retórica demais, e uma visão tão parcial: alterar a estrutura da sociedade: sim, mas em que momento ela é alterada? Posso confiar em Bevin para produzir um mundo bom, se ele é alguém que já alcançou a plena posse de seus direitos? Tivesse ele nascido duque – Minhas simpatias estavam com Salter[696], que pregava a não-resistência. Ele está certo. Esta devia ser a nossa posição. Mas se a sociedade chegou a esse estado? Sem voto e sem habilitação para tal, felizmente não sou responsável pelo estado em que está a sociedade. Essas são algumas das caraminholas que ficam girando na minha cabeça e me distraem do que, afinal de contas, é o meu trabalho. Uma coisa boa é ter um dia de agitação – 2 até – mas 3 não. Então não fui e ainda assim não consigo escrever. No entanto vou reengatar no trabalho quando a agitação tiver passado. Curioso como a minha mente é facilmente suscetível aos estímulos incidentais: como eu os absorvo e os deixo ficar rodopiando. E até que ponto a mente ou o trabalho individuais importam? Devemos estar todos engajados em mudar a estrutura da sociedade? Louie[697] disse esta manhã que gostava muito de trabalhar para nós, e lamentou que estivéssemos partindo[698]. Esse é também um trabalho e tanto a seu modo. E no entanto não posso negar meu gosto pela elaboração de frases. E no entanto... L. foi até lá e imagino discutir com ele a esse respeito. Ele diz que a política deve estar separada da arte. Caminhamos no frio, sobre o pântano, e discutimos sobre isso. O fato é que a minha cabeça se cansa logo. Sim, cansada demais para escrever. Mas é bom ficar cansada demais por esse motivo, caraminholas girando na cabeça de vez em quando. Vou trabalhar um pouco no Roger[699].

Quarta-feira, 16 de outubro

O que descobri ao escrever *Os anos* é que você só cria comédia usando a camada superficial – por exemplo, a cena no terraço. A questão é: consigo chegar a camadas muito diferentes combinando música e pintura com certos agrupamentos de seres humanos? Isso é o que quero tentar fazer na cena do ataque aéreo: que continuem e se influenciem mutuamente: o quadro; a música, e a outra direção – a ação – quero dizer, um personagem revelando outro personagem – enquanto o movimento (ou seja, a mudança nos sentimentos enquanto o ataque aéreo prossegue) continua.

De qualquer forma, neste livro descobri que é necessário haver contraste: um estrato, ou camada, não pode ser desenvolvido intensamente, como acredito ter feito em *As ondas*, sem prejuízo dos outros. Assim, uma espécie de forma se impõe, eu espero, que corresponde às dimensões do ser humano: devemos ser capazes de sentir um muro erguido a partir de todas as influências; e este deveria se fechar em torno deles na festa, no último capítulo, para que você sinta que, enquanto estes continuam existindo individualmente, aquele se completou. Mas ainda não cheguei a isto. Estou fazendo Crosby – uma cena estratosférica, esta manhã. A tranquilidade de me deslocar de uma a outra parece provar que esta é a sequência certa para mim, de qualquer modo. Estou gostando da sequência, sem aquela tensão que tive em *As ondas*.

Segunda-feira, 18 de novembro

Nosso fim de semana eleitoral[700], no que me concerne, não foi uma grande ideia. Ainda que eu tenha me comportando como uma idiota também. Por que ir a Patcham sob chuva torrencial? Mesmo não ficando em Londres e não assistindo à apresentação do processo[701] de Ethel[702], como desejava, foi uma tolice penar por 2! horas embaixo de chuva e de vento forte em direção a Rodmell. Um mar agitado, cinza esbranquiçado, e várias paradas no caminho, o tempo todo, para pegarmos operários de construção que estão trabalhando em Peacehaven. Então, dor de cabeça no dia seguinte; e dor de garganta hoje de manhã. Aqui prostrada e desanimada. Não estivemos com Quentin e Nessa na noite passada, por causa da dor de cabeça; e hoje à noite tenho que jantar com Raymond[703] e ir à festa de Aldous [Huxley].

Eu me dei conta que atingi agora um estágio mais avançado em meu desenvolvimento como escritora. Vejo que há 4? dimensões; que devem se produzir; em toda vida humana; e isso conduz a agrupamentos e proporção muito mais ricos: quero dizer com isso: eu e o não eu: e o fora e o dentro – não, estou cansada demais para explicar: mas percebo: e isso vai afetar o meu livro sobre Roger. É empolgante: ir tateando assim. Novas combinações em psicologia e corpo – um pouco como na pintura. Este será o próximo romance, depois de *Os anos*.

Segunda-feira, 30 de dezembro

E hoje, não, não há condições. Não consigo escrever uma palavra; muita dor de cabeça. Só consigo olhar retrospectivamente para *Os anos* como uma inacessível Rocky Island, a qual não posso explorar, sobre a qual não posso nem sequer pensar. Estive em Charleston ontem. A grande mesa amarela com poucos lugares. Enquanto lia Roger fiquei assombrada por ele. Que estranha amizade póstuma – de certo modo, mais íntima do que qualquer uma que já tive na vida. As coisas que eu apenas adivinhava são agora reveladas; e a voz real desapareceu. Clive Quentin, Nessa Duncan. Um pouco de ostentação. Algumas risadas sobre a Sra. Easdale. Política – mas cuidadosamente contida.

Tive uma ideia – gostaria que fossem dormir – enquanto me vestia – sobre como fazer o meu livro sobre a guerra – fingir que são todos os artigos que os editores me pediram para escrever nos últimos anos – sobre todos os tipos de assuntos. Se as mulheres devem fumar. Saias curtas. A guerra – etc. Isso me daria o direito de vaguear: também me colocaria na posição de quem foi perguntada. E desculpem-nos o método, enquanto vamos adiante. E poderia haver um prefácio que diga isso, para dar o tom certo. Acho que é isso.

Uma noite úmida, selvagem – as enchentes começaram: chove quando vou para a cama: cachorros latindo: o vento batendo. Agora devo entrar furtivamente em casa, acho, e ler algum livro antigo.

1936

Sexta-feira, 3 de janeiro

Comecei o ano com três dias totalmente submersos, dor de cabeça, a cabeça estourando, a cabeça tão cheia de ideias; e a chuva caindo torrencialmente; as enchentes inundaram tudo; ontem quando saímos de casa a lama encharcou as minhas grandes botas de borracha; a água fazia barulho nas solas; então este Natal foi, no que diz respeito ao campo, um fracasso, e apesar do que Londres possa fazer para nos irritar e incomodar, fico feliz em voltar e implorei, me sentindo muito culpada, para não ficar aqui mais uma semana. Hoje é um dia enevoado, amarelo e cinzento; só consigo ver a corcova, um brilho molhado, mas não Caburn[704]. Estou satisfeita, no entanto, porque acho que recuperei equilíbrio o suficiente na minha mente para começar *Os anos*, digo, a revisão final, na segunda-feira. Subitamente isso se torna um pouco urgente, porque pela primeira vez em alguns anos L. diz que não ganhei dinheiro o suficiente para pagar a minha parte da casa, e preciso conseguir £70 além das minhas economias. Estas agora se reduzem a 700 libras, e preciso cobri-las. É engraçado, de certa forma, pensar em economia novamente. Mas seria um estresse pensar nisso a sério; e pior – uma interrupção brutal – se eu tivesse que ganhar dinheiro com jornalismo. Penso em chamar o próximo livro de "Respostas aos Correspondentes"... Mas não devo parar tudo agora e o escrever[705]. Não. Preciso encontrar um método paciente e tranquilo de acalmar aquele nervo excitável, até que *Os anos* esteja sobre a mesa – terminado; em fevereiro? Ah, o alívio – como se uma vasta – como posso dizer – excrescência óssea – saco de músculo – tivesse sido cortada do meu cérebro. Mas ainda é melhor escrever isto que a outra coisa. Uma estranha luz sobre a minha psicologia. Não consigo mais escrever para jornais. Preciso escrever o meu próprio livro. Isto é, se penso num jornal, eu imediatamente adapto o que vou dizer.

Sexta-feira, 13 de março

Avanço bem melhor, me parece. Então posso me dar dez minutos antes do almoço. Nenhum dos livros exigiu até hoje de mim tanto trabalho. Espero não ter que mexer em nada nas provas. E começo a suspeitar que haja algo ali – até agora não desandou. Mas chega de *Os Anos*. Andamos pelos Kensington Gardens ontem discutindo política. Aldous[706] se recusa a assinar o último manifesto porque nele se aprovam sanções. Ele é um pacifista[707]. Eu também. Será que devo talvez voltar atrás. L. diz que, considerando que a Europa está à beira do maior desastre que vivemos em 600 anos, é preciso esquecer as diferenças pessoais e apoiar a Liga das Nações. Ele está numa reunião extraordinária do Partido Trabalhista esta manhã. Esta é a semana política mais febril, mais sobrecarregada que já tivemos. Hitler está com seu exército concentrado no Reno. Há reuniões em toda parte em Londres. Os franceses estão levando tudo isso tão a sério que eles – o pequeno grupo que constitui a sua *intelligentsia* – estão enviando um homem para falar aqui amanhã: prova de confiança comovente nos intelectuais ingleses. Há outra reunião amanhã. Como de hábito, eu penso, Oh, isso vai passar. Mas é estranho perceber como as armas estão chegando perto de nossa vida privada de novo. Posso vê-las bem claramente e ouvir um rugido, embora, como um rato a caminho de sua ruína, siga roendo minha página do dia. O que resta a fazer – exceto atender telefonemas incessantes e escutar o que L. diz. Todo resto está sendo deixado de lado. Felizmente, por causa de *Os Anos*, adiamos todos os jantares e assim por diante. Esta é uma primavera de muita concentração e de muito trabalho: com dois dias bonitos talvez: os açafrões em flor: depois, uma penumbra gelada. Parece estar tudo ligado: meu trabalho árduo: nossa insociabilidade: a crise: reuniões: escuridão – e o que tudo isso significa, ninguém sabe. Privadamente... não, duvido ter visto quem quer que seja; nem feito qualquer coisa, a não ser caminhar e trabalhar – caminhar durante uma hora depois do almoço – e assim por diante. Tenho que voltar agora à Hogarth Press. Os manuscritos, apesar de tudo.

Domingo, 21 de junho

Depois de uma semana de intenso sofrimento – manhãs de tortura, realmente – e não estou exagerando – uma dor de cabeça – um sentimento de total desespero e fracasso – o interior da cabeça feito as narinas depois de uma rinite alérgica – eis uma manhã fresca e tranquila mais uma vez, uma sensação de alívio; uma trégua: esperança. Acabei de escrever os Robsons: acho que ficou bom[708].

Estou vivendo tão limitada; tão reprimida: não consigo fazer notas sobre a vida. Tudo está planejado, fixo. Trabalho 1/2 hora aqui embaixo; subo, muitas vezes em desespero. Eu me deito; dou uma volta na praça: volto para escrever outras 10 linhas. Fomos ao Lords ontem [MCC x Universidade de Oxford]. Sempre com a sensação de precisar reprimir; controlar. Recebo visitas deitada no sofá, entre o chá e o jantar. Rose M[acaulay]. E[lizabe]th Bowen. Nessa. Sentei-me na praça, ontem à noite. Vi as folhas verdes a gotejar. Trovão e relâmpago. O céu púrpura. N. e A[ngelica]. discutindo 4/8 do tempo. Gatos rondando. L. jantando com Tom e Bella[709]. Um verão muito estranho, extraordinário. Novas emoções: humildade: alegria impessoal: desespero literário. Estou aprendendo meu ofício nas condições mais terríveis. Realmente, lendo as cartas de Flaubert, escuto minha voz gritando "Oh arte! Paciência". Ele me conforta, me adverte. Preciso dar forma a este livro com calma, firmeza e ousadia. Mas não vai sair até o ano que vem. Porém, acho que tem possibilidades, se eu conseguisse aproveitá-las. Estou tentando talhar os personagens com uma frase: reduzir e comprimir cenas; envolver o todo numa atmosfera.

Terça-feira, 17 de novembro

Lorde Cecil veio para o chá. Ele engordou, mas ainda tem a desenvoltura ágil de um homem magro. Seu rosto tem formato de lua; castanho e rosa – era murcho e cadavérico. Está mais simpático. De fato, está muito mais comunicativo e à vontade. Um homem do mundo. Um pequeno friso de cabelo ainda castanho na parte de trás da cabeça. Olhos brilhantes e felizes. De bom humor, apesar do mundo. Mas, ele disse, acho que há mais vitalidade nos homens e instituições do que imaginamos. Fracassamos (a L. das N.), não importa, precisamos tentar novamente. Winston[710] me convenceu. Uma aliança entre França, Inglaterra e Rússia. B. Russell – que louco! Loucura total! Dizer que precisamos nos render a Hitler! Fazer o que Hitler manda! O que você acha, Sally? Acariciou Sally [*a cadela*] com seus dedos longos e pontudos[711]. Discursou em M[ancheste]r. Quando repetiu os argumentos de B[ertie], a decepção no rosto das pessoas ficou evidente. O prefeito de M. lhe disse: Queremos Dalton como líder. Atlee não é um homem interessante. Disse que o senso político do povo é infalível e correto[712]. Um trabalhador falou a outro: Vansittart tem poder de decisão demais. É verdade. V. mandava em Simon. Simon, o pior secretário das Relações Exteriores que já existiu. Hoare, uma decepção total. Deveriam ter posto Halifax. Não é um gênio, mas é corajoso. Eden é jovem, pobre e ambicioso: seu único interesse é a política. Sendo a natureza humana o que é, então... Não, não tem opinião sobre Eden. Deveria ter renunciado. O país não se engana com ele. Muito difícil saber quando se deve renunciar, como eu aprendi[713]. Phil Baker deveria fazer só a metade do que faz, e beber vinho. Todos o amam – os garotos do Tesouro fazem qualquer coisa por ele. Mas ele dita cartas enquanto dirige[714].

Foi levado para ver Mussolini. Um camarada absurdo. Estava sentado no fundo de uma sala muito comprida, me olhou de um jeito lascivo (ficou me olhando). Isso não me impressiona. O S.R.E. deveria apresentar as informações dele ao conselho permanente, mas deveria controlá-lo. Escrevem num jargão, como meu pai dizia. Ele demonstrou extremo bem-estar: uma panela que ferve em fogo brando no conforto e na ponderação de 70 anos. Melhor exemplo de classe governante inglesa, acho: a fina flor da civilização do século XIX: refinada, liberal, gentil e esperançosa. Muito mais alegre do que os intelectuais. Será porque não tem muito intelecto? Compare-o a Bertie ou Aldous. Tende a zombar do intelectual sério. Muito amável da parte dele ter vindo, claro. Fiquei lisonjeada. E estava chovendo, e ele voltou para casa de metrô. Disse que é muito pobre. Sacrificara 5 ou 6 mil libras por ano quando desistiu da advocacia. Não tinha condições de comprar um carro. O que mais? Conhece a natureza humana de um só ângulo. Gosta disso. Não se ilude muito, eu acho. Menos fanático, ou mais dissimulado, que antigamente. Winston está do lado de Franco, porque tem amigos naquele campo. Mas o povo não respeita Winston. Ele muda de opinião e de política. Baldwin, um completo fracasso. Deveria ter renunciado quando Hoare o fez. Um discurso horrível em Mansion House[715]. Não existem líderes. Seguram os jovens do Partido Trabalhista até que tenham mais de 40 anos. Queria pedir-lhe que me chamasse de Virginia, mas me abstive. Isto é tudo. E Chapman vem hoje. Mauron jantou aqui no domingo; outro homem gentil. Contou histórias engraçadas sobre Roger: seu carro: Josette[716].

Segunda-feira, 30 de novembro

Não há necessidade alguma, a meu ver, de preocupação com relação a *Os Anos*. O livro parece ter se conseguido se resolver no final. Em todo caso é um livro tenso, real, exigente: com alguma beleza & poesia também. Um livro sólido. Acabei de terminá-lo; e me sinto um pouco exaltada. É diferente dos outros, é claro: acho que tem mais vida "real" nele; mais sangue e osso. Mas, de todo modo, mesmo se contiver trechos deploravelmente inconsistentes e um rangido no começo, não vejo necessidade de passar as minhas noites tremendo. Acho que posso me tranquilizar. Digo isso sinceramente para mim mesma; para aguentar as semanas de enfadonha espera. Nem preciso me importar muito também com o que as pessoas dizem. Na verdade, eu congratulo aquela mulher profundamente deprimida, eu mesma, que tinha dores de cabeça tão frequentes; que estava tão certa de seu fracasso; pois apesar de tudo acho que ela cumpriu a sua tarefa e merece cumprimentos. Como ela conseguiu, com a cabeça parecendo um trapo velho, eu não sei. Mas agora, descanso: e Gibbon[717].

Segunda-feira, 7 de dezembro

Agora estamos – sem rei? Com uma rainha? O quê? O caso Simpson veio à tona. Foi na quarta-feira, dia 2 de dezembro, que o bispo comentou sobre a ausência de religião do rei. Na quinta-feira, todos os jornais, o *Times* e o *D[aily] T[elegraph]*. muito discretamente, mencionaram algumas dificuldades domésticas; outros, a Sra. Simpson[718]. Toda Londres estava alegre e tagarela – não exatamente alegre, mas animada. Não podemos ter uma mulher chamada Simpson como rainha, para resumir. Ela não é da realeza mais do que você ou eu, foi o que a jovem do armazém disse. Mas hoje, antes de o primeiro-ministro fazer seu anúncio à Câmara, experimentamos um forte sentimento de compaixão humana; dissemos "Diabos carreguem tudo isto!" – a era de Victoria acabou. Deixe-o casar-se com quem quiser. No Beefsteak Club, entretanto, somente Lorde Onslow e Clive são da opinião democrática. Harold [Nicolson] está tão sombrio quanto um agente funerário, bem como os outros nobres[719]. Eles dizem que a realeza corre perigo. O Império está dividido. De fato, nunca houve tamanha crise. Isso eu creio que seja verdadeiro. Espanha, Alemanha, Rússia – todos saíram de cena. O casamento ocupa o jornal de ponta a ponta. Fotos do D. de York e das princesas preenchem todos os cantos possíveis. Fotografam a Sra. Simpson saindo do carro, à meia-noite. Fotografam também sua bagagem. Grupos se formam. Diferentes interesses fazem fila atrás de Baldwin ou de Churchill. Mosley tira vantagem da crise para seus próprios fins. De fato, estamos todos falando muito rapidamente; e é como se este homenzinho insignificante tivesse mexido num pedregulho que causou uma avalanche. As coisas – impérios, hierarquias – as morais – nunca mais serão as mesmas. No entanto, hoje há certa sensação de que o botão foi apertado com força demais: a emoção não está mais tão disponível. E o rei pode fazer todo mundo esperar, enquanto fica tentando se decidir, como um menino travesso no berçário.

Passando na frente do Palácio ontem à noite, multidões esperavam no frio – está muito frio – não consigo escrever – com os olhos fixos nas janelas. Duas ou três luzes estavam acesas nas janelas de cima.

Domingo, 10 de dezembro

Depois tivemos a transmissão[720]. "Príncipe Edward, falando do Castelo de Windsor" – anunciou o mordomo emocionado. Ao que, primeiro gaguejando ligeiramente, com uma voz dura e tensa, como se estivesse contra a parede, o rei (mas isso já desaparece e se anexa a York) começou: "Finalmente... Posso falar-lhes... A mulher que amo... Eu que não tenho quaisquer dessas bênçãos..." Bem, parece que entramos em contato com a carne humana. Sua mente também é teimosa e dura... um jovem bastante banal; mas nunca tinham feito a coisa nessa escala. Um homem instalado na Torre Augusta, em Windsor, dirigindo-se ao mundo em nome pró-

Todos os ônibus estavam vazios.

prio e da Sra. Simpson. Na praça, havia um vazio completo. Toda a vida se retirou para escutar, para julgar. A Srta. Strachan [balconista] não queria ouvir, por medo de simpatizar. E depois Edward continuou, do seu jeito duro, dizendo coisas perfeitamente corretas sobre a Constituição, o P. Ministro, sua Majestade minha mãe. Por fim encerrou: gritou Deus salve o rei; depois disso ouvi um suspiro crescente, feito um apito. Depois, silêncio. Silêncio completo. Depois, o Sr. Hibbert disse: E agora vamos desligar. Boa noite a todos. Boa noite; e estávamos aconchegados em nossas camas.

1937

Domingo, 21 de fevereiro

Isherwood e Sally [Chilver] ontem à noite. I[sherwood] é um achado e tanto: muito pequeno, de bochechas vermelhas, ágil e vivo. Conversamos animadamente. Mora numa pensão em Bruxelas; é herdeiro de uma casa e[lisabe]tana perto de Manchester; e gosta dos meus livros[721]. Isto fez corar um pouco as minhas bochechas. Disse que Morgan e eu éramos os únicos romancistas vivos que os jovens – ele, Auden, Spender, imagino – levam a sério. Ele nos admira muito aos dois, mesmo, eu pude perceber. Pelos livros de M., tem paixão. "Vou lhe confessar tudo, então, Sra. Woolf – sinto que a senhora é uma poeta: ele faz o que eu quero fazer... é uma combinação perfeita." Mas fiquei satisfeita com a minha parte do elogio, que caiu muito bem nestes dias de depressão. Auden e ele estão escrevendo juntos. Ele escreve a prosa, A., a poesia. A. quer inúmeros cobertores em sua cama; inúmeras xícaras de chá; depois fecha as persianas e as cortinas e escreve. Id. é um passarinho muito alegre e agradecido. Um verdadeiro romancista, eu suspeito; não é um poeta; está cheio de observações perspicazes sobre personagens e cenas. É estranho que eu conheça tão poucos romancistas: gostaria de conversar sobre ficção com ele. Sally estava bastante apagada e pálida: mas Id. e eu éramos umas matracas. De repente ele disse que precisava encontrar John Andrews no Rules e ir de carro até Croydon, tem que pegar um avião até Paris, hoje, para passar o dia[722]. Assim é a vida dos jovens quando não estão preparando revoluções. Um dos jovens mais animados e observadores: e um alívio depois das depressões silenciosas dos demais. Ele e Sally acham mesmo que agora as coisas estão indo bem na Inglaterra e que Madri não vai cair. E assim vamos, mudamos de opinião. Eu já "fiz", até agora, oito episódios. Julian Fry, infelizmente, vem tomar chá.

Segunda-feira, 1º de março

Gostaria de poder descrever minhas sensações neste momento. São tão peculiares e desagradáveis. Até certo ponto, por causa desta época da vida? Eu me pergunto. Uma sensação física, como se as veias martelassem levemente: estou com muito frio: impotente: e assustada. Como se estivesse num parapeito alto, exposta à luz. Muito sozinha. L. foi almoçar fora. Nessa tem Quentin e não me quer. Muito inútil. Não existe uma atmosfera ao meu redor. Não existem palavras. Estou muito apreensiva. Como se algo frio e horrível – uma explosão de riso às minhas custas estivesse prestes a acontecer. E sou impotente para evitá-la: não tenho proteção. E essa ansiedade e vazio me cercam de um vácuo. Afetam as coxas, principalmente. E eu quero explodir em lágrimas, mas não tenho nada por que chorar. Depois uma grande inquietação toma conta de mim. Acho que conseguiria fazer isso passar caminhando – caminhar e caminhar até ficar com sono. Mas começo a não gostar desse sono repentino e drogado. E não consigo abrir a minha mente e concentrá-la, calma e inconscientemente, num livro. E os meus próprios escritozinhos parecem secos e arruinados. E eu sei que devo continuar esta dança sobre tijolos quentes até morrer. Isto é um pouco superficial, admito. Porque eu posso cavar uma toca e olhar para mim mesma, exposta desta maneira ridícula, e sentir uma completa calma submarina: uma espécie de calma, além do mais, forte o suficiente para levantar toda a carga: sou capaz de senti-la em alguns momentos; mas os momentos de exposição são aterradores. Vi os meus olhos no espelho uma vez, e vi-os claramente aterrorizados. É o 15 de março que se aproxima, imagino – o brilho daquele farol de carro no meu pobre corpinho de coelho, que o mantém atordoado no meio da estrada. (Gosto dessa frase. Isso me dá confiança.)

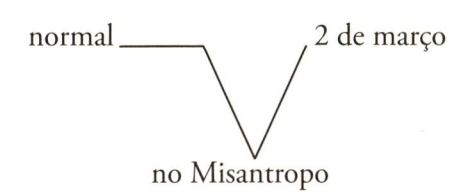

normal ——⟍ ╱—— 2 de março
                  ⟍╱
              no Misantropo

Sexta-feira, 19 de março

Esta é uma das minhas experiências mais estranhas – "eles" dizem, quase universalmente, que *Os anos* é uma obra-prima. O *Times* o diz. Bunny. Etc.: Howard Spring. Se alguém tivesse me dito que eu escreveria isto há uma semana, ou há seis meses, eu daria um pulo feito uma lebre ferida por uma bala. Como isso teria sido completa e absolutamente incrível! O coro de louvor começou ontem: a propósito, eu estava andando por Covent Garden e encontrei a igreja de St. Paul, CG, pela primeira vez; ouvi a velha faxineira cantando enquanto limpava as cadeiras no salão da entrada. Depois fui à Burnets [*da Garrick St.*]: escolhi coisas; comprei o *E. Standard* e me senti aclamada enquanto o lia no metrô. Uma sensação calma e tranquila, a glória: e estou tão preparada mentalmente para isso agora que não acredito que a agitação vá me preocupar muito. Agora devo retomar o *3 Gs*[723].

Algo sobre uma obra-prima, e como a Sra. W., desde Ao F, tem mais a nos oferecer do que qualquer outro escritor vivo... uma surpreendente fertilidade.

Hensman já chegou, imagino – não que eu esteja muito chateada com isso: já que não acho, de verdade, que esta irritação tenha alguma importância. Srta. Strachan ficou cheia de pintas. L. acha que são pulgas. Eu o escutei descrevendo pulgas há pouco na Editora. Já trabalhei um pouco no *3 Gs*... mas não consigo me concentrar o suficiente: lanço-me a voos fáceis, porque sou elogiada, sem dúvida.

Ontem ouvimos uma história estranha na casa de Hayward[724]. Ele vive em Bina Gardens, chamados de Bina por causa de Rubina, a filha favorita do construtor. Senta-se, torto, numa cadeira triangular. Não consegue se levantar. Sua sala não tem criatividade: impecável: arrumada demais. Carrington pintou-lhe uma estante de livros: os livros todos de tamanho variado. Dois cavalos de vidro sobre a mesa de mogno vitoriana: flores saltando separadamente: um prato de frutas cuidadosamente dispostas. A história era sobre o seu senhorio: foi preso por escrever cartas indecentes às meninas de Roedean – dirigidas à Líder das Garotas –, e que foram, portanto, abertas pela diretora. Estas ele escrevia na cozinha enquanto a Sra. Baker? cozinhava o jantar de John. Ele entrevistou todos os inquilinos e apresentou os fatos. Gostava de contar isso: até certo ponto para me impressionar, eu acho; e para fazer tentativas com Dryden e com a edição. Não vai ver mais primavera que o furgão do sorvete Walls, ele disse. Tem lábios vermelhos macios e grossos: olhos de um verde congelado; e movimentos ágeis, como um macaco numa coleira. Disse que Tom é da opinião de que os anglo-católicos não podem usar contraceptivos, por causa da lei da Igreja. Daí as cartas indecentes, acho. Mais um motivo de orgulho para a igreja de Tom. Agora preciso subir as escadas para ver se Hensmans já foi embora. Minha recompensa será ir até o Caledonian Market.

Domingo, 4 de abril

Outra idiossincrasia curiosa. Maynard acha que *Os anos* é o meu melhor livro: acha que uma cena, E[leanor]. e Crosby, supera *O jardim das cerejeiras* de Tchekhov – e essa opinião, embora venha do centro, de uma mente exemplar, não me agita tanto quanto a crítica negativa de Muir; vai se assentando aos poucos, profundamente. Não é um sentimento de vaidade; o outro, sim: o outro vai morrer assim que o exemplar desta semana do *Listener* tenha passado. L. foi a Tilton e teve uma conversa longa e tranquila com amigos íntimos. Maynard não está bem; uma cãibra no músculo do coração. Seus dedos dos pés se contraem. Lydia está ansiosa. Estranho, já que ele disse no Natal que nunca esteve tão bem. Conversamos sobre o que fazer por Julian, que parece deprimido a todos. Ah e não havia jornais esta manhã – que curioso despeito contra mim, o que vai me deixar levemente agitada o dia inteiro. Mas, afinal de contas, *se* Desmond resenhar meu livro, vai ser apenas ligeiramente avuncular e deprimente. É muito provável que não o faça. Ah, estar livre das resenhas! Leio Balzac com grande prazer. Minha aptidão para a leitura de romances está voltando.

Maynard disse que achava *Os anos* muito comovente [;] mais suave do que qualquer outro dos meus livros; não o confundiu, como *As ondas*; o simbolismo não era uma preocupação; muito bonito; e nada além do necessário foi dito, não o havia terminado ainda. Mas como combinar as duas opiniões; é o meu livro mais humano: e o mais desumano? Ah, poder esquecer isso tudo e escrever – como farei amanhã.

Quarta-feira, 11 de agosto

Tenho meia hora de sobra e poderia muito bem gastá-la aqui. "Aqui" sempre escrevo sobre escrever: fico bastante envergonhada. Mas isso deverá me preparar para o esforço e a labuta dos dias deste verão. Agora estamos na pior parte da estação – acho que sou capaz de reconhecer isso. Não falamos tão livremente sobre Julian. Queremos que as coisas sigam adiante. Angelica e Q. vieram jogar bocha. Evitamos conversar. É inacreditável. Oferecemos diversão, L. e eu: isso nos deixa bastante propensos a brigar quando estamos a sós – imagino que seja a tensão. O inconveniente estágio da tristeza. E nunca estamos a sós. Graham veio no sábado: A Sra. W. e Ada, no domingo: as crianças[725]: na segunda-feira fui a Charleston de trem. Assim deixei L. sozinho: tenho o direito de deixar L. sozinho e encontrar Nessa? Ela estava de novo em seu estado submerso. Um clima de águas cinzentas e profundas; e eu me debatendo à tona feito um peixe despedaçado. Um trabalho muito difícil. Depois, A[ngelica] veio dormir aqui, e ontem foi um dia londrino detestável. L., em silêncio; a casa, suja; acordar: calor; calor bruto, pesado, queimado. A. atrasado; chá; voltar de carro: uma grande tempestade, jantar em C[harleston]. Nessa está melhor. Mas agora começam os surtos de visitantes, tão incômodos neste verão. Virão os Mauron[726]? Depois, Judith e Adrian. Odeio essas decisões, e L. está em silêncio. Então escrevo aqui, não sobre isso, mas sobre minha escrita, que é a única chama que o dia produz. Na verdade [?], oferecem-me £200 por 1500 palavras para a *Cosmopolitan*. Devo, ou não devo[727]? Para que fazer dinheiro? Outro carro, imagino; outra mesa; alguns discos novos e um vestido. Uma história bem familiar: os filhos de Nessa; minha inveja deles, que me leva a trabalhar. Mas não adianta pensar – isto é, analisar. Farei um longo passeio esta tarde até Piddinghoe: caminharei até serenar; jogarei bocha, lerei; e não pensarei em coisinhas para organizar. Comprei *The Mysterious Universe*, de Jeans, por seis pence. Estou lendo George Sand com calma; um romance longo que L. acha bom para a Editora: deveria ler Congreve para completar o meu estudo, mas não tive tempo – cheguei de Charleston muito tarde. Tenho Auden, McNeice, na Islândia do [*Clube do Livro do*] *Times*; também um livro de memórias francesas de George Sand. Então tenho o que folhear. E uma caixa enorme de artigos de Roger. Incontáveis cartas não escritas – a compaixão por Julian que anda comigo de muitas formas diferentes.

Terça-feira, 12 de outubro

Londres.

Sim, estamos de volta a Tavistock Square; e não escrevi uma palavra desde 27 de setembro. Isso mostra como todas as manhãs estiveram cheias até as bordas com *Os três guinéus*. Esta é a primeira manhã em que escrevo, porque ao meio-dia, há dez minutos, escrevi o que acredito ser a última página do *3 Gs*. Ah, como tenho galopado violentamente por estas manhãs! O livro saiu de mim num jorro, se isso for algum mérito, feito um vulcão físico. E o meu cérebro está tranquilo e sereno após a expulsão. Andava em ebulição desde – bem, lembro que já pensava nisso em Delfos[728]. Então me forcei a usá-lo primeiro na ficção. Não, a ficção veio primeiro. *Os anos*. E como precisei me conter durante toda aquela depressão terrível, e me recusei, salvo por algumas anotações frenéticas, a explorá-lo até que *Os anos* – esse fardo horrível – não estivesse mais sobre mim. Portanto eu mereci este galope. E me reservei tempo e pensamento também. Mas como poderei saber se é bom ou ruim? Agora preciso acrescentar a bibliografia e as notas. E fazer um intervalo de uma semana. Isto poderá ser proporcionado pelo Sr. Davis, da *Harper's Bazaar*, que vem tomar chá hoje para conversar sobre um conto sugerido por aquele trapaceiro marrom-avermelhado, como suspeitamos que Monsieur Chambrun seja – o qual não descrevi – o agente que me enviou um telegrama sobre *A duquesa e o joalheiro*, ofereceu 200 libras, e acho que de alguma forma vai escapulir.

Nada foi dito aqui sobre as últimas semanas em Monk's House. O tempo estava muito bom. Essa afirmação objetiva soa um pouco estranha.

Nessa foi a Paris. Ontem à noite veio aqui pela primeira vez. Temos todos os ingredientes para a felicidade, mas nada de felicidade. Este verão inteiro eu me pego dizendo aquele verso de Lowell[729], sobre as pessoas cujos passos ficamos escutando chegar: o verso sobre o sobrinho morto na guerra. Quando Thoby[730] morreu, eu andava por Londres dizendo a mim mesma os versos de Stevenson: Só você cruzou o rio da melancolia[731]. <Sua a alegria intacta o sonho não degenerado> É poesia ruim, creio: mas esses versos saem espontaneamente. Com Thoby, porém, eu sentia que éramos da mesma idade. Com Julian[732], é a velha dizendo que não verá mais o jovem. Uma morte antinatural, a dele. Não consigo encaixá-la em lugar algum. Talvez porque foi morto violentamente. Não sei o que fazer dessa experiência ainda. Parece ainda o vazio: a imagem de Nessa sangrando: como ficamos olhando: nada a ser feito. Mas o estranho é que não consigo registrar nem descrever. Claro que me forcei a levar o livro adiante. Mas o futuro sem Julian está cortado, podado: deformado.

    Decidimos aos poucos não vender a Editora de todo; mas deixá-la morrer aos poucos, menos para os nossos próprios livros. Este é um bom final, eu acho. Conserva o direito à aventura; corta algum dinheiro. Não conseguiríamos escrever para editores. Assim pratico minhas próprias teorias, de qualquer forma. E vamos ter mais espaço para a experimentação e a liberdade.

1938

Terça feira, 26 de abril

Passamos a Páscoa em M.H[733].: mas, quanto ao sol, não apareceu em momento algum; estava mais frio do que no Natal – céu relutante, cor de chumbo; vento cortante; roupas de inverno; provas para rever; crises agudas de desespero; refreadas, no entanto, pela graça de uma divina filosofia; e a alegria de descobrir *As abelhas de Mandeville* – este, verdadeiramente, um livro fecundo; o livro mesmo que eu preciso. Então Q.[uentin][734] nos telefona; para avisá-los: vocês receberam alguma carta de Pipsy[735]? Ottoline morreu[736]. Disseram a ela que P. corria risco de vida, e o choque a matou: e ele pede a você que escreva alguma coisa sobre ela (com Mr. Wicks e Mr. Mussell transformando o sótão num novo quarto). Tive então que escrever; e aquilo parece perfurar o cérebro como uma bala de chumbo; e me deixa tonta. Mas, apesar disso, estou aqui esboçando já um novo livro; que não me seja imposto, eu imploro, este imenso fardo outra vez. Que seja aleatório e provisório: algo que eu possa despachar de vez numa manhã, para descansar do Roger: que não me seja imposto, eu imploro, um projeto; que recorra a todas as imensidades cósmicas; e force meu cérebro exausto e hesitante a abraçar outro todo – para o qual contribuiriam todas as partes – não por enquanto. Apenas por diversão, deixe-me registrar: Por que não *Poyntzet Hall*[737]: um centro: toda a literatura discutida em conexão com o humor vivo das pequenas incongruências reais: e com qualquer coisa que me venha à cabeça; mas com "eu" descartado: e o "nós" no lugar: mas quem se deverá invocar no final?

"Nós" composto de muitas coisas diversas ... O "nós" é toda a vida, toda a arte, todos os órfãos, os vagabundos – um todo caprichoso, errante, no entanto, de algum modo, completo em si mesmo – o presente estado da minha mente? E a zona rural inglesa; e uma velha casa pitoresca – e um terraço onde perambulam babás — e gente passando – e uma perpétua variedade e uma mudança perpétua da intensidade para a prosa, e para os fatos — e para notas; e – mas basta! Eu tenho que ler o Roger: e tenho que ir ao velório de Ott[oline], e representar também T. S. Eliot, atendendo a seu absurdo pedido. 2:30 na St. Martin in the Fields.

Segunda-feira, 9 de maio

Escrevo para preencher os habituais resquícios distraídos da manhã interrompida de segunda-feira: dirigi [*de Rodmell*] na luz clara da manhã de maio: o sol brilhava maravilhosamente; o laburno todo lascado pela primavera fria: mas ainda assim havia a cor rosa no cratego e belos tons de dourado, vermelho e azul da cor de jacintos nas árvores. Soube aqui que Richard não poderá jantar nem ir à peça de A.[ngelica] hoje à noite (ela fez muito sucesso dançando[738], disse Nessa [;] foi mencionada no *Times*): e ainda a palestra da Srta. Phyllis Bentley sobre mim; devo contar a ela alguma coisa verdadeira sobre *Os anos*, por exemplo[739]? E Tom está em Portugal; e eu encontrei Mary Hutch numa loja de sapatos; e Morgan pede uma ajuda de ordem literária sobre uma citação num espetáculo. Depois ligo para Sally[740] e por sorte garanto-a para esta noite: descubro que Mabel[741] trouxe a cadeira da sala de estar para cá – ah, como estou sentada confortavelmente depois de 10 anos de moderado incômodo; mas a sua cadeira, a cadeira há muito prometida, não veio. Um fim de semana com altos e baixos: um frio terrível, Q. não veio; não tinha um bom livro de bobagens; estava tonta; não consigo nem me concentrar na minha peça (*Pointz Hall* será afinal uma peça) nem nas cartas de Cambridge de Roger. A verdade é que queremos férias; mas temos que continuar aos trancos e barrancos, exaustos, tentando de tudo para continuar até o dia 8 de junho mais ou menos, quando escaparemos. Mas no domingo caminhamos, bem devagar para salvar a minha cabeça, de Tarring Neville até Bishopstone, pela estrada da colina que foi feita por carroças primitivas; e a metade da colina tinha uma grama azul-púrpura: e a giesta brilhava, lebres sedosas e amalucadas corriam; voltei para casa para jogar bocha e para aquela ridícula e esperta imitação, e ah, como ela me faz detestar a minha própria escrita – ao livro de May Sarton, isto se refere, de maneira antigramatical[742]. Uma semana social pela frente: Bella está de volta; almoço com Clive; vou encontrar Philip [Morrell] para escolher um anel e ficar sentimental; 2 peças de A[ngelica], e, droga, sábado na casa de Ray. [Strachey] L. está bastante nervoso por causa disso. Agora vamos almoçar.

Sábado, 10 de setembro

Não sinto que a crise seja real – não tão real quanto Roger em 1910 em Gordon Square, sobre o que acabei de escrever[743]; e agora interrompo com certa dificuldade para usar os últimos 20 minutos que me restam antes do almoço. É claro que poderemos estar em guerra a esta altura da próxima semana. Sete navios foram mobilizados hoje. Cada jornal, por sua vez, adverte que Hitler é uma ameaça com as mesmas palavras nefastas, mas controladas, ditadas pelo governo, provavelmente, de que se ele nos forçar a tal, lutaremos. Estão todos igualmente calmos e bem-humorados. Nada será dito para provocar. Toda concessão será feita. De fato, estamos simplesmente remanchando tão calmamente quanto possível até segunda ou terça-feira, quando o Oráculo falará. E queremos que saiba o que pensamos[744]. A única dúvida é se o que dizemos chegará às suas longas orelhas muito obstruídas. (Estou pensando em Roger, não em Hitler – como sou grata a Roger, e gostaria de poder dizer-lhe isso, por ter-me dado a si mesmo como matéria de pensamento – que ajuda ele continua sendo – nesta confusão de irrealidade.) Todos estes homens terríveis parecem adultos olhando incredulamente para um castelo de areia de uma criança, que, por alguma razão inexplicável, tornou-se um enorme castelo de verdade, e é preciso pólvora e dinamite para destruí-lo. Nenhuma pessoa sensata pode acreditar nisso. Mas ninguém deve falar a verdade. Portanto esquecemos. Enquanto isso os aviões estão rondando, atravessando as colinas. Todos os preparativos estão sendo feitos. As sirenes vão soar de uma determinada forma ao primeiro sinal de ataque aéreo. L. e eu não falamos mais sobre isso. É muito melhor jogar bocha e colher dálias. Resplandecem na sala de estar, cor de laranja em contraste com o fundo negro da noite passada. Nossa sacada foi levantada. Hoje Morgan vem e o nosso Memoir Club vai estar lotado no fim de semana. Vai ser em Tilton à tarde, para se adequar a Maynard, que vai ler. Q[uentin] e Molly vêm almoçar aqui amanhã e não tenho dúvida de que vamos nos comportar como se o momento fosse eterno – como Roger disse a Goldie. Que outra atitude – mas não é uma atitude – será possível mesmo para pessoas moderadamente adultas? Até onde sei os aldeões partilham disto. Para que serve a guerra? Não queremos guerra. É o veredito de Louie. Mas nosso candidato, o nosso pequeno Sr. Black, que jantou aqui uma noite dessas, tem o cérebro de um coelho, me faz lembrar de Tisdall, só fala sobre o camundongo de estimação da filha – ela cria camundongos de muitas cores, que vende por 5 pence para um criador da região, e sua outra filha faz cartazes com desenhos de camundongos, enquanto ele próprio coleciona caixas de fósforos – bem, ele é o político mediano, acho; e é totalmente e imediatamente a favor da guerra. Para quê? Para construir um novo estado... e que tipo de novo estado? Um estado em que se colecionem camundongos e caixas de fósforos[745].

Segunda-feira, 12 de setembro

Os jornais dizem que saberemos a verdade de qualquer maneira hoje à noite. Mas ontem Maynard achava que Hitler podia não dizer coisa alguma por alguns dias. O Gabinete todo ocupado, cada vez que aparecem – eles ficam sentados o dia inteiro – em deixar claro, sem uma declaração real, de que lutaremos se a França lutar. A imprensa toda harmoniosa. Então não há nada a fazer a não ser esperar.

O encontro do Memoir Club teve sua pequena comoção. M[olly] e Q. almoçaram aqui. Depois do almoço, enquanto descia as escadas, M. tropeçou e caiu sobre o azulejo que estava solto. Ficou deitada, muito branca, sentindo muita dor. Não conseguia se mexer. Obviamente uma torção feia. Depois de algum tempo conseguimos levá-la ao terraço – ficamos lá sentados conversando; mas quando precisamos ir embora, ela não conseguia se mexer. O tornozelo estava inchado. Então após vários telefonemas, nós a levamos ao substituto do [Dr] Tooth: e ele – um homem de sarja azul, a cara vermelha, cheia de protuberâncias – temia que o osso tivesse sido machucado. Depois, o raio X, o homem saiu: por fim fomos até Tilton; nós a carregamos até sua casa. Maynard leu um artigo repleto de informações, profundo e impressionante, pelo que consegui acompanhar, sobre a juventude de Cambridge, sua filosofia, suas consequências; Moore; o que lhe faltava; o que ofereceu. A beleza e o desapego às coisas mundanas[746]. Fiquei impressionada com M. e me senti um tanto frívola e estúpida. Depois ele precisou descansar; o tempo ficou cinza e frio. M. teve que ser conduzido lentamente – a uma cama feita no térreo em Charleston. No entanto foi um encontro muito humano e satisfatório. O chá: Lydia o presidiu: "Agora, meninos e meninas, sentem-se." Bolinhos. Sanduíches de presunto. Nada de política. Bunny, Desmond, Q. e Lydia, nós, Morgan, Clive, Nessa (com um grande chapéu: nunca foi tão ela mesma). Rachel vai ter um bebê. Molly está muito mais calma: valente: objetiva; e ouviu o que dissemos. Mas agora vamos sair para almoçar com William [Plomer] em Brighton, e levaremos Morgan.

Quarta-feira, 14 de setembro

As coisas estão piores hoje. Tumultos em Praga. Ultimato dos Sudetos. Parece que Hitler quis entrar na guerra indiretamente. Incita distúrbios: dirá que não podem ser contidos. Isso foi dito no rádio às 21h30 da noite passada. Esta manhã estamos só esperando. Ninguém faz ideia[747]. Tenho dor de cabeça, até certo ponto por causa de *Roger*: e, também, por esta melancolia. Então, vou parar com *Roger*; já que almoçaremos com Bella amanhã. E qual é a nossa própria posição? Tão obscura que não consigo compreendê-la. Trabalhar, acho. Se houver guerra cada país vai entrar nela: caos. A minha única posição possível é me opor a isto tudo com *Roger*. Bem, eis aí um fosforozinho absurdo de se acender. Mas esta é uma guerra impossível, esta – quando sabemos que ganhar não significa nada. Então estamos condenados pelo resto de nossas vidas à miséria pública. Que também será a miséria privada. Quentin: todos os jovens casados; Ann etc. Nós – L. e Eu – podemos sobreviver por aqui, acho: verduras e frutas[748]. E eu ganhei algum dinheiro. Não precisamos nos acanhar. Isso é tudo. Sinto que disse o que queria no *3 Gs.* e não me importará se 1: isso tornou meus próprios amigos hostis; se me expôs a insultos e ao ridículo; e também a elogios onde não os desejo; e pago contas de Sociedades de Mulheres: £3.9 por um folheto ridículo – isso é minha dívida para com a civilização. Imagine se John tivesse telefonado! A Editora? Chafurda e oscila num caos completo. É estranho que isto seja um estímulo para o artista pleno. Teremos que ficar em casa e escrever. Acredito que os ataques aéreos possam jogar uma bomba pela claraboia. Os rugidos continuam lá em cima. Louie diz que o carpinteiro está na reserva. Zombam dele porque é socialista. É 1914, mas sem nem mesmo a ilusão de 1914. Todos escorregando conscientemente para dentro de um fosso.

Mas John vem almoçar. Q. e A. vêm tomar chá. Jantaremos amanhã em Charleston. Um belo dia de verão.

Terça-feira, 20 de setembro

Já que estou esgotada demais para poder trabalhar – tenho bastante dor de cabeça – poderia muito bem escrever um esboço aproximado do capítulo seguinte[749]. (Tenho estado muito absorvida por *P.H.*[750], por isso a dor de cabeça. Nota: a ficção é um esforço muito maior do que a biografia – isto é o que é emocionante.)

Quem sabe faço um intervalo após a morte de H[elen](loucura). Um parágrafo separado citando o que o próprio R. disse. Depois um intervalo. Depois começar em definitivo com a primeira reunião. Esta é a primeira impressão: um homem do mundo, não um professor ou um boêmio. Depois dar informações em suas cartas para a mãe. Depois voltamos ao segundo encontro.

Quadros. Conversas, sobre arte. Olho pela janela. O poder de persuasão dele – uma certa densidade – desejava persuadir-lhe a gostar do que ele próprio gostava. Ansiedade – absorção – agitação – uma certa vibração, como uma mariposa ao redor dele. Ou devo criar uma cena aqui – na casa de Ott?

Depois, Constantinopla. A saída de lá – trazendo as coisas – sua destreza na combinação. Depois, citar as cartas a R.

A primeira exposição[751] de 1910.

A zombaria. Citar W[ilfred] Blunt.

O efeito em R. Outra análise detalhada.

A carta a MacColl. A sua própria libertação pessoal. A emoção. Encontrou o seu método (mas isto não duraria, suas cartas a V[anessa]. mostram que estava balançado demais por ela).

O amor. Como dizer que agora estava apaixonado?

Dar o clima do pré-guerra. Ott. Duncan. A França. A carta a Bridges sobre beleza e sensualidade. Seu rigor. Lógica.

Quinta-feira, 6 de outubro

Mais dez minutos. Estou dando uma olhada em *P.H.*, em que só posso trabalhar por uma hora. Como *As ondas*, aprecio-o intensamente: a cabeça completamente tomada por Roger. Houve uma tempestade violenta dois dias atrás. Não pude caminhar. As maçãs caíram das árvores. A luz elétrica foi cortada. Usamos as 4 velas de 6 pence compradas na Woolworths. Cozinhamos o jantar, e fumamos, diante da lareira na sala de jantar. Os homens agora estão envernizando as tábuas. O quarto vai mesmo ficar pronto esta semana. A política agora se resume a "Eu lhe disse... Você que fez – não eu". Vou parar de ler os jornais. Vou me afundar, por fim, na contemplação. Paz para o resto de nossas vidas: por que não tentar acreditar nisso? Não consigo me motivar a ir até S. Remy. Quero – não quero. Anseio por uma mudança; amo ler Sevigné mesmo à luz de velas. Anseio por Londres e pelas luzes; anseio por uma época; anseio pela completa solidão. Conversei sobre tudo isso com L. caminhando até Piddinghoe ontem.

E. Bowen enviou-me seu livro; Marie Mauron também[752].

1939

Quarta-feira, 18 de janeiro

É sem dúvida uma boa lufada de ar fresco ter o meu conto ["Lappin e Lapinova"] aceito pela *Harper's*. Soube esta manhã. Um belo conto, estamos encantados em publicá-lo. Ganhei 600 dólares então. Portanto pagarei o dinheiro de Helen, como disse que o faria. Mas o encorajamento, devo assinalar – contrariando as minhas teorias de que devemos viver sem encorajamento – nos aquece, reaviva. Não posso negar. Até certo ponto por causa disso, talvez, estive em plena atividade esta manhã com o *P.H.* Creio ter chegado a um método mais direto de resumir as relações; e depois os poemas (metrificados) fogem ao estilo da prosa lírica, na qual, concordo com Roger, exagero. A propósito, essa foi a melhor crítica que recebi em muito tempo: que poetizo as minhas cenas inanimadas, que acentuo a minha personalidade; que não deixo o significado surgir da *matière* – certamente eu devia a Roger 150 libras.

Fui até Her[t]ford House sob aquela chuva amarela de ontem e vi Bodington e Bumalfacco – não, não é esse o nome – um pouco de averiguação para o livro, a que devo me dedicar amanhã[753]. As páginas seguintes são sobre a política de R. Agora não peça desculpas porque [Janet] Adam Smith zomba, pois ela não vale uma unha do pé de Roger.

John [Lehmann] veio tomar chá – estava deprimido. Ele e L. nunca aludiram à sua troca de insultos. Mas o achei muito abatido. Eu não estou por dentro da política londrina. Estamos numa das nossas calmarias. Ainda estamos ausentes para os nossos amigos; mas devo encontrar Mela Spira, a refugiada judia austríaca; e, hoje, a Sra. Woolf – as lacunas vão se preenchendo[754]. Vou sair a caminhar e me aventurar a ver as imagens de uma tarde; e muitas vezes encarar, após o chá, em momentos quaisquer, a ideia da morte e da velhice. Por que não transformar a ideia da morte numa experiência emocionante? – como fazíamos com o casamento, na juventude? A idade hoje é desorientada pelo meu dom criativo – ainda uma bolha. E depois a constante paixão com que estou lendo agora... Um dia chuvoso. Chuva, gotas molhadas de verdade: salpicos brancos que vêm da estrada. Devo de certo modo facilitar a minha volta a *Roger* – fechar *P.H.* firmemente; minha mente cheia de figuras – Isa na estufa – a serem postas em suas caixas.

Segunda-feira, 30 de janeiro[755]

Freud disse: "Teria sido pior se vocês *não* tivessem ganhado a guerra." Eu disse que muitas vezes nos sentíamos culpados – se tivéssemos fracassado talvez Hitler não tivesse acontecido. Não, ele disse, com grande ênfase; ele teria sido infinitamente pior. Consideraram a possibilidade de partir por três meses; decidiram-se em 24 horas. Muito alerta à menção de L. sobre o caso em que um juiz decretou que o criminoso deveria ler 20 dos livros de Freud. Adrian diz que a Princesa Bonaparte deu-lhe esta grande, silenciosa e sólida mansão em Hampstead. "Mas não gostamos tanto dela quanto do nosso apartamento em Viena", disse Anna. Uma certa tensão: todos os refugiados são como gaivotas com seus bicos abertos à procura de possíveis migalhas. Martin e seu romance; ela trabalhando em seu livro. A tensão sobre nós também, por sermos benfeitores[756].

A festa de A[drian] foi diversificada e sem dúvida um sucesso. Os jovens dançaram até as 3 horas. Bobo num veludo carmesim, Tom com a barba de Lytton e um olho castanho saltado: Janice com um nariz enorme; Clive cheio de energia, dançando com Bobo; reparando aquela antiga ruptura. Duncan, um príncipe francês louro: Ann, quase nua, muito nobre, adorável; distante; feroz; Richard cortês e inescrutável: sempre o mesmo, Angelica disse; Molly bastante velha; Rachel de xale vermelho, prestes a ter um Cecil; David falando animadamente sobre seu livro [*The Young Melbourne*], lançado na quinta-feira; atacado, apreciado, antipatizado; recusado pelos EUA e pela Book Society etc. E as habituais rolhas balançando-se nas ondas – bobos com esperança de entrar em contato com alguém ou algo e se aproximando e sendo afastados e por fim se anexando: Portia Holman, os Enfields. Uma espécie de libertação causada por usar máscara, a embriaguez e o abandono em não ser a mesma pessoa de sempre. Tom se expandindo nas luzes e na agitação, assim como eu[757].

Ontem à noite anunciaram a morte de Yeats. Aquele grande poeta de queixo longo e grosso que encontrei pela última vez na casa de Ottoline. Dotty cairá de seu alto status; mas tento cultivar a compaixão em vez da sátira[758]. E estamos todos nervosos esperando o discurso de Hitler hoje à noite.

Quarta-feira, 22 de março

Tom enviou-me sua peça, *Family Reunion*. Não, não funciona. Li-a durante o fim de semana. Ela começa teorias. Mas não... O experimento com a tagarelice estilizada não foi bem-sucedido. Ele é lírico, não dramático. Mas aqui não há lírica livre, ele é preso pelo personagem: não tem o poder de personificar: é duro feito uma pedra. E a pedra principal é Tom: mas não consegue se pronunciar. Uma pedra dura e vertical. E as Parcas atrás da cortina da sala de estar. Um começo inteligente e algumas ideias; mas elas se estendem: e nada prende: tudo é névoa – um fracasso: uma prova de que ele não é um dramaturgo. Um monologador. Isto foi afirmado muito educadamente pelos jornais esta manhã. As notícias, não tão educadas[759]. Vamos na quinta-feira. Naturalmente, e de forma egoísta, por razões que não posso explicar, me sinto aliviada: por quê? Se tivesse sido um sucesso teria de alguma forma ratificado – as minhas ideias? Este fracasso confirma uma nova ideia minha – de que estou evoluindo com o drama em *PH*? Ou será inveja? e também temos a peça de L. Uma combinação de motivos...

Tudo muito bem no momento; e estou sozinha; e tenho que enfrentar uma costureira; e L. está todo impetuoso. Rau diz que isso vai acabar passando. Leio Eddie Marsh. Terminei a cena do século XVIII em *PH*. Estranho como escrevo isto livre e alegre. *Roger* ficou de lado. Não, não consigo escrever aqui. A política está adormecida: mas Kingsley manifesta-se ativamente ao telefone. Um relato do almoço com Lady Astor[760].

Quarta-feira, 29 de março

Não pode haver dúvida de que Tom sabia que sua peça fora um fracasso. Estava muito amarelo e com as pálpebras pesadas. Conversamos sobre a sua gripe e notei que ele falou que suas palestras sobre a Igreja e o Estado eram "muito ruins"; uma prova, eu acho, de que agora todo o seu trabalho lhe parece assim[761]. Mas a noite foi estranhamente bem-sucedida. Kingsley Martin se convidou e ofereceu a Ann e Sally a sua pitada da política; de outro modo a literatura teria dominado demais. Depois chegou o Sr. Ellis St. Joseph, que também se convidou. E contou histórias complexas e ainda assim interessantes, de um modo estranho: sobre fumar haxixe – como lhe deram, por 10/-, uns cigarros cor de âmbar que ele achava que continham drogas; e dava baforadas com Oliver Bell que estava na cama ao lado. E só eram perfumados. Um rapaz complicado, pomposo, mas interessante. E eles ficaram até as 12h30[762]. Por isso tenho a cabeça cansada e não consigo fazer nada. Penso em caminhar para me preparar para Hugh. Uma besteira, recebê-lo sozinho; mas tenho que me apressar e não sonhar aqui sentada... ou a minha cabeça vai doer. KM[763] confidenciou a L. que aviões alemães têm sobrevoado Londres.

Madri se rendeu. KM diz que a guerra é inevitável[764].

Terça-feira, 11 de abril

Quanta identidade, para usar a minha própria gíria, será necessária para vencer um pequeno outeiro: por exemplo, Lydia, sobre "Lappin e Lapinova", ontem, em Tilton; e o conforto de Tilton, e a tranquilidade; tudo parece dificultar mais a revisão de *Roger*. Revisar *Roger* a um ritmo de duas semanas por capítulo vai me tomar três meses. E estamos em guerra. A melhor Páscoa possível tem este cenário púrpura. Esperamos como crianças obedientes para ouvir o que nos dirão quando o Parlamento se reunir na quinta-feira. Em Tilton falamos primeiro sobre medicina; a cura drástica de Maynard por Plesch; depois sobre política; deixamos cinco minutos para a peça de Tom. Todos os dias, menos dois, alguma coisa aconteceu. A paz pessoal não é acessível. A Srta. Robins vem amanhã. Depois Charleston. Depois L.P. virá aqui. Maynard, mesmo Maynard, não consegue achar nada muito esperançoso agora que a Itália cortou a Albânia, salvo que há uma uniformidade no ódio. Homens mulheres crianças cachorros etc. são totalmente a favor da guerra, se vier[765]. Mas a sós – como vamos e voltamos rapidamente do privado ao público – seus olhos são mais azuis, sua pele mais rosada e ele consegue caminhar sem dor. Lydia se dedicou ao tratamento. Eles acham que Nessa reprime Clive – não vão esclarecer as coisas. Nunca vão esclarecer nada. Mas L[ydia] [Keynes] está sempre do lado do marido – um espírito servil, natural nessas circunstâncias. Minha lealdade é para com N. e D., como sempre: mas gosto de todos os meus amigos – porém não do gosto de Tilton.

Está quente como um forno: pássaros chilreando: borboletas.

Estou relendo Dickens para me reciclar. Como ele vive; não como escreve: tanto uma virtude quanto um defeito. É como ver algo surgindo; sem conter a mente. Mas a precisão e mesmo às vezes a perspicácia – na Srta. Squeers e na Srta. Price e o fazendeiro [em *Nicholas Nickleby*], por exemplo – são notáveis. Não consigo rebaixar a minha capacidade crítica, mesmo se tentasse. Estou lendo Sevigné, a trabalho, para aquele amálgama rápido de livros que pretendo fazer. No futuro escreverei livros rápidos, intensos e curtos, e nunca ficarei amarrada a algo. Esta é a forma de evitar a acomodação e o refrigério da velhice. E desprezar todas as teorias preconcebidas – pois cada vez mais duvido que se saiba o suficiente para esboçar mesmo linhas prováveis, tudo é tão enfático e convencional.

Maurice, o último dos irmãos Ll. Davies, está morto; e Margaret vive – vive com cuidado demais, eu achava. Para que se arrastar, sempre medindo e testando o nosso pouquinho de força, e dar-lhe tarefas fáceis para acumular anos[766]?

Também estou lendo Rochefoucauld. Essa é a verdadeira razão do meu livrinho marrom – me faz ler – com uma caneta – perseguindo o aroma: e ler livros bons; não a morosidade dos originais e a estridência dos jovens cacarejando – a palavra expressa bicos imaturos escancarados e tagarelice – por compaixão. Chaucer, leio-o sempre que necessário. Portanto, se eu tivesse algum tempo – mas talvez a próxima semana seja mais solitária – eu deveria, não fosse pela guerra – subir cada vez mais alto até aquela camada emocionante em que tão raramente vivemos: onde minha mente trabalha tão rapidamente que parece adormecida; como as hélices dos aviões. Mas preciso redatilografar o último trecho de Clifton; e assim estar pronta para amanhã e fazer preparativos para Cambridge. Está muito bom, assim espero: concentrado e formatado.

Sábado, 15 de abril

É estranho como um pouco de gripe e coriza causam uma depressão tão extrema. Felizmente, a depressão me interessa; e eu brinco de montar as peças quebradas – isto é, acendo a lareira e de alguma maneira me embalo diante do fogo. Cozinhar ajuda. Ah, mas eu estava tão triste e sombria ontem. E os ruídos e as casas em construção me oprimem: e sempre temos a nossa querida e velha guerra – agora adiada por um mês. Espirrar e assoar o nariz é melhor do que incubar germes.

Saí-me muito bem com *Roger*, considerando-se que: não acho que vá passar duas semanas em cada capítulo. E é bastante divertido – lidar de forma drástica com o trabalho enfadonho deste ano. Acho que consigo enxergar como isso toma forma: e meu método de compilação foi bom. Talvez se pareça muito a um romance. Não me importa. Nada de cartas; nenhuma notícia; e minha cabeça está embotada demais para ler. L. está a toda brida em seu livro [*Barbarians at the Gate*]. Seria bom tirar umas férias – alguns dias na França – ou passar rápido por Cotswolds.

Mas considerando a quantidade de coisas que tenho de que gosto – o que é estranho – (estou sempre começando assim) é a ruptura que a guerra parece trazer: tudo fica sem sentido: não consigo planejar: e depois também há o sentimento de comunidade: toda a Inglaterra pensando a mesma coisa – este horror da guerra – ao mesmo tempo. Nunca o senti tão forte antes. Depois a calmaria e caímos novamente em nosso isolamento pessoal –

Mas devo encomendar macarrão de Londres.

Sábado, 29 de abril

Mas quais são as coisas interessantes? Penso no que gostaria de ler aqui daqui a dez anos. E estou completamente perdida. Talvez fatos literais. Crônicas, não romance. Ontem saí de casaco de pele, pois estava um frio de rachar, para caminhar em Londres. Parei na Igreja de Savoy: havia fotógrafos lá. Em seguida chegou a noiva. O carro continuou a deslizar [;] havia carros demais atrás dele. Chegaram a mãe e um pequeno pajem: duas meninas com absurdos chapeuzinhos náuticos. Elas ajudaram a noiva com seu véu. "Consegue passá-lo por cima do meu buquê?", ela perguntou – muito alegre; bastante corada; muito magra. O marido e o padrinho esperavam, de calças cinza e fraques. Velhos sentados ao sol observando. Operadores de câmera. Uma pequena procissão – bastante reduzida e fria, e não muito rica, eu achei. O velho – da minha idade – calçava botas gastas. Escanhoado, escovado, vermelho, magro. São o Sr. Sholto Douglas Barnes, e a Srta. Marjorie Berkeley, filha de um finado Coronel do Serviço Civil da Índia – soube hoje[767]. Depois caminhei pelo Embankment, até o bairro das peles, atrás de Blackfriars. Homens de casacos brancos com peles prateadas. Um odor de peles. Encontrei algumas casas antigas da City Company[768]. Uma delas, a Inn Keepers Company. E, também, uma planta verde brotando para fora de uma fábrica. Também uma das clássicas mansões do século XVIII, escondida. Chegando a Cannon St., comprei um jornal com o discurso de Hitler. Li-o no segundo andar do ônibus. Inconclusivo – colocado às pressas, notícia de última hora. Todos o estão lendo – até mesmo os vendedores de jornal, uma grande prova de interesse[769]. Depois fui até Kingsway. Comprei algumas pastas. Não consegui comprar um guia de Cotswolds. L. recebeu quatro cavalheiros para discutir o memorando de Sir John Maynard. Li Chaucer. Gostei. Estava quente e feliz por não ir a Sadler Wells. Nessa telefonou. Cama.

Segunda-feira, 26 de junho[770]

Conversa na casa de Nessa ontem à noite. Boa parte sobre o suicídio de Gertler. Matou-se asfixiado com gás há duas noites no seu estúdio. Tínhamos conversado com ele sobre a sua tentativa anterior na noite em que jantou conosco. Era por causa de algum problema no trabalho, ele disse naquele momento, e tinha se recuperado completamente. Começara uma nova fase como pintor. Isso era verdadeiro, disseram Nessa e Duncan; sua última mostra, encerrada havia pouco, foi um grande progresso, extraordinária. Então por que ele ligou o gás quando a modelo dele o deixou? Ela o encontrou quando [ela] estava voltando, ainda vivo, mas inconsciente. Um homem muito sério e resoluto: um intelectual; fanático pela pintura, ainda que um fanático egoísta. E parecia bem estabelecido; com seus amigos; jantava fora com os Priestley e os Lynd. Pobre, é claro, e forçado a ensinar; e, principalmente, talvez rígido demais, autocentrado demais, honesto e limitado demais, como Kot, em sua austeridade inflexível, para estar satisfeito ou feliz. Mas com seu intelecto e interesses, por que sua vida pessoal se tornara tão dolorosa? Por causa de sua esposa? Não sabemos mais nada[771].

Angelica está melhor; e não há tempo para descrever o nosso almoço com Flora, e sua análise, clara e destemida, da velha tirana, a matriarca manqueé[772].

Segunda-feira, 3 de julho

A mãe de L. morreu à noite passada. E foi extenuante e de certa forma muito deprimente – assistir-lhe morrer. Parou gradualmente de respirar. Mas foram três dias indo até lá – sentados no nicho naquele corredor comprido. Flora estava com ela. Às vezes ela falava. L. a viu feliz uma noite. Virginia precisa escrever um livro chamado *A mulher caída*. Lembro-me disso; de uma confusão de ninharias, porque foi a última vez que ela falou sobre mim. Foi como ver um animal morrendo, L. disse. Rau começou a chorar. Ela queria viver, perguntou à enfermeira-chefe se já tinha visto uma mulher idosa se recuperar, perguntou a Rau[773]. Ambas, claro, disseram que sim. Ontem à noite enquanto Flora, Edgar e Harold comiam uma salada de frango aqui, Herbert ligou para dizer que a situação era crítica; e quando eles chegaram lá ela tinha acabado de morrer. Sua respiração parou, como Rau disse que aconteceria. E então eles decidiram que a sua vontade – de ser levada para a casa de alguém, não ser deixada no necrotério – deveria ser cumprida: portanto, o corpo será levado a Laleham [à casa de Harold Woolf] hoje: depois irá para o Cemitério Judeu. Um vigia veio da Sinagoga. Foi um dia claro, chuvoso. Caminhamos em Regent's Park, depois de oferecermos um almoço a Kingsley Martin. Sempre reparo no clima do dia em que as pessoas morrem, como se a alma fosse notar se está úmido ou ventoso. Então quando L. voltou fomos até a casa de Clive: encontramos Nessa entrevistando Lottie; e conversamos sobre médicos e doenças da pele com Clive e Duncan[774].

Mas eu não consigo fazer meu artigo sobre a Realeza, e sinto é remorso com relação àquela velha senhora animada, a quem foi uma chatice visitar. Ela ainda era alguém: sentada em sua cadeira de espaldar alto com a almofada rosa, as flores ao redor dela, sempre um charuto para Leonard e pratos com tortas que ela nos obrigava a comer. Da última vez – sábado da semana passada – estava irritada e ranzinza. Porque não tinha visto Herbert, como sempre. Os filhos não respeitavam mais os pais. E ela se levantou e caiu de volta. Mas esses sentimentos são contraditórios, desconexos, e eu estou naquele estado difícil em que escrever não funciona.

Quinta-feira, 13 de julho

Uma manhã ruim. Nervosa de novo. Porque acordei preocupada – com o quê? A tristeza de L.: não a vou remover; não sei o quê; e levantei e li MacColl e pus a máquina para funcionar. E a minha cabeça está tão anestesiada[775]. Trabalhar com esta cabeça – um livro longo, nunca mais. E nada de caminhadas. Duas horas em M[ecklenburgh] S[quare]. fazendo planos, luz elétrica, cozinha etc. A dificuldade prática nos horroriza – todos os nossos livros tapetes mobília e L. deprimido. Mas é só uma tristeza superficial. Um pensamento sombrio me ocorreu: em qual destes quartos vou morrer? Qual será a cena de alguma – ah, não, não vou escrever a tragédia que vai se desenrolar lá. Um homem livre não pensa em coisa alguma etc[776]. Então li Pascal e Pater e escrevi cartas e fiz o jantar e os meus bordados. Mas não consegui dormir direito.

Segunda-feira, 7 de agosto [Feriado nacional]

Farei agora a ousada e impetuosa experiência de interromper o trabalho de resumir "Vision e Design"[777] para escrever aqui por dez minutos, em vez de revisar, como deveria, a labuta da minha manhã.

Ah, sim. Pensei em escrever várias coisas. Não exatamente um diário. Reflexões. Esse é o estratagema da moda. Peter Lucas e Gide estão os dois fazendo isso. Nenhum consegue se dedicar à arte criativa (acho que *sans Roger* eu conseguiria). É o comentário – a interjeição diária – que vem a calhar em tempos como estes. Também sinto isto. Mas no que estava pensando?

Tenho pensado em Censores. Como figuras visionárias nos admoestam. Isso está claro num manuscrito que estou lendo. Se eu disser isto, Fulano vai me achar sentimental. Se aquilo... vai me achar uma burguesa. Todos os livros agora me parecem cercados por um círculo de censores invisíveis. Daí a sua insegurança, a sua inquietação. Valeria a pena tentar descobrir o que são no momento. Wordsworth os teve? Duvido. Li "Ruth"[778] antes do café da manhã. Sua calma, sua inconsciência, sua falta de distração, sua concentração e a "beleza" resultante me impressionaram. Como se devêssemos permitir que a mente se assente, imperturbada, sobre o objeto, a fim de secretar a pérola.

Isso é uma ideia para um artigo.

A expressão figurada é que todos os arredores da mente ficaram muito mais próximos. Uma criança gritando no campo traz a pobreza: meu conforto: à mente. Devo ir ver os esportes do vilarejo? O dever invade assim a minha contemplação.

Ah, e eu pensava enquanto me vestia, como seria interessante descrever a aproximação da velhice e a chegada gradual da morte. Como as pessoas descrevem o amor. Anotar cada sintoma do fracasso: mas por que o fracasso? Tratar a idade como uma experiência diferente das demais; e detectar cada um dos estágios graduais em direção à morte, que é uma experiência tremenda, e não tão inconsciente, ao menos em suas aproximações, como é o nascimento.

Devo agora retornar à minha labuta. Bastante descansada, acho.

Clive em Charleston ontem, com um enorme pulôver branco, que alisava e mexia, de vez em quando. Meio irritado com seu quarto.

Não preciso dizer que me deram o pior da casa. Queria compaixão, Duncan disse, e admiração. Seus livros todos foram organizados por outras pessoas. Foi uma reunião de velhos tomando chá. Q.[uentin] não estava lá[779].

Sexta-feira, 1° de setembro

A guerra está sobre nós esta manhã. Hitler tomou Dantzig: atacou – ou está atacando – a Polônia. Nosso P[arlamen]to se reúne às 18 horas de hoje.

Isto depois de um dia em Londres, mergulhada em dúvidas e esperanças. Ontem à noite ouvimos a leitura das condições dadas à Polônia. Naquele momento tínhamos alguma esperança. Agora às 13 horas vou entrar para ouvir, acredito, a declaração de guerra[780].

Um dia quente e maçante. Não sei por que escrevo isto, ou o que sinto, ou sentirei. Pode ser que as crianças venham às 14 horas – eu disse a Mabel que venha. Tudo paira sobre nós. Compramos o galo silvestre para o almoço de John em Wimbledon, e L. está pondo sacos sobre as árvores frutíferas, e o homem está construindo nossas colunas; e há um completo silêncio por todos os lados. Cinco para a uma[781].

Sábado, 23 de setembro

Enquanto isso a Polônia foi engolida. Rússia e Alemanha a dividem. Afundaram um porta-aviões. Mas não houve ataques aéreos[782]. E eu – depois de afirmar impulsivamente que escreveria para o *NS*, para usar patrioticamente as minhas faculdades – escrevi 2 e usei todas as manhãs completamente. Também temos tido visitas... ah, que balbúrdia e agitação – fins de semana inteiros com a Sra. Nicholls, a Srta. Perkins, a Srta. Woodward – ambas muito boas amostras: a vida no pub e na mercearia. Tão perturbada que só deslizei sobre a superfície dos dias. E agora Stephen [Spender] é responsabilidade só nossa; e, portanto, ficaremos com dor nos lábios e com a cabeça confusa. E John [Lehmann] vem na segunda-feira.

A Civilização encolheu. As comodidades estão definhando. Não há gasolina hoje: então voltamos às nossas bicicletas em Asheham, 1915. E uma vez mais L. e eu calculamos a nossa renda. Posso dar a A. sua mesada? Quanto precisamos ganhar os dois? Mais uma vez somos jornalistas. Ofereci-me para escrever um artigo, pedido pelo *Times*, sobre artistas e a crise; ofereci outros. Minha velhice independente está, portanto, a perigo. Mas na verdade é difícil me manter distante e fazer minha contabilidade. Existe a pressão sobre um artigo – mesmo de White e Bewick – que nos mantém absorvidas. Mas como estarei enjoada dessas 1500 palavras até quarta-feira[783]!

E então começamos a economizar papel, açúcar, manteiga, a comprar pequenas reservas de fósforos. O olmo que caiu foi cortado em pedaços.

Isto nos durará dois invernos. Dizem que a guerra vai durar três anos. Recebemos um SOS de Kingsley. Veio passar a noite. O que não podia dizer ao telefone? Nada. Deveria se manifestar a favor da paz? Cha[mberlain] tem os termos no bolso. Todos que sabem alguma coisa dizem que fomos derrotados. Tropas defendem a região leste. Uma bomba – e ele pretende bombardear as docas – levará à revolução. Ele estava feliz, mas ria rápido e baixo, como um pássaro delirante. Sempre se vendo, e feliz em se ver, como um mártir. Mas nada de qualquer importância foi dito em seu artigo. Um sensacionalista – sua mente apodrecida pelas rodas de conversas – todo corroído e mole como um pano de cozinha quente – fumegante, insalubre, irreal. Apesar disso gostava bastante dele – um Celta[784].

Esqueci quem mais veio. Nessa está pintando L[785]. Dirigi até Newhaven ontem para comprar gesso de Paris para Q. e vimos os dois navios-hospitais pintados de verde e branco no porto. Muitas partidas de bocha. Nada de leitura. Nada de Teofrasto – apenas a leitura de artigos. Mas isso deve cessar, já que agora vou passar tempo com meus pequenos insetos voadores; e, graças a Deus, Mabel, que é como uma daquelas moscas pegajosas da cozinha, volta na terça-feira. Londres não está pior, diz ela, que qualquer outro lugar. Uma opinião que apoio.

Domingo, 24 de setembro

Stephen está escrevendo em seu diário – não, está lendo Proust em inglês na sala de estar. Dúvidas lançadas sobre Gilbert White. Estranho como jovens difusos, queixosos e exagerados perturbam a minha atmosfera. Mas voltarei. Falei por horas desde a noite passada apesar da cólica de Stephen. Uma mente articulada frouxamente – embaçada, nebulosa, difusa. Nada tem um contorno. Muito sensível, trêmulo, receptivo, de passos largos. Então divagamos sobre Inez: ela poderá se perdoar? Pegou o dinheiro dele. Poderá ainda ser generosa e tolerante? Sobre religião no café da manhã; sobre a justiça, e caminhando pelo terraço nós mergulhamos e deslizamos e saltamos – pela sodomia e mulheres e escrever e anonimato e – esqueci. Até que eu disse que precisava escrever – apesar da minha cabeça nublada e perturbada por toda essa conversa – e ele precisa escrever; e então pediu batatas cozidas para o almoço; e fica sentado, num semirretiro, aqui, datilografando de novo sem muita convicção, G[ilbert] W[hite]. para o *N.S.* Meu alvoroço e sensibilidade são uma chatice enorme – consigo apanhar tantos rumores e reverberá-los de forma tão instantânea.

Freud está morto, dizem as notícias de última hora[786]. Somente estes pequenos fatos interrompem o retumbar monótono da guerra. Eu me inquieto de vez em quando e gostaria de ir a Londres. E aí preciso caminhar no terraço, jogar o meu cigarro fora e entrar para mais divagações e passeios discursivos por todos os países da mente. Mas, ele disse, eu gosto do que está concluído, do definitivo: Bach e Gluck. Então por que se esparramar assim? Mas é um homem muito sensível e atencioso. Não está concentrado em nada. Trêmulo. Fértil. E, acho, poético. Ainda assim, criterioso. John, um pouco grosseiro, obtuso. Comprou uma tipografia na Ladbroke Road por 5 libras. Diz que vai começar uma revista. Li os originais de seus poemas – só repetições e batidas graduais, a maior parte ininteligível. Quando digo que precisamos discutir nossos trabalhos, sem nos importar com elogios, estou sendo sincera? Conseguiria fazê-lo? Não importa. Vou adiante, do meu jeito.

Domingo, 22 de outubro

Ah, deixe-me voar de *Roger* até uma página de uma espécie muito diferente. Passamos uma semana em Londres. O cartaz dizia, em Wimbledon: "A guerra começa... Hitler diz: é agora." Então enquanto íamos de carro até M.S., eu disse: "É uma bobagem vir a Londres no primeiro dia de guerra." Parecia que íamos de olhos abertos para uma armadilha. A sensação de haver uma armadilha era intensa naqueles primeiros dias. Fiquei atenta. O apartamento estava, ah, numa tal desordem – muito pequeno, muito abarrotado. Apitos soavam. A escuridão era densa como o inferno. Parecíamos estar isolados. Sem rádio. Ficamos lá sentados. E pessoas entravam e saíam correndo. Os Arnold Foster: Tom: Stephen: John: almoçamos com os Webb. Recupero-me; a velhice significa uma acumulação do passado. Como Wells, ficamos obcecados; ou como Shaw, distraídos. A velha, com uma touca branca de bolinhas, estava tão viva quanto uma folha numa fogueira de outono: queimada, esquelética. Eu estava e estou, não, não tanto agora, tão incomodada e perturbada com a armadilha sobre mim que não conseguiria expandir a minha mente para receber impressões.

Você nunca escapa da guerra em Londres. As pessoas, todas, estão pensando a mesma coisa. Todas determinadas a realizar o trabalho diário. Problemas e dificuldades nos detêm. Muito poucos ônibus. Metrôs fechados. Proibido crianças. Proibido vadiar. Todos carregando uma máscara de gás. Tensão e desolação. À noite tudo é tão verde e sombrio que esperamos que apareça um texugo ou uma raposa rondando pela calçada. Um regresso à idade média, com todo o espaço e o silêncio do campo nesta floresta de casas pretas. Uma tocha pisca. Revela-se um velho cavalheiro. Ele desaparece. Aquela luz vermelha pode ser um táxi ou um poste de luz. Pessoas tateiam o caminho até suas respectivas tocas. Conversamos em nossa toca quase seis horas por dia. Grandes tratores escavaram a praça. Gradualmente, a sensação de que o normal é estar sitiado substituiu o medo – o medo individual. Eu não estava mais atenta. Era irritante e nos fazia perder a calma. Isso se intensificou com o enorme desconforto e a necessidade perpétua de esvaziar as gavetas, de organizar a mobília. A cozinha é muito pequena. Tudo é muito grande. As escadas são ruins. Não há tapetes. Os balconistas gritam feito papagaios. A Srta. Woodward foi embora numa torrente de lágrimas. A chuva desabou – uma desenfreada, profusa chuva medieval. Escrevi e reescrevi Lewis Carroll em completo horror – minhas mãos e pés estavam frios. Não fiz nada – estava mesmo numa distração inútil e irritadiça. Sally, paralisada. Engessaram as costelas de L. Então voltamos para cá e o mundo deixa a miséria escura e entra nesta paz natural divina. Meu cérebro já está mais calmo, apesar de A. e Q. ontem. Vou ficar sozinha hoje e durante muitos dias. Foi uma semana estranha e mórbida, de muitas sensações desagradáveis.

Sábado, 2 de dezembro

O cansaço e desânimo cedem imediatamente se tirarmos um dia de folga. Entrei em casa e costurei minha almofada. À noite a dor em minha cabeça se acalmou. As ideias voltaram. Esta é uma dica a ser lembrada. Sempre virar o travesseiro. Aí eu sou um enxame de ideias. Só que preciso deixá-las na colmeia até que *R*. fique pronto. Foi uma chatice chegar à superfície e ficar tão irritada com o meu panfleto [Revisão]. Nada de controvérsia por um ano, eu prometo. Ideias: sobre o dever dos escritores. Não, vou arquivar isso. Comecei a ler Freud ontem à noite; para ampliar a circunferência, para dar ao meu cérebro um escopo mais amplo: para torná-lo objetivo; ir para o lado de fora. E assim derrotar o encolhimento da velhice. Sempre começar coisas novas. Quebrar o ritmo etc. Usar esta página de vez em quando para anotações. Só que estas escapam depois do trabalho duro das manhãs.

O livro de L. [*Barbarians at the Gate*] foi publicado e recebeu bastante atenção. Esqueci de anotar uma conversa muito interessante que tivemos sobre o distanciamento, no nº 37, uma noite dessas. L. se treinou para se desprender completamente dos sentimentos pessoais: é de bom senso, porque não há qualquer identidade real neles: e perder isso nos dá a única felicidade que é segura. Sim, aprender a discutir, por exemplo, o nosso trabalho, eliminando-nos. Isto é muito verdadeiro – às vezes a sentimos – uma incrível liberdade e expansão. L. é muito sutil e sábio: e aqui isto fica mais fácil devido aos campos abertos. Vi um martim-pescador e um corvo-marinho outro dia desses, quando saí a caminhar com botas de borracha. Os aviões estão muito ativos. A Rússia está atacando a Finlândia. Nada acontece na Inglaterra. Não há bom senso em lugar algum. Os brutos estão desenfreados. Isto suspende o nosso julgamento: até mesmo discutir vira uma bobagem. É como estar num abrigo temporário com uma violenta tempestade do lado de fora. Esperamos. A LP vai se reunir aqui. Grande diversidade e liberdade entre os aldeões.

Ah e minhas memórias vão ter que ser resumidas. E nada de cartas. E o legado pode ser de £7 ou £800. Vamos até o número 37 passar duas noites na semana que vem, e vou encontrar Ethel e Sheena Simon. Esta vida aqui agora se tornou a regra; a outra, a exceção.

1940

Sábado, 20 de janeiro

Acho que seria melhor ler tranquilamente algum clássico sério e não ficar compondo rimas extravagantes nesta noite tão fria. Fumo cigarros diante da lareira e sinto – só porque o aluguel do nº 37 é tão alto [£250 por ano] – que fomos uns bobos pela primeira vez. L. saiu a patinar e eu caminhei pelas margens do rio e voltei para casa pelo pântano. A beleza era etérea, irreal, vazia. Um dia de junho. Dez graus de geada. Tudo em silêncio, como se oferecido por outro mundo. Não havia pássaros, nem carroças, homens atirando. Este espécime contra a guerra. Esta beleza perfeita e sem coração. Os salgueiros de um vermelho-rubi, não, vermelho-ferrugem; emplumados; suaves; e todos os telhados laranja e vermelho; e as colinas brancas. Mas há um vazio em mim – na minha vida – porque L. disse que o aluguel estava caro demais. E depois o silêncio, o puro silêncio desencarnado, em que o espécime perfeito foi apresentado; parecia corresponder à minha própria ociosidade, o caminhar silencioso com o sol nos olhos, e nada que pressionasse, exigisse, só este chão duro feito ferro, todo pintado. Os homens estavam esperando pelos patos selvagens – as aves mais rápidas. Desceram rápido feito um trem expresso. Sentamos ao sol na margem do rio. Tudo parecia muito distante e acentuado – as pequenas colunas de fumaça – o pato selvagem – os cavalos todos juntos, quietos. Nenhum pensamento nos preenchia; eu de alguma forma fiquei presa num par de tenazes e voltei para casa para assar bolinhos e rever o meu artigo; e todas as palavras parecem incorpóreas, também. Então que tal um clássico sério?

Um incêndio em Charleston. Os carros de bombeiros foram chamados na noite de quarta-feira. Nenhuma carta. A reação após Londres? E *Roger* saindo rapidamente dos meus dedos. E o futuro. Devo me aconchegar com o trabalho. Uma criança chorando na escola. O que faço para ajudar? Mas na verdade estes são momentos para comprimir; para viver: a menos que nos apaguemos; o que me recuso completamente a fazer.

Sexta-feira, 26 de janeiro

Estes momentos de desespero – quero dizer, de suspense glacial – uma mosca pintada numa caixa de vidro – deram lugar, como tantas vezes o fazem, ao êxtase. É que joguei fora aqueles dois pombos mortos – meu conto, meu "Gas at Abbotsford" (publicado hoje)[787]. E assim as ideias chegam num rompante. Comecei numa noite, totalmente submersa, sufocada, como se presa num torno, meu nariz esfregando em *Roger* – sem saída – tudo duro como ferro – a ler Julian. E a minha imaginação voou por aquelas selvagens regiões montanhosas. Uma dica para o futuro. Sempre voar para aliviar a pressão. Sempre virar o travesseiro bruscamente: encontrar um jeito de dar vazão. Muitas vezes uma bobagem consegue fazer isso. Uma resenha de Marie Corelli, oferecida pela *Listener*[788]. Estas são anotações de viagem que eu mesma me ofereço, caso me perca novamente.

Acho que o último capítulo deve ser diminuído de 20 mil para 10 mil palavras. Esta é uma tentativa das primeiras palavras: –

"*Transformações*" é o título que Roger Fry escolheu para este deu [ao seu] *último livro de ensaios. <Porém, transformações devem expressar não somente mudança, mas realizações> E parece natural o bastante, se olharmos para os últimos dez anos de sua vida, tão cheios escolhê-lo também como título para estes, tão que foram repletos de mudanças, tão pouco e também de realizações. Pois Também foram repletos de realizações. Sua posição enquanto crítico era tornou-se estabelecida. < escolher título que expressa mudança; eram cheios de experimentos e experiência Aquelas mudanças foram por que conquistou uma posição. > Foram anos não anos não de repouso e estagnação. Anos de mudança: mas de experimentação perpétua e de novas experiências. No decorrer destas Sua posição como crítico se estabeleceu. "No momento de sua morte", escreve Howard Hannay, "a posição de Roger Fry no mundo da arte inglesa era única, e o único* *paralelo é o de Ruskin, no auge de sua reputação". E a perpétua Isto foi atingido Especulação perpétua. Mas aquela posição só foi dele por que um quarto Então ele Mas foi uma posição que transfor As transformações, portanto, as revisões perpétuas de seu pensa deixaram jogaram fora deixaram atrás de si algo que seu pensamento que Esta perpétua revisão do pensamento à luz da experiência resultou em algo Mas esta reputação posição dependia de foi o resultado da liberdade de seu que ele tinha a energia e o e o vigor com que conduzia sua vida intelectual; e tão intimamente conectada que [é] impossível separá-las, foi a outra aventura com que ele estendeu e ampliou sua visão. E isto Nem era menos corajoso na sua outra vida, que afinal com que a out nem é possível separar as duas. E naquela, também, as transformações deixaram resultaram em algo permanente. como diz Sir K Clark: Embora fosse extraordinariamente consistente nas principais linhas de suas crenças, sua mente era invencivelmente experimental e estava pronta para qualquer aventura, não importando o quanto pudesse levá-lo para além dos limites da tradição estética acadêmica.*

E Fisicamente, o esforço era muito grande. Sua saúde havia sofrido após longos anos no Omega.

Não, não consigo despachá-lo, de jeito nenhum. Que estranha é a mudança da escrita privada para a escrita pública. E que cansativa. Meu pequeno estoque de fofoca e comentários secou. O que ia dizer? Ah que a disposição lírica do inverno – sua intensa exaltação espiritual – acabou. Começou o degelo e chuva e vento, e o pântano está cheio, e manchado de branco, e dois cordeiros muito pequenos cambaleavam ao vento do leste. Uma ovelha velha era levada à força para uma carroça; e para evitar o horror, voltei furtivamente pelo bosque. Tampouco passei uma noite virtuosa cortando essas frases. Mas estou gostando de Burke e devo me sintonizar na Revolução Francesa.

Q.[uentin] veio à noite passada. A Srta. Gardner falou sobre a Federação. Ela escreve contos; seu irmão [Paul] é magro feito um bambu em comparação ao sol róseo que é Q., escreve poesia e está em contato com "nosso grupo". Planejamos fazer algumas impressões; de fato, L. montou um endereço esta tarde. Depois penduramos o quadro de Nessa, e como são 18 horas, vou mergulhar em alguma corrente [de pensamento]. Vamos a Londres semana que vem, convidaremos Tom para jantar e veremos a nova peça de O'Neill[789]. Não, é inútil escrever biografia entre o chá e o jantar. Melhor sonhar.

Sexta-feira, 16 de fevereiro

Este diário poderia ser dividido entre o diário de Londres e o do campo. Acho que há uma divisão. Acabo de chegar do capítulo londrino. Um frio de rachar. Isto encurtou minha caminhada, que ia ser por ruas cheias de pessoas. E depois a escuridão – nenhuma janela iluminada – me deprimiu. Em Whitehall, eu disse aos meus cavalos: "Para casa, John", e dirigi na luz cinzenta do alvorecer, a triste luz espectral da noite desaparecendo nas casas – é muito mais triste que a noite do campo – até Holborn, e depois até a caverna iluminada, de que eu gostava mais, depois de mudar as cadeiras de lugar. Como é silencioso lá – e Londres estava silenciosa; um enorme e estúpido boi deitado. As pessoas que encontrei: Margery Fry: duas ou três horas: uma comovente bola de pelos macios; nariz ou bochecha vermelho, com muitos espinhos em sua macieza. Eu lembro: "As pessoas se dividem em amantes e amigos" – para justificar sua falta de amor. Então remexemos em velhas memórias e revivemos o que foi dito tantas vezes sobre os amores e o caráter de Roger. Ela vai viajar à França, e cutucou a minha apatia quando sugeriu que eu deveria ir junto – e me fez deplorar a minha aquiescência covarde. Ela tem tanta mobilidade.

Jantar: Tom e Saxon: Clive chegou mais tarde. Saxon, um homem meio velho, rouco, rechonchudo, róseo: de um humor subitamente estridente. Há completo silêncio; então ele diz alguma frase abrupta, dura como uma noz – não existe uma sequência, nada que sugira o que vem depois. A grande máscara de bronze amarela de Tom é pendurada numa estrutura de ferro. Um rosto inibido, tenso, caído; como se estivesse dependurado num andaime de pesadas ruminações particulares; e de pensamento. Um rosto muito sério e quebrado por uma centelha de alívio quando outras pessoas o interrompem. Mas e a nossa conversa? – foi sobre a Civilização. Os cavalheiros, todos, estavam contra mim. Disseram que muito provavelmente esta guerra significa que os bárbaros vão gradualmente excluir a cultura. Nós também não estamos melhores. Tom e Saxon disseram que os gregos eram muito mais civilizados. O escravo não era tão escravo como os nossos. Clive também estava pessimista – viu a luz se apagando aos poucos. Então eu lancei algumas teorias bastante malucas. Depois falamos sobre Humbert Wolfe[790], o que causou estranhas faíscas provenientes da vaidade "genial" de Tom. Sua inocente seriedade quanto ao fato de ser escritor é refrescante. Clive contou uma história sobre H.W., – sobre como recebeu, no [restaurante] Ivy, o golpe mortal de E. Bibesco[791], que leu 30 páginas a ele: depois disso foi para casa e morreu. Isso fez Tom dizer que ele usava vírgulas no começo da linha. Então eu acrescentei: e não usa maiúsculas. Depois procuramos um livro antigo para rastrear as maiúsculas. Saxon proferiu informações de especialistas. O que mais? Isso durou até as 12 horas, portanto, outras coisas devem ter sido ditas: sobre John Buchan[792], acredito. Sim, ele morreu, e ainda não escrevi à pobre negra Susie, que está triste, acho, agarrando-se ao seu John como a um para-raios. Tom falou sobre o diário de Stephen. Páginas da conversa de S. "porque não consigo lembrar o que TSE disse" – foram enviadas a TSE. É benevolente e tolerante com os jovens. Ah, e Yeats. Tom disse que Turner adulava Yeats; que era um homem que havia lido pouco; e Dotty imitou-o com êxito – daí o seu trombetear. Uma boa dose de conversa sobre o clima frio – a senhoria de Tom fornece um jarro de água, e Tom toma banho na Faber. Ah, e Sydney Waterlow. "Nunca os vi (S. e Dawks) no momento do êxtase" – Tom disse, com seu sorriso dissimulado. E eu pensei o mesmo de Tom e Vivienne. S. diz que Saxon se sente indesejável, e por isso se esforça. Este é mais ou menos um exemplo preciso de conversa no inverno que precedeu a primavera de 1940.

Recebi a carta finlandesa de Cilia. As pessoas de repente ficam sérias: esquecem as fofocas; lembram o que, ao menos, deveriam sentir. Ela [não identificada] me escreveu de repente sobre a morte ou sobre a imortalidade da Finlândia. Que tão pouco isso significa, aos 37 anos... não: isso significa algo, mas o quê? – Sofri bastante com meu complexo de vestuário ao comprar dois novos conjuntos e ser persuadida a levar um casaco listrado azul por uma mulher esperta e compassiva na Lewis. "Mas gostaria que ficasse com isto – não quero que vista qualquer coisa só porque está no campo. Você precisa pensar nos outros"... como se ela tivesse adivinhado toda a minha vida privada – estranho: ela parecia verdadeira. Claro que eu parecia uma velha maltrapilha e sem graça. Depois, *Desejo sob os olmos*: decepcionante, chato. Uma situação elementar desprovida de palavras; feito um andaime. E a B.L. não me emocionou: e as ruas eram túneis de melancolia[793].

Domingo, 31 de março

Gostaria de contar a mim mesma uma história linda e selvagem e improvável para abrir minhas asas, depois desta manhã tão cheia, tão de formiga – não darei detalhes – porque os detalhes são a minha morte. Graças a Deus na semana que vem estarei livre – livre de fazer as correções de M[argery] e as minhas nas margens. A história? – ah, era sobre a vida de um pássaro, como piava – brandindo um galho à minha janela – as suas sensações. Ou sobre Botten[794], unindo-se à lama – a glória desaparecendo – as milhões de flores tingidas, enviadas pelos sofridos enlutados. Toda de preto, como uma caixa de correio ambulante, a mulher estava – e o homem num invólucro de papelão preto. A história não vem – não, mas posso desdobrar aqui uma metáfora – Não. As janelas eram de um cinza intenso e as ilhas de um azul tênue – um vermelho enferrujado em L. e V., e o pântano verde e escuro como o leito do mar. No fundo ainda sinto a corda bem enrolada. Vou desenrolá-la jogando bocha. Depois Bobo. E ainda as pernas de cera. Levar as virtudes do rascunho – seus alcances casuais, seus achados felizes – para o trabalho acabado provavelmente esteja além das minhas capacidades. Sydney Smith o fazia, falando[795]. Nota. Ler P. Plymley. Sim, a madeira crua, pintada para a primavera, fica muito bonita – rosa-avermelhado e cinza-claro. Tricotar também ajuda. Margery diz que é inútil.

Os convidados comeram toda a manteiga. Pedi para encontrar Tom e Desmond na Hutchinsons. Agitação. Vinho. Boa comida. O velho Desmond – vamos embora? Gostaria de escrever histórias curtas para um livro. Gostaria de recuperar meu senso de aventura.

R[azão]. e S[ensibilidade]. Todas as cenas. Muito nítidas. Surpresas. Magistrais. Algumas páginas estilizadas, maçantes, que ela termina bruscamente. A porta se abriu. Entrou.... Willoughby.. ou Edward. Muito dramático.

Trama do século XVIII. Magistral em sua conclusão. Nenhuma sinalização. Em vez disso, "aqui está um final". E o amor tão intenso, tão pungente. E o casamento acaba com tudo. O amor das irmãs é solidário. A velha Sra. Dashwood é a imagem da – Sra. Curtis? Sra. Easdale? – Elinor, eu imagino, Cassandra: Marianne, Jane, editadas. Bem, agora, ao meu tricô azul.

Quinta-feira, 25 de abril

Minha mãe, estive pensando, tinha duas personalidades.

Estive pensando em minhas memórias. A plataforma do tempo, como vejo meu pai de dois ângulos. Como uma criança, condenando; como uma mulher de 58 anos, compreendendo – deveria dizer tolerando. As duas maneiras de ver são verdadeiras? A morte de Herbert me fez lembrar dele. O gemido. Aquele homem vai me matar! H. subindo para conversar no escritório. Escutando sua risada que mais parecia um chiado nas escadas à noite. A essência de um pedante – um professor universitário, eu acreditava. Veio ao nosso quarto. Aconselhou-nos a ler um romance policial barato. Uma condescendência incômoda. Uma lembrança mais simpática de uma caminhada em Brighton. Tive que escolher o caminho. Escolhi contra a sua vontade. Sua sobrecasaca. A vinda do rei a Oxford. Tio H. dando conselhos. Poderia estar atrapalhado. A timidez de H. Como ele disse a Emmy "Não seja boba!" atravessando a rua, quando ela gritou. Em Oxford quando era professor. Caminhando até Bores Hill. Perguntou-me a respeito do livro de Trevy. Elogiei-o. Ele hesitou. A mesma pergunta no ano seguinte. Critiquei-o. Ele o defendeu – com prazer. Sua vaidade. Seu conselho na casa dos Ilberts. A história requer um treinamento especial. Fiquei a sós com ele para consultá-lo. Eu teria sugerido história? Ou ficção? Uma conversa bastante deprimente. "H. entrega suas cartas na mesa da sala de aula[796]." Depois, o Gabinete – a vinda a Hogarth House, a discussão sobre ação versus contemplação. "Não sou muito hábil na escrita…" Uma insegurança incômoda. As magnólias em Kew. H. olhando-as. E o almoço – os doces holandeses. "o Sr. F. está numa reunião do Gabinete." Uma longa conversa sobre o Dia do Armistício. Olive o trouxe. Ele ficou. Contou-me sobre Milner. Ganhamos a guerra hoje[797]. Então fomos à última reunião social no New College. A festa. Seu andar leve, como o de um gato. Sua benevolência oca. Sua concha. Sua afeição. Sua consideração. Seu entusiasmo. Meu pai e Fred. Suas histórias. Mais afetuoso e mais doce – pedindo-me para vir de novo. Ele me deu Homero, me deu seus livros. Mas a distância era muito grande. E assim – não deveria dar a ele a satisfação – nunca fui lá. E isso é tudo[798].

Herbert Fisher, quando jovem, era quase deselegante: com suas maçãs do rosto proeminentes e seu pomo-de-adão. Tinha olhos azuis inocentes: uma cabeleira. Melhorou muito em termos de dignidade e distinção conforme envelhecia. Por fim era a própria cultura e distinção – leve, em seu paletó. Calmo, benevolente, cauteloso. Um homem com um quê de garça. Parecia bastante com Adrian.

O baile das borboletas foi há três dias. Ouvimos um cuco. As andorinhas vieram.

Anúncios: Caseiro e amigo fiel há 16 anos... note o atributo canino.

Não há nada no mundo que seja tão admirado quanto um homem que sabe suportar o infortúnio com coragem. Sêneca.

Senhora, previamente sustentada por irmão, um coronel do Exército... com necessidade urgente, pois a única fonte de renda provinha do antigo servidor.

Segunda-feira, 13 de maio

Eu admito sentir certa satisfação, uma sensação de fim de capítulo – e a paz que isso traz – desde que postei hoje as provas do meu livro no correio. Admito isso com relutância – pois estamos no terceiro dia da "maior batalha da história". Começou (aqui) – enquanto eu ainda estava semiadormecida – com o anúncio às 8hs, pelo rádio, da invasão da Holanda e da Bélgica. O terceiro dia da Batalha de Waterloo. As macieiras em flor nevam sobre o jardim. Uma das bolas de bocha se perdeu no pântano. Churchill[799] exortando todos os homens a resistirem unidos. "Não tenho nada a oferecer senão sangue e lágrimas e suor". Essas imensas silhuetas informes ganham ainda mais terreno. São sem substância: mas fazem com que todo o resto pareça diminuto. Duncan assistiu a um combate aéreo sobre Charleston – um lápis prateado e uma pequena nuvem de fumaça. Percy viu os feridos chegando desalentados. Meu breve momento de paz irrompe, então, sobre um abismo escancarado. E, embora L. diga ter gasolina suficiente na garagem para o suicídio[800] caso Hitler ganhe, nós continuamos a viver. A vastidão, e o infinitamente pequeno, é o que torna isso possível. Por mais intensos que sejam os meus sentimentos (com relação a Roger); a circunferência (a guerra) parece traçar um círculo ao redor deles. Não, não consigo aceitar a estranha incongruência de sentir intensamente alguma coisa e saber, ao mesmo tempo, que isso pode não ter a menor importância. A menos que, como penso às vezes, tenha, ao contrário, mais importância do que nunca?

Uma cesta cheia de provisões nos foi oferecida pela W. E. A[801]. Em seguida, G. e Annie[802]. Uma figura terrível chamada Lee nos fez perder uma manhã inteira falando de Curtis. Q[uentin] e Eth. Watson[803] vem para o jantar. E esperamos Desmond[804] e Moore no fim de semana. Fiz brioches para o chá hoje – a prova de que me livrei das minhas provas (de impressão).

Sexta-feira, 14 de junho

Paris está nas mãos dos alemães. A batalha continua[805]. Passamos o dia vendo Penshurst, com Vita – fizemos um piquenique no parque[806]. Gwen[807] em trajes militares – V., de calças. Estava muito bonito e quente. A casa de pedra de Oxford amarelada. O salão de banquetes: mobília decepcionante, como aquela pesada, ornamental demais, de Tottenham Court Rd, só que fabricada em 1314 – A R. Elizabeth dançando – com Essex inclinando-se em sua direção? Damas e cavalheiros, todos sentados nos bancos, rindo. A própria Elizabeth em outra pintura, de pele delicada, cabelos ruivos, aquilina. Depois a concha do alaúde de Lady Pembroke – parecia a metade de um figo. Depois o espelho de barbear de Sidney. Depois umas mesas muito feias... Uma sala comprida com painéis de veios suaves. Saímos ao jardim, que tem gramados aparados, e longos caminhos de relva, e que depois se transforma em mato. Os Sidney estão muito pobres – desistiram de fazer jardinagem. Um grande lago de lírios: os peixes dourados dando estranhas batidas subaquáticas ao se mover entre os juncos. E depois atravessamos antigos pátios rosados, com o javali e a seta larga, enquanto íamos até o carro[808]: mas o mordomo veio e disse: Sua Senhoria queria nos ver. Vita foi – nós ficamos. Depois fomos convocados. Ld. De Lisle e Dudley é como um spaniel de Sussex, muito velho, cor de ferrugem e branco – a barriga grande, os dois olhos com catarata, tem 87 anos, mas parece mais jovem, o colete desabotoado. Gosta de companhia. Tranquilo, relaxado, olhos brilhantes. "Você se importaria se eu o dissesse? A estátua da rainha em frente ao Buckingham Palace parece uma dama numa privada portátil – Mostrei-a (R. Charlotte) à Rainha Mary. Não gostou quando eu disse que se parecia com ela." Levou-nos a um pequeno cômodo; fez-nos ver fotos que supostamente seriam boas – uma, pendurada bem no alto, de A. Sidney. Depois um suposto Rembrandt. Só pode deixar alguns poucos cômodos abertos. E aqueles pareciam o de hospedagens à beira-mar –. Lá o deixamos, sozinho, cego, com a sua caixa de cigarros com filtro de cortiça, com a paciência, ou outro jogo, alguns romances e as fotografias de seu sobrinho, "um rapaz muito simpático", e sua dama gris, os únicos sinais de juventude, numa mesa lateral[809]. Vita disse que ele falou que estava tão pobre que não podia ter hóspedes: o lugar inteiro era administrado por duas empregadas e um menino e um mordomo. Está só – "Mas você se importa de ficar sozinho?", ela perguntou. "Odeio", ele disse. Duas vezes por semana vai a Tonbridge e joga bridge. Lá esse velho caracol senta num canto de sua tremenda concha. O gosto dos Sidney atuais é totalmente a favor de mesas talhadas e verniz amarelo. Ele quase não tinha dedos quando apertamos as suas mãos para lhe agradecer e estava ansioso para nos servir o chá. Mas devo voltar ao meu treino de tiro, disse Gwen. "Qual é a utilidade disso?", ele comentou. Estranho ter visitado esta mansão elisabetana no primeiro dia em que a invasão fica séria. Mas gosto mais de M.H.

Sábado, 22 de junho

Será Harry [West] o verdadeiro animal por trás da valente, risonha e heroica panóplia de rapazes que a BBC desvela diante de nós a cada noite? – [*omissão*] um ser humano natural, que não foi feito para atirar em outros homens, mas para plantar batatas, [*omissão*] E será ele, como suspeito, uma amostra média? Acho que ele preferia se dar um tiro a ir à França de novo. E ele odeia os franceses, que tagarelam, e ficam histéricos e ensandecidos, mas que não lhe dão pãezinhos de graça como as simpáticas belgas. Então foi em Waterloo, imagino[810]. E a luta continua na França, e os termos ainda não são públicos. E está um dia cinza e pesado, e fui derrotada no jogo de bocha. Sinto-me deprimida e irritada, e juro que não jogarei mais e que lerei meu livro.

Meu livro é de Coleridge; de Rose Macaulay; <a vida de Lorde Moynihan> as cartas de Bessborough; – uma inspiração bastante boba inspirada por Harry; gostaria de achar um livro e de me concentrar só nele. Mas não consigo[811]. Se esta for minha última etapa, não deveria ler Shakespeare? Mas não consigo. Não deveria terminar *P.H.*, eu me pergunto? Não deveria terminar algo, à guisa de final? O final dá a sua vivacidade, mesmo a sua alegria e imprudência, à vida diária aleatória. Este, eu pensava ontem, pode ser o meu último passeio. Na colina acima de Bugdean, encontrei alguns tubos de vidro verde. O milharal fluía, com papoulas dentro dele. E eu li o meu Shelley à noite. Como é delicada e pura e musical e incorrupta a leitura dele e a de Coleridge depois do grupo da ala esquerda. Com que leveza e firmeza eles põem os pés no chão, e como cantam, e como se compactam, e se fundem, e se aprofundam. Queria poder inventar um novo método crítico, algo mais rápido, mais leve, mais coloquial, mas intenso, que os meus ensaios do *C.R.* [*Common Reader*]. O velho problema: como conservar o voo da mente, mas ser exata. Toda a diferença entre o rascunho e o trabalho terminado. E agora tenho o jantar a fazer. Uma função.

Ataques aéreos noturnos na costa leste e sul. Seis, três, doze pessoas mortas todas as noites.

Quarta-feira, 24 de julho

Sim, estas são coisas sobre as quais devemos escrever. Mas quero neste momento, na véspera do momento da publicação, descobrir as minhas emoções. São espasmódicas: portanto, não muito fortes – nada tão forte como antes de *Os anos* – ah, céus, nada parecido. Ainda me doem. Queria que já estivéssemos na semana que vem. Encontrarei Morgan e Desmond. E temo que Morgan dirá – apenas o suficiente para demonstrar que não gostou, mas é gentil. D. certamente vai me deprimir. O *Times Lit Sup* (depois de seu mau humor quanto a Resenhas) vai encontrar pontos fracos. T. e T. ficarão entusiasmados. E – isso é tudo. Repito que aquelas duas tensões vão se desenvolver, como de costume: fascinante, aborrecido; parecido à vida; morto. Então por que me dói? Sei-o quase de cor. Mas não totalmente. A Sra. Leh[man]n entusiasmada: John em silêncio. Aqueles que torcem o nariz para Bloomsbury vão zombar de mim, claro. Tinha me esquecido disso. Mas como L. está escovando Sally, não consigo me concentrar. Nenhum teto todo meu. Por onze dias tenho me contraído diante dos olhares de diferentes rostos. Terminou ontem no W.I.[812]: minha fala – foi uma fala – sobre o Dreadnought[813]. Uma ocasião simples, na maior parte natural, amistosa. Xícaras de chá; biscoitos; e a Sra. Chavasse, num vestido apertado, presidindo: por respeito a mim foi um chá com livros. A Srta. Gardner tinha o *3 Gs*[814] grudado ao vestido; a Sra. Thompsett, Three Weeks: e outra pessoa, uma colher de prata.

Não, não consigo falar sobre a morte de Ray [Strachey], sobre a qual nada sei, só que aquela mulher enorme com um tufo de cabelo grisalho e o lábio machucado; aquele monstro, que lembro ter sido constante em minha juventude, de repente desapareceu. Ela tinha uma certa qualidade simbólica, em seu casaco e suas calças brancas. Defensiva, decepcionada, corajosa, sem o quê mesmo? Imaginação?

Lady Oxford disse que não havia mérito em poupar dinheiro; mais em gastá-lo. Pendurou-se em meu pescoço, num espasmo de choro. A Sra. Campbell [*não identificada*] está com câncer. Mas, num abrir e fechar de olhos, se recuperou e começou a gastar. Um frango assado sempre estaria escondido no aparador à minha disposição, ela disse. As pessoas do campo lhe mandam manteiga. Estava lindamente vestida de seda listrada e uma gravata azul-marinho; um gorro russo azul-marinho com aba vermelha. Ganhou-o de seu chapeleiro: é o fruto de gastar.

Todo os muros, todos os muros que protegem e refletem, ficaram terrivelmente estreitos nesta guerra. Não há um padrão para o qual escrever: não há público que ecoe de volta: mesmo a "tradição" se tornou transparente. <uma repetição que vejo> Daí uma certa energia e imprudência – em parte, boa – em parte, má, eu diria. Mas é a única linha a seguir. E talvez os muros, se eu me bater violentamente contra eles, possam finalmente me conter.

Sinto que esta noite ainda está velada. O véu será levantado amanhã, quando meu livro sair. Isso é o que pode ser doloroso: pode ser cordial. E então vou poder sentir mais uma vez ao meu redor o muro de que senti falta – ou um vazio? ou um arrepio?

Faço estas anotações, mas estou cansada de anotações – cansada de Gide, cansada dos cadernos de [A.] De Vigny. Agora quero algo robusto e sem originalidade. Nos primeiros dias da guerra eu só conseguia ler anotações[815].

O cabelo de Ray se eriçou vigorosamente dos dois lados da linha que ela partia no meio da cabeça nos últimos tempos. Seu amargor em relação a Oliver [Strachey], que ela amara e amava, era perceptível – havia algo ácido nela; como se algumas das pétalas do que ela esperava ser tão amarelo quanto um girassol quando menina – era ambiciosa, segura de si, gananciosa e um pouco insensível em relação à "fama" – como se essas pétalas tivessem murchado e ela não pudesse mais estar segura de si mesma; estava, de fato, decepcionada, um pouco ferida, amargada; o que foi demonstrado principalmente por sua imensa atividade, como se estivesse sempre tentando obter o que não conseguia. E ficou tão difícil lidar com ela; e ela se importava tão pouco com as aparências. No entanto, ela invejava as boas maneiras, eu acho; e não chegara totalmente à sua intenção de ignorar as boas maneiras. Quero dizer, planejou uma imagem grande e não convencional, talhada grosseiramente; e não funcionou de todo. Jogava paciência sem parar. Educou os filhos com tanto cuidado. Mas veja que fracasso os dois são. Christopher não tem imaginação; Barbara – ah, bem, ela saiu completamente dos trilhos: B. era implacável contra o intelecto – que Ray reverenciava – mas não tinha senso estético[816]. O que mais? Sua humanidade: ofereceu ajuda quando estive doente. Sua competência. Sua natureza boa. Sua sabedoria – sim, conforme envelhecia, estava lá. Talvez aos 70 anos pudesse ter criado a lenda da – matriarca sábia: teria sido cercada de pessoas e seria central. Mas morreu quando isto ainda estava em estado bruto, aos 53 anos. Também tinha uma espécie de brilho áspero. Corpulenta. Mas entusiasmada. De olhos brilhantes. Mas não a conheci intimamente. Sempre havia um ar de escritório – documentos, macacões, entrevistas – a respeito dela. Uma das pessoas "apaixonadas" à moda antiga. A carta de Oliver, pedindo-lhe que visitasse alguma fábrica, a enrubesceu em minha salinha de jantar em Firle. Acho que a rasgou em pedacinhos[817]. Assim, escrevi de modo desordenado sobre Ray. Sua cordialidade – e a vozinha rápida e esquisita: ela fumava: era um cachimbo. Iniciativa [?], mas nenhum charme. Escrevia sem parar. Nenhuma forma, nenhum refinamento. Sua vida foi de muita desordem e luta: mas no escritório era muito mandona, controladora e competente, eu acho.

Sábado, 31 de agosto

Agora estamos na guerra. A Inglaterra está sendo atacada. Ontem tive completamente essa sensação pela primeira vez. A sensação de pressão, o horror, o perigo. Vita telefonou às 6 horas para dizer que não conseguiria vir. Estava em S[issinghurs]t e as bombas caíam ao redor da casa. Houve confronto o dia inteiro. Estou cansada demais para conseguir dar aqui a sensação de conversar com alguém que poderia ser morta a qualquer momento. Você consegue ouvir isso? Ela dizia. Não, eu não conseguia. Aí foi mais uma. Aí foi mais uma. Ela repetia a mesma coisa – sobre ficar para poder dirigir a ambulância – várias vezes, como alguém que não consegue pensar. Ficou sabendo que Christopher Hobhouse tinha sido morto por uma bomba: que Cynthia North – tão linda e jovem, foi morta ao pisar numa bomba[818]. Estava muito difícil conversar. Ela disse que falar era um conforto. Cortou a ligação abruptamente – ah, como isto me incomoda, e eu desliguei. Saí e fui jogar bocha. Uma noite perfeita, calma e quente. Mais tarde os aviões começaram a zunir. Explosões. Estávamos conversando com Leslie e Judith e Pat Trench [*não identificada*]. Fui para a cama. Os aviões muito perto: explosões. Nessa disse que hoje houve um grande incêndio em Ripe. Um som tilintando no campo. Encontraram invólucros de bombas hoje. Um grande ataque aéreo sobre Londres à noite passada. Hoje está tranquilo aqui. Quando telefonei para St.[ephen] depois do jantar, alguém nos cortou com uma ligação para Maldon. "Serviço restrito. As coisas vão muito mal aqui agora." A sensação é de uma batalha acontecendo – uma batalha feroz. Pode durar quatro semanas. Estou com medo? Às vezes. O pior de tudo é que a minha cabeça não vai trabalhar de um salto amanhã de manhã. É claro que pode ser o começo de uma invasão. Sentimos uma pressão. Várias histórias locais. Não – é inútil tentar captar a sensação da Inglaterra numa batalha. L. acaba de levar Judith e Leslie à estação. Por fim estaremos sozinhos. Molly não vem. Acho que se eu escrever ficção e Col[eridge], e não aquele artigo infernal sobre bombas para os EUA, deverei nadar em águas tranquilas[819]. L. dorme profundamente a noite inteira durante tudo isso.

Sábado, 7 de setembro

Um ataque aéreo em progresso. Aviões se aproximam. Não, esse passou por nós, muito rápido e barulhento. Não consegui ver se era inglês.

Ben Nicholson[820] veio passar a noite. Muito alto, de cara avermelhada, obstinado, calado, apreensivo, gentil, mas renitente, não muito inteligente, de fato, devagar, mas sério; nos faz lembrar de Vita (quando olhamos para ele) e depois de Harold, e depois, de uma forma um tanto estranha e incongruente, de Eddy. Muito bem-educado, o que talvez aumente essa dificuldade. Muito tímido. Vem de um mundo vasto. Mas é calado: até depois do jantar: quando fez sua acusação contra *Roger*: que não personificava os artistas e, ao omitir a biografia, intelectualizava: e assim não chegava às massas, "não mostrava que Leonardo estava pensando sobre uma árvore". Acho que B. está equivocado; e produzirá (quando a paz vier) livros muito literários, sem forma, com palavras demais. Trajava uniforme de soldado, com grandes botas, esta manhã[821].

Mais aviões sobre a casa, imagino que estejam indo para Londres, que é atacada[822] todas as noites. Há confronto, sem dúvida, em Kent.

Quarta-feira, 18 de setembro

"Necessitamos de toda a nossa coragem" são as palavras que emergem esta manhã; ao ficarmos sabendo que todas as nossas janelas foram quebradas, os tetos caíram e a maior parte de nossa porcelana foi destruída em Meck. [Lenburgh] Sq.[uare] A bomba explodiu. Por que saímos de Tavistock? – de que serve pensar nisso? Estávamos a ponto de ir a Londres quando conseguimos falar com a Srta. Perkins, que nos contou. A tipografia – o que resta dela – deve ser levada para Letchwork. Uma manhã sombria. Como podemos nos concentrar em Michelet e Coleridge? Como disse, precisamos de coragem. Houve um ataque aéreo muito feio ontem à noite em Londres. Aguardo as notícias do rádio. Mas continuei trabalhando em *PH* de qualquer modo.

Domingo, 29 de setembro

Uma bomba caiu tão perto de nós que xinguei L. por ter batido a janela. Eu estava escrevendo a Hugh e a caneta saltou dos meus dedos[823]. O ataque aéreo continua. É como um cão pastor perseguindo uma raposa para fora do rebanho – você o vê latindo e mordendo e em seguida o saqueador, que deixa cair um osso, uma bomba voa na direção de Newhaven. Fim do alarme aéreo. Bocha. Os aldeões em suas portas. O frio. Agora tudo se torna familiar. Estive pensando: (entre outras coisas) que esta é uma vida preguiçosa. Café da manhã na cama. Leio na cama. Tomo banho. Peço o jantar. Vou até o chalé. Depois de reorganizar o meu quarto (girar a mesa para pegar sol: a igreja à direita, a janela à esquerda, uma vista nova, muito bonita), me preparo, fumando um cigarro: escrevo até o meio-dia; paro, visito L.; dou uma olhada nos jornais; volto; escrevo à máquina até as 13 horas. Ouço o rádio. Almoço. Minha mandíbula dói. Não consigo morder. Leio os jornais. Caminho até Southease. Volto às 15 horas. Colho maçãs e as arrumo. Chá. Escrevo uma carta. Bocha. Escrevo à máquina de novo. Leio Michelet e escrevo aqui. Faço o jantar. Música. Bordado. Às 21h30 leio (ou durmo) até as 23h30. Cama. Comparo isto aos velhos dias em Londres. Três tardes alguém vem. Uma noite, jantar. Sábado, uma caminhada. Na quinta, compras. Terça-feira, chá com Nessa. Um passeio pelo centro da cidade. O telefone tocando. L. indo a reuniões. KM. ou Robson nos incomodando – essa era uma semana comum; as sextas ou segundas-feiras aqui.

Agora que estamos abandonados, acho que deveria aumentar um pouco a carga de leituras. Mas por quê? Uma vida feliz, muito livre, e desocupada – uma vida que vai de uma simples melodia a outra. Sim; por que não a aproveitar depois de tantos anos daquela outra vida? Mas a comparo com o dia da Srta. Perkins. Aos 58 anos, a Srta. P. poderá viver como eu.

Os Anrep vieram ontem. Tranquilos e familiares e simpáticos. Os pirralhos [omissão] são incrivelmente grosseiros com Helen, de quem, portanto, tive compaixão. Os dois tratam-na como uma empregada, uma criada, uma imbecil. Os dois muito imaturos, insensíveis, barulhentos e enfáticos demais: sem limites; embriões, filhotes recém-nascidos. Ba vai ao pub à noite. Ba atacou Phoebe Poole [*uma contemporânea de Oxford*]. Ela quer voltar para Londres. Uma mente indisciplinada, inculta e não muito atraente ou sedutora. Crua e rude. As duas, claro, jovens – e, portanto, têm vitalidade. Helen é sua escrava.

Nessa telefonou. Só uma estátua e uma geladeira se salvaram.

Sábado, 12 de outubro

Gostaria de ter o dia ainda mais cheio: a maioria das leituras deve ser mastigada. Não fosse uma traição dizer isto, um dia como este é quase – não vou dizer feliz: mas ameno. A música varia de uma melodia agradável a outra. Tudo é encenado (hoje) em tal teatro. Colinas e campos; não consigo parar de olhar; flores de outubro; o arado marrom; e o desaparecimento e renovamento do pântano. Agora a névoa sobe. E as coisas agradáveis sucedem-se: café da manhã, escrever, caminhar, chá, bocha, leitura, doces, cama. Uma carta de Rose sobre o seu dia. Quase que a deixei estragar o meu. O meu se recupera. O mundo gira novamente. Por trás disso – ah, sim. Mas eu estava pensando que preciso intensificar. Até certo ponto por causa de Rose [Macauley]. Até certo ponto porque tenho muito medo da aquiescência passiva. Eu vivo na intensidade. Em Londres, agora, ou dois anos atrás, estaria uivando pelas ruas. Mais aventuras e emoção do que aqui. Então devo providenciar isso – mas como? Acho que <fazendo> inventando livros. E sempre há a possibilidade de uma onda bruta: não, não voltarei a colocar minha lente de aumento sobre isso. Fragmentos de memórias vêm à mente de forma muito refrescante. De tão preocupada que estava com aqueles três pequenos artigos (um deles enviado hoje), acabei escrevendo uma página sobre Thoby[824].

Como esquecemos o peixe, preciso inventar um jantar. Mas tudo está tão celestialmente livre e tranquilo – L. e eu sozinhos. Aumentamos o salário de Louie[825] de 12 para 15 xelins esta semana. É rosada e redonda feito um menino pequeno que acabou de ganhar um dinheirinho. Tenho meu tapete à mão também. Outro prazer. E toda a amolação das roupas, a amolação de Sybil [Colefax], a amolação da sociedade é eliminada. Mas quero olhar para estes anos de guerra como anos de alguma coisa positiva. L. está colhendo maçãs. Sally está latindo. Imagino uma invasão da aldeia. Estranha, a contração da vida à extensão da aldeia. Compramos lenha o suficiente para durar por muitos invernos. Todos os nossos amigos estão isolados diante de lareiras invernais. Cartas de Angelica e Bunny [Garnett]. A possibilidade de interrupção é pequena agora. Não há carros. Não há gasolina. Os trens são incertos. E nós em nossa ilha de outono encantadora e livre. Mas vou ler Dante, e farei leituras para o meu livro de viagens pela literatura inglesa. Fiquei feliz em ver o *C.R.* cheio de leitores na Free Library, à qual penso em me associar.

Quinta-feira, 7 de novembro

Morgan pergunta se pode propor o meu nome para o Comitê da L[ondon] L[ibrary]. Para minha enorme satisfação, respondi que não podia. Não quero ser um presente de conciliação – uma forma de evitar a humilhação. Este foi um bom final para uma reunião com EMF, anos atrás, na L.L. Ele torceu o nariz para a ideia de ter mulheres no comitê. Um dia desses vou dizer não, eu falei, silenciosamente. E agora o fiz. L. chegou, então vou parar. Um bombardeio feio à noite passada – quatro baques: às 7 horas – disseram que foi em Glyndebourne. Londres amanhã. Ah, céus, os Talbot vêm no fim de semana.

1940[826]

O número 37 da Mecklenburgh Square existiu até setembro. Depois, foi bombardeado. Íamos uma semana sim, uma semana não, e dormíamos por lá.

Tínhamos Mable.

Roger foi publicado em 25 de junho.

Os ataques aéreos sobre Londres começaram em setembro.

A França caiu em junho.

Os ataques aéreos aqui começaram em setembro.

Havia medo de uma invasão.

Vencemos os italianos.

Os gregos tiveram êxito na Albânia.

Herbert Fisher morreu.

Ray Strachey morreu.

Humbert Wolfe morreu.

Hilda Matheson morreu.

Judith e Leslie ficaram aqui em agosto.

Ann ficou conosco.

Mabel foi embora em outubro.
Louie assumiu a casa.
Vamos a Londres só para passar o dia.
L. cuida da horta.
Fez 12 palestras na WEA.
Sou tesoureira do W.I[827].
Morgan pediu que me candidatasse ao comitê da L.L. Recusei.

Sábado, 23 de novembro

Tendo terminado neste momento *The Pageant*[828] – ou *Poyntz Hall?* – (iniciado, talvez, em abril de 1938), meus pensamentos se espraiam para escrever o primeiro capítulo do próximo livro (sem nome). "Anon"[829], será chamado. A narrativa exata desta última manhã deveria se referir à interrupção de Louie, segurando um jarro de vidro, em cujo leite ralo havia um pequeno pedaço de manteiga. Então fui desnatar o leite com ela: depois, levei o pedacinho e mostrei-o a Leonard. Foi um momento de grande triunfo doméstico.

Sinto-me um pouco vitoriosa com o livro. Acho que é uma tentativa interessante de um novo método. Acredito que este seja mais quintessencial que os outros. Retirou-se muito mais leite dele. Um pedaço maior de manteiga, certamente mais fresco que aquela miséria de *Os anos*. Gostei de escrever quase todas as páginas. Este livro foi (devo observar) escrito apenas em intervalos, quando a pressão estava no ponto mais alto, durante a labuta de escrever sobre Roger. Acho que vou fazer deste o meu plano, então: se o novo livro pode ser escrito como forma de labuta diária – mas espero atenuá-la – de qualquer modo, vai ser baseado num livro de fatos –, então vou ser capaz de criar momentos de alta pressão. Penso em pegar o topo da minha montanha – aquela visão persistente – como ponto de partida. E depois ver o que aparece. Se nada aparecer, não importa.

Almocei com B. e A. em Claverham, ontem[830]. B. estava mal-humorado desde o início. A. tinha algumas espinhas. Também estava nervosa. Ouvi fofocas solitárias ao lado da chaminé. Mas não é aquela antiga tranquilidade familiar. B. suspeita da influência da família. B. não gosta da casa. Não tem espaço para nada, resmungou. "Mas gosto bastante do campo." Eu, é claro, imediatamente invejei o campo. Nós nos perdemos. Subimos por uma viela até uma casa sob a sombra de uma árvore, com um lago; e um cisne; e um curioso celeiro de teto de palha, com pequenas janelas góticas. Esperei no carro. Toda essa antiguidade caindo aos pedaços. Algumas carroças velhas da fazenda, arados, um carro estropiado no pátio. Deram o endereço errado a L. Bati na porta de novo, e uma mulher velha com culote de hipismo – olhos azuis, rede no cabelo, mastigando seu almoço solitário, apareceu. Notei os freios antigos, as bengalas; e, também, a porta com painéis, muito bonita. A casa da fazenda de C[laverham] fica no campo. Tem um lago. Grandes extensões de relva. Bosques avermelhados na distância. E quatro árvores ocas. Também um celeiro. Teria gostado de viver ali; tem uma banheira de mármore e um WC: muitos cômodos, paredes grossas, corredores de azulejos, aquecimento central. Mas eles disseram que não era nem uma coisa nem outra: nada. Quando penso em Monk's House, quando fomos morar lá – quando penso na casinha do banheiro no jardim; e a cadeira de vime sobre um balde, e os cachorros latindo, e como eu odiava o vilarejo – que agora se tornou familiar e até mesmo simpático – não estou no comitê do WI? – não vou a uma reunião na segunda-feira? – naquele momento eu teria dado meus olhos para vir morar em Claverham, com seus campos, e os caminhos verdejantes, e os cavalos da fazenda arando. L., porém, não viu nada disso. De fato, a posição de A., com B. como seu mentor, nos pareceu quase grotesca: uma distorção: um sonho; pois como ela consegue aguentar Bottom? E quando ela vai acordar? Então voltamos à civilização de Lewes e eu comprei meu separador de nata: uma peneira com a qual se coa o leite.

A inundação está menor hoje – Q. e Elizabeth Watson vêm almoçar amanhã para vê-la. Nenhuma notícia de John. O artigo da L.T. saiu num editorial do *Lit. Sup*[831]. Terei caído novamente em suas graças? Ontem um avião passou sobre o morro fazendo barulho: L. viu fumaça subindo. De fato, fora abatido em Tarring Neville. Louie diz que as pessoas do campo "pisotearam" a cabeça dos quatro alemães mortos.

Sexta-feira, 29 de novembro

Muitos, muitos pensamentos profundos me visitaram. E escaparam. A caneta põe sal nos seus rabos; eles veem a sombra e saem voando. Estava pensando em vampiros. Sanguessugas. Qualquer pessoa com 500 por ano e uma educação é imediatamente sugada pelas sanguessugas. Ponham L. e a mim na piscina de Rodmell e seremos sugados – sugados – sugados. E eu entendo a motivação daqueles que sugam guinéus. Mas a vida – ideias – é um pouco estúpido. Trocamos os inteligentes pelos simplórios. Os simplórios têm inveja de nossa vida. Na noite passada, a palestra de L. atraiu sanguessugas. Gwen Thompsett é uma sanguessuga. (L. está cortando lenha, então não consigo escrever.) Disto para as boas maneiras: – um pensamento a ser guardado para meu livro.

John me escreveu – vacilante: quer a ribalta e buquês. Terceira impressão de *Roger*: e não fui comunicada.

Muito atarefada esta última semana. Fui a Londres: Bella e Tom. Os últimos momentos do nº 37 como residência: a mobília chega na segunda. A sanguessuga Octavia pede para vir. B. e A. amanhã. Agora preciso ler Ellen Terry[832].

Sexta-feira, 6 de dezembro

E então o que eles chamam de vida real nos invadiu. As camionetes chegaram num dilúvio. Desempacotamos tudo na chuva. E os Botten nos enganaram. Resultado: MH está lotada de jarras velhas e panelas sem tampa. E o oratório lotado com 4 toneladas de livros velhos e úmidos. A vida real é uma confusão, saudável para a mente, sem dúvida. Não consigo entrar na outra vida com pressa. Eu sei o que é a vida de uma mulher trabalhadora. Não há tempo para pensar. Uma brisa agita a superfície. Não há silêncio. Não consigo me concentrar em E. Terry em parte porque não tenho certeza sobre a minha plateia na Harper's.

Quentin veio ontem à noite; cortês e feliz. Fears nos contou a história da guerra sul-africana – a guerra vista do chão, pelo soldado. A visão de uma criança. Bem deprimente – papéis velhos, cartas, cadernos: vou encadernar os sobreviventes hoje à noite: e em papel colorido poderão refrescar meus olhos. Toda essa escrita – que dilúvio de palavras deixei escapar – no papel, apenas: quero dizer, sem publicar. E agora devo começar por baixo – Trevy – até alcançar as minhas elevações.

Domingo, 22 de dezembro

Que bonitos eles eram, esses velhos – quero dizer, meu pai e minha mãe – como eram simples, claros, tranquilos. Tenho mergulhado em cartas antigas e nas memórias de meu pai. Ele a amava – ah, e era tão sincero, sensato e transparente – e tinha uma mente tão meticulosa, delicada, educada e transparente. Como me parece serena e alegre a sua vida quando a leio. Nada de lama, nada de remoinhos. E era tão humana – com os filhos, e o zunzum e as cantorias do quarto de dormir. Mas se a leio como contemporânea, perco a minha visão de menina, e por isso devo parar. Nada de turbulência; nada de complicado: nada de introspecção.

1941

Quinta-feira, 9 de janeiro

Um vazio. Tudo sob a geada. Ainda a geada. Ardendo, branca. Ardendo, azul. Os olmos vermelhos. Não pretendia descrever mais uma vez as colinas sob a neve; mas a neve chegou. E mesmo agora não posso evitar olhar para a colina de Asheham, vermelha, púrpura, cinza-azulada, a cruz à frente, tão melodramática. Que frase sempre lembro – ou esqueço? Lança teu último olhar sobre todas as coisas encantadoras[833].

Ontem a Sra. Dedman foi enterrada de bruços. Um acidente. Uma mulher tão pesada, disse Louie, divertindo-se à vontade sobre a tumba[834]. Hoje ela enterra a tia cujo marido viu uma aparição em Seaford. Sua casa foi destruída pela bomba que ouvimos no início de uma manhã na semana passada. E L. está dando palestras e organizando a sala. São estas as coisas interessantes? Que nos fazem recordar: que afirmam: "Fica, és tão belo"? Bem, toda a vida é bela na minha idade. Isto é, sem muito mais pela frente, acho. E do outro lado da colina não haverá neve rosada azul vermelha. Estou passando *P.H.* a limpo. Economizo. Não devo gastar nada. Um dia, há 11 anos, gastei £2.2 em potes de vidro. Eis o que escancarou a minha bolsa – e eu disse que era difícil. Será difícil fechá-la bem firme agora? A grande mudança não é essa, mas a mudança para o campo. A Srta. Gardner[835] em vez de Elizabeth Bowen. Coisa pouca. Mas o espaço e o silêncio e o tempo. Consigo sentar e ler um livro. Isso eu não fazia desde 1924, acho, quando fomos morar no nº 52; e a escaramuça começou. Ah, mas estou tão atormentada pela beleza da noite e asseguro que a colina de Asheham está rosa--púrpura. E a fumaça voa feito um – ousaria dizer um intestino convoluto? – está incandescente. Juliette teve um menino. Elaine está com sarampo[836];

e, para terminar, o pântano tem a cor e a substância de uma esmeralda opaca. Muitas cartas loucas de mulheres que me adoram. Nunca respeito ou gosto dos meus admiradores, sempre os detratores. O livro de Desmond chegou. Abrindo-o, pareceu-me coisa pouca. É irlandês demais, confidencial demais, descuidado demais, e depende do encanto da voz irlandesa. Mas mal o abri, é o que digo à minha consciência crítica, que não me deixa definir as coisas assim tão facilmente. Bardia foi tomada[837].

Quarta-feira, 15 de janeiro

A parcimônia pode ser o fim deste caderno. Também me envergonho de minha verborreia, que me invade quando vejo os vinte – é isso? – cadernos embaralhados em meu quarto. De quem tenho vergonha? De mim mesma lendo-os.

Respondi à zombaria ridícula de David Cecil dirigida a Lytton e à Sra. Woolf, retirando-se da vida para cultivar sua arte em silêncio. Imagino que o homenzinho se sinta importante zombando de nós[838].

E Joyce está morto – Joyce é quase duas semanas mais novo do que eu. Lembro da Srta. Weaver, de luvas de lã, trazendo uma cópia datilografada de *Ulisses* para a nossa mesa de chá em Hogarth House. Foi Roger quem a enviou, eu acho. Dedicaríamos nossas vidas a imprimi-lo? Aquelas páginas indecentes pareciam tão incongruentes: ela tinha um ar de solteirona, toda abotoada. E as páginas cambaleavam de indecência. Guardei-o na gaveta da cômoda. Um dia Katherine Mansfield veio e eu o tirei de lá. Ela começou a ler, ridicularizando: então de repente disse: Mas há alguma coisa nisto aqui: uma cena que deveria figurar na história da literatura, eu acho. Ele estava na cidade, mas nunca o vi. Lembro-me de Tom na sala de Ottoline, em Garsington, dizendo – já tinha sido publicado naquela época – como é que alguém poderia escrever novamente depois de ter realizado o imenso prodígio do último capítulo? Pela primeira vez, que eu tenha notícia, ele estava arrebatado, entusiasmado. Comprei o livro azul e li-o aqui num verão, acho, com espasmos de admiração, de descoberta, e depois com longos lapsos de aborrecimento intenso. Shanks pegou-o emprestado dizendo que precisava escondê-lo de Bowen Hawkesford. Isto remonta a um mundo pré-histórico.

E agora todos os cavalheiros proferem opiniões, e os livros, eu imagino, tomam os seus lugares na longa procissão[839].

Estivemos em Londres na segunda-feira. Fui até a London Bridge. Olhei para o rio, coberto pela névoa; algumas mechas de fumaça, talvez de casas em chamas. Houve outro incêndio no sábado. Depois vi um muro íngreme, carcomido, numa esquina; uma esquina enorme toda destroçada; um banco; o Monumento ereto; tentei pegar um ônibus, mas estava tão cheio que desci; e no segundo ônibus me aconselharam a caminhar. Um enorme engarrafamento de trânsito; porque estavam explodindo as ruas. Então fui até Temple de metrô; e vaguei pelas ruínas desoladas das minhas antigas praças: acutiladas, desmanteladas; os velhos tijolos vermelhos cobertos de pó branco, como num canteiro de obras. Poeira cinzenta e janelas quebradas; turistas; toda aquela perfeição arrasada e demolida. De lá fui a Buszards, onde pela primeira vez ou quase isso decidi comer feito uma glutona. Peru e panquecas. Como estavam deliciosas, que substância tinham. Custaram 4 xelins. E depois fui até a L.L., onde coletei espécimes de literatura inglesa, e o Sr. Cox me contou sobre quando ficava sentado diante da lareira da cozinha em Kingston[840].

Domingo, 26 de janeiro

Uma batalha contra a depressão, a rejeição (da *Harper*, à minha história e de "Ellen Terry") afugentada hoje (espero) pela limpeza da cozinha; por ter enviado um artigo (ruim) para o *N.S.*; e por ter interrompido *PH* para passar dois dias, eu acho, escrevendo memórias[841].

Esse abismo de desespero não vai me engolir, eu prometo. A solidão é grande. A vida em Rodmell não é nada. A casa está úmida. A casa está numa desordem. Mas não há alternativa. E os dias vão ficar mais longos, também. O que eu preciso é daquele velho jorro. "A sua vida verdadeira, como a minha, está nas ideias", disse-me Desmond certa vez. Mas devemos lembrar que não é possível forçar as ideias. Começo a não gostar da introspecção. Sono e indolência; meditar; ler; escrever; pedalar; ah, e um bom livro, de verdade: a saber: Herbert Fisher. Esta é a minha receita médica. Vamos a Cambridge passar dois dias. Eu me pego calculando a vida dos meus amigos: Helen em Alciston, sem água; Adrian e Karin; Oliver em Bedford; e chego a um total mais elevado de felicidade. Estamos num momento de calmaria na guerra: seis noites sem ataques aéreos. Mas Garvin diz que o maior conflito está por vir – digamos, em três semanas – e cada homem, mulher, cão, gato e até mesmo caruncho, terá de preparar seus braços, sua fé – e assim por diante[842].

Esta é a hora fria antes de as luzes se acenderem. Uns poucos flocos de neve no jardim. Sim, estive pensando: vivemos sem um futuro. Isso é o que é estranho, com o nosso nariz encostando numa porta fechada. Agora vou escrever, com uma ponta de caneta nova, à Enid Jones[843].

Sexta-feira, 7 de fevereiro[844]

Por que estive deprimida? Não consigo lembrar.
Fomos ver Charlie Chaplin. Como aquele da moça do leite, o achamos aborrecido. Tenho escrito com certo prazer. Vou terminar a Sra. Thrale antes de irmos a Cambridge[845]. Uma semana de águas agitadas é iminente. Cambridge e depois Elizabeth Bowen; depois Vita e Enid Jones. Elen me devolveu £25. Gosto mais dela por causa disso? Acho que sim. A neve voltou. O pântano está descongelando, um brejo. Estivemos em Londres [em 5 de fevereiro] e tivemos que voltar para casa, por causa de uma bomba, por Dorking; o carro ficou trancado na [garagem] de Marin; jantamos no White Heart – uma sopa rala e um ensopado de rabo de boi. As ruas de Londres estão muito vazias – Oxford Street, uma extensa fita cinza. Minha bolsa vermelha foi roubada e L. me deu outra. Em Charleston, Clive estava atarracado, como um Bell. Eu disse "Que risco Nessa correu por ter se casado com ele!" As Sitwell estão provando a sua existência como poetas nos Tribunais – Isto é desprezível, mas delicioso[846]. E o que mais? [Ellen] Terry aparece hoje no *N.S.* Os italianos estão voando. A terceira semana de março está marcada para a invasão. Agora vou desligar as luzes e talvez escrever a Mary. Não, acho que vou ler – o quê? Preciso me preparar para meus elisabetanos.

Domingo, 16 de fevereiro

Em águas agitadas e escuras depois do tumulto da semana passada. Gostei mais do jantar com Dadie [Rylands]. Tudo bastante iluminado e íntimo.

Gostei da noite suave e cinzenta em Newham. Encontramos Pernel em seu salão cerimonial, toda delicada, observando. Vestia tons suaves de vermelho e preto. Sentamos junto a uma lareira luminosa. Uma conversa curiosa e fugidia. Ela vai embora no ano que vem.

Depois, Letchworth[847] – seus escravos acorrentados a suas máquinas de escrever, e seus rostos tesos, e as máquinas – as incessantes e mais competentes máquinas, dobrando, apertando, colando e produzindo livros perfeitos. Conseguem estampar tecidos para imitar couro. Nossa tipografia está no andar de cima, numa caixa de vidro. Não havia campos para ver. Viagens de trem muito longas. Comida escassa. Nada de manteiga nem de geleia. Casais de velhos estocando marmelada e cereais matinais em suas mesas. As conversas meio sussurradas ao redor da lareira do salão. E[lizabeth] Bowen chegou duas horas depois que voltamos e foi embora ontem; e amanhã, Vita; depois Enid; e então talvez eu volte a ingressar numa das minhas vidas superiores. Mas ainda não.

Quarta-feira, 26 de fevereiro

Minha "vida superior" é quase que inteiramente a peça elisabetana. Terminei *Pointz Hall, o festival*: a peça – por fim *Entre os atos*, esta manhã[848]. Flora e Molly acabaram de ir embora; deixando-me a perguntar para este dia de primavera frio e claro: por que vieram?

Ontem no banheiro das senhoras do Sussex Grill em Brighton eu ouvi:

Ela é uma coisinha de sorriso afetado. Não gosto dela. Mas ele nunca gostou de mulheres grandes, afinal. (Então, sobre Bert.) Os olhos dele são tão azuis. Como piscinas azuis. Os de Gert também. Eles têm os mesmos olhos, só que os dentes dela são um pouco separados. Ele tem dentes brancos maravilhosos. Sempre teve. É divertido receber os meninos... Se ele não tomar cuidado vai ser julgado numa corte marcial.

Estavam se empoando e maquiando, essas vagabundinhas, enquanto eu, sentada atrás de uma porta fina, fazia x--- tão silenciosamente quanto possível.

Depois fomos ao Fuller[849]. Uma mulher gorda e inteligente, com chapéu vermelho de caçador, pérolas, saia xadrez, comia tortas cremosas. Sua dependente maltrapilha também se empanturrava. A camionete da Hudson descarregava biscoitos do outro lado da rua. A mulher gorda tinha um grande rosto de muffin. A outra era levemente assada. Comeram e comeram. Conversavam sobre Mary. Mas se ela está muito doente você precisa ir visitá-la. Você é a única pessoa... Mas por que ela deveria estar?... Eu abri a geleia, mas John não gostou dela – E temos um quilo de biscoitos na lata no segundo andar... Havia algo de perfumado, de má qualidade, de parasita, nelas. Depois comeram mais tortas. E passaram o tempo conversando com a garçonete. De onde vem o dinheiro para alimentar essas lesmas brancas gordas? Brighton é um lugar romântico para as lesmas. As empoadas, as mimadas, as levemente impróprias. Eu as imaginei numa grande casa em Sussex Sqre. Andamos de bicicleta. Irritada, como sempre, com a blasfêmia de Peacehaven. Helen não deu em nada, quero dizer, a casa que consegui para ela com Enid Jones, o dia em que Enid almoçou aqui com Vita; e me senti tão desarrumada, mas tranquila; e ela nervosa e frágil[850]. Nada de passeios por muito tempo. Encontro pessoas diariamente. E minha mente está agitada, com alguns espaços em branco. A comida vira uma obsessão. Ressinto-me em dar um bolinho de especiarias a alguém. Curioso – isso será a idade ou a guerra? Não importa. Aventurar-se. Tornar as coisas sólidas. Mas será que voltarei a escrever alguma daquelas frases que me dão prazer intenso? Não existe eco em Rodmell – só ar residual. Passei a tarde na escola, marmorizando papel. A Sra. D. está infeliz. E disse: não há vida nestas crianças, comparando-as com as londrinas, repetindo assim o meu comentário sobre aquele longo encontro lânguido na casa de Chavasse. Não há vida: e assim se aferram a nós. Esta é a minha conclusão. Pagamos pelo nosso escalão na sociedade com um aborrecimento infernal.

Sábado, 8 de março

Acabo de voltar da palestra de L. em Brighton[851]. Como uma cidade estrangeira: o primeiro dia da primavera. Mulheres sentadas nos bancos. Um belo chapéu numa casa de chá – como a moda reaviva os olhos! E as velhas incrustradas de conchas, de rouge, enfeitadas, cadavéricas, na casa de chá. A garçonete de algodão xadrez.

Não: não pretendo a introspecção. Lembro-me da frase de Henry James: Observe perpetuamente. Observe a chegada da idade. Observe a ganância. Observar minha própria melancolia. Desta forma ela se torna útil. Ou assim espero[852]. Insisto em aproveitar ao máximo este tempo. Cairei com minha bandeira a tremular. Sei que isto beira a introspecção; mas não é exatamente isso. Comprei um ingresso para o museu; andei de bicicleta diariamente e li História. Escolhi uma figura dominante em cada época e escrevi sobre ela. Ocupar-se é essencial. E agora com certo prazer descubro que são sete horas da noite; e preciso fazer o jantar. Hadoque e linguiça. Acho que é verdade que ganhamos algum controle sobre a linguiça e o hadoque escrevendo sobre eles.

Ontem à noite analisei para L. o meu complexo quanto à Biblioteca de Londres. O terror repentino desapareceu; agora estou incomodada com o almoço de H. Hamilton que recusei. Para equilibrar a balança, escrevi a Stephen e Tom: e escreverei a Ethel me convidando para passar alguns dias lá; e depois à Srta. Sharp, que me deu um buquê de violetas[853]. Isto é para compensar a visão de Oxford Street e Piccadilly que me persegue. Ah, céus, sim, hei de conquistar esse estado de ânimo. É uma questão de estar aberta sonolenta de olhos abertos no presente – deixando que as coisas venham, uma depois da outra. Agora vou cozinhar o hadoque.

Segunda-feira, 24 de março

Ela tinha um <rosto> nariz como o do Duque de Wellington e grandes dentes de cavalo e olhos frios e salientes. Quando entramos estava sentada numa cadeira triangular com seu tricô nas mãos. Uma seta abotoava o seu colarinho. E antes de que se passassem 5 minutos ela nos contou que dois de seus filhos foram mortos na guerra. Isto, pudemos sentir, era um orgulho para ela. Ela era professora de costura. Tudo na sala era vermelho marrom e brilhante. Sentada lá, tentei fazer alguns elogios. Mas estes pereceram no mar gelado entre nós. E depois não houve mais nada.

Uma curiosa sensação de estar à beira-mar, hoje. Isso me fez lembrar dos alojamentos num desfile na Páscoa. Todos se equilibrando contra o vento, com frio, em silêncio. Toda a polpa removida.

Essa esquina ventosa. E Nessa está em Brighton, e fico imaginando como seria se pudéssemos infundir as almas.

A história de Octavia [Wilberforce]. Poderia inclui-la, de alguma forma? A juventude inglesa em 1900.

Duas cartas longas de Shena [Simon] e O. Não as consigo ler, mas gostei de as ter recebido.

L. está cuidando dos rododendros...

[posfácio]
Virginia Woolf, os trabalhos & os dias

Por Flora Süssekind

Esta seleção de entradas dos diários de Virginia Woolf, desde a adolescência até o ano de sua morte, foi planejada em 2015 e 2016, ainda com a entusiasmada interlocução de Vivian Wyler[1], minha antiga colega de colégio e amiga de muitas décadas, que se responsabilizaria, em seguida, pelo contato com os representantes do espólio da escritora. Julgamos relevante a elaboração de uma nova compilação no Brasil não apenas diante da divulgação de seus escritos inéditos de juventude, e de novos estudos elucidativos sobre aspectos pouco estudados do seu trabalho, mas, também, como incentivo a uma publicação integral dos diários de Woolf, coisa que hoje já está em curso, graças à contribuição valiosa de Ana Carolina Mesquita.

O fundamental nesse retorno à escrita woolfiana de diário, no entanto, seria permitir a sua visualização não apenas – o que era o mais habitual – como um suplemento esclarecedor para o estudo de sua produção ficcional e ensaística. Ou como fonte privilegiada para o estudo do grupo de Bloomsbury e da vida literária britânica na primeira metade do século XX – o que este conjunto de textos, evidentemente, também é. E neles estão, em maior ou menor escala, os perfis de todos do grupo, os registros de sua aproximação desde jovens, de seus enredos amorosos, das reuniões retomadas no período entreguerras como estímulo mútuo à discussão e à produção intelectual.

Mas se tratava, além disso, de distinguir esse registro discursivo em seus desdobramentos particulares, exigentes, autoconscientes, e de indicar o desafio analítico que ele necessariamente impõe – o de uma observação crítica em perspectiva dupla. Aquela oferecida por uma textualidade singular, voltada para uma autoexperimentação transformadora, para a exposição – em movimento – de um pensamento em processo, e que, no entanto, se man-

---

1 Agradeço a Miguel Conde, Tiago Lyra e Ana Lima, que, em momentos diversos, foram meus interlocutores junto à Rocco durante o processo de edição deste livro.

têm, simultaneamente, em continuado trânsito e conexão com o restante da obra. E é extraordinário acompanhar, geralmente desde a primeira ideia à descoberta de formas narrativas particulares, o processo de escrita de romances como *Mrs. Dalloway*, *Ao farol*, *Orlando*, *As ondas*, *Entre os atos*, e ver como *O quarto de Jacob*, focado em protagonista ausente, suscitaria surdamente uma reconsideração expansiva sobre a noção mesma de personagem, e como *Os anos* se constitui, a princípio, como um romance-ensaio focado na profissionalização das mulheres e na discussão da mentalidade patriarcal inglesa, entranhada em toda parte, e cuja vizinhança aos sustentáculos do fascismo Virginia Woolf faz questão de sublinhar.

E não é somente para esses trânsitos intertextuais que sinalizam os diários, mas há um fortíssimo imbricamento com a própria (e urgente) hora histórica – e isso se dá na escrita woolfiana de diário de forma bem mais intensa do que uma leitura talvez mais apressada costuma detectar. Lidos hoje seus registros sobre os sinais da ascensão do fascismo na Europa, por exemplo, parecem de fato se avultar no escopo geral dos diários. Os cartazes da extrema-direita inglesa surgindo nos muros, as notícias sobre a movimentação expansiva dos nazistas, na Alemanha e na Europa, e de Mussolini, na Abissínia, o engajamento de tantos na Guerra Civil Espanhola e a consciência do que ela significava, as discussões acaloradas sobre pacifismo e rearmamento entre intelectuais e políticos ingleses, as considerações sobre hipóteses diversas de resistência (inclusive mantendo-se simplesmente o trabalho e as atividades de sempre) e de suicídio, caso houvesse uma derrota para Hitler – e tudo isso entremeado às minúcias do dia a dia, às caminhadas a pé no campo, à escrita de romances e resenhas, às publicações da Hogarth Press, a jogos caseiros de bocha e um piquenique numa residência nobre em ruínas, a ligações telefônicas quase inaudíveis pelo ruído de bombas, à musica ouvida solitariamente num gramofone novo e à tensa escuta coletiva de informes e conclamações pelo rádio.

Foram esses, então, os eixos de leitura que – entrecruzados – orientaram esta seleção: 1) a exposição (em espectro temporal amplo) das formas e transformações dessa escrita de diário e de aspectos característicos da sinalização gráfica (sobretudo o travessão e o ponto e vírgula) e das gramáticas rítmico-narrativas nela exploradas por Woolf; 2) o levantamento de uma série expressiva de experimentos literários, reflexões, tópicos e figuras conceituais (como a imagem da barbatana brilhando no pântano, como o método de tunelização, como o mundo-sem-eu) que a percorrem e atuam significativamente no conjunto da obra woolfiana; 3) o rastro histórico (oblíquo ou direto) entranhado nos diários – como o da ampliação da participação feminina no mundo da cultura, do trabalho e da política; o das lutas trabalhistas e greves (e de uma constrangedora relação com os serviços domésticos); o dos preconceitos de raça e de classe disseminados nas classes médias inglesas; e o contexto da ascensão do fascismo na Europa, da 2ª Guerra Mundial e do bombardeio diário e da ameaça de iminente invasão da Inglaterra, vividos em meio aos afazeres cotidianos, a revisões de provas tipográficas, a novos projetos e à reflexão sobre a urgência de uma perspectiva coletiva (não de massa, de rebanho, mas contrastiva, plural). O que seria perceptível, igualmente de modo bastante explícito, nos últimos livros – os previamente geminados *Os anos* e *Três guinéus* (com sua crítica a um "nós" socialmente assimétrico e uma elucidativa sobreposição de patriarcado e fascismo) e *Entre os atos*, este último sugerindo, ao final, uma composição que, sub-repticiamente, acionasse uma "double plot" e fizesse se desdobrar da encenação de *Miss La Trobe* uma outra peça – movida não exclusivamente por um "ego scriptor", mas pela ação de todos, por uma quase invisível trama coletiva.

A seleção das entradas dos diários, tendo em vista esses três eixos de investigação, e uma extensão necessariamente reduzida, envolveu, num primeiro momento, a consideração de edições essenciais desses escritos pessoais de Virginia Woolf. A começar da primeira reunião de extratos de seus diários realizada por seu marido, Leonard Woolf, em 1953. E focando necessariamente no trabalho de pesquisa e edição de Anne Olivier Bell, Andrew McNeillie, Mitchell A. Leaska e David Bradshaw.

Ao intitular de *A Writer's Diary* (*Um diário de escritora*) a sua compilação, Leonard Woolf indicaria explicitamente, como já observaram diversos estudiosos da escritora, qual seria a premissa básica do livro e, com ela, os seus critérios de seleção e de exclusão. Ficariam de fora, portanto, não só os registros dos anos de formação, e do período prévio à profissionalização literária de Virginia Woolf, mas também, nos diários da maturidade, sobretudo os relatos, na visão de Leonard, "pessoais demais"[2], abandonados em respeito à privacidade dos que neles eram mencionados.

O nexo artístico-profissional – este seria o fator determinante de suas escolhas, que, no entanto, passariam ainda por reenquadramentos e supressões suplementares com vistas à publicação. Pois o fundamental, diria Leonard no prefácio à sua coletânea, era "lançar luz sobre as intenções, os objetos e métodos de Virginia Woolf como escritora"[3]. Com isso, além da exclusão em sua totalidade dos oito cadernos mantidos por ela entre 1897 e 1909, também dos outros trinta cadernos[4], do período entre 1915 e 1941, o que fica disponível para a leitura, em *A Writer's Diary*, corresponderia, na verdade, a menos de 1/5 das anotações[5] neles contidas.

Se o próprio Leonard Woolf se preocupou em assinalar a restrição e a especificidade da orientação escolhida por ele para o livro, isso não o eximiria, porém, de críticas, como a de uma das melhores biógrafas de Virginia Woolf, Hermione Lee[6], quanto ao controle exercido por ele, ao longo das duas décadas que se seguiram à morte da escritora, sobre a sua imagem pública, o acesso aos seus escritos pessoais e a divulgação dos inéditos deixados por ela.

---

2 Woolf, Leonard. "Preface" *In*: Woolf, Virginia. *A Writer's Diary: Being extracts from the Diary of Virginia Woolf*; ed. Leonard Woolf, San Diego, Nova York, Londres, A Harvest Book – Harcourt, Inc., s/d, p. VII.

3 Id., p. VIII.

4 Alguns deles desmembrados, outros reunidos por encadernação posterior, outros constituídos de folhas soltas, como observam, por exemplo, as responsáveis pela edição francesa dos diários da maturidade em texto intitulado "Les cahiers intimes de Virginia Woolf" (incluído como anexo ao vasto volume publicado em 2020 pela Editora Stock). Para uma análise detalhada dos cadernos, consultem-se os três volumes de Barbara Lounsberry sobre os diários de Virginia Woolf (*Becoming Virginia Woolf*, 2014, *Virginia Woolf's Modernist Path*, 2016, e *Virginia Woolf, The War Without, The War Within*, 2018), publicados pela University Press of Florida.

5 Quem primeiro ofereceu esta informação foi Anne Olivier Bell, responsável, com a colaboração de Andrew McNeillie (que participou da preparação editorial dos três volumes finais), pela edição em 5 volumes dos diários da maturidade da escritora.

6 Lee, Hermione, *Virginia Woolf*. London: Chatto & Windus, 1996.

Mesmo Anne Olivier Bell[7], encarregada, ao lado de Andrew McNeillie, da edição integral dos diários pós-1915[8], não deixaria de lamentar (suavemente) o modo como se dera o processo de edição dos diários por Leonard que, "ao selecionar os trechos", utilizou "uma tesoura" e "simplesmente cortou os pedaços que queria e os enviou para a editora"[9]. Em seguida, ele guardaria os restos de suas transcrições em envelopes que seriam repassados oportunamente a Quentin Bell (encarregado da biografia de sua tia), com a explicação de que, juntando aqueles papéis picados à versão publicada em *A Writer's Diary*, ele recomporia o texto integral das entradas incluídas parcialmente no livro. Havia, evidentemente, os manuscritos originais, que seriam arquivados na New York Public Library, e que estavam disponíveis para o cotejo, mas, como conta Anne Oliver Bell, em "Editando o Diário de Virginia Woolf", o processo inicial de datação e reunião dos recortes transcritos por Leonard beiraria a minuciosa execução de um imenso quebra-cabeças.

Olivier Bell ressaltaria, no entanto, mais de uma vez, a importância da publicação de *A Writer's Diary*, e do trabalho de seleção de Leonard Woolf, para que houvesse uma renovação do interesse pela vida e pela obra de Virginia Woolf, que passara por um período de esquecimento depois do final da 2ª Guerra Mundial. Um interesse que se ampliaria com a publicação, em 1972, da biografia[10] escrita por Quentin Bell e com a posterior divulgação mais ampla dos seus escritos autobiográficos.

A relevância da coletânea organizada por Leonard Woolf não estaria, porém, apenas no ineditismo, na qualidade da seleção e no papel que exerceu nesta redescoberta da escritora. Sua opção editorial, para além da dimensão testemunhal própria ao diário, chamaria a atenção, especialmente, para as funções peculiares que essa prática assumiria no trabalho de Virginia Woolf. Isto é: na configuração de um campo privilegiado para experiências de observação, de escrita, de trânsito intertextual e no sentido de uma autorreflexão sistemática, aspectos que se impuseram como dobras necessá-

---

7   Ela era casada com Quentin Bell, sobrinho de Virginia Woolf.
8   *The Diary of Virginia Woolf* (1915-1941), 5 v., ed. Anne Olivier Bell and Andrew McNeillie (London: Hogarth, 1977-84).
9   Anne Olivier Bell, "Editing Virginia Woolf's Diary" *In*: Haule, James M. e Stape, J. H. (ed.). *Editing Virginia Woolf: Interpreting the Modernist Text*. Houndmills/New York, Palgrave, 2002.
10 Bell, Quentin, *Virginia Woolf: A Biography*, 2 v. London: Hogarth Press, 1972.

rias aos seus processos de elaboração ficcional e ensaística. E isso foi fundamental para a compreensão do grau de domínio e consciência com que Virginia Woolf trabalhava, exigindo de si novos métodos a cada livro, além de minuciosíssimas revisões antes da publicação. As entradas de diário referentes à preparação de romances (ao lado das leituras e dos escritos a que ela se dedica ao mesmo tempo) funcionando, portanto, como lugares privilegiados de observação do modo como se alteram e definem procedimentos e se realizam, por vezes à exaustão, processos de reescritura.

É curioso, no entanto, que *A Writer's Diary* ao mesmo tempo que destaca, em Virginia Woolf, a *poiesis*, fragmente em extratos as anotações diárias, bloqueando-se, desse modo, com frequência, a avaliação plena desses textos e o acesso às heterogeneidades e materiais diversos que os compõem. Para que se pudessem ler as notas dos diários da maturidade em sua integralidade foi preciso esperar, então, mais de duas décadas por *The Diary of Virginia Woolf*, a edição em cinco volumes de Anne Olivier Bell e Andrew McNeillie.

Coube a Anne Olivier Bell expor, com mais clareza, a estrutura compósita de cada um dos registros – com suas histórias banais, comentários sobre a vida literária, manchetes de jornal, reuniões do Partido Trabalhista, agenda cotidiana, pequenos retratos, disputas, descrições diversas de caminhadas por Londres e da paisagem rural, tudo isso misturado ao esforço e às descobertas realizadas durante a escrita dos romances. E, graças à atenta pesquisa histórica realizada pelos editores dos diários da maturidade, foi possível ampliar também não só a precisão das datas das anotações, mas a percepção do grau de sobreposição entre vida privada e história social nesses escritos cotidianos. Divulgadas em sua integralidade, em sua "impureza", as entradas de diário parecem expor, assim, a presença mais em bruto do cotidiano e da experiência histórica que enformam essa escrita.

O conjunto de diários reunindo entradas publicadas em sua integralidade em edições cuidadosas se ampliaria, no entanto, de novo, em 1990, com a publicação por Mitchell A. Leaska dos diários woolfianos de juventude[11], em *A Passionate Apprentice*, e, em seguida, em 2003, com o aparecimento de

---

11 Woolf, Virginia, *A Passionate Apprentice: The Early Journals 1897-1909*, ed. Mitchell A. Leaska (London: Hogarth, 1990).

Carlyle's House and Other Sketches[12] – material extraído de um caderno de 1909, que foi redescoberto por acaso[13], editado por David Bradshaw, estudioso da obra de Woolf, e publicado pela Hesperus Press.

A edição de Leaska compila todo o material contido nos sete cadernos de juventude de Virginia Woolf pertencentes à Berg Collection da New York Public Library, e em mais um, guardado na British Library. Entradas longas, descrições minuciosas, exercícios de retratística e paisagismo literários, relatos de viagem, crônicas do cotidiano, paródias do gótico e da escrita jornalística; o fundamental, nesses diários de juventude, ao lado das evidências de interesse material pela escrita (que envolve indagações sobre canetas, tintas, exercícios de encadernação), é assistir ao potencial de descolamento satírico de gêneros e de modos convencionais de narrar, assim como de lugares comuns imagéticos, por parte da escritora ainda em formação. Assim como à sua gradativa conquista de uma voz própria, que se ensaiou, a princípio, nos cadernos de juventude, por meio de uma fictícia "Miss Jan" (Srta. Jan/January, evocando o mês de nascimento de Woolf), que foi aos poucos substituída pelas iniciais de seu nome "ADS" (Adeline Virginia Stephen) e, em seguida, nas primeiras resenhas para o *Guardian*, pelo seu nome literário pré-casamento, Virginia Stephen.

Quanto ao caderno encontrado em Birmingham, e editado por Bradshaw, teria tradução para o português, *A casa de Carlyle* e *Outros esboços*, realizada por Carlos Tadeu Galvão, e publicada pela Editora Nova Fronteira, em 2004. Esse diário de 1909[14], período em que Virginia Woolf morava com o irmão Adrian Stephen na Fitzroy Square nº 29, não contém registros regulares do cotidiano, como nos demais, mas prossegue sobretudo com os

---

12 Woolf, Virginia. *Carlyle's House and Other Sketches* [Woolf's 1909 Diary], ed. David Bradshaw, com prefácio de Doris Lessing, Hesperus Press, 2003.
13 Teresa David Davies, uma das encarregadas por Leonard Woolf de datilografar o material dos diários, e para quem fora enviado um caderno recoberto em papel pardo, datado de 1909, sequer chegaria a começar o trabalho, pois Leonard adoeceu e morreu e, sem saber o que fazer com o caderno, ela o guardaria, e acabaria por se esquecer dele, até o momento em que a família se mudou de moradia e o material foi devolvido ao espólio da família Woolf.
14 Depositado no acervo da Biblioteca da Universidade de Sussex, em Brighton.

experimentos em retratos[15]. E seria definido por ela como um conjunto de "retalhos e fragmentos, estudos de cortinas – pernas, braços e narizes", pautado por "um exercício – treinamento para olhos e mãos". Desse livro não incluímos aqui nenhum trecho não só porque as entradas configuram textos mais autônomos, sem o caráter compósito e de registro cotidiano da escrita de diário, mas sobretudo por já se achar disponível em edição brasileira.

Há, como se sabe, diversas edições de trechos dos diários woolfianos em português. Devemos aos portugueses a excelente compilação de escritos pessoais da escritora em dois volumes publicados pela Bertrand, em 1987. Houve também a compilação realizada por José Antonio Arantes para a Companhia das Letras, em 1989. A mais recente coletânea, de 2018, com seleção e tradução de Jorge Vaz de Carvalho, foi publicada pela Editora Relógio d'Água em Portugal. E temos, ainda em curso, no Brasil, a tradução da edição integral dos diários da maturidade, cujo primeiro volume foi publicado em março de 2021 pela Editora Nós.

A seleção que apresentamos aqui, além do triplo foco sublinhado (a especificidade dos registros de diário, a interconexão com o conjunto da obra, o imbricamento entre escrita, história de vida e história social), procurou sublinhar os aspectos materiais desses textos. E apresentar os textos de Woolf sem a supressão dos muitos "e" e dos sinais tipográficos, interrupções, pontos e vírgulas, travessões e estruturas diversas de desdobramento interno e de indeterminação discursiva que lhes são peculiares. Seguimos, nesse sentido, Leonardo Fróes que, em sua edição de ensaios[16] de Virginia Woolf, sublinharia o seu "uso exaustivo do ponto e vírgula", de repetições ocasionais "de frases ou palavras", seu "meticuloso emprego de travessões", vistos inteligentemente por ele como "sinais reflexivos – pausas para pensar mais um pouco no que vinha sendo dito como afirmação categórica".

---

15 O retrato de Mrs. Annie Loeb, em particular, estaria marcado por evidente e inaceitável preconceito antissemita, que a escritora criticaria na sua maturidade e a que se contraporia diretamente no romance *Os anos*, por exemplo. Desrespeito e visão preconceituosa com relação a outras culturas também ficariam evidenciados em outras entradas de diário aqui compiladas, e, em 1910, no seu travestimento acompanhado do escurecimento teatral do rosto, para parecer um príncipe abissínio, no trote em grupo de que participou, fingindo uma visita oficial e enganando representantes da Marinha inglesa.

16 Woolf, Virginia. *O valor do riso e outros ensaios*. Tradução e organização: Leonardo Fróes. 1ª. ed., São Paulo: Cosac Naify, 2014.

Se presentes em toda a obra, esses sinais têm, todavia, presença especialmente ativa num texto como o de diário, regido pelo ritmo instável dos dias, por instantâneos de uma mente pensando, por percursos, dúvidas, imagens e personagens que voltam e voltam e voltam. E no qual se tem acesso, fundamentalmente, a ensaios provisórios de processos narrativos e reflexivos, a "raspas do fundo do cotidiano"[17], a ecos particulares da prosa do mundo, e histórias de uma vida ainda em seu curso. É a experiência desse movimento que a seleção dos diários de Virginia Woolf aqui realizada procura, a seu modo, captar.

---

17 Blanchot, Maurice. *O livro por vir*, tradução de Leyla Perrone-Moisés. São Paulo: Martins Fontes, 2005, p. 273.

Notas

1. Vanessa (Nessa) Stephen (1879-1961), irmã de Virginia Woolf. Foi pintora e fez parte do Grupo de Bloomsbury. Casou-se com o filósofo e crítico de arte Clive Bell em 1907, quando passou a se chamar Vanessa Bell. Os dois tiveram dois filhos: Julian e Quentin. Em 1918, Vanessa passaria a viver com Duncan Grant, pintor, cenógrafo e figurinista, com quem teria uma filha, Angelica Garnett. Desde 1914, e por toda a vida, ela seria, em termos afetivos, mulher de Duncan Grant. (N.T.)
2. Adrian Stephen (1883-1948), irmão de VW. Escritor e psicanalista, também membro do Grupo de Bloomsbury. (N.T.)
3. George Herbert Duckworth (1868-1934), irmão. Funcionário público. Filho do primeiro casamento da mãe de Virginia, nascida Julia Prinsep Jackson (1846-1895), com Herbert Duckworth. Deste casamento também nasceram Stella e Gerald.
4. Arthur (Peter) Studd (1863-1919), pintor, educado em Eton e King's College, Cambridge. Estudou na Académie Julian, em Paris, e na Slade School of Art, e morou no número 97 da Cheyne Walk, em Chelsea. Tinha uma paixão especial pelo trabalho de Whistler, de que era colecionador.
5. Sugere-se que a autofiguração ficcional como "Miss Jan" deriva de janeiro, mês de nascimento de Adeline Virginia Stephen. A autorrepresentação irônica ressurgiria em diversas entradas de diário, como nas de 4 e 19 de janeiro e 19 de fevereiro. Em 5 de fevereiro de 1897, ela anunciaria estar escrevendo "The Eternal Miss Jan", em 9 de agosto, depois da morte de Stella, revelaria que o trabalho seguia, e com a aprovação de Vanessa. A personagem apareceria também em sua correspondência da mesma época. Sobre Miss Jan, leia-se, entre outros estudos, o de Louise de Salvo: DeSalvo, L. A. (1987), "As 'Miss Jan Says': Virginia Woolf's Early Journals" in J. Marcus, (ed.) *Virginia Woolf and Bloomsbury, a Centenary Celebration.* London: Macmillan Press. (N.O.)
6. Julian Thoby Stephen (1880-1906), irmão. Filho mais velho de Leslie Stephen e Julia. Morreu aos 26 anos de febre tifoide.
7. Gerald de l'Etang Duckworth (1870-1937), irmão, filho do primeiro casamento da mãe de Virginia, Julia. Foi editor.
8. John Waller Hills (1867-1938), Jack, noivo de Stella Duckworth, irmã de Virginia.
9. Incentivados por seus pais, e especialmente por Jack Hills, os filhos da família Stephen foram durante muitos anos lepidopteristas entusiasmados – ou "caçadores de insetos", como se denominaram. No final do diário de 1897 há uma referência à Sociedade.
10. Stella Duckworth (1869-1897), irmã de VW. Noivos em agosto de 1896, Stella e Jack casaram-se em abril de 1897.
11. Não mais existentes.

12. Agência Central dos Correios britânicos. O departamento de telégrafos do General Post Office, em St. Martin's Le Grand, em suas amplas galerias, continha 500 instrumentos com seus respectivos funcionários, e quatro motores a vapor de 50 hp que transmitiam mensagens através de tubos pneumáticos para outros escritórios. As galerias podiam ser visitadas a pedido de um banqueiro ou algum cidadão conhecido. H.C. Higgs trabalhava no escritório da secretaria do General Post Office e C.F. Ives no departamento de contabilidade geral.
13. Provavelmente nos números 3-5 da Poultry St., EC.
14. Theodore Llewelyn Davies (1870-1905), o mais novo dos seis filhos do Rev. John Llewelyn Davies, que havia sido professor de Leslie Stephen, cujas famílias continuaram sendo amigas; a única irmã era Margaret (1861-1944), Secretária-Geral da Women's Cooperative Guild (Guilda Cooperativa das Mulheres), 1889-1921.
15. Com direção de Oscar Barrett.
16. O programa do concerto incluía o *Adagio* de Merkel e *Salut d'Amour* de Elgar.
17. A moeda de *threepenny* ou *threepence* valia ¼ xelim ou 1/80 de uma libra esterlina. (N.T.)
18. Eustace Hills (1868-1934), advogado, irmão mais novo de Jack Hills.
19. Primo-irmão de VW, Herbert A.L. Fischer (1865-1940), primogênito de Mary e Herbert W. Fischer, historiador e futuro vice-chanceler da Universidade de Sheffield, casou-se com Lettice Ilbert.
20. O Savile Club, Piccadilly, 107, zona oeste de Londres.
21. Collins e Renshaw eram e continuam sendo gráficas que fabricavam diários.
22. Mandell Creighton, autor de *Queen Elizabeth*, 1896.
23. A livraria Hatchard's, Piccadilly, 187, zona oeste de Londres.
24. Octavia Hill (1838-1912), filantropa e fundadora da Sociedade de Mulheres na Gestão de Habitação da Inglaterra, morava com sua irmã, Miranda, no número 190 da Marylebone Road, região noroeste de Londres. Foi pioneira da reforma da habitação e do melhoramento das moradias dos pobres. Em 1884, foi nomeada pelos Comissários Eclesiásticos como administradora de sua propriedade em Southwark.
25. A loja Story & Co., Kensington High Street, 49-53, zona oeste de Londres.
26. J.G. Lockhart, *Memoirs of the Life of Walter Scott, Bart.*, 1839, 10 volumes.
27. Thomas Carlyle, *Reminiscences*, ed. J.A. Froude, 1881.
28. William M. Thackeray, *The Newcomes*, 1854.
29. Charles Dickens, *The Old Curiosity Shop*, 1840.
30. Charles Westerton, bibliotecário, St. George's Place, 27, região sudoeste da capital.
31. Abreviação de 17 libras e 6 pence (centavos). (N.T.)
32. Victoria Station.
33. Provavelmente, a enfermeira-chefe da casa de repouso.
34. Cheyne Row, 24, Chelsea.
35. Hyde Park Gate, 24, onde Stella e Jack morariam depois de seu casamento e que ficava defronte à casa dos Stephen. (N.T)
36. Virginia evidentemente referia-se a Augustus – Reginald Augustus (1873-1948) – irmão de Arthur Studd, que estava cuidando de Simon desde que Arthur partira para Samoa.
37. VW esteve em Bognor de 8 a 13 de fevereiro de 1897.
38. *Night nursery*, no original. Quarto onde as crianças dormiam, geralmente no andar superior das casas vitorianas e eduardianas. (N.T.)
39. Este retrato provavelmente está num dos álbuns de fotografias mais antigos de Vanessa Bell, agora na Tate Gallery.

40. O estúdio de Effie e Lisa ficava no número 28 de Campden Hill Gardens, região oeste, em frente ao nº 12, onde moravam os Stillman.
41. A Sra. Edmund Hills, em solteira, Juliet Spencer-Bell, cunhada de Jack, mulher de seu irmão mais velho (nascido em 1864), um oficial do Exército; moravam no nº 32 da Prince Gardens, região sudoeste.
42. No dia 10 de março de 1897, Virginia escreve: "Um cavalheiro que é um reverendo escreveu ao *Times* para registrar a primeira flor de espinheiro – a que mais cedo apareceu na paróquia desde 1884, quando, como recordamos, houve um inverno excepcionalmente ameno, e uma primavera favorável." (N.T.)
43. As peças não foram identificadas.
44. Charles A. Collins, *A Cruise Upon Wheels*, 1874.
45. Stella havia sido diagnosticada com peritonite no final do mês de abril de 1897. (N.T.)
46. No dia 8 de maio, Virginia presenciou dois acidentes no centro de Londres. "(...) Vimos uma carruagem capotar em Picadilly – eu a vi em pleno ar – o cavalo levantou as patas e o condutor caiu do carro. Por sorte, nem o cavalo nem o motorista sofreram nada, apesar de a carruagem ter se quebrado. Porém, depois, descobri um homem em vias de ser esmagado por um ônibus, mas, como estávamos em plena Piccadilly Circus, não era possível ver detalhes do acidente." (N.T.)
47. Para o seu aniversário, 30 de maio, que também era o de Stella.
48. The Lords and Commons Cricket Club, fundado em 1850, clube de críquete cujos membros trabalham na Casa dos Lordes e na Casa dos Comuns do parlamento britânico. (N.T.)
49. Dorothea Stephen (1881-1965), prima. (N.T.)
50. Alfred Lorde Tennyson, *Maud*, 1834-56, 1837-56. Thomas Babington Macaulay, *A armada*, 1832.
51. George Duckworth estava trabalhando num projeto que mapeava os bairros pobres de Londres. (N.T.)
52. Sarah Emily Duckworth, chamada afetuosamente por VW de Tia Minna, era irmã do primeiro marido de Julia Stephen, sua mãe.
53. Partida de críquete anual que ocorre na Casa dos Lordes no início de julho.
54. A prima de Julia Stephen, Adeline, Duquesa de Bedford (1852-1929), viúva de George Russell, 10º duque, que morava no nº 26 da Hertford Street, Mayfair, e em Chenies, Rickmansworth.
55. Não identificado.
56. Cemitério de Highgate, no norte de Londres. (N.T.)
57. É improvável que o funeral de Stella tivesse sido acompanhado de qualquer tipo de serviço religioso; se houve, a família Stephen, sendo agnóstica, não teria participado dele.
58. Large Blues, no original. Espécie de borboleta da família *Lycanidae*. Muito comuns na região dos South Dows (N.T.)
59. Provavelmente, uma referência a "Eternal Miss Jan".
60. W.M. Thackeray, *Vanity Fair*, 1847-8. C. Brontë, *Jane Eyre*, 1847.
61. Não sobreviveram.
62. Warboys, povoado no distrito de Huntingdonshire, onde os Stephen costumavam passar temporadas de verão.
63. Os quatro filhos da família Stephen.
64. *My Garden Acquaintance*, James Russell Lowell, *My Study Windows*, 1871.
65. Gilbert White (1720-93), clérigo e naturalista inglês, lembrado por sua História Natural e Antiguidades de Selbourne, 1789.

66. A indomável solteirona no *Cranford*, da Sra. Gaskell, 1853.
67. Apenas o diário de 1897 sobrevive.
68. Não identificado.
69. Construída de pedras arredondadas marrons, com um campanário do século XIII e um amplo pináculo; o arco da capela-mor é normando, e a pia batismal, decorada com flores e folhas em sua bacia, também remonta ao século XIII.
70. Se exercício parodístico evidente de cacoetes góticos e de certa escrita jornalística interiorana, esse relato tem sido interpretado também por alguns biógrafos de Woolf como registro velado do assédio sexual sofrido por ela por parte do meio-irmão George Duckworth – daí o jogo com o sobrenome presente no título *Terrible Tragedy in a Duckpond*. (N.O.)
71. A tragédia que se segue provavelmente teve origem em algum incidente real de barco em Warboys.
72. Agora na Biblioteca da Universidade de Sussex: Monk's House Papers (MHP/A10). Foi publicada na *Charleston Magazine*, na primavera de 1990.
73. A página está danificada; palavras que mal se podiam distinguir foram recuperadas e postas entre colchetes durante o processo de edição do diário por Mitchell A. Leaska.
74. São as iniciais de Adeline Virginia Stephen, o nome inteiro, de solteira, de VW.
75. Threepence, três centavos. (N.T.)
76. William Cowper (1731-1800).
77. Provavelmente James Montgomery (1771-1854).
78. VW utilizou o diário de Warboys com dois propósitos: para escrever ensaios durante as férias e para experimentar diversas pontas de canetas; muitas vezes, usou a mesma página para os dois propósitos, e isso dá ao diário original a sua aparência de imenso caos. Ela parece ter tomado as páginas em que originalmente escreveu seus ensaios e colando-as sobre as páginas do *Logick: Or the Right Use of Reason* etc. de Isaac Watts, para que tivessem uma bela encadernação de couro; depois – provavelmente em 1902 – rasgou as páginas e usou essas folhas, ou partes delas que estavam em branco, para outros experimentos e exercícios de caligrafia. Embora a paginação dos ensaios não seja consecutiva no original, o conteúdo dos ensaios em si é contínuo e lógico, do início ao fim, exceto por algumas partes danificadas ou faltantes. (N.O.)
79. Vanessa, Thoby, Adrian e Virginia.
80. Leslie Stephen, pai de VW, morreria em 22 fevereiro de 1904. Sua filha teve outra crise depressiva, chegando a tentar o suicídio. Ela passaria, então, cerca de três meses na casa de sua amiga Violet Dickinson e, em seguida, um período adicional de repouso na casa de sua tia Caroline Stephen em Cambridge. (N.O.)
81. Os quatro jovens Stephen ficaram em Lane End, Bank, Lyndhurst, Hampshire, emprestado a eles por Sarah Duckworth (tia Minna). VW publicou um ensaio sobre Priory Church, Christchurch, ao largo de New Forest, no *The Guardian* em 26 de julho de 1905, reimpresso no primeiro volume de *Ensaios de VW*.
82. King's House era a residência de Lorde Warden of the New Forest.
83. Pôneis selvagens nativos de New Forest.
84. Gurth tomou o lugar de Shag, que morreu no início de dezembro de 1904; ver o ensaio "Sobre um amigo fiel" publicado no jornal *The Guardian*, em 18 de janeiro de 1905 e reimpresso no primeiro volume dos *Ensaios de Virginia Woolf*.
85. Provavelmente William (Billy) Thackeray Denis Richie.
86. Pequenas estátuas de terracota, que foram descobertas sobretudo em Tanagra, cidade nas colinas da Boécia. Costumam representar mulheres, jovens e crianças reais nos trajes do seu dia a

dia, algumas peças figuram personagens tradicionais da Nova Comédia de Menandro e outros escritores. Têm, em geral, cerca de 10 a 20 centímetros de altura. (N.O.)

87. Resenhas no *Guardian*, em 7 de dezembro de 1904, de *Social England: a Record of the Progress of the People... By various writers*, ed. H.D. Traill e J.S. Mann, 6 vs., 1901-1904; em 14 de dezembro de 1904 de *The Son of Royal Langbirth*, de W.D. Howells; e um ensaio publicado em 21 de dezembro de 1904, *Haworth, Novembro, 1904*, todos os três republicados no primeiro volume dos *Ensaios de Virginia Woolf*.

88. *The Women of America*, de Elizabeth McCracken, resenhada no *Guardian* em 31 de maio de 1905; ver o primeiro volume de *Ensaios de Virginia Woolf*.

89. Frederick Maitland, biógrafo de Leslie Stephen, pediu a Virginia em outubro de 1904 que escrevesse uma nota sobre o pai para ser incorporada à biografia. (N.T.)

90. Ella Crum, filha de Sir Edward Sieveking, e seu marido, Walter, que moravam no número 33 da Manchester Street, região oeste de Londres, eram amigos de Violet Dickinson; a Sra. Crum tinha um cargo administrativo não remunerado no Morley College.

91. Morley College for Working Men and Women, onde Virginia Woolf lecionou entre 1905 e 1907. (N.T.)

92. Dr. George Savage (1842-1921), psiquiatra inglês; era amigo da família Stephen e foi com quem VW se tratou por cerca de dez anos.

93. A Sra. Humphry Ward era a força motriz por trás da fundação do Assentamento social e educativo aberto em Bloomsbury em 1897 e batizado em homenagem ao filantropo John Passmore Evans (1823-1911).

94. Em preparação para sua viagem com Adrian a Portugal e Espanha, de 29 de março a 23 de abril de 1905.

95. James Thomson (1700-48), poeta escocês, autor de *The Seasons*.

96. Sobre o antissemitismo entranhado na sociedade britânica de então e presente nas anotações de diário, sobretudo de juventude, de Virginia Woolf, e evidenciado nesse trecho, assim como, mais adiante, nas notas sobre a viagem a Portugal e Espanha, ver, entre outros estudos: Heidi Stalla (2012). *Woolf and Anti-Semitism: Is Jacob Jewish?* In B. Randall & J. Goldman (Eds.), Virginia Woolf in Context (Literature in Context, pp. 219-228). Cambridge: Cambridge University Press; e Leena Kore Schröder, "A Question Is Asked Which Is Never Answered: Virginia Woolf, Englishness and Antisemitism" In Woolf Studies Annual Vol. 19, SPECIAL FOCUS: VIRGINIA WOOLF AND JEWS (2013): 27–57. Independente da leitura de *O quarto de Jacob* como um primeiro movimento autocrítico de VW, este de fato se evidenciaria com mais clareza em *Três guinéus* e em *Os anos*. (N.O.)

97. Provavelmente livros de ou sobre amigos e colaboradores de Leslie Stephen que Maitland necessitava para escrever a sua biografia.

98. Violet Dickinson morava na Manchester Street, região oeste da cidade.

99. Na dedicatória de "These thoughts were written by [Anthony] Hart", constava: "A Tract for the Sp[arrows] fr[om] V[iolet] D[ickinson]" (*Um tratado para os pardais*, de Violet Dickinson). Violet chamava Virginia de Sparroy, uma mistura de Sparrow (Pardal) e Monkey (Macaco).

100. Primo de Virginia, William Wyamar Vaughan (1865-1938) casou-se com Margarete (Madge) Symonds (1869-1925) em 28 de julho de 1898, e naquele momento era o diretor da Giggleswick School, em Settle, Yorkshire.

101. Virginia estava na Itália em abril de 1904. O Dr. Savage foi chamado em 10 de maio de 1904, após seu regresso.

102. VW estava na Itália em abril de 1904. O doutor Savage foi chamado em 10 de maio de 1904, logo após o seu regresso.
103. Na New Gallery, nº 121 da Regent Street, região oeste de Londres. A International era uma mostra de obras de arte de diversos países, entre eles Espanha, Holanda e Inglaterra.
104. Mary Sheepshanks (1872-1960), jornalista e feminista, que convidara Virginia a lecionar no Morley College for Working Men and Women. (N.T.)
105. Provavelmente, o texto para Maitland, bem como o rascunho de *Street Music* para o marido de Kitty, Leo Maxse, editor e dono da *National Review*, 1893-1932; moravam no nº 33 da Cromwell Road, região sudoeste. Ver também as *Cartas de Virginia Woolf*, I, nº 216.
106. Richard Jefferies, *After London; or Wild England*, 1885.
107. George Duckworth havia se casado em setembro de 1904 com Lady Margaret Herbert (1870-1958). (N.T.)
108. Six pence, seis centavos. (N.T.)
109. George Macaulay Booth; Raymond Coxe Radcliffe (1852-1929), King's College, Cambridge, professor-assistente de matemática e clássicos em Eton; Edmund Sidney Pollock Haynes (1877-1949), Balliol College, Oxford, especialista em lei matrimonial e moral.
110. *Street Music*, um ensaio assinado na *National Review*, março de 1905, republicado no primeiro tomo dos *Ensaios de Virginia Woolf*.
111. Para Frederick Maitland. (N.T.)
112. As estatuetas helenistas de terracota de Tânagra, na Beócia, produzidas a partir do século IV a.C, já mencionadas em entrada anterior dos diários. Quanto às estatuetas do British Museum, cf. Catalogue of Terracottas in the British Museum, ed. Lucilla Burn, Reynold Higgins, H. B. Walters, D. M. Bailey (BMP, London). (N.O.)
113. Originalmente chamado de "Uma praga de ensaios", foi publicado em *Academy & Literature*, em 25 de fevereiro de 1905, sob o título "A decadência da escrita de ensaios" e republicado em *Ensaios de VW*, tomo I. *The Academy* era um periódico fundado em 1869 por um grupo de estudantes de Oxford; em 1902, incorporou o Literature e foi então chamado de *The Academy & Literature*. (N.O.)
114. L.L., London Library, a Biblioteca de Londres. (N.T.)
115. Isto é, a festa de inauguração formal do nº 46 da Gordon Square, marcada para o 1º de março.
116. Theodore Llewelyn Davies, irmão de Margaret L. Davies (que presidiria a Women's Co-operative Guild), estudava em Cambridge com Thoby Stephen e costumava visitá-los frequente na residência dos irmãos Stephen em Gordon Square.
117. *Henrique V*, com Lewis Waller, no Imperial Theatre, Westminster.
118. Benvenuto Cellini 1500-71, ourives e escultor florentino; autor de uma célebre autobiografia.
119. Não identificada.
120. James McNeill Whistler (1834-1903), pintor e gravurista norte-americano, radicado na França e na Inglaterra desde 1855, depois de expulso da Academia Militar de West Point, no seu país natal. Costumava definir suas obras tonais em termos de linguagem musical – como harmonias, sinfonias, composições, arranjos, noturnos. Nas últimas décadas do século XIX produziu um conjunto de pinturas centradas em longas figuras únicas, como *Arranjo em Cinza e Negro, nº 1* (Retrato da mãe do artista), uma de suas obras capitais. Realizou também paisagens e quadros urbanos próximos à abstração, sublinhando seu credo antinaturalista, explicitado na conhecida "Ten O'Clock" Lecture ministrada por ele, em 1885, no Prince's Hall em Piccadilly. (N.O.)
121. Alphonse Legros (1837-1911), pintor e escultor francês.
122. A resenha foi substancialmente cortada; ver o primeiro volume da edição integral dos *Ensaios de VW*, I.

123. Jean Thomas era proprietária de uma casa de repouso para pessoas com enfermidades nervosas e mentais em Cambridge Park, Twickenham, onde Virginia se internaria durante o mês de julho de 1910, e posteriormente em 1913. Warrington não foi identificado.
124. O ensaio *O valor do riso* foi publicado no Guardian em 16 de agosto de 1905 e republicado nos *Ensaios de VW*, tomo I. Existe tradução para o português realizada por Leonardo Fróes. (N.O.)
125. Clive Bell (1881-1964), filósofo e crítico de arte inglês. Casou-se com Vanessa, irmã de Virginia, em 1907. (N.T.)
126. Peter Robinson's Ltda. Costureiros. Oxford Circus, região oeste.
127. A resenha de *Catherine de Medici and the French Revolution* nunca foi publicada.
128. Sir Frederick Pollock (1845-1937), eminente jurista e professor de jurisprudência em Oxford, 1883-1903; ele e Leslie Stephen foram os fundadores do "Sunday Tramps", uma organização informal de caminhantes dominicais.
129. Margaret Paulina Booth, que se casaria com William Thackeray Ritchie, em 1906.
130. Em março e abril de 1905, VW viajaria para a Espanha e Portugal.
131. Península no sul da Cornualha. Ponto mais meridional da Grã-Bretanha. (N.T.)
132. Cabo no extremo sudoeste da Inglaterra. (N.T.)
133. Cidade portuária na Normandia, França. (N.T.)
134. *Shuffleboard*: jogo de discos.
135. George Borrow (1803-1881), escritor inglês de romances e livros de viagens. (N.T.)
136. Escrito dessa forma por Virginia. *Madeirense*, navio a vapor inaugurado em 1891. (N.T.)
137. O Cemitério dos Ingleses é o campo-santo protestante em Portugal (1717); Henry Fielding (1707-54), cuja sepultura foi construída com o empenho do capelão inglês em 1830, está enterrado lá.
138. Hotel Roma, na Plaza del Duque de la Victoria.
139. Construída no local da antiga grande mesquita muçulmana, a catedral é o maior lugar de adoração na Espanha, e o terceiro maior no mundo cristão.
140. Provavelmente os de Alcázar.
141. O Hospital de la Caridad, fundado por Dom Miguel Mañara, cujos restos mortais descansam sob o altar da Igreja de la Caridad, que está estruturalmente integrada ao complexo hospitalar.
142. Palácio-fortaleza cuja construção começou em 1181, e do qual apenas a parede almôade e o Patio de Yeso se conservam; arquitetos mouros e espanhóis posteriormente reconstruíram os pátios, apartamentos e os jardins.
143. O palácio mudéjar do século XVI, cujo modelo de construção supostamente foi a casa de Pôncio Pilatos, em Jerusalém.
144. Clive e Vanessa haviam chegado em 26 de agosto e estavam hospedados na Curfew Cottage, em Rye. Lembrando que em 7 de fevereiro de 1907 Vanessa e Clive Bell tinham se casado.
145. A antiga cidade-irmã de Rye, situada no morro que se eleva sobre os pântanos e o rio Brede.
146. O castelo foi construído para ser uma das defesas costeiras de Henrique VIII.
147. Provavelmente a Igreja de St. Thomas, do início do século XIV.
148. John Gabriel, de Military Road, Playden. Para uma maior caracterização deste inimitável jardineiro, ver E.F. Benson, *Final Edition*, 1940.
149. Alice Mary, viúva de Albert G. Dew-Smith (1848-1903), quem, com Horace Darwin, fundou a Cambridge Scientific Instrument Co. Segundo o cartório do Condado de East Sussex, ela alugou o The Steps, em Playden (onde Virginia e Adrian estavam hospedados), em 1907 e permaneceu lá até aproximadamente 1920. Os Dew-Smith eram amigos da família Darwin: ver Gwen Raverat, *Period Piece*, 1952.

150. Virginia havia alugado um quarto num chalé chamado Sea View, em Manorbier, Pembrokeshire, Gales do Sul, uma pequena vila costeira entre Tenby e Pembroke, e cidade natal do historiador do século XII Giraldus Cambrensis, filho do nobre normando William de Barri. Os Stephen e George Duckworth estiveram em Manorbier durante um mês, em março de 1904, após a morte de Sir Leslie; e Vanessa e Clive Bell passaram sua lua de mel lá.
151. A igreja, com sua alta torre militar, contém o túmulo de um membro da família Barri, fundadora do Castelo de Manorbier.
152. De acordo com Cambrensis, o Castelo é "defendido com excelência pelos torreões e bastiões, e está situado no cume de um morro que se estende pelo lado leste em direção ao porto, apresentando, nos lados norte e sul, um belo lago de peixes sob suas muralhas... e um bonito pomar..." *Itinerário e descrição do País de Gales*, traduzido por Richard Hoare, 1908.
153. Lily, uma moça simples de Sussex, que havia tido um bebê, era empregada dos Woolf em Asheham, em 1914, e que depois, com uma carta de recomendação de Virginia, foi trabalhar para a Sra. Hallett. Ela voltou a trabalhar para os Woolf quando estes se mudaram para Hogarth House, em março de 1915, mas deixou o emprego envergonhada e voluntariamente ao ser surpreendida com um soldado na cozinha.
154. Helen Margery Waterlow, nascida Eckhard (1883-1973), casou-se em 1913 com Sydney Waterlow e foi sua segunda mulher. Eles alugaram Asheham dos Woolf na metade de outubro de 1914; seu contrato foi prorrogado até julho de 1915.
155. A filial de lojas de varejo de Richmond operava pela Sociedade Cooperativa.
156. O navio de guerra britânico *HMS Formidable* foi torpedeado por um submarino alemão no início da manhã do Ano-Novo; 600 pessoas morreram.
157. A senhoria belga dos Woolf no nº 17 de The Green, Richmond, onde ocuparam quartos mobiliados de outubro de 1914 até março de 1915.
158. A resenha de Leonard Woolf de *Village Folk Tales of Ceylon*, volumes II e III, coligidas e traduzidas por H. Parker, apareceu no *TLS*, em 7 de janeiro de 1915. "Poor Effie's story" iria se tornar *Noite e dia (Night and day)*, e Effie, Katherine.
159. De Sir Walter Scott, publicado em 1815.
160. O rio Tâmisa é afetado pelas marés desde sua foz até a comporta de Teddington, um pouco acima de Richmond, seguindo o rio; uma conjunção de marés cheias e chuvas intensas pode provocar inundações.
161. Sophia Farrell (1861-1942), cozinheira da família Stephen e de outras famílias aparentadas dos anos 1890 em diante.
162. Meio centavo. (N.T.)
163. 0,45 quilogramas. (N.T.)
164. Dona de casa, em alemão. (N.T.)
165. Na manhã de 1º de janeiro de 1915, um trem regional em Ilford, Essex, foi partido em dois por um expresso vindo de Clancton; dez pessoas morreram e mais de trinta ficaram feridas. Ver a manchete do *The Times*, 5 de janeiro de 1915.
166. A Associação Cooperativa de Mulheres, fundada em 1883, era um corpo autônomo dentro do movimento Cooperativo. Sua sede ficava no nº 28 da Church Row, em Hampstead. Sobre as impressões de Virginia Woolf quanto à Associação, ver sua carta introdutória a *Life as We Have Known it*, 1931.
167. Margaret Caroline Llewelyn Davies (1861-1944); Girton College, Cambridge, 1881-83; Secretária-Geral da Associação Cooperativa de Mulheres, 1889-191. Única filha do Rev. John Llewelyn Davies (1826-1916), teólogo, cristão socialista, e apoiador de primeira hora dos mo-

vimentos Cooperativos e de Mulheres, reitor consecutivo da Igreja de Cristo, Marylebone, e vigário de Kirby Lonsdale. Por algum tempo foi tutor do pai de Virginia Woolf, Leslie Stephen, antes de este ingressar na Universidade de Cambridge. De seus seis filhos, apenas dois, Theodore e Crompton, eram "Apóstolos" (i.e.: de uma das confrarias universitárias). Durante os últimos oito anos de sua vida, viveu em Hampstead com sua filha.

168. Lytton Strachey (1880-1932), escritor e crítico britânico. Um dos membros fundadores do Grupo de Bloomsbury. (N.T.)
169. Sir Leslie Stephen (1832-1904), pai de Virginia Woolf; homem de letras e primeiro editor do *Dictionary of National Biography*. Ver F.W. Maitland, *The Life and Letters of Leslie Stephen*, 1906; Nöel Annan, *Leslie Stephen: His Thought and Character in Relation to his Time*, 1951.
170. Frances Anne Kemble (1809-1903), integrante da grande família teatral, publicou cinco obras autobiográficas entre 1853 e 1891.
171. Poema de Alexander Pope, paródia do estilo heroico, publicado em sua versão final em 1714. "Suprema" era uma palavra popular entre os Apóstolos da geração de Leonard Woolf.
172. Harriet Grote (1792-1878), "um granadeiro de anáguas", esposa de George Grote, historiador; seus modos e aparência bizarros revelaram a Sydney Smith a origem e significado da palavra "grotesco". (Ver F.A. Kemble, *Records of Later Life*, 1882, v. II.) Lady Hester Stanhope (1776-1839), sobrinha de William Pitt, estabeleceu-se no Líbano, onde viveu uma vida cada vez mais excêntrica com um séquito semioriental. Margaret Fuller (1810-50), escritora e feminista americana erudita, casou-se com um marquês italiano e com ele apoiou Mazzini e os revolucionários em 1848-50. Os dois morreram num naufrágio. Margaret, Duquesa de Newcastle (1624?-74), a "mulher louca, convencida e ridícula" de Pepys, escritora prolífica. Tia Julia: Julia Margaret Cameron, nascida Pattle (1815-1879), tia-avó de Virginia Woolf, pioneira fotógrafa. Virginia Woolf já havia escrito sobre Lady Hester Stanhope, *TLS*, em 20 de janeiro de 1910; sobre a Duquesa de Newcastle, *TLS*, em 2 de fevereiro de 1911; e posteriormente (1926) escreveria um ensaio sobre a Sra. Cameron. Além da peça *Freshwater*, de 1935, também inspirada na vida da fotógrafa e de seu círculo de amigos, entre eles o poeta Alfred Tennyson e o pintor George Frederick Watts.
173. The Green, em Richmond. (N.T.)
174. Uma reunião para discutir "As Condições de Paz" foi realizada pela Sociedade Fabiana no Essex Hall, perto da Strand.
175. O cruzador blindado *Blücher* foi afundado, e seu cruzador de batalha *Seydlitz* seriamente avariado na Batalha de Dogger Bank em 14 de janeiro de 1915; o *navio-almirante Lion* foi avariado.
176. *O Abade*, romance de Sir Walter Scott, publicado em três volumes, em Edimburgo, em 1820; com a inscrição "Para VW de L.W. 25 de janeiro de 1915". Ver Holleyman, VS II, p. 8.
177. Os salões de chá Buzzard's, Oxford Street, nº 197-201.
178. "Picture Palace" no original.
179. Leslie Stephen escreveu uma biografia de Pope (1880) para a série *English Men of Letters*; e um ensaio, *Pope as a Moralist*, foi incluído em seu *Hours in a Library* (nova edição, 1892).
180. Possivelmente o Kidd's Mill (às vezes chamado de Manor Mill) perto da Igreja de Isleworth. Construído provavelmente no século XVIII, foi destruído durante a 2ª Guerra Mundial.
181. Leonard Woolf foi encontrar Janet Case, e depois foi a um encontro com Margaret Llewelyn Davies e Lilian Harris nos escritórios da Associação Cooperativa de Mulheres.
182. Oliver Strachey (1874-1971), irmão do escritor Lytton Strachey, funcionário do Ministério das Relações Exteriores britânico, foi criptógrafo da 1ª à 2ª Guerra Mundial. (N.T.)

183. George Bernard Shaw (1856-1950), crítico, socialista fabianista e dramaturgo, ainda não tinha 60 anos.
184. O volume de poemas de A.E. Housman, 1896.
185. Salões de chá no nº 45 da Dover Street.
186. A resenha de Leonard Woolf de *In the Lands of the Sun: Notes and Memoirs of a Tour in the East*, de SAR Príncipe Guilherme da Suécia, apareceu no *TLS* em 18 de fevereiro de 1915.
187. Philip Sidney Woolf, irmão de Leonard. Philip e Cecil se alistaram juntos, no mesmo regimento, e participaram, ambos, da batalha de Cambrai. Philip teria ferimentos seríssimos, e parece nunca ter se recuperado de todo nem física nem emocionalmente da perda do irmão mais jovem. (N.O.)
188. Cecil Nathan Sidney Woolf, o irmão mais novo de Leonard, e autor de *Bartolus de Sassoferrato, sua posição na história do pensamento político medieval* (1913) e de *Poems* (publicado pela Hogarth Press em 1918), morreria de fato na Primeira Guerra Mundial, pouco depois de completar 30 anos, na batalha de Cambrai em 1917. Traduziu, também, em colaboração com Philip, *Do Amor*, de Stendhal (Duckworth, 1915). (N.O.)
189. Uma trilha nomeada pelos termos de afeição de Virginia Woolf: Mangusto, que significava Leonard Woolf, e Mandril, a própria Virginia.
190. Barbara Hiles (nascida em 1891) estudou pintura na Slade School, 1913-1914; muito bonita, vivaz, e de bom humor, tinha atraído a atenção de Saxon Sydney-Turner, e Virginia esperava que ele se casasse com ela. Naquele momento Barbara havia se instalado numa barraca em Charleston, mas sua casa era em Hampstead. David ("Bunny") Garnett (nascido em 1892) era naturalista de formação. Servira na França com uma Unidade de Ajuda Humanitária Quaker, mas agora ele e Duncan Grant viviam em Charleston e, como pacifistas, trabalhavam na Fazenda Newhouse, em Firle, perto dali. Também criava abelhas. No ano anterior, ele, Barbara e outra moça haviam arrombado Asheham e passado uma noite lá.
191. Restaurante e confeitaria, no nº 69/70 da East Street, em Brighton.
192. N de Nelly (ou Nellie) Boxall e L era sua amiga Lottie Hope que, por recomendação de Roger Fry, começou a trabalhar como cozinheira e empregada dos Woolf no dia 1º de fevereiro de 1916.
193. Alix Sargant-Florence (1892-1973), educada em Bedales e no Newham College, Cambridge, 1911-1914. Virginia conheceu-a no dia 21 de junho de 1916, quando James Strachey levou-a para jantar em Hogarth House; no verão seguinte os Woolf conheciam e gostavam dela o suficiente para sugerir que trabalhasse para eles como aprendiz de tipógrafa.
194. Leonard Woolf e outros membros do Partido Trabalhista estavam tentando organizar uma conferência internacional em Estocolmo a fim de discutir objetivos socialistas para a paz; não tiveram êxito, pois passaportes foram recusados à delegação que pretendia ir.
195. A família Wooler vivia na Asheham Cottage.
196. Henry era um sheepdog de propriedade dos Bell.
197. A Sra. Woolf, mãe, e Bella, irmã de Leonard. (N.T.)
198. Provavelmente uma caixa para os produtos pedidos às lojas das cooperativas.
199. Borboleta. (N.T.)
200. (Joan) Pernel Strachey (1876-1951), a quarta das cinco irmãs de Lytton, era tutora, diretora de estudos e professora de Línguas Modernas, e vice-diretora do Newham College, em Cambridge.
201. Político britânico, marido de Lady Ottoline Morrell. (N.T.)
202. Sydney Waterlow (1822-1906), político e filantropo inglês. (N.T.)

203. Julian e Quentin Bell e os três filhos de Desmond e Molly McCarthy, que estavam em Charleston.
204. Os Woolf retornaram a Richmond no dia 5 de outubro, após três meses em Asheham, e VW começou a escrever seu diário em um novo caderno. A folha de rosto tem a inscrição: Hogarth House, Paradise Road – Richmond, Out. 1917.
205. Diário de Leonard Woolf em 8 de outubro: "Fui até Regent St. Etc. com V. para comprar chapéu etc."
206. A casa de Dr. Johnson no nº 17 de Gough Square, Fleet Street, onde morou de 1748 até 1759 e escreveu seu *Dictionary of the English Language*, é preservada como museu.
207. Provavelmente, uma resenha de *O jogador e outras histórias* de Fiódor Dostoiévski, traduzido por Constance Garnet, que apareceu no *TLS*, em 11 de outubro de 1917.
208. Bruce Lyttelton Richmond (1871-1964), editor do *Times Literary Supplement* desde seu começo, em 1902, até se aposentar, em 1938. Sua mulher chamava-se Elena, nascida Rathbone, por quem Virginia teve, na juventude, uma admiração sentimental.
209. Liz era irmã da cozinheira de Virginia, Nelly Boxall; seu marido, Bert, era um soldado que estava servindo na guerra.
210. Leonard já fora convocado e dispensado do serviço militar no dia 30 de junho de 1916 com base nas cartas do Dr. Maurice Wright, atestando que ele sofria de "tremor essencial", e do Dr. Maurice Craig (especialista em medicina psicológica que anteriormente havia sido consultado em nome de Virginia Woolf) informando que a ausência dos cuidados de Leonard poderia ser muito prejudicial à condição instável de sua mulher. Ambos os médicos agora forneciam cartas adicionais para certificar que Leonard Woolf não estava apto para o serviço militar. (N.O.)
211. O conto longo de Katherine Mansfield foi o segundo empreendimento da Hogarth Press, embora tenha sido, na verdade, a sua terceira publicação. Levou nove meses para ser produzido.
212. Emma ("Toad") Vaughan (1874-1960), filha mais nova da tia (de Virginia) Adeline e Henry Halford Vaughan. Estudou música em Dresden, e no momento da escrita do diário estava envolvida com trabalho de ajuda humanitária a prisioneiros de guerra alemães. Em 1901, Virginia e ela planejavam aprender juntas a fazer encadernações de livros; durante toda a vida Virginia continuou a fazer muitas encadernações, mas quase nunca de forma muito habilidosa. Cerca de quarenta cartas de Virginia a Emma, da época de sua juventude, estão nos documentos de Monk's House, na Universidade de Sussex.
213. Trissie Selwood, irmã de Mabel, era a cozinheira de Vanessa Bell em Charleston, e muito amiga dos empregados de Virginia Woolf.
214. Raça de cães ingleses, considerados alguns dos exemplares mais antigos de spaniels. (N.T.)
215. O nascimento de um filho póstumo do Capitão Lawrence Kay-Shuttleworth foi anunciado no exemplar do *Times* de 9 de outubro de 1917; o irmão de Jack Hills, viúvo da meia-irmã de Virginia, Stella, havia se casado com uma Kay-Shuttleworth. Mary Augusta Ward (Sra. Humphry Ward, 1851-1920), neta de Thomas Arnold, de Rugby, mulher dinâmica e filantrópica, e ativa adversária do sufrágio feminino, era mais conhecida como romancista prolífica e exitosa.
216. A resenha que Virginia Woolf escreveu de *The Middle Years*, de Henry James, apareceu no *Times Literary Supplement* em 18 de outubro de 1917. A outra sugestão parece não ter sido levada adiante.
217. O Clube 1917, batizado assim por causa da Revolução de Fevereiro na Rússia, foi fundado para oferecer um ponto de encontro para pessoas interessadas na paz e na democracia; não tardou a atrair políticos e intelectuais mais radicais. Sua sede ficava na Gerrard Street, no Soho.

218. A civeta, mamífero carnívoro da família dos viverrídeos, tem um cheiro forte e desagradável, proveniente de uma secreção glandular (almíscar). (N.T.)
219. John Middleton Murry (1889-1957), crítico literário, editor e autor, um dos principais luminares naquele mundo do jornalismo literário e de promoção que Virginia Woolf chamou de "o Submundo" ("the Underworld"). Escrevia críticas para a *Westminster Gazette* e o *Times Literary Supplement*, e fundou e editou a *Rhythm* (mais tarde, *The Blue Review*) com Katherine Mansfield, com quem vivia (e se casaria em 1918). Durante a guerra, trabalhou no órgão de inteligência política do Departamento de Guerra. Ele e Katherine eram convidados frequentes de Philip e Ottoline Morrell em Garsington. Ver F.A. Lea, *The Life of John Middleton Murry*, 1959.
220. Ida Constance Baker (nascida em 1888), colega de Kathleen Mansfield Beauchamp no Queen's College, Harley Street, 1903-06, e desde então sua amiga fiel. Katherine Mansfield e Lesley Moore foram os nomes que adotaram na escola, e os mantiveram. Ela vinha de uma família convencional de classe média com conexões na Rodésia; em 1916, durante a guerra, começou a trabalhar fabricando ferramentas numa fábrica de aviões em Chiswick.
221. J.C. Squire (1884-1958), escritor inglês, editor da revista literária *London Mercury*. (N.T.)
222. Maynard Keynes levara Clive Bell para tomar chá com Virginia em Hogarth House (sua primeira visita) no dia 28 de julho de 1917; e conversaram sobre Katherine Mansfield. Clive estava certo de que Virginia contara tudo a Katherine, que jantou com os Woolf na noite seguinte e, como consequência, aborrecera-se com ela.
223. Uma caminhada de quase cinco quilômetros.
224. Clive Bell, como pacifista, era supostamente naquele momento um trabalhador rural vivendo em Garsington, onde a "intriga" era mercadoria básica. Esta fofoca pode estar relacionada com "Briga com os Murrys", capítulo V de *Ottoline at Garsington, Memoirs of Lady Ottoline Morrell, 1915-1918*, editado por Robert Gathorne-Hardy, 1974.
225. Como objetor de consciência ao serviço militar, Adrian Stephen teve de executar trabalho agrícola numa fazenda; tinha 1,67 metro e não era forte, e o trabalho foi esforço demasiado para o seu coração.
226. A mãe de Leonard e outros parentes moravam em Staines naquele momento.
227. A irmã de Leonard Woolf, Bella, era viúva de Richard Lock; o Sr. Lock "com alguma dificuldade" era provavelmente seu sogro; Flora e Clara eram as outras irmãs de Leonard, Alice e Sylvia, suas cunhadas.
228. Cachorro de um amigo dos Woolf que fora para a guerra. O casal se ofereceu para cuidar dele. Era um animal problemático, muito agitado, que vivia fugindo. (N.T.)
229. George Gissing (1857-1903), romancista inglês. (N.T.)
230. Barbara Hiles Bagenal (1891-1984), artista associada aos membros do Grupo de Bloomsbury. Foi aprendiz na Hogarth Press em novembro de 1917. (N.T.)
231. Nicholas Bagenal (1891-1974), noivo de Barbara Hiles. (N.T.)
232. Oliver Strachey (1874-1971), irmão do escritor Lytton Strachey.
233. Saxon Sydney-Turner (1880-1962), funcionário civil britânico, membro do Grupo de Bloomsbury. (N.T.)
234. Dora Carrington (1893-1932), também conhecida como Carrington, era pintora e membro do Grupo de Bloomsbury. (N.T.)
235. Sir Henry Newbolt (1862-1938), advogado, poeta e homem de letras, serviu no Almirantado e no Ministério das Relações Exteriores e se tornou controlador de Telecomunicações durante a guerra. Sua mulher era da família Duckworth, e Virginia Woolf deveria conhecê-lo desde os dias em que morava no Hyde Park Gate.

236. Fredegond Shove (1889-1949), poeta britânica, prima de Virginia Woolf por parte de mãe. (N.T.)
237. Moeda equivalente a 2 xelins e 6 centavos, ou 1/8 de libra. (N.T.)
238. Medida de peso equivalente a 453 gramas. (N.T.)
239. David Nutt, livreiro, ficava no nº 22 da Shaftersbury Avenue, WC2. Giacomo Leopardi (1798-1837), poeta e erudito italiano.
240. *The Happy Hypocrite*, de Max Beerbohm (1872-1956), crítico, ensaísta, novelista e caricaturista, foi publicado em 1897. *Exiles of the Snow and other Poems* foi publicado em 1918.
241. Entre os livros que estavam em Monk's House após a morte de Leonard Woolf havia dois (de três) volumes das obras de Congreve publicadas pela Baskerville Press, de Birmingham, em 1761.
242. Elzevir ou Elsevier era uma família holandesa de tipógrafos e editores, ativa até 1712, cujo nome ficou identificado com sua série de clássicos literários publicada no pequeno formato *induodecimo* – livros que se tornaram muito apreciados pelos colecionadores.
243. Gerald Shove (1887-1947), economista britânico, casado com Fredegond Shove. (N.T.)
244. Goldsworthy Lowes Dickinson (1862-1932), cientista político e filósofo britânico. (N.T.)
245. Henry Noel Brailsford (1873-1958), influente socialista e jornalista, era associado a Lowes Dickinson e outros na União de Controle Democrático, que estavam trabalhando por uma paz negociada e uma organização internacional permanente para a sua manutenção.
246. Lancelot Hogben (1895-1975), zoólogo e geneticista inglês, escreveu o livro de poemas *Exiles of the Snow and Other Poems*, 1918. (N.T.)
247. Liga das Nações. (N.T.)
248. No dia 3 de agosto de 1918, Katherine Mansfield escreveu a Lady Ottoline Morrell (que lhe escrevera sobre *Prelude*): "Era para termos feito um esforço para ir a Asheham hoje – lidar com nossa própria carne e manteiga – mas não consegui encarar isso." (Ver *The Letters of Katherine Mansfield*, 1928, v. I.) Na realidade, ela estava muito fraca e doente havia meses.
249. Charles Leconte de Lisle (1818-1894), poeta francês e líder dos parnasianos. Além de quatro volumes de poesia, publicou uma série de traduções de autores clássicos e foi provavelmente com algum destes que Virginia Woolf gastou seu dinheiro. Entre os seus livros, à época da morte de Leonard Woolf, estavam *Sophocle. Traduction Nouvelle par Leconte de Lisle* e suas *Iliade* e *Odyssée*. Ela tinha grande respeito por suas traduções do grego.
250. Virginia devia estar lendo a edição de 1904 de *The Poetical Works of Christina Georgina Rossetti*, de William Michael Rossetti, à qual ele adicionou um "compêndio de memórias de sua vida tranquila e bastante isolada". No trecho subsequente, Virginia confunde os nomes de James Collinson (1825?-1881), pintor pré-rafaelita, cuja adesão ao Catolicismo Romano fez com que Christina Rossetti terminasse seu noivado em torno de 1850, e seu segundo pretendente, o acadêmico Charles Bagot Cayley (1823-83), que mais tarde também rejeitou. Morreu 11 anos antes dela.
251. Christina Rossetti morreu de câncer em 1894, aos 64 anos.
252. Há registros diários no Diário de Asheham de 31 de julho até e incluindo o dia 6 de outubro, com exceção de quatro dias, de 9 a 12 de setembro. Estão escritos no estilo lacônico do verão anterior (ver de 3 de agosto a 4 de outubro de 1917) e lidam com os assuntos que Virginia menciona aqui. Não foram incluídos na edição em 5 volumes dos diários da maturidade, segundo seus editores, porque "nem em estilo, nem em conteúdo, complementam significativamente o diário mais completo que ela mantinha".

253. O número de agosto da revista mensal literária *English Review* (editada por Austin Harrison) continha a primeira publicação de *"Bliss"*, de Katherine Mansfield, e o ensaio ganhador do prêmio da Liga das Nações "Foundations of Internationalism", de H.N. Brailsford.
254. Mark Gertler (1891-1939), pintor britânico. (N.T.)
255. Livros de recordações trocados por amigos para que assinassem, escrevessem poemas e desenhassem. Do latim "album amicorum", álbum de amigos. (N.T.)
256. Virginia Woolf estava provavelmente lendo *The Life and Letters of Lord Byron*, de Thomas Moore, na "nova e completa edição" publicada por John Murray em 1886. O exemplar de Leslie Stephen, com a inscrição "Windemere Station, 11 de maio de 1871", ela mesma reencadernou e recuperou. (Propriedade de Quentin Bell.) Letitia Elizabeth Landon – "L.E.L." (1802-38) e a americana Ella Wheeler Wilcox (1850-1919) eram ambas poetas de consideráveis dons e talentos naturais que gozaram de enorme sucesso popular.
257. *A Peregrinação de Childe Harold*, poema longo narrativo de Lorde Byron, publicado entre 1812 e 1818. (N.T.)
258. Rupert Chawner Brooke (1887-1915), poeta inglês, autor de poemas de guerra, como "The Soldier" e "The Dead", reunidos em *1914 & Other Poems*, publicados no mês seguinte ao da sua morte.
259. (William) Horace de Vere Cole (1881-1936), figura pitoresca educada em Eton e no Trinity College, Cambridge, um dos grandes amigos de Adrian quando ele e Virginia moravam na Fitzroy Square. Cole foi o cabeça do "Embuste de Dreadnought" e de outros.
260. John Maynard Keynes (1883-1946), economista britânico. (N.T.)
261. Katherine Laird Cox (1887-1938) e William Edward Arnold-Forster (1886-1951) eram casados. Ka era amiga íntima de Virginia e a amparou durante uma crise nervosa nos primeiros anos de seu casamento com Leonard Woolf. Ka Cox também ficou conhecida por ter tido um longo relacionamento com o poeta Rupert Brooke (1887-1915). (N.T.)
262. Alfred James Bonwick (1883-1949), político britânico, secretário da revista *The Nation* e diretor de negócios de vários jornais pertencentes ao Joseph Rowntree Social Service Fund. (N.T.)
263. Marjorie Colville Strachey (1882-1964), escritora e professora britânica, irmã mais nova de Lytton Strachey. (N.T.)
264. Adrian Stephen se casara com Karin Costelloe em 1914.
265. Carrington foi ficar com os Woolf de sábado a segunda; Adrian e Karin Stephen, para quem Virginia encontrara alojamento temporário lá perto, mudaram-se para a casa assim que a outra convidada partiu.
266. Augustus John (1878-1961), famoso boêmio e pintor; suas típicas modelos femininas usavam vestidos com corpete e mangas justos e saias plissadas compridas.
267. Sir Richard Claverhouse Jebb (1841-1905), helenista cuja obra principal foi sua edição de *Sófocles*, que, além do texto grego, apresentava uma tradução em inglês em prosa, notas críticas e comentário. Seu volume sobre a Electra foi publicado em 1894.
268. Emily Brontë (1818-1848), poeta e autora de *O morro dos ventos uivantes*, que combinou um espírito apaixonado e visionário com uma intransigente independência de caráter.
269. Charleston Farmhouse, fazenda e casa de campo de Vanessa Bell e Duncan Grant. Localizada em Firle, East Sussex. (N.T.)
270. Karin estava grávida de seis meses. Sua primeira filha, Ann, nascera em janeiro de 1916.
271. Virginia Woolf confundiu a data de duas quintas-feiras consecutivas: ela foi a Charleston no dia 29 de agosto.

272. Provavelmente, a versão adulterada por Duncan Grant de *Blind Love*, de Laurence Housman (1865-1959), publicada em *The Heart of Peace and Other Poems*, 1918.
"Há um estrondo de armas no monte, menina;
Mas debaixo dele, onde estou deitado,
O solo da minha cova é silente, menina;
E sob ele estou, ainda mais silencioso."
273. Shakespeare.
274. Primeiro livro de *The Task (A tarefa)*, poema em versos brancos publicado em 1785 por William Cowper (1731-1800), era intitulado *The Sofa* e começava assim:
"Canto o sofá. Eu que ultimamente cantei
A Verdade, a Esperança e a Caridade, e toquei com reverência
Os solenes acordes..........
Agora procuro descanso num tema mais humilde." Um exemplar de uma edição de 1817, com uma etiqueta de VW, estava entre os livros dos Woolf quando da morte de Leonard (ver Holleyman, MH VII).
275. Supõe-se que Virginia disse a Mark Gertler que Vanessa não tinha admiração por Mary Hutchingson; a disseminação desta história causou grande perturbação tanto a Clive quanto a Vanessa, ansiosa por manter uma boa relação com Clive e Mary.
276. The Omega Workshops, empresa de design fundada pelos membros do Grupo de Bloomsbury em 1913. Eram intimamente associados à Hogarth Press, dos Woolf, e ao pintor Roger Fry, segundo o qual artistas e escritores podiam ser os designers e editores de seus próprios livros. (N.T.)
277. O pai de Roger Fry, Sir Edward Fry (1827-1918), juiz do Tribunal Superior, morrera em sua casa em Failand, perto de Bristol, no dia 18 de outubro. A família era quacre, e o funeral ocorreu na igreja da paróquia local no dia 22 de outubro. "Waley" era provavelmente Hubert (1892-1968), o irmão mais novo de Arthur, que às vezes trabalhava no Omega.
278. O restaurante Molinari's ficava no nº 25 da Frith Street. No Clube 1917, Leonard abriu uma discussão pelo International Group.
279. Os St. John Hutchinson alugaram uma casa de campo, Glottenham, próxima a Roberts Bridge, em Sussex, onde Lytton ficou na maior parte de novembro.
280. Thomas Stearns Eliot (1888-1965), poeta norte-americano, tendo se casado com Vivienne Haigh-Wood em 1915, agora ganhava a vida como funcionário do Lloyds Bank, e era também editor-assistente na *The Egoist* (ver 28 de janeiro de 1918). Os Woolf o conheciam e claramente tinham amigos em comum, mas, embora L.W. talvez o tenha encontrado, não parece que VW o fizera antes de 15 de novembro de 1918. Em setembro, ao escrever para Clive Bell, VW pediu a ele que solicitasse novamente a Mary Hutchinson o endereço de Eliot, pois o perdera; deste modo, parece provável que agora ela tenha escrito sugerindo que ele os visitasse e trouxesse alguns de seus poemas. Ele escreveu para ela em 12 de novembro, do número 18 da Crawford Mansions W.I., dizendo que ansiava com prazer pela sexta-feira.
281. Lady Mary Henrietta Murray, nascida Howard (1865-1956), filha mais velha no 9 Earl of Carlisle, se casou em 1889 com o professor (George) Gilbert (Aimé) Murray (1886-1957), acadêmico clássico e internacionalista. Era ativo na promoção de uma Liga das Nações Unidas, tendo sido um dos integrantes do grupo (superficialmente chamado de "jingoes" por VW, ver 17 de junho de 1918) que montou a League of Free Nations Association depois de não conseguir alterar a constituição da League of Nations Society. As duas corporações foram fundidas em outubro de 1918 para formar a União, da qual Gilbert Murray se tornou chairman e lorde Grey President.

282. John Fisher Williams (1870-1947), liberal, advogado e internacionalista estava, à época, servindo ao Aliens Branch do Home Office. Assim como Murray, um colega de New College, Oxford; o interesse de ambos por literatura grega e o ideal da Liga das Nações uniu as duas famílias em amizade.
283. Em 31 de agosto de 1918, a polícia de Londres entrou em greve por melhores condições e pelo direito de pertencer ao seu próprio sindicato; a greve terminou em 2 de setembro, quando um Lloyd George conciliador concordou com todas as exigências, com exceção da referente ao sindicato, reconhecimento que viria a ser dado após a guerra.
284. Os bebês das classes altas na Inglaterra usavam mordedores feitos de coral quando seus dentes estavam nascendo. (N.T.)
285. Janet Elizabeth Case (1867-1937), erudita britânica, defensora dos direitos das mulheres. Tutora de grego clássico de Virginia Woolf de 1902 a 1907. Continuaram amigas até a morte de Janet.
286. *The voyage out/ A viagem* (1915), primeiro romance de Virginia. No dia anterior, 3 de novembro, Virginia fora até a casa de Janet Case, em Hampstead, e as duas conversaram sobre literatura. Naquele mesmo dia, Virginia escreveria em seu diário: "Também estou deprimida pela crítica implícita à *Viagem*, e pela insinuação de que eu deveria me dedicar a outra coisa que não à ficção. Agora isso me parece uma bobagem, e eu gostaria de poder inventar uma cura para isso, para ser tomada após esses encontros, que deverão acontecer todos os meses da nossa vida. É a maldição da vida do escritor desejar tanto os elogios e ficar tão deprimido com as críticas ou a indiferença. O único caminho sensato é lembrar que escrever, afinal, é o que fazemos de melhor; que qualquer outro trabalho me pareceria um desperdício de vida; e que algumas pessoas gostam do que escrevo." (N.T.)
287. Loja de tecidos. (N.T.)
288. Mudie's Select Library, biblioteca circulante. Havia uma "Mudie's corner" na New Oxford Street. (N.T.)
289. Por engano, VW anotou sexta-feira 16 de novembro de 1918 na data.
290. Durante a guerra, casas e comércios na Inglaterra cobriam suas janelas para que a luz não chamasse a atenção do inimigo durante os ataques aéreos. (N.T.)
291. Não havia eleição geral desde que os Liberais voltaram ao poder em dezembro de 1910, tendo o governo de Lloyd George suplantado a administração de Asquith em dezembro de 1916. Após o armistício, o Partido Trabalhista rompeu com o governo e uma eleição geral foi anunciada no dia 14 de novembro. O Parlamento seria dissolvido em 25 de novembro, e o dia da votação foi marcado para 14 de dezembro, um sábado. Lloyd George e seu chanceler conservador, Bonar Law, ofereceram uma continuação do governo de coalizão; os Liberais seguidores de Asquith e o Partido Trabalhista se opuseram a ela. Devido ao voto dos militares, o resultado não pôde ser anunciado até o dia 28 de dezembro.
292. Desmond MacCarthy (1877-1952), crítico literário e jornalista britânico. (N.T.)
293. J.C. Squire estava deixando o cargo de editor literário do *New Statesman* para fundar sua própria publicação mensal, *The London Mercury*; Desmond MacCarthy foi mesmo o seu sucessor.
294. Provavelmente, sua história amorosa com Irene Noel, uma herdeira de propriedades na Grécia, que o rejeitou. (N.T.)
295. Ezra Loomis Pound (1885-1972), poeta americano que vivia na Europa, um apoiador, autor de *Os Cantos*. Percy Windham Lewis (1882-1957), autor do romance *Tarr*, publicado em julho pela The Egoist, empresa criada por Harriet Weaver como um braço do seu periódico The Egoist (do qual Eliot ainda era editor-assistente).

296. "Quando a noite se apressa sutilmente na rua
Despertando em alguns os apetites da vida
E a outros trazendo o *Boston Evening Transcript*
Eu subo os degraus e toco a campainha, voltando-me
Cansado, como alguém se voltaria para dizer adeus a Rochefoucauld,
Se a rua fosse o tempo e ele estivesse no fim da rua
E digo: 'Prima Harriet, aqui está o *Boston Evening Transcript*.'"
De Prufrock e outras observações, 1917. Faber, London, Harcourt Brace Jovanovich, Nova York. (N.T.)
297. O Tratado de Paz entre os Aliados e a Assembleia Nacional Alemã foi assinado em Versalhes, em 28 de junho. Os Woolf estavam em Asheham naquele momento, tentando, com dificuldade, adquirir Monk's House.
298. Chalé do século XVIII, localizado perto da cidade de Rodmell, em East Sussex, que Virginia e Leonard compraram em 1919.
299. O ensaio de Virginia em comemoração ao centenário de Herman Melville, ao centenário de Herman Melville, nascido no dia 1º de agosto de 1819, foi publicado no *Times Literary Supplement* em 7 de agosto de 1919. Para suas anotações de leitura sobre Melville, ver os documentos de Monk's House, Sussex, B2 l.
300. Altounyan nunca chegou a publicar um romance (16 de maio de 1919). Noel Lewis Carrington (1894-1989), irmão mais novo de (Dora) Carrington, voltou para a Universidade de Oxford depois de quatro anos servindo no regimento de Wiltshire, depois juntou-se à Oxford University Press e, de 1919 a 1923, foi seu representante na Índia.
301. Ver o segundo volume das *Cartas de Virginia Woolf*, nº 1088, datado erroneamente de 30 de outubro. O concerto foi provavelmente realizado pelo Allied String Quartet, no Wigmore Hall.
302. Em 25 de março de 1915, os Woolf tomaram posse de Hogarth House, pela qual Leonard Woolf havia obtido um contrato de cinco anos, a 50 libras por ano; anteriormente, formava uma única casa com a adjacente Suffield House. Em janeiro de 1920, ele completou a compra de ambas as casas da Sra. Brewer de Bayswater por 1950 libras. A Suffield House foi alugada até 1910, quando foi vendida a um advogado de Richmond; os Woolf mudaram-se de Hogarth House para Tavistock Square em 1924, mas não a venderam até 1927.
303. Durante os oito dias que antecederam o aviso prévio de Nelly, os Woolf haviam dado três jantares e dois chás; e Angelica Bell, com 11 meses, e sua babá vieram ficar na casa.
304. O salário anual de Leonard como editor da *International Review* era de 250 libras, nível em que foi mantido quando o periódico foi assumido por outra das empreitadas de Arnold Rowntree, a publicação mensal *Contemporary Review*. Em 1920 e 1921 Leonard contribuiu regularmente com uma seção não assinada chamada "O mundo das nações: fatos e documentos"; em 1922, foi substituída por um artigo mensal assinado, chamado "Assuntos estrangeiros"; por ele, recebia 200 libras anuais.
305. As negociações entre Duckworth e Macmillan, Nova York, para a publicação americana de *A viagem* e *Noite e Dia* foram deixadas para trás pelas propostas mais favoráveis de George H. Doran, de Nova York, o qual se tornou o primeiro editor americano de Virginia Woolf.
306. A publicação editada por J.C. Squire era o *London Mercury*. (N.T.)
307. *Interim*, a quinta parte da sequência do romance *Pilgrimage*, de Dorothy Richardson, foi resenhada no *TL* em 18 de dezembro de 1919, mas não por Virginia Woolf.
308. Clemence Dane (1888-1965), popular novelista e dramaturga. Seu trabalho foi chamado de "um livro realmente original" no *Times Literary Supplement*, em 13 de novembro de 1919.

Ethel Mary Smith (1858-1944), compositora, autora e feminista. Suas memórias de juventude, *Impressions that Remained*, foram publicadas em dois volumes em 1919.
309. Leonard Woolf contraiu malária quando estava servindo no Ceilão. Ele havia ido a Oxford em 28 de novembro, uma sexta-feira, para falar sobre a Política Externa Socialista na Sociedade Socialista da Universidade de Oxford.
310. Em seu *Wayfarer's Diary (Diário do viajante*, Nation, 29 de novembro), H.D. Massingham, utilizando uma comparação já sugerida entre a autora de *Noite e dia e Jane Austen*, faz graça da preocupação de Virginia Woolf com chás e táxis, e chama seus personagens principais de "Quatro Lesmas Ardorosas". No número seguinte, Olive Heseltine defendeu a comparação e acusou o *Wayfarer* de obtusidade e superficialidade.
311. *Um romance não escrito (An Unwritten Novel)* foi publicado no *London Mercury* de julho de 1920, e republicado pela Hogarth Press na coleção Monday or Tuesday (1921).
312. O conto *A marca na parede*, de Virginia Woolf, foi publicado pela Hogarth Press em 1917; e *Kew Gardens*, em 1919.
313. Nos invernos entre 1918 e 1921, Virginia Woolf foi sozinha a vários concertos particulares, que eram vendidos por assinatura, em Shelley House, no bairro de Chelsea, e no nº 23 das Cromwell Houses, em South Kensington. A plateia era formada por muitos amigos de sua juventude, como a Condessa de Cromer (Katie), nascida Katherine Thynne (1865-1933), segunda mulher e viúva de Evelyn Baring, 1º Conde de Cromer; e Elena, a Sra. Bruce Richmond.
314. Elinor ("Eily") Darwin e George Booth eram amigos de Virginia antes dos tempos de Bloomsbury.
315. Não foram guardados registros dos encontros do Memoir Club, e só é possível tentar adivinhar quem leu o que e quando. O primeiro dos artigos escritos por Virginia Woolf para o clube e preservados é intitulado *22 Hyde Park Gate (Moments of Being*, 1976), que começa assim: "Como já havia dito", o que sugere que teve um antecessor – provavelmente, o "lixo egoísta e sentimental" lido no quarto de Vanessa, no nº 50 da Gordon Square, no dia 15 de março.
316. O Eiffel (depois White) Tower Restaurant, no nº 1 da Percy Street. Lytton havia embarcado nas leituras preparatórias para a sua biografia da Rainha Victoria, no início de 1919; esta foi publicada em 1921.
317. Reginald (Ralph) Partridge (1894-1960) fora da Westminster School para Christ Church, Oxford, em 1913, com uma bolsa para o estudo de clássicas. Durante a guerra, chegou ao posto de major e foi galardoado com a Cruz Militar e Barra. No verão de 1918, foi apresentado por seu amigo Noel Carrington a sua irmã, Carrington, e, assim, a Lytton Strachey. Apesar de ter voltado para Oxford, foi levado, por amor a ela, a fazer parte de um triângulo amoroso muito íntimo, concentrado em Mill House, casa de Carrington e Lytton em Tidmarsh. Neste momento, todos estavam indo visitar Gerald Brenan, amigo de Partridge, na Espanha.
318. Os Woolf foram a Rodmell no dia 25 de março, para passar duas semanas.
319. Prostituta. (N.T.)
320. Mary Hutchinson tinha dois filhos, Barbara (nº 1911) e Jeremy (nº1915).
321. Em março e abril de 1920, E.M. Forster trabalhou temporariamente como editor literário do *Daily Herald*. Os ingressos de Desmond eram para uma produção dos Pioneer Players de *The Higher Court*, da Srta. M.E. Young, no Strand Theatre; os Woolf foram vê-la na noite de domingo, e a resenha de Virginia sobre a peça apareceu no exemplar do *New Statesman* de 17 de abril de 1920.
322. No decorrer de sua resenha de *A New Study of English Poetry*, de Henry Newbolt, no Athenaeum de 26 de março de 1920, J. Middleton Murry refere-se a *Arabia*, de Walter de la Mare, *Lovely*

Dames, de W.H. Davies, *Prelude*, de Katherine Mansfield, e *Portrait of a Lady*, de T.S. Eliot, "em cada qual", escreve, "o ato vital da compreensão intuitiva é manifestado". *Je ne parle pas Français*, de Katherine Mansfield, foi resenhado no *Athenaeum* de 2 de abril de 1920 por J.W.N. Sullivan sob o título *O gênio da escrita de contos*, e comparado a Tchekhov e Dostoiévski.

323. Na verdade, a Sra. Ward, que morreu no dia 20 de março, em seu 70º ano, contou com uma tremenda despedida, com condolências da realeza e de notáveis, um editorial no *Times*, um obituário de duas colunas, e um funeral rural em Aldbury. O seu caixão foi precedido de um destacamento da Polícia de Hertfordshire, e o Deão de St. Paul, Deão Inge, arriscou a opinião de que ela tivesse sido, "talvez, a maior inglesa de nossos tempos".

324. Virginia Woolf trabalhava então em *O quarto de Jacob*, que seria publicado dois anos depois.

325. Leonard Woolf foi convidado a concorrer ao Parlamento em 1918, mas recusou.

326. Samuel Solomonovitch Koteliansky, "Kot" (1881-1955), amigo ucraniano de Katherine Mansfield que colaborara com os Woolf em traduções de Tchekhov e Gorki.

327. *The Story of the Siren*, de E.M. Forster, seria publicada pela Hogarth Press, em julho de 1920.

328. Adrian e Karin Stephen. Ann e Judith eram filhas do casal.

329. Este desenho de G.F. Watts de Julia Jackson, sua mãe, quando criança, ficara com a VW.

330. Sobrenome de solteira de Karin, cunhada de VW.

331. Virginia e Leonard Woolf viveram entre 1915 e 1924 na Hogarth House, em Richmond-upon-Thames, onde criaram, em 1917, a Hogarth Press.

332. Gordon Square nº 50 era o endereço da residência de Adrian e Karin Stephen. VW vivera, depois da morte do pai, de 1904 a 1907, na Gordon Square nº 46.

333. John Middleton Murry, marido de Katherine Mansfield, editava o *Athenaeum* (*The Athenaeum: a journal of literature, science, the fine arts, music, and the drama*) entre 1919 e 1921 (quando foi assimilado a outro periódico – *The Nation*).

334. VW se refere nesse momento ao capítulo XXII da 1ª parte de *Dom Quixote*. (N.O.)

335. Trata-se de livro de dois escritores egípcios – Albert Ades e Albert Josipovici – publicado em 1919.

336. A coleção de ensaios de Arthur Bennett sobre a sociedade contemporânea e em especial sobre "as mulheres das classes superiores e daquelas classes que imitam as classes superiores" foi publicado como *Nossas mulheres* em setembro de 1920, e atraiu muita atenção na imprensa popular. Seu argumento, em linhas gerais, era que "intelectualmente e criativamente o homem é superior à mulher".

337. Virginia foi a Charleston no dia 22 de setembro, uma quarta-feira; Leonard chegou no dia seguinte para almoçar e os dois voltaram para casa juntos depois do chá.

338. Para o relato de Lytton Strachey sobre a confusão criada pelo horário de Charleston, ver Holroyd, p. 805. No dia 24 de setembro, os mineiros, que no início do mês haviam ameaçado fazer uma greve, anunciaram um adiamento de uma semana nas notificações de greve. No exemplar do dia seguinte do *Times* havia um editorial sobre o assunto intitulado "Espaço para respirar". A mesma edição trazia o anúncio do governo de que "em vista da possível greve do carvão", a volta do Horário de Verão para o Horário de Greenwich seria adiada até o dia 25 de outubro.

339. *The Beggar's Opera* (*A ópera do mendigo*), composta em 1728 por John Gay (1685–1732), introduzindo novas letras para canções conhecidas e misturando músicas e danças populares com teatro falado, foi das peças mais montadas ao longo do século XVIII. Em 1920 foi reencenada, com a direção de Giles Playfair, no Lyric Theatre, no distrito de Hammersmith, em Londres. Foi, como se sabe, a fonte para *A ópera dos três vinténs*, de Bertolt Brecht e Kurt Weill, em 1928,

e, no Brasil, para a Ópera do malandro, de Chico Buarque, que seria dirigida por Luiz Antônio Martinez Correa, em 1978. (N.O.)
340. Alderman Terence Joseph McSwiney, Lorde Mayor of Cork, morrera naquele dia na Prisão de Brixton, onde cumpria sentença de 2 anos, depois de greve de fome iniciada em 16 de agosto.
341. A resenha de VW de *Early Life and Education of John Evelyn* seria publicada no *Times Literary Suplement* de 28 de outubro de 1920.
342. A resenha de meia coluna, no *TLS* de 7 de abril de 1921, embora não assinada fora escrita por Harold Childe, que assinara crítica favorável a Kew Gardens no *TLS* de 29 de maio de 1921. Trechos de ambos foram reimpressos na quarta capa de *O quarto de Jacob*, em que opiniões favoráveis e desfavoráveis da imprensa quanto ao trabalho de Virginia ficaram criteriosamente juntas. *Queen Victoria*, de Lytton Strachey, foi resenhado em cerca de duas colunas do *TLS* de 7 de abril e a crítica foi bastante injustificada.
343. O que a George H. Doran recusou a Harcourt, Brace & Co. aceitou; e *Segunda ou terça* foi publicado por eles em 23 de novembro de 1921.
344. O eclipse solar de 8 de abril de 1921 foi visível das 8h35 às 11h, na região de Londres.
345. Marie-Lloyd (1870-1922) – nome artístico de Matilda Wood – estava próxima ao fim de sua renomada carreira nos palcos; sua primeira apresentação fora em 1894. Ela se casou três vezes e seus problemas matrimoniais eram notórios. O New Bedford ficava em Camden Town.
346. Na verdade, a greve do carvão vinha desde 1º de abril quando, de acordo com o *The Times* de 2 de abril, "a produção de carvão em toda a Grã-Bretanha está interrompida para todos os fins".
347. H. Hamilton Fyfe (1869-1951), escritor e jornalista, era o editor literário do *Daily Mail*. Na edição de 2 de maio de 1921, Fyfe abriu sua resenha "A Batch of Spring Fiction" com o conceito: "Entre os contos mundialmente famosos, acho que 'Pearls and Swine' [um dos que compõem *Stories of the East*, de L.W.] terá um lugar certo."
348. *Segunda ou terça*, de VW, foi resenhado no *Daily News* de 2 de maio de 1921, uma segunda-feira, por R. Ellis Roberts, com o título "Limbo".
349. Romer Wilson era o pseudônimo de Florence Roma Muir Wilson (1891-1930); ela estudou direito na Girton, antes da guerra, e trabalhou como funcionária pública temporariamente. Em 29 de junho de 1921 foi agraciada com o prêmio Hawthornden (100 libras e uma medalha de prata) pelo seu terceiro romance, *The death of society*, que em 5 de maio o *TLS* descreveu como "entusiástico e transcendental" e "um êxtase em cinco convulsões".
350. A edição de abril de 1921 da revista mensal *Chapbook*, publicada pela The Poetry Bookshop, continha o ensaio de T.S. Eliot "Prose and Verse".
351. Dorothy Bussy, nascida Strachey (1866-1960), uma das irmãs mais velhas de Lytton, casou-se com o pintor francês Simon Bussy em 1903; eles viveram em Rocquebrune, mas costumavam passar o verão na Inglaterra.
352. (Helen) Hope Mirrlees (1887-1978), escritora inglesa, autora de *Paris: a Poem*, publicado pela Hogarth Press em 1920.
353. No ensaio "Modern Novels", publicado no *The Times Literary Supplement* em 10 de abril de 1919, VW comentaria: "Quer chamemos de vida ou de espírito, de verdade ou de realidade, isso, o essencial, mudou-se, ou mudou, e se recusa a caber nos trajes inadequados que lhe fornecemos." Cabendo, então, à ficção moderna "se aproximar da vida" e, "com sinceridade e exatidão", mesmo que de modo "aparentemente desconectado e incoerente", registrar como aquilo que comumente se considera irrelevante, cada visão ou incidente, marca a consciência. (N.O.)
354. O primeiro ensaio de *The Common Reader* é *Pastons e Chaucer*; o segundo, *Sobre não saber grego*.

355. James Whittall, filho do primo de Logan Pearsall Smith, John, chefe da fábrica de vidro em Nova Jersey, de onde a família obtinha sua renda; havia ido para a Inglaterra antes da guerra, para completar sua educação cultural, e morava no n° 21 de St. Leonard's Terrace, em Chelsea; Logan morava com sua irmã Alys Russell no n° 11. Ver *English Years*, de James Whittall, Nova York, 1935.
356. A carta de Donald Brace estava datada de 20 de setembro; foi levemente parafraseada por Virginia. Após a publicação de seus dois romances, Gerald Duckworth havia concordado em abrir mão do terceiro, *O quarto de Jacob*, para dar a oportunidade de os Woolf publicarem-no eles mesmos. Com 290 páginas, foi o maior empreendimento da Hogarth Press até aquele momento; foi impresso para eles por R&R Clark, de Edimburgo.
357. A resenha de Virginia Woolf sobre *Modern English Essays*, editado por Ernes Rhys, apareceu no *Times Literary Supplement* de 30 de novembro de 1922.
358. O *Life and Letters of Sir Richard Claverhouse Jebb* (1841-1905), erudito clássico conhecido por suas traduções e edições críticas de Sófocles, em especial, foi publicado por sua esposa Caroline, em 1907. A trilogia *Oresteia* é de Ésquilo.
359. Kitty Maxse morreu em 4 de outubro de 1922 depois de uma queda em sua casa, em Londres. Leopold James Maxse (1864-1932), com quem ela havia se casado em 1890, era dono e editor da revista política mensal *National Review*. O velho Davies era o pai de Margaret, o Rev. John Lewellyn Davies; seu funeral ocorreu em Hampstead no dia 22 de maio de 1916.
360. As cerimônias fúnebres da Sra. Leo Maxse foram realizadas na Igreja da Santíssima Trindade, em Brompton, no dia 11 de outubro, e foram assistidas por um grande número de pessoas importantes da sociedade, do embaixador da França a George Duckworth.
361. Francis Frederick Locker Birrell (1889-1935), filho mais velho de Augustine Birrell, educado em Eton e King's, era sócio de David ("Bunny") Garnett na livraria que abriram depois da guerra e que se mudara havia pouco da Taviton Street, 19, para a Gerard Street, 30. Margery Fry (1874-1958), irmã mais nova de Roger, dividiu uma casa com ele em Holloway durante três anos; era, naquele momento, a diretora do Sommerville College, em Oxford. Ela e Frankie Birrell jantaram com os Woolf na sexta-feira, 13 de outubro.
362. Sobre a carta de Lytton, ver *Virginia Woolf & Lytton Strachey, Letters*, 1956; e sobre a de Carrington, os Papéis de Monk's House, em Sussex: "... Suspeito que você daria uma pintora maravilhosa. Suas visões são tão claras e bem desenhadas..." A publicação *John O'London's Weekly* reproduziu um desenho ("de modelo vivo... por F.H. Warren") de Virginia Woolf; e o mesmo número contém uma resenha de *O quarto de Jacob* intitulada "*A prosa futurista de Virgina Woolf*", de Louis J. McQuilland. Até novembro de 1935 (quando mudou para os sábados), o *Times Literary Supplement* era publicado às quintas-feiras, *O quarto de Jacob* estava marcado para ser – e foi – publicado na sexta-feira, 27 de outubro.
363. A resenha anônima de *O quarto de Jacob* na *Weekly Westminster Gazette foi* essencialmente hostil. Forrest Reid, na *Nation & Athenaeum* de 4 de novembro, apesar de a forma ter-lhe confundido, reconheceu em Virginia Woolf uma escritora completamente original e, ecoando as palavras de M. Bergeret, escreveu: "Si pourtant c'était un chef d'oeuvre?"
364. Mary Butts (1893-1937), autora e boêmia. Foi provavelmente por sugestão de Carrington que ela enviou seu romance a Virginia Woolf, e foi convidada para tomar chá (ver o segundo volume de *Cartas de Virginia Woolf*, n° 1278 e 1307).
365. *O quarto de Jacob* foi resenhado no *Times Literary Supplement* de 26 de outubro de 1922 (um dia antes da publicação); Uma cópia da carta de E.M. Forster está nos Papéis de Monk's House, em Sussex. Ele escrevera: "Tenho certeza de que é bom" e parabenizou Virginia por ter conse-

guido manter o interesse do leitor por Jacob, em seu "caráter enquanto personagem... Acho-o uma tremenda realização".

366. *Daily News*, 27 de outubro de 1922: "LIVROS E AUTORES. O NOVO ROMANCE DO SR. ARTHUR BENNETT. SENSUALISTAS DE MEIA-IDADE, por Lewis Bettany". *Pall Mall Gazette*, mesma data: "UMA IMPRESSIONISTA."

367. Paul Valéry (1871-1945), poeta e crítico francês, havia publicado uma nova coleção de poemas, *Charmes* (1922). Em sua colaboração para o Memoir Club ("Sou uma esnobe"), Virginia Woolf dá a entender que recusou os convites de Lady Colefax para conhecê-lo; mas ela de fato foi à palestra (ver o segundo tomo de *Cartas de Virginia Woolf*, nº 1311). Ethel Sands (1873-1962), pintora nascida nos Estados Unidos, pupila e grande amiga de Sickert, era rica e sociável, e alternava entre a França e sua casa em The Vale, Chelsea, onde com frequência recebia convidados.

368. O governo de coalizão de Lloyd George havia caído no dia 19 de outubro, e o dia do novo pleito era 17 de novembro.

369. Katherine Mansfield morreu rapidamente na noite de 9 de janeiro de 1933, após uma hemorragia; Murray a visitava no Instituto Gurdjieff para o Desenvolvimento Harmônico do Homem em Fontainebleau, onde ela morava desde outubro. Cópias de trinta de suas cartas a Virginia Woolf estão nos Papéis de Monk's House, em Sussex; a última frase, omitida por Murry em sua edição das cartas da esposa (1928, v. I, p. 75), de uma carta escrita em julho de 1917, é: "Permita que nos encontremos no futuro mais próximo, querida Virginia, e não se esqueça totalmente."

370. No dia 25 de agosto de 1920, Virginia escreveu em seu diário: "... Propusemo-nos a escrever uma à outra – Ela vai me enviar seu diário. Faremos isso? Ela o fará?"

371. Ver o segundo volume das *Cartas de Virginia Woolf*, a nota de rodapé da n. 1156, em referência a uma carta de Katherine Mansfield de 13 de fevereiro de 1921, "ainda não disponível para a publicação". Esta também parece ser a carta referida por Virginia ao escrever a Brett em 2 de março de 1923 (*Cartas de Virginia Woolf*, terceiro volume, nº 1365): "Devo ter-lhe escrito em algum momento em março de 1921... talvez ela nunca tenha recebido a minha carta... Murry... disse que ela estava se sentindo sozinha e me pediu que a escrevesse... Magoou-me que nunca tenha respondido." Já que Virginia se sentou ao lado de Murry no "jantar de despedida" dele em 11 de fevereiro de 1921, sua carta provavelmente era aquela datada de 13 de fevereiro, e ela se equivocou ao pensar que a havia escrito em março.

372. Cyril Edwin Mitchinson Joad, ou C.E.M. Joad, filósofo britânico e célebre convidado de programas de rádio (1891-1953). (N.T.)

373. H.W. Massingham havia editado o *Nation* desde sua fundação, em 1907, pela família Rowntree, que politicamente era liberal. Sob sua direção, em 1923, a publicação havia se tornado, "para todos os efeitos, um jornal do Partido Trabalhista", uma situação que os Rowntree não mais podiam consentir. Decidiram vendê-lo, dando a Massingham a primeira opção de compra. Ele procurou, mas não conseguiu apoio financeiro. Quando Maynard e outros liberais se apresentaram com os recursos adequados, os Rowntree concordaram com sua aquisição do controle do jornal, no qual haviam mantido participação. Em abril, portanto, Keynes tornou-se o presidente do novo conselho; Hubert Henderson assumiu a função de editor, e após alguma incerteza, Leonard Woolf foi nomeado editor de literatura.

374. A partir de 6 de dezembro, Roger Fry dera uma série de palestras ilustradas "sobre Arte", às noites de quarta-feira no Lower Hall, na Mortimer Street, W.1.; a última havia sido no dia 17 de janeiro.

375. Em agosto de 1911, Virginia Woolf juntou-se a um grupo que incluía Rupert Brooke e Noel Olivier, quem ele amava, que estava acampado na Ponte de Clifford, sobre o rio Teign, em Devonshire; Christow ficava a alguns quilômetros dali, descendo o rio.
376. Antes da guerra, Edward Marsh, secretário particular de Winston Churchill e um grande mecenas de poetas e pintores, havia apadrinhado Rupert Brooke, que à época sofria de uma aversão neurótica a alguns de seus antigos amigos, e apresentou-o a uma sociedade londrina mais cosmopolita e sofisticada que incluía os Asquith e a atriz Cathleen Nesbitt (1888-1982). Ela tornou-se um novo e descomplicado foco para as suas emoções confusas.
377. A prima de Virginia, Katherine Stephen (1856-1924), diretora aposentada do Newnham College, morava no nº 4 de Rosary Gardens, South Kensington; Helen (18621-1908) era uma irmã mais nova; e "Nun" era a tia delas e de Virginia, Caroline Emilia Stephen (1834-1909).
378. "Grey mare", no original. Pode significar uma mulher mais velha, ou uma mulher que domina um relacionamento. (N.T.)
379. Philip Morrell jantou com os Woolf no domingo, 18 de fevereiro; os Nicholson haviam ido tomar chá com eles naquele mesmo dia.
380. Durante os meses de janeiro e fevereiro Virginia Woolf teve gripes e febres persistentes; uma tentativa de curá-las foi feita com uma injeção de germes de pneumonia no dia 15 de fevereiro.
381. Margery K. Snowden havia sido colega de Vanessa nas Royal Academy Schools no início do século, e continuou sendo uma amiga fiel. Vivia com uma irmã em Cheltenham.
382. Adrian Stephen começou sua análise com o Dr. James Glover e a continuou, após a morte deste, em 1926, com Ella Sharpe.
383. Herbert Read (1893-1968), historiador de arte, crítico, filósofo e poeta britânico, publicou *In Retreat* (1925) pela Hogarth Press. (N.T.)
384. A nota introdutória de J.M. Murry a *The Dove's Nest and Other Stories* (1923), de Katherine Mansfield, contém vários trechos do *Diário* da autora. Neles, ela fala sobre a necessidade de que sua escrita seja "profundamente sentida" e de ela se sentir "impura de coração, não humilde, má".
385. *In the Orchard* foi publicado no *Criterion* em abril de 1923. Ka Arnold-Foster escreveu de Cornwall em 17 de junho de 1923: "Não, eu não acho que realmente tenha gostado de *In the Orchard* – mas sou uma crítica ciumenta – e te amo muito."
386. O artigo de Arnold Bennett "O romance está decaindo?" foi publicado em *Cassell's Weekly* em 28 de março de 1923. "Jamais li um livro tão inteligente quanto *O quarto de Jacob* de Virginia Woolf... Mas os personagens não sobrevivem na mente porque a autora estava obcecada com detalhes de originalidade e engenho."
387. Francis (Frank) Welch Crowninshield (1872-1947), editor da *Vanity Fair* de Nova York de 1914-1935.
388. Mais uma referência à carta de Ka mencionada anteriormente. E.M. Forster morava com sua mãe em Weybridge; sem dúvida Leonard Woolf conversou com ele no jantar da Sociedade (dos Apóstolos), que havia sido em 15 de junho.
389. Não há registro de que Virginia Woolf tenha colaborado com a *Vanity Fair* de Frank Crowninshield, mas neste ano seu trabalho foi publicado na *Broom* (a sucessora nova-iorquina da revista internacional de artes editada por Harold Loeb e anteriormente publicada na Itália); no *New Republic* e no *Dial*.
390. Quatro anos antes, Virginia havia notado "as tremendas possibilidades de *Freshwater*, enquanto comédia". (Ver os *Diários de Virginia Woolf*, 30 de janeiro de 1919); porém não foi completada ou apresentada até janeiro de 1935; foi publicada em 1976 com um prefácio de Lucio P. Rotuolo.

391. I.e., Bertrand Russell e Robert Ranke Graves (1895), poeta, que foi da escola diretamente para o exército em 1914, e depois da guerra foi para Oxford, e naquele momento fazia parte da cena literária. Seu poema longo *The Feather Bed* estava prestes a ser publicado pela Hogarth Press.
392. Referência aos métodos publicitários do escroque financeiro Horatio Bottomley, que havia fundado o popular semanário *John Bull* em 1906. Durante mais de dois anos, John Murry inseriu suas seleções do espólio literário de Katherine Mansfield em cada número de sua *Adelphi*.
393. Na resenha "Novos romances", no exemplar do *New Statesman* de 7 de julho de 1923, Raymond Mortimer dedicou a maior parte de sua página a uma reflexão sobre o dom de Katherine Mansfield, surgida com a publicação póstuma do seu livro de contos *The Dove's Nest*.
394. "Falcão afável" ("Affable Hawk") era como Desmond assinava sua coluna semanal na *New Statesman*.
395. O ensaio de Virginia Woolf *Mr. Conrad: a Conversation*, que havia sido recentemente publicado, tomara a forma de uma conversa entre a amante dos livros Penelope Otway e um velho amigo. O ensaio sobre George Eliot havia aparecido no *Times Literary Supplement* em 1919.
396. Todas estas são colaborações antigas para o *Times Literary Supplement*, a saber, *A casa de Lyme*, 1917; *As memórias de Lady Fanshawe*, 1907; e *O Gênio de Boswell*, 1909.
397. VW indica estar escrevendo na Hogarth House – que ficava na Paradise Road, 34, em Richmond, onde viveu de 1915 a 1924 e onde foi fundada a Hogarth Press em 1917.
398. Em trânsito entre Londres e Richmond.
399. No dia 25 de setembro de 1923, 41 homens perderam a vida numa enchente perto de Falkirk.
400. Aubrey Herbert (1880-1923) morreu no dia 26 de setembro. Era meio-irmão de Margaret Duckworth.
401. Marjorie Thomson Joad (1900-1930) estudou na London School of Economics, trabalhou como professora num colégio para meninas na Gordon Square, 55, e começou a trabalhar, em tempo integral, na Hogarth Press no início de 1923. Ler, sobre ela e outras funcionárias da Hogarth Press: Wilson, N. and Southworth, H. (2020) *Early women workers at the Hogarth Press* (c.1917– 25). *In: Women in Print*, v. 2: *production, distribution and consumption*. Peter Lang. (N.O.)
402. Ralph Partridge, que mantinha um triângulo amoroso com Lytton Strachey e Dora Carrington, trabalhou durante algum tempo na Hogarth Press.
403. Os Woolf se mudariam em 1924 para a Tavistock Square, 52 (Bloomsbury), em Londres.
404. Em 1921, os Woolf compraram uma impressora maior, aumentando, assim, as atividades editoriais. Com isso a Hogarth Press deixaria de ser uma aventura amadora particular e se transformaria de fato num empreendimento comercial. A expansão demandaria um número maior de gente trabalhando em revisão, na administração e na impressão. Passaram, então, pela editora como auxiliares, entre outros, Barbara Bagenal, Marjorie Toad, Aline Birch, Barbara Hepworth, Alex Sargent-Florence, Ralph Partridge, George Rylands, Angus Davidson, Robert Kennedy, John Lehmann (que de 1938 a 1946 seria sócio da Hogarth Press). Consultar, a respeito, entre outros estudos, o de Ursula McTaggart, "Opening the Door": The Hogarth Press as Virginia Woolf's Outsiders' Society. (Tulsa Studies in Women's Literature, v. 29, nº 1 (Spring 2010), pp. 63-81). (N.O.)
405. Madge Symonds Vaughan e Janet Maria Vaughan, mulher e filha de William Wyamar Vaughan, primo de VW.
406. George Humphrey Wolferston ("Dadie") Rylands (1902-1999), estudioso de Shakespeare e autor de *Words and Poetry* (Hogarth Press, 1928).
407. Frances Crofts Comford (1886-1960), poeta, prima de Gwen Raverat, mulher de Francis Comford, do Trinity College, em Cambridge.

408. Na entrada de diário de 30 de agosto de 1923, VW já anunciaria a descoberta que seria determinante para o processo de composição de Mrs. Dalloway, para o seu "Tunnelling Process" – as cavernas por trás dos personagens, cavernas que irão se conectar. (N.O.)
409. VW comentou o livro de Percy Lubbock – *The Craft of Fiction* – em artigo ("On ReReading Novels") publicado no *Times Literary Suplement* em 10 julho de 1911. (N.O.)
410. "Londres, vos sois a flor de todas as cidades/ Gema de toda a alegria, jasper da jocundidade/ Mais poderoso rubi de virtude e valentia", "Em honra da cidade de Londres", de William Dunbar (1465?/1530) ("London, thou art the flour of cities all/ Gemme of all joy of jocunditie,/ Most myghty carbuncle of vertue and valour".)
411. Virginia refere-se ao seu colapso e demência no fim do verão, e no outono e inverno de 1913. Neste período, na noite de 9 de setembro, ela havia tentado se matar. Os Woolf haviam alugado quartos no Clifford's Inn, perto da rua Strand, pouco tempo após voltar para Londres de sua lua de mel, em outubro de 1912.
412. Saxon queria tirar sua mãe enviuvada de Hove, onde seu pai mantivera uma casa de repouso privada, e negociava com os Woolf para alugar Hogarth e a instalar no lugar.
413. J.W. Coade Son & Budgen eram leiloeiros e agentes imobiliários com sede no nº 118 de Southampton Row, WC1; Dollman and Pritchard era uma firma de advogados que ocupavam o térreo e o primeiro andar do nº 52 da Tavistock Square, os quais alugaram dos inquilinos que estavam saindo, os velhos Sr. e Sra. Simon.
414. *The Flame*, uma peça de Charles Méré adaptada do francês por James Bernard Fagan, estreou com Violet Vanbrugh no Wyndham's Theatre em 7 de janeiro. Sem dúvida, Leonard Woolf tinha assentos da imprensa: no *Nation & Athenaeum* de 19 de janeiro de 1924, a peça foi descrita como "a última palavra em irrealidade sentimental".
415. Na página oposta ao registro de 12 de janeiro, Virginia Woolf anotara: *Goossens. Qua. 16 de jan. 5.15, Aeolian Hall. Queens Hall. 8.30. Qua. 30 de jan. Monvel.*
416. Tavistock Square fazia parte das propriedades de Bloomsbury concebidas pelos Duques de Tavistock do final do século XVIII em diante; as Propriedades de Bedford se reservavam certos direitos sobre o arrendamento de seus bens.
417. James Meadows (Jim) Rendel (1854-1937) era o marido de Elinor, sobrinha do Major Grant, a mais velha de dez filhos de sua irmã Lady Strachey; havia sido o presidente da Assam Bengal Railway, e era, de fato, dois anos mais velho que seu tio. A visita dos Woolf foi no domingo, 6 de janeiro.
418. O filho mais velho dos MacCarthy, Michael, nascera em 1907.
419. Edith era, provavelmente, a única nora da Sra. Turner; Darthmouth, a sede do Royal Naval College.
420. Ver o terceiro volume das *Cartas de Virginia Woolf*, nº 1442: "a carta de uma editora gananciosa."
421. Ver *Nation & Athenaeum*, 9 de fevereiro de 1924: "A *Trans-Atlantic Review* – a miscelânea enviada de Paris pelo Sr. F.M. Ford... começa com bênçãos de autoridade. O Sr. T.S. Eliot escreve: 'Do prospecto que você me enviou, não tenho presciência de antagonismo'."
422. Ver *A Sketch of the Past*, escrito quinze anos mais tarde (*Moments of Being*). O Dr. David Elphinstone Seton (c. 1827-1917), formado em medicina em Edimburgo, em 1856, morador de Emperor's Gate, em South Kensington, foi o médico da família Stephen até a morte de Sir Leslie.
423. Os Woolf estiveram em Monk's House de 17 a 28 de abril, e novamente de 23 a 26 de maio; entre estas visitas eles haviam passado a noite de 9 de maio em Tidmarsh com Lytton Strachey; e de 17 a 19 estiveram em Cambridge, onde Virginia leu um artigo na Society of Heretics

sobre "Personagens na Ficção", uma expansão das ideias esboçadas num artigo intitulado *O Sr. Bennett e a Sra. Brown*, publicado no inverno anterior, que seria revisado e publicado como "Personagens na Ficção" na revista *Criterion*, e depois, novamente, como *O Sr. Bennett e a Sra. Brown* num panfleto da Hogarth Press.

424. Programa que cumpriu: *The Common Reader* foi publicado em 23 de abril de 1925; *Mrs. Dalloway*, em 14 de maio de 1925.

425. Virginia Woolf foi com T.S. Eliot à montagem da Phoenix Society de *Rei Lear* no Regent Theatre em 30 de março, um domingo. Em "Um comentário" (assinado *Crites*) no exemplar de abril de 1924 da revista *Criterion*, Eliot escreveu que a peça fora "quase impecável". "Costuma-se dizer que *Rei Lear* não é uma peça para ser encenada; como se qualquer peça pudesse ser melhor em sua leitura do que na representação. É mais provável, a julgar pela resposta da plateia, que *Rei Lear* é uma obra de tal poder imenso que ofende e escandaliza cidadãos comuns de ambos os sexos", escreveu. A "festinha esquisita" foi no dia 20 de maio, quando aos convidados do jantar dos Woolf, Roger Fry e Philip Ritchie, se juntaram mais tarde Vanessa, Duncan, Lytton Strachey e Eliot. O Honorável Philip Charles Thomson Ritchie (1899- 1927), filho mais velho de Lorde Ritchie de Dundee, estava prestes a ir para Oxford e embarcar numa carreira de advocacia; era um novo amor de Lytton.

426. O Dr. James Glover (1882-1926), eminente psicanalista, representando a Sociedade Psicanalítica de Londres, negociava com Virginia Woolf os termos e acordos por meio dos quais a Hogarth Press se encarregaria de distribuir e, dali em diante, publicar os artigos da Biblioteca Psicanalítica Internacional – um passo que levou a Hogarth Press a publicar as obras completas de Freud em tradução para o inglês.

427. Roger Fry conhecera Josette Coatmellec em novembro de 1922, na clínica do Dr. Coué, em Nancy. Eles se apaixonaram, mas ela estava obcecada por algumas fantasias duvidosas, que levavam a mal-entendidos. Estes chegaram ao seu ápice quando ele lhe enviou a fotografia de uma máscara africana que havia comprado recentemente, que ela interpretou como uma brincadeira cruel à sua custa. A carta furiosa dele, em que se defendia e demonstrava afeto, foi escrita durante a noite de 31 de março/1º de abril, mas antes que tivesse sido enviada, ela já havia se matado. Ver o segundo volume das *Cartas de Roger Fry*, nº 544 (a Josette Coatmellec) e nº 547 (a Virginia Woolf); e também o Arquivo de Fry (os Fry Papers), na Biblioteca do King's College, em Cambridge, *Histoire de Josette*. Ao descrever a ingenuidade de Fry na biografia que escreveu dele, Virginia não conseguiu evitar usar esta história, apesar de a considerar uma lenda. Roger e Virginia jantaram no Etoile, na Charlotte Street (à época, um restaurante modesto), e era para terem ido ao teatro; mas no diário de Leonard Woolf consta que eles voltaram para casa cedo.

428. Os Woolf foram para Monk's House no dia 30 de julho, uma quarta-feira. Durante as quatro semanas em que seu diário fora negligenciado, Marjorie Joad ainda estava ausente e Virginia estivera, de fato, incessantemente ocupada tanto por seu trabalho quanto por pessoas.

429. Julian Bell tinha 16 anos e estudava na Leighton Park School; Thoby Stephen havia estudado no Clifton College, em Bristol.

430. H.G. Wells (1866-1946), escritor britânico.

431. No *Nation & Athenaeum* de 10 de março de 1923, numa resenha de *The Orissers*, de L.H. Myers, e *Desolate Splendour*, de Michael Sadleir, intitulada *Romance*, Murry escrevera sobre a falta de interesse no enredo ou na história entre "as mentes mais originais" da geração mais jovem que havia escolhido a prosa de ficção como seu meio – citando "um D.H. Lawrence, uma Katherine Mansfield, uma Virginia Woolf", e disse que, como consequência, "o romance chegara a uma espécie de impasse".

432. Edições de *The Pilgrim's Progress*, de John Bunyan; *Clarissa Harlowe*, de Samuel Richardson; e *Medeia*, de Eurípides estavam entre os livros dos Woolf vendidos após a morte de Leonard. Virginia havia comprado um exemplar de *Memoirs of the Life of Colonel Hutchinson... by his widow Lucy* em Brighton, em 1918 (ver o primeiro volume dos *Diários de Virginia Woolf*, 3 de setembro de 1918).
433. *Seducers in Ecuador*, que a Hogarth Press publicou em novembro de 1924. Ver também o terceiro volume de *Cartas de Virginia Woolf*, nº 1497, a Vita Sackville-West.
434. Independent Labour Party.
435. Em 5 de setembro de 1924, Albert Michael Joshua, um financista aposentado de 54 anos, casado e pai de duas filhas (uma das quais havia jantado em Hogarth House, tinha sido encontrado morto com um tiro num apartamento nas Mansões de Prince of Wales, em Battersea Park. Irene Victoria Maud Mercer, uma empregada de 23 anos, que trabalhava no apartamento, foi encontrada morta no mesmo quarto, com um revólver de serviço em sua mão. Constou no inquérito, em 9 de setembro, que Mercer havia conhecido Joshua como o Sr. Basil Montagu; e que ela escrevera a ele chamando-o de "Meu querido marido". O veredito foi que Mercer matou Joshua e depois se matou, durante um estado de perturbação mental.
436. Para "rua sem saída", ler "impasse".
437. Murry estava morando em alguns quartos da casa de Boris Anrep, em Pond Street, Hampstead. No verão de 1924, depois de seu segundo casamento, ele comprou um velho posto da guarda costeira em Dorset, mas precisava de uma segunda residência em Londres – a qual adquiriu em Chelsea.
438. O contrato de Vanessa, do arrendamento de Charleston, estava chegando ao final, e tinham lhe oferecido a opção de renová-lo com aluguel mais alto, mais taxas. Ela ficou sabendo de uma casa do século XVIII perto de King's Lynn, que seria vendida a 1250 libras, e pensou que poderia ser mais vantajoso ter posse dela do que alugar uma casa de campo para o uso de sua família no verão e nas férias escolares. Ela decidiu permanecer em Charleston. Leonard Woolf passou os últimos dois anos e meio de seu tempo no Serviço Colonial no sul do Ceilão como agente-assistente do Governo responsável pela província de Hambantota, pela qual sempre conservou profundo afeto.
439. O Caso Campbell teve origem na publicação de um artigo supostamente subversivo no jornal comunista *Workers' Weekly* em 25 de julho de 1924. Em 7 de agosto, John R. Campbell, editor do jornal, havia sido acusado de incitação a um motim por "tentar, de modo criminoso, malicioso e deliberado, desviar várias pessoas que serviam à Marinha, ao Exército e à Aeronáutica, de seu juramento de lealdade." No dia 15 de agosto, a acusação foi retirada, e, na Casa dos Comuns, a oposição Liberal quis saber por quê. O Procurador-Geral, Sir Patrick Hastings, disse que a acusação fora retirada porque não se podia provar que Campbell era o responsável pela política do jornal – e que tampouco queria fazer de Campbell um mártir da causa comunista. Em 9 de outubro, o governo trabalhista foi derrotado por 166 votos numa petição dos liberais para se fazer um inquérito sobre o caso. Ramsay MacDonald havia ameaçado, um dia antes, que o seu governo iria para o interior do país caso fosse derrotado. Por conseguinte, as eleições gerais foram realizadas em 29 de outubro.
440. Gwen Raverat, a quem Virginia não havia visto desde antes da guerra, veio à Inglaterra fazer uma visita na metade de outubro de 1924.
441. Philip Noel-Baker disputou o distrito de Handsworth, em Birmingham. Não foi eleito.
442. A resenha anônima de Virginia Woolf de *Peggy: the Story of One Score Years and Ten*, de Peggy Webling, apareceu na coluna "*Books in Brief*" do *Nation & Athenaeum* de 8 de novembro de 1924.

443. Dorothy Todd tornou-se editora da *Vogue* britânica em 1922; era da opinião que a revista não deveria apenas ser a autoridade fundamental em alta costura, mas um guia estimulante das artes em geral, e para isso procurou e incentivou colaborações de uma tendência de vanguarda tanto da França quanto da Inglaterra. Esta política, embora levasse a uma produção altamente sofisticada e animada, não conseguiu trazer o sucesso comercial que os proprietários americanos demandavam, e seu contrato foi terminado em 1926. A *Harper's Bazaar* não publicou colaborações de Virginia Woolf nessa época.
444. Referência a *Mr. Bennet and Mrs. Brown*, ensaio de Virginia Woolf sobre o modernismo. Foi publicado pela primeira vez na Criterion, revista dirigida por T.S. Eliot, em julho de 1924. (N.T.)
445. Charlotte Mary Mew (1869-1928), a quem Thomas Hardy considerava a melhor poeta mulher de seus dias, e Virginia Woolf provavelmente a conheceu à cabeceira da cama de sua segunda esposa, Florence.
446. Virginia terminou o registro do dia anterior com o nome Elizabeth, sem informar o sobrenome. Elizabeth Ponsonby (1900-1940), filha de Arthur Ponsonby (mais tarde, Lorde Ponsonby de Shulprede), ministro no recente governo trabalhista, era uma integrante do impetuoso grupo rotulado pelos jornais como as "Bright Young People" ("Pessoas Jovens Brilhantes").
447. Rylands esperava conseguir trabalhar na Hogarth Press e em sua dissertação em Cambridge ao mesmo tempo, mas achou muito pesado. Indicou Angus Henry Gordon Davidson (1900-?), um amigo e egresso do Magdalene College, em Cambridge, que escrevia crítica de arte para o *Nation & Athenaeum*, para sucedê-lo.
448. O romance seguinte de Ray Strachey não foi publicado pela Hogarth Press. Sua enteada, Julia Frances (nascida em 1901) era a única filha de Oliver Strachey com sua primeira mulher, Ruby Mayer, de quem ele se divorciou em 1908. Criada na maior parte do tempo nas casas de parentes bem-intencionados e em Bedales, ela agora dividia um apartamento em Chelsea com outra jovem e tentava ganhar a vida. Ela viria a se tornar uma escritora de caráter e qualidade incomuns, ainda que de quantidade escassa.
449. Ralph Wright havia se tornado sócio na livraria Birrell and Garnett, o que permitiu que esta se mudasse para instalações mais convenientes, no número 30 da Gerrard Street, perto do Clube 1917; era um dos vários amantes de Marjorie. Embora ela mantivesse sua ficção sobre Joad, nunca havia sido casada com ele, nem havia se divorciado.
450. Um nome de brincadeira, derivado do romance de C.M. Younge, para Edward Sackville-West, que herdaria os títulos e propriedades dos Sackvilles quando o pai e o tio de Vita morressem. Bernadette Murphy havia trabalhado como secretária do London Group em 1920.
451. Os Woolf haviam empregado Nelly Boxall e Lottie Hope como criadas que moravam no emprego desde 1916; levaram Nelly consigo quando se mudaram para Tavistock Square, em Bloomsbury, em 1924, e Lottie foi trabalhar para a família de Adrian Stephen, na vizinha Gordon Square.
452. Os Hutchinsons haviam se mudado recentemente para o número 3 da Albert (agora Prince Albert) Road, em Regent's Park, de sua residência anterior em River House, Hammersmith. Os filhos eram Bárbara (n. 1911) e Jeremy (n. 1915).
453. Virginia Woolf já imaginava seu pai, Leslie Stephen, como o personagem de uma cena no outono anterior (ver o segundo tomo dos *Diários*, 17 de outubro de 1914); esta seria ampliada e se tornaria *Ao farol*. O professor foi incorporado em *Mrs. Dalloway*.
454. *Notas sobre uma peça Elisabetana*, de Virginia Woolf, foi publicado no *Times Literary Supplement* em 5 de março de 1925.
455. Angus Henry Gordon Davidson (1898-1980).

456. R&R Clark Ltd, a gráfica de Edimburgo. Harcourt, Brace and Company, editores de Virginia Woolf nos Estados Unidos.
457. O artigo "American Fiction", de Virginia, apareceu no *Saturday Review of Literature*, Nova York, em 1º de agosto de 1925.
458. Um relato sobre o acidente da filha de Vanessa Bell e Duncan Grant pode ser lido no segundo tomo de *Diários de Virginia Woolf*, dia 5 de abril de 1924. "A nova casa de Nessa" fazia parte do nº 37 de Gordon Square.
459. Jacques Pierre Raverat (1885-1925), francês que havia estudado matemática em Cambridge e fez parte do grupo de amigos chamados por Virginia de "neo-pagãos". Ele se casara com outra integrante desse grupo, a talhadora Gwendolyn Mary Darwin (1885-1957), em 1911. Viviam em Vence, nos Alpes-Marítimos, e ele virou pintor. Sofria de uma forma de esclerose que se disseminara havia alguns anos, uma doença paralisante, e suas cartas eram ditadas pela mulher. Quase um mês antes de sua morte, Virginia havia lhe enviado as provas de *Mrs. Dalloway*, e ele respondeu: "É quase o suficiente para me fazer querer viver mais tempo, continuar recebendo cartas e livros assim... Sinto-me lisonjeado e você sabe como isto é um elemento importante em nossas sensações, e orgulhoso e feliz..." A correspondência entre Virginia Woolf e Jacques Raverat está preservada nos documentos de Monk's House, em Sussex.
460. Beatrice Isabel Howe (Bea Howe, 1898-1992), autora de *A Fairy Leapt upon my Knee* (1927); foi pintada por Duncan Grant em 1926;
461. Ver "Montaigne" em *The Common Reader*, p. 95. "Mas basta de morte, é a vida que importa." Virginia escreveu, neste dia, a Gwen Raverat; ver o terceiro volume das *Cartas de Virginia Woolf*, nº 1547; também o nº 1550 de 1º de maio de 1925.
462. Hew Anderson; o Honorável George Garrow Tomlin (1898-1931), irmão mais velho de Stephen Tomlin, escultor; os outros hóspedes do hotel não foram identificados.
463. "If it were now to die,/ 'Twere now to me most happy; for, I fear,/ My soul hath her content so absoluto,/ That not another comfort like to this/ Succeeds in unknown fate" *Otelo*, II, i.
464. O panfleto de Leonard Woolf "Medo e Política". *Um debate no zoológico*, nº 7 da primeira série de Ensaios de Hogarth, foi publicado em julho de 1925. O "poeta intratável" e jornalista Edward Shanks havia morado em Charnes Cottage, vizinha a Monk's House. "Skeats" não foi identificado.
465. A resenha do *Manchester Guardian* sobre *The Common Reader* foi assinada pelo escritor e crítico literário Hugh l'Anson Fausset (1895-1965).
466. Dos últimos versos de "*O náufrago*" ("*The Castaway*") de William Cowper: "Nenhuma voz divina acalmou a tempestade/ Nenhuma luz propícia brilhou/ Quando, arrebatados do efetivo auxílio,/ Perecemos, cada qual, sozinhos/ Eu, porém, sob um mar mais bravio/ E submerso em golfos mais fundos que ele." ("No voice divine the storm allay's/ No light propitious shone,/ When, snatch'd from all effectual aid,/ We perished, each alone:/ But I beneath a rougher sea,/ And whelmed in deeper gulfs than he.") (N.T.)
467. O Dr. Norman Maclean Leys (morto em 1944) havia passado 16 anos no Sistema de Saúde Pública, na África Ocidental e Central. Seu livro polêmico *Kenya* havia sido publicado pela Hogarth Press seis meses antes. Sydney Olivier (1859-1943) 1º Barão Olivier de Ramsden, socialista Fabiano e administrador colonial, havia recebido o título de nobreza a fim de que pudesse servir como secretário de Estado da Índia no curto governo do partido trabalhista de 1924. Quatro livros dele seriam publicados pela Hogarth Press. O livro de Kathleen E. Innes, *A história da Liga das Nações contada aos jovens*, havia sido publicado em abril de 1925.

468. Os filhos de MacCarthy eram Michael (1907-1973), Rachel (1909-1982) e Dermod (1911-1986). Michael se tornou fazendeiro, e Dermod, médico; Rachel viria a se casar com um escritor (Lorde David Cecil) e publicaria um romance.
469. Isto pode ser interpretado como a forma de Desmond expressar a esperança de que seu filho Michael – cuja ambição era se tornar fazendeiro – se ativesse a uma profissão tão útil e recompensadora (por exemplo, plantar ou vender milho), em vez de sofrer as dúvidas e inseguranças financeiras e éticas da vida literária. (A.E. Housman havia passado dez anos no Escritório de Patentes antes de se tornar acadêmico e publicar sua poesia.)
470. Geoffrey Scott (1883-1929), cujo segundo livro, *The Portrait of Zélide* fora publicado aquele ano, nunca "escreveu" sobre Donne. As aspirações de Desmond a esse respeito são referidas no primeiro volume das *Cartas de Virginia Woolf*, nº 617, de 21 de maio [de 1912]: "... examinamos a história da vida de Donne. Como a parte mais importante da história da Inglaterra entra nela, de alguma forma, o livro será apoplético." Seu ensaio sobre Donne foi republicado em seu livro *Criticism* (1932), "uma seleção de uma seleção que fiz a partir da acumulação de muitos anos de jornalismo literário". Virginia Woolf leu os artigos à época (ver 15 de maio e 1 de junho de 1925), e o terceiro volume das *Cartas de Virginia Woolf, nº 1533,* provavelmente do dia 20, e não 17, de maio) para incentivá-lo a fazer um livro deles, mas seus esforços não surtiram efeito. O "Falcão Afável" (Desmond MacCarthy) resenhou *The Common Reader* – "um livro bastante incomum" – no *New Statesman* de 30 de maio de 1925.
471. Vernon Lee era o pseudônimo de Violet Paget (1856-1935), escritora prolífica, especialmente sobre a história cultural italiana. Morava em Florença, mas fazia visitas frequentes a Londres. Emilie (Lillie), nascida Le Breton, viúva de Edward Langtree e agora Lady de Bathe (1853-1929), atriz e beldade famosa, era conhecida como "o Lírio de Jersey"; Jeanne-Marie, sua filha com o Príncipe Louis de Battenberg. Logan Pearsall Smith (1865-1929), homem de letras nascido nos EUA, morava em St. Leonard's Terrace, em Chelsea, com sua irmã Alys (1867-1951), que se divorciara de Bertrand Russell que, com sua segunda mulher, Dora, vivia nas proximidades, em Sydney Street. Lady Ottoline Morrell, que à época pensava em se mudar de Garsington para Chelsea, era, de acordo com Logan, a culpada pelo rompimento do casamento de sua irmã com Russell, com quem ela havia tido um longo affair.
472. Os Woolf haviam ido ver a produção da Phoenix Society no Adelphi Theatre (domingo, 10 de maio) de *A órfã*, de Thomas Otway. Rachel (Ray) Litvin (morta em 1977) interpretou Monimia, a órfã. Virginia, que a conhecia um pouco, a havia chamado de "uma boêmia"; e de fato a peça se passa na Boêmia.
473. A dissertação de Ryland seria publicada pela Hogarth Press em maio de 1928, como a primeira parte do livro *Words and Poetry*.
474. *Mrs. Dalloway* foi resenhada no *Western Mail* de 14 de maio de 1925. O resenhista disse que o livro não o interessava "muito", mas imaginava que "leitores com um intelecto de agilidade sobrenatural podem descobrir uma história consecutiva", enquanto no *Scotsman* da mesma data o crítico advertia que "Ninguém, exceto pelos que estão mentalmente aptos, devem aspirar a ler este romance", e concluía: "Pode se dizer que a vida é assim, mas será arte?"
475. Os Connaught Rooms ficavam na Great Queen Street, assim como os escritórios do *New Statesman*, do qual Desmond MacCarthy era o editor literário.
476. A *Vogue* enviou-lhe cópias das fotografias feitas por Beck-MacGregor. Nenhuma foto de Virginia apareceu, nem no *T.P's Weekly*, nem no *Morning Post*.
477. A Sra. Cartwright sucedeu mesmo Bernadette Murphy em julho, e ficou na Hogarth Press até 31 de março de 1930.

478. Frank Laurence (Peter) Lucas (1894-1967), um Apóstolo, e desde 1920 membro do corpo diretivo de King's College, Cambridge, seria indicado professor titular de Literatura Inglesa em 1926. Foi um escritor prolífico. Eileen Power (1889-1940), historiadora do período medieval, havia estudado e lecionado em Girton e agora era professora de História Econômica na Universidade de Londres. Eles jantaram com os Woolf, e a eles mais tarde se juntaram o irmão de Lytton Oliver Strachey (1874-1960) e sua segunda esposa, Rachel ("Ray", 1887-1940), a irmã mais velha de Karin Stephen, que havia editado o *Woman's Leader* e era a presidente do Woman's Service Bureau.
479. A "festa horrosa" de Ottoline foi dada na casa de Ethel Sands, The Vale, 15, Chelsea, que esta havia alugado pela temporada com o intuito de apresentar sua filha Julian à sociedade. O hall de entrada fora decorado pelo mosaicista russo Boris von Anrep (1883-1969). A segunda mulher de Anrep, Helen, nascida Maitland (1885-1965), bonita e perspicaz, havia se formado como cantora de ópera na Europa e gravitado para o círculo boêmio de Augustus John. Casara-se com Anrep em 1917 e logo o deixaria por Roger Fry. W.J. Turner (1889-1946), autor, crítico e jornalista. C.H.B. Kitchin (1895-1967), cujo primeiro livro, *Streamers Waving*, havia sido publicado pelos Woolf em abril. VW volta ao seu comportamento antissocial nesta ocasião, no terceiro volume de suas cartas, nºs 1560 e 1561.
480. Gerald Brenan (1894-1987), que havia sido o anfitrião dos Woolf na Espanha em abril de 1923, estava temporariamente morando nos seus alojamentos em Witlshire, tendo um tormentoso affair com Carrington e fazendo suas pesquisas literárias. Sua carta a Virginia, sobre seus romances, está nos Papéis de Monk's House, em Sussex. A respeito de sua resposta, ver o terceiro volume das *Cartas*, nº 1560. A resenha que ela escreveu sobre *The Tale of Genji*, de Lady Murasaki, apareceu na *Vogue*, no fim de julho de 1925.
481. Katherine (Kitty) Maxse, nascida Lushington (1867-1922), uma figura de considerável importância social na juventude de Virginia Woolf em Kensington, servira como modelo para Clarissa Dalloway.
482. "Poderia deitar-me feito uma criança cansada,/ E chorar até que se acabe a vida de cuidados/ Que suportei e ainda devo suportar/ Até que a morte, como o sono, a mim se achegue", Shelley, "Estrofes Escritas em Desalento perto de Nápoles" ("I could lie down like a tired child,/ And weep away the life of care/ Which I have borne and yet must bear,/ Till death like sleep might steal on me." Shelley, *Stanzas Written in Dejection near Naples*). (N.T.)
483. Como resposta à carta de T.S. Eliot implorando que escrevesse para sua nova publicação quinzenal, Virginia havia lhe enviado o seu artigo *On Being Ill*, dia 14 de novembro. Seu cartão postal pouco entusiasmado não foi encontrado, mas o artigo apareceu na *New Criterion* em janeiro de 1926.
484. Leonard Woolf havia sido o editor da publicação mensal *International Review* desde a sua criação, em 1919, até a fusão com a *Contemporary Review* no final do ano. Ralph Partridge (1894-1960) havia se destacado academicamente e na guerra de 1914-18, da qual regressou a Oxford desiludido com o militarismo. Tornou-se frequentador íntimo da casa de Lytton Strachey com sua dedicada companheira (Dora) Carrington (a quem Partridge persuadiu para que se casasse com ele em 1921), e de outubro de 1920 a março de 1923, havia trabalhado com os Woolf na Hogarth Press; mas seu temperamento e comportamento, juntamente com o favorecimento dissimulado dos interesses de Lytton, havia sido uma fonte de crescente irritação para o casal.
485. Ao saber da morte de Katherine Mansfield, Virginia havia escrito (no segundo tomo *dos Diário*, 16 de janeiro de 1923); "Depois, como costuma acontecer comigo, impressões visuais conti-

nuavam a vir a mim – sempre de Katherine colocando uma coroa branca, e nos deixando, sendo chamada para longe; transformada em digna, escolhida."

486. Para a definição de Leonard Woolf de "bobo" ("silly"), ver o segundo tomo dos *Diários de Virginia Woolf*, 11 de setembro de 1923, nº5.

487. O último romance de Forster havia sido publicado dezoito meses antes; Virginia não publicara comentário algum sobre ele até o final de 1927 (*The Novels of E.M. Forster*). Leonard e Dadie Rylands haviam planejado uma série, a ser chamada *Hogarth Lectures on Literature (Conferências de Hogarth sobre Literatura)*, para a qual Virginia colaboraria com um livro sobre ficção. Ela faz referência a isso diversas vezes em seu diário, entre este momento e setembro de 1928, e em cartas durante o ano de 1927, e o livro fora anunciado como "em preparação" no livreto introdutório *A Lecture on Lectures (Uma conferência sobre conferências)*, de autoria de Sir Arthur Quiller-Couch (que teria sido publicado supostamente em 1927, mas, que o foi, na realidade, em fevereiro de 1928). O livro de Virginia Woolf nunca apareceu na série, porém acabou sendo publicado como três artigos sob o título *Fases da ficção (Phases of Fiction)* na Bookman de Nova York, em 1929. Depois, foi republicado nas revistas *Granite* e *Rainbow*.

488. Robert Seymour Bridges (1844-1930) era um amigo de longa data de Roger Fry. Foi nomeado poeta laureado em 1913. Virginia Woolf viria a conhecê-lo em sua visita a Garsington em 1926.

489. Katherine Thynne (1865-1933).

490. Ethel Sands (1873-1962), pintora nascida nos EUA, que passava o ano entre o Chateau d'Auppegard, perto de Dieppe, que compartilhava com sua amiga de toda a vida, Nan Hudson, e sua casa no nº 15 de The Vale, em Chelsea. Rica e gregária, era uma anfitriã ativa e benigna, e uma mecenas das artes.

491. Virginia Woolf havia ido ficar com Vita Sackville-West em Long Barn no dia 17 de dezembro. Foi, de acordo com Nigel Nicolson (no terceiro volume de *Cartas de Virginia Woolf*), "o começo de seu caso amoroso". Leonard Woolf se juntou a elas na tarde de 19 de dezembro, e Vita os levou de carro até Londres no dia seguinte.

492. Os filhos de Vita eram (Lionel) Benedict (1914-1978) e Nigel (1917-2004) Nicolson.

493. A viagem que Vita Sackville-West fez de Cairo até a Pérsia em março de 1926 foi descrita em seu livro *Passenger to Teheran*, publicado pela Hogarth Press em 1926; os últimos quatro dias de viagem, sobre passagens em montanhas de grande altitude e planícies do deserto, foram num vagão dos correios do Trans-deserto. Seu poema, provavelmente, era *On the Lake*, que apareceu no N & A de 26 de dezembro de 1925.

494. Ainda assim, a Hogarth Press publicou *Fugitive Pieces*, de Mary Hutchinson, em junho de 1927. Apenas um deles foi referido pela autora como sendo um "conto", os outros foram caracterizados como "Petecas" e "Cata-ventos".

495. Forster enviou seu artigo, ainda não publicado para que Virginia o lesse.

496. O registro do dia 21 de dezembro está escrito em duas páginas; porém, em uma página intermediária e noutra seguinte, Virginia Woolf escrevera, duas vezes, a seguinte passagem: Tal ser deve ter se destacado manifestamente entre seus pares; os fatos de sua vida seriam a base da fé em seu gênio; e quando sua morte precoce tornou sua memória estimada e santificada, a dor afetuosa generosamente lhe ofereceria os louros que nunca usou. (Escrito sobre Bridges.) Roger Fry estava colaborando com Robert Bridges, um dos fundadores da Society for Pure English, na produção de dois folhetos sobre Caligrafia Inglesa, e para isso estava coletando espécimes de caligrafia de seus amigos; a amostra de Virginia Woolf não foi, contudo, incluída no total de 65 fac-símiles reproduzidos (Folhetos nºs XXIII e XXVIII). Ver o segundo volume das *Cartas de Roger Fry*, nº 575 de 18 de dezembro de 1925, para Robert Bridges.

497. Sêmele foi consumida pelo fogo da plena majestade de seu amante Júpiter; mas Marte e Vênus é que foram capturados numa rede por Vulcano.
498. "Dumb", no original, significa "mudo, silencioso" e também "pateta, estúpido, tolo". Para a autora de *Desiring Women: The Partnership Between Virginia Woolf and Vita Sackville-West*, Karyn Z. Sproles, essas cartas são mudas porque falam dos detalhes banais de suas vidas, mas não do seu desejo. "Então, você sabe, se as minhas cartas são mudas, minhas ações não são." (VSW para VW, 17 jan 1926) (N.T.)
499. Raymond Mortimer estava prestes a partir para Teerã, onde se juntaria aos Nicolson; o retorno de Vita à Inglaterra estava previsto para maio.
500. "Penda como um fruto, minha alma/ Até que a árvore morra!", *Cimbelino*, V, v. 262. "Hang there like fruit, my soul,/ Till the tree die!", *Cymbeline*, V, v. 262.
501. O segundo livreto de versos de Ruth Manning-Sanders a ser impresso pelos Woolf, "Martha Wish-You-Ill", foi publicado pela Hogarth Press em julho de 1926.
502. (Emilie) Rose Macaulay (1881-1958), romancista sarcástica e divertida, e conhecida mulher de letras, a qual Virginia encontrava ocasionalmente.
503. A reitoria do King's College estava vaga por causa da morte, em 7 de abril, de Sir Walter Durnford; na ocasião, o Rev. A.E. Brooke, Professor Ely de Divindade, foi eleito para sucedê-lo.
504. Clive havia voltado de Paris; Vanessa estava prestes a ir a Veneza com Duncan Grant e Angus Davidson.
505. Isto foi em Gordon Square, 41, onde Ralph Partridge vivia à época durante a semana com Frances Marshall, retornando a cada fim de semana a Ham Spray, sua casa no campo, com sua esposa Carrrington e Lytton Strachey. Frances Catherine Marshall (1900-2004), educada em Bedales e Newham, trabalhava na livraria de Birrell e Garnett (Garnett era seu cunhado); ela e Ralph Partridge se casaram depois da morte de Carrington em 1932.
506. Inez Jenkins, nascida Ferguson (1895-1981), havia tido um caso com Oliver Strachey no final da guerra. Casou-se em 1923. De 1919 a 1929, foi a Secretária Geral da Federação Nacional dos Institutos de Mulheres.
507. A greve geral foi proclamada no dia 2 de maio, em apoio à dos mineiros, que cruzaram os braços no dia 1º, e duraria de 3 a 12 de maio.
508. Não aparece, nesse período, nenhum artigo de Leonard Woolf no *Daily Herald*.
509. *A British Gazette*, criada pelo governo, circulou durante a greve, com a direção de Winston Churchill.
510. *The Nation* só voltaria a circular no dia 15 de maio.
511. Lembrando que as transmissões radiofônicas da BBC se iniciaram em 1923. (N.O.)
512. George Herbert Duckworth (1868-1934), o mais velho dos meios-irmãos de Virginia, havia tido ambições sociais para ela e Vanessa. Lady Arthur Russell (morta em 1910), uma cunhada da prima de sua mãe Adeline, Duquesa de Bedford, era uma anfitriã de considerável importância a seu ver – e ele esteve, por pouco tempo, noivo de sua filha Flora. Ela morava em Aubrey Square, 2, atrás de Park Lane. Virginia descreveu-a como "uma velha rude, tirânica, com uma pele com manchas sanguíneas e os modos de um peru". (*Moments of Being*, 1976)
513. "May", maio, é outro nome do arbusto cratego ("hawthorne"). (N.T.)
514. Dottie era Dorothy (morta em 1956), mulher do Lorde General Wellesley, de quem ela logo se separaria (ele sucedeu a seu sobrinho como o 7º Duque de Wellington em 1943). Era uma mulher muito rica, por si só, uma poeta, e amiga íntima de Vita, que lhe dedicou *The Land*. Virginia a havia encontrado em uma ocasião em julho de 1922, quando visitara Knole com Vita.
515. Mulher de George Duckworth e filha do 4º Duque de Carnavon.

516. Jogo considerado precursor do críquete. (N.T.)
517. Aves migratórias. (N. da O.)
518. Leonard Woolf, que não costumava anotar suas atividades enquanto estava em Rodmell, registrou sob o dia 31 de julho: "Andei de bicicleta em Ripe."
519. Sra. Rose Bartholomew, de Style Cottages, Rodmell, cozinhava para os Woolf em Monk's House quando Nelly não estava lá. "Ela já ficou louca, é vesga, e é singularmente pura de alma" (*Cartas de Virginia Woolf*, terceiro volume, n. 1462).
520. Clara Ann Pater (1841-1910), a mais jovem das duas irmãs de Walter Pater, tornou-se a primeira Tutora de Clássicos e, por fim, vice-presidente do Sommerville College, em Oxford. Após a morte de seu irmão, em 1894, as irmãs se mudaram para Canning Place, em Kensington, e Clara deu aulas de grego a Virginia Woolf. Sua pergunta forneceu o ponto de partida para *Slater's Pins have no Points*, publicado pela primeira vez na *Forum*, Nova York, em janeiro de 1928.
521. Elsie Allison era a mulher do australiano J. Murray Allison, de Hill Farm House, Rodmell, diretor de propaganda da Allied Newspapers Ltda., um proprietário de terras importante e gregário.
522. Os Woolf tinham construído um chalé de madeira (utilizado com frequência por Virginia Woolf para escrever) ao lado do muro do adro da igreja, no final de sua propriedade; de lá, havia uma vista para o amplo vale do rio Ouse, sobre uma faixa de terra, ao lado da sua, que descia de forma íngreme até um campo. Leonard tentou, por algum tempo, comprar este "terraço", e, se fosse necessário, o restante do campo; e em 1928 ele conseguiu.
523. Christabel McLaren (mais tarde, Lady Aberconway) e Lesley Jowitt, esposa de um futuro Lorde Chanceler, eram, ambas, ornamentos da elegante sociedade artística em que Clive Bell e Mary Hutchinson se sentiam igualmente em casa.
524. "The Lay" eram um chalé e prédios rurais na estrada entre Asheham e Beddingham.
525. *The Architecture of Humanism. A Study in the History of Taste*, 1914.
526. George Plank (1883-1965), um quacre da Filadélfia que foi viver na Inglaterra em maio de 1914, e que obteve nacionalidade britânica em 1926. Um modesto mas competente ilustrador e gravador, ele fazia capas para a *Vogue* com frequência; e a sobrecapa do poema de Vita Sackville-West, *The Land*, publicado naquele mês, fora desenhado e talhado em madeira por ele.
527. Grizzle, a cadela que era uma mistura de vira-latas com fox terrier que o casal adquiriu no verão de 1922. Ela teve eczema e foi sacrificada em 4 de dezembro de 1926.
528. Betty Potter era o nome artístico de Elizabeth Meinertzhagen (1892-1948), uma atriz muito ambiciosa, mas sem muito sucesso, a quem Virginia tentou ajudar quando aquela estava pensando em suicídio, alguns anos antes. (Ver o segundo volume das *Cartas de Virginia Woolf*, 1235.)
529. Violet Dickinson estava se recuperando na sua casa em Manchester Street após uma operação de câncer.
530. Uma edição levemente revisada da dissertação de doutorado de G. H. W. Rylands estava para ser publicada pela Hogarth Press como *Words and Poetry* em 1928 (HP Checklist 175).
531. As *Autobiographies: Reveries over Childhood & The Trembling of the Veil*, de W. B. Yeats, publicados em 1914 e 1922, respectivamente, foram reimpressas em novembro de 1926 na edição da Macmillan de 6 volumes da Obra Completa de Yeats. O livro foi discutido por LW em seu artigo "World of Books" na *N & A* de 1 de janeiro de 1927.
532. Trata-se do primeiro esboço do que viria a se tornar o romance *Orlando: uma biografia*. (N. O.)
533. Lady Eleanor Butler (1739-1829) e a Hon. Sarah Ponsonby (1755-1831) renunciaram o matrimônio e se retiraram para Plas Newydd, com vista para Llangollen, onde eram celebradas como excêntricas. A Sra. Fladgate não foi identificada.

534. Um molde de gesso, sem cabeça, feito de uma estátua antiga, que ficava num muro no jardim.
535. Vanessa havia escrito, no dia 3 de maio, de Villa Corsica, em Cassis, descrevendo como estavam sendo atacados pelas mariposas noturnas. Virginia ficou fascinada e contemplou uma história sobre o tema – a gênese do que viria a se tornar *As ondas*. (Virginia havia voltado para Londres depois de Leonard, no dia 14 de junho, a noite do jantar dos Apóstolos.)
536. *The Moths* (*As mariposas*); este era o título inicial de *As ondas*.
537. Na tarde de sábado, 18 de junho, mais de 6 mil membros da Church Lad's Brigade marcharam dos quartéis de Wellington e Chelsea até o local dos desfiles, perto de Marble Arch, onde foram inspecionados pelo Príncipe de Gales.
538. Numa cerimônia no Aeolian Hall, Bond Street, em 16 de julho, John Drinkwater entregou o Prêmio Hawthornden de melhor produção literária de 1926 a Vita Sackville-West por seu poema longo *The Land*. J.C. Squire e Laurence Binyon (1896-1943), poeta e historiador de arte, também estavam entre os jurados.
539. A resenha apócrifa de Virginia Woolf dos *Lay Sermons* de Margot Asquith (Lady Oxford) foi publicada sob o título *A governanta de Downing Street*.
540. William Heward Bell, dono de uma mina de carvão e diretor da Great Western Railway, morreu em sua casa em Wiltshire em 21 de junho, aos 78 anos. Harold Nicolson já havia retornado, finalmente, com Vita, da Pérsia, no início de maio; e Duncan e Vanessa, da França, no início de junho.
541. A expedição a Yorkshire, com um grupo de amigos, para testemunhar o primeiro eclipse total do sol visível da Grã-Bretanha em centenas de anos, além desse registro em seu diário, seria retomada ensaisticamente em "O sol e o peixe" (1928), e serviria de base para a reflexão sobre "o mundo visto sem um eu" no romance *As ondas* (1931). (N.O.)
542. Frederic Leighton (1830-1896), pintor e escultor inglês, figura dominante entre os artistas vitorianos, presidente da Royal Academy of Art, com estudos em Florença, Roma e Frankfurt, em cujas obras predominam motivos históricos e clássicos. Lembre-se que o sol ocupa lugar singular na obra de Leighton, de que são exemplares quadros como "Dédalo e Ícaro", no qual à antecipação triunfal do voo de Ícaro se contrapõe o conhecimento da força do calor derretendo a cera que o sustenta, "The Daphnephoria", com a celebração coral do deus do sol, Apolo, e "Flaming June", onde uma mulher dorme sob o sol, que aquece, colore e erotiza sua figura, enquanto se põe, ao fundo, no mar, atrás dela. (N.O.)
543. Edward Charles Sackville-West (1901-1965), primo de Vita, crítico de música de *The New Statesman*, e escritor, autor de *A Flame in Sunlight*, estudo biográfico de Thomas De Quincey, e, entre outros romances, de *The Ruin: A Gothic Novel*, *Piano Quintet* e *Simpson: A Life*. (N.O.)
544. Rachel Pearsall Conn Costelloe (1887-1940), ensaísta, biógrafa e sufragista inglesa. Estudou Matemática no Newnham College (1905-1908), em Cambridge. Casou-se com Oliver Strachey em 1911. Atuou na London Society for Women's Suffrage e na National Union of Women's Suffrage Societies. Autora, entre outras obras, de *Women's Suffrage and Women's Service* (1928), de *The Cause: A Short History of the Women's Movement in Great Britain* (1928) e de *Career Openings for Women* (1935). (N.O.)
545. Saxon Sydney-Turner (1880-1962), contemporâneo e amigo de Thoby Stephen, Leonard Woolf e Lytton Strachey desde o Trinity College, em Cambridge. Viajou com VW e seu irmão Adrian Stephen a Bayreuth em 1909. Trabalhou como funcionário do Tesouro ao longo de toda a vida. VW deixaria, sobre ele, ensaio inédito intitulado "One of Our Great Men". (N.O.)
546. Sr. Ashcroft, não identificado; Mary Findlater (1865-1963) e sua irmã, Jane (1866-1946) que, separadamente e juntas, escreveram um número de romances populares, haviam escrito com

admiração a Virginia Woolf. Sua resposta, datada de 22 de outubro de 1927, foi publicada em *The Findlater Sisters*, de Eileen MacKenzie, 1964.

547. Na entrada de 5 de outubro, ela já menciona o novo livro: "Uma biografia começando no ano 1500 e continuando até hoje, chamada *Orlando: Vita*." (N.O.)

548. Violet Trefusis, nascida Keppel (1894-1972), com quem Vita, muitas vezes disfarçada de homem, manteve um caso de amor apaixonado e dramático entre 1918-21 (ver Nigel Nicolson, *Portrait of a Marriage*, 1973). Henry, Visconde de Lascelles (1882-1974), que havia casado com a Princesa Real em 1922, e sucederia seu pai como o 6º Conde de Harewood em 1929, havia cortejado Vita antes de que esta noivasse com Harold Nicolson em 1913. Sasha, a Princesa Russa, e a Arquiduquesa Harriet, em *Orlando*, foram baseadas no que Vita contou a Virginia sobre as duas.

549. Sobre a briga a respeito do tempo, ver o segundo volume de *Questions of Being. The State of Religious Belief* de R.B. Braithwaite tinha sido publicado pela Hogarth Press em fevereiro de 1927. Era baseado no Questionário do *N&A* (ver 5 de setembro de 1926). Stella Gibbons (1902-1989), mais conhecida por seu exitoso primeiro romance, *Cold Comfort Farm* (1932), também era poeta; mas não foi incluída na série *Hogarth Living Poets* de Dorothy Wellesley.

550. Harold Nicolson deixou Londres para ir para a Alemanha em 25 de outubro, para assumir seu novo posto como Primeiro Secretário na Embaixada Britânica.

551. O jantar de Clive foi em 20 de outubro. Harold Nicolson contou novamente a história do ataque a bomba de 1906 pelos revolucionários socialistas ao primeiro-ministro russo P.A. Stolypin na biografia (publicada em 1920) de seu pai, Lorde Carnock, que, como Sir Arthur Nicolson, era embaixador britânico em São Petersburgo de 1905-10. O próprio Harold havia sido mandado por seu pai para ver o que havia acontecido. Stolypin escapou sem ferimentos (mais tarde, foi assassinado), mas dois de seus filhos estavam entre os muitos feridos. Os três assassinos, e mais 25 pessoas, foram mortos. Lorde Carnock trabalhou como secretário-assistente do rei em 1917 e foi sem dúvida a fonte da outra história de Harold Nicolson sobre sua reação ao romance de guerra de H.G. Wells *Mr. Britling Sees It Through*, em que Wells escreveu sobre o triste espetáculo da Inglaterra lutando sob uma "corte estrangeira e pouco inspiradora". "Posso ser pouco inspirador", exclamou o inflamado rei, "mas diabos me levem se eu for extrangeiro." (Ver Harold Nicolson, *King George the Fifth. His Life and Reign*, 1952.)

552. A esposa de H.G. Wells, que morreu no dia 6 e foi cremada em Golders Green em 10 de outubro, era conhecida como "Jane", embora seu nome fosse Catherine (e não Caroline). H.G., para dirigir a atenção a um lado pouco conhecido de sua personalidade, publicou um livro de memórias dela e muitas de suas histórias em *The Book of Catherine Wells*, em 1928. O Dr. Thomas Ethelbert Page (1850-1936) era um erudito especialista em clássicos, professor e conhecido orador.

553. Em outubro de 1895, após a morte da mulher, Leslie Stephen fez uma palestra sobre "Benfeitores Esquecidos" na Ethical Society, que mais tarde foi publicada no segundo volume de seu *Social Rights and Duties* (1896). Sua intenção explícita era "falar sobre Julia sem mencionar o seu nome", e o texto conclui, "... o bem feito por uma nobre vida e caráter pode durar mais além do que qualquer horizonte que possa ser imaginado por nós".

554. No dia 21 de dezembro, Frankie Birrell e Dadie Rylands jantaram com os Woolf antes de irem à festa dos Keynes.

555. As corridas que ocorreram na Segunda-feira de Pentecostes, em Southease, inauguraram o que a imprensa local se referiu como "um novo esporte de Sussex", popularmente chamado de "galloping" ("galopar") ou "flapping" ("dar uma pancada leve"). "Nosso campo", de cerca de

2,63 hectares ao todo, consistia de uma faixa de terra ao lado e no mesmo nível que o jardim de Monk's House, ao norte, descendo num barranco íngreme até uma área maior que se espalhava em forma de um V invertido na direção do vale do rio Ouse. A ameaça recorrente de construção neste campo acabou quando Leonard finalmente conseguiu adquiri-lo, mais adiante, neste mesmo ano.

556. Angelica, com sua amiga Judith Bagenal, foram trazidas de Cassis para casa, de trem, por Grace Germany. Duncan e Vanessa, que vieram de carro, passaram algum tempo em Paris, no caminho, e não chegaram a Londres até o dia 16 de junho.

557. André Maurois (1885-1967), biógrafo francês e homem de letras. Virginia havia lido e gostado de suas biografias de Shelley (1923) e Disraeli (1927). Ele escreveria o prefácio de uma tradução francesa de *Mrs. Dalloway* publicada em 1929. Ela o encontrou (e a Arnold Bennett) num chá oferecido por Lady Colefax antes de Pentecostes.

558. *Civilizations: An Essay* (1928): Leonard escreveu, em sua página semanal "O mundo dos livros", no *N&A*, em 9 de junho de 1928, que "tanto o método de Bell quanto suas suposições estão errados e só levarão a conclusões erradas".

559. Sir Edmund Gosse morreu no dia 16 de maio, aos 76 anos. A homenagem de Desmond MacCarthy a ele apareceu no *Sunday Times* de 20 de maio de 1928. Seu conteúdo pode ser inferido pela frase inicial: "'Com que beleza ele faria isto' deve ser o primeiro pensamento de alguém que se senta para escrever um artigo comemorativo nestas colunas." MacCarthy sucederia Gosse como colunista literário do *Sunday Times* em 12 de agosto de 1928.

560. Rose MacCaulay jantou a sós com Virginia no dia 24 de maio. Ela havia recebido o Prix Femina em 1922 por seu 11º romance, *Dangerous Ages*.

561. Quanto ao "livro sobre ficção" de Virginia Woolf, *A festa noturna do Dr. Burney* foi publicado primeiramente no *New York Herald Tribune*, 21 e 28 de julho de 1929, e republicada em *Life and Letters*, de Desmond MacCarthy, em setembro de 1929.

562. Depois de deixar Oxford, William Morris e Edward Burne Jones tiveram, entre 1956-58, quartos compartilhados e um estúdio no número 17 da Red Lion Square, que se tornou um ponto de encontro para o seu animado círculo de amizades.

563. Na década de 1920, Rose MacCaulay colaborou com artigos leves para a imprensa popular, incluindo o *Evening Standard*, como maneira de ganhar a sua sobrevivência.

564. Sylva Norman (1901-1971), cujo romance *Nature Has No Tune* os Woolf publicariam em 1929, era escritora e jornalista. Resenhava livros para o *N&A*, viria a se tornar uma autoridade em Shelley e, em 1933, a segunda mulher de Edward Blunden.

565. *A Select Glossary of English Words used formerly in senses different from their present (1859)* (*Um seleto glossário de palavras inglesas anteriormente usadas em sentidos diferentes de seu uso atual*), compilado por Richard Chenevix Trench.

566. Maud ("Emerald") Cunard, nascida Burke (1872-1948), nos Estados Unidos, viúva do abastado Sir Bache Cunard, da empresa de navios a vapor, e mãe da rebelde Nancy, era uma mecenas das artes e celebrada anfitriã, cujos convites implicavam um reconhecimento social, intelectual ou artístico. Morava em Grosvenor Square.

567. Edward Chichester (1903-1975) foi sucessor de seu pai como 6º Marquês de Donegall um ano após seu nascimento. Educado em Eton e Christ Church, Oxford, estava começando sua exitosa carreira como jornalista social.

568. Pequeno móvel de *toilette*, espécie de mesinha que costumava servir de penteadeira, em geral com espelho, compartimentos e gavetas. (N. O.)

569. Clough Williams-Ellis (1883-1978), naquele momento, já um arquiteto influente, era casado com a escritora Amabel, filha de St. Loe Strachey. O encontro em 1º de novembro no número 22 da Ebbing Street foi realizado para discutir o apoio à defesa do caso Well of Loneliness, que estava próximo.

570. Edward Garnett (1868-1937), escritor, influente leitor de manuscritos, e pai de David ("Bunny") Garnett. Sua mulher era a pintora E.M. (Nellie) Heath, que havia começado a fazer trabalhos sociais na prisão.

571. Doris Edith Enfield, nascida Hussey (morta em 1951). Para a opinião de Virginia Woolf sobre seu atletismo literário, ver 19 de julho de 1922 (segundo volume dos *Diários*). A Hogarth Press publicou sua biografia de "L.E.L." em março de 1928.

572. Ver a correspondência de Vanessa Bell a Roger Fry, Gordon Square, 37, 19 de novembro de 1928: "Virginia e eu começamos a mais extraordinária série de entretenimentos na linha das velhas noites de quinta-feira. Estamos aqui em casa, na terça à noite, numa coleção de pessoas das mais variadas. Na semana passada, ela forneceu Rose Macaulay... e Charlie Sanger, Clive trouxe Christabel, Raymond e Vita, eu ofereci os Alan Crutton Brocks e um Davidson. Foi muito divertido, todos sentados ouvindo Virginia ficar cada vez mais selvagem... amanhã à noite ela vai trazer... Hugh Walpole! É uma experiência da qual podemos desistir a qualquer momento..." Esta série de reuniões em casa após o jantar continuaram até o Natal. A Hon. Elizabeth Ponsonby (1900-40) era uma líder da sofisticada geração pós-guerra de "jovens brilhantes".

573. Hubert Douglas Henderson (1890-1952), economista filiado ao Partido Liberal. Produzira, com John Maynard Keynes, um panfleto para a eleição de 1929 – *Can Lloyd George do it?* – com propostas para resolver a questão do desemprego. Apresentara-se também, à época, como candidato liberal, à Universidade de Cambridge.

574. Os Woolf jantaram com Sidney Waterlow no United University Club na Suffolk Street.

575. Os Sanger moravam na Oakley Street, em Chelsea.

576. Os MacCarthy moravam na Wellington Square.

577. Apenas em 1934, depois de dezoito anos de serviço doméstico, a cozinheira Nellie Boxall deixaria de fato os Woolf e passaria a trabalhar na casa dos atores Charles Laughton e Elsa Lanchester. A relação de Virginia Woolf com as responsáveis pelo serviço doméstico em sua casa (em especial Sophie Farrell, Lottie Hope e Nellie Boxall) foi objeto, em 2008, de estudo cuidadoso realizado por Alison Light, *Mrs. Woolf and the Servants An Intimate History of Domestic Life in Bloomsbury*. (N. O.)

578. Boxing Day é o termo utilizado em numerosos países anglófonos para designar um feriado secular comemorado no dia seguinte ao dia de Natal, ou seja, em 26 de dezembro. Atualmente o dia é uma ocasião de liquidações, sendo um dos dias mais movimentados do comércio nos países onde é comemorado. (N.E.)

579. A história de Percy era de que o dono das terras, o capitão Byng-Stamper, ia vender quarenta acres de Rodmell Hill para construtores. LW fez várias tentativas de evitar isso, inclusive escrevendo para o Primeiro Ministro (consultar LWP, Sussex, II Ia), mas falhou em impedir a construção de várias casas e bangalôs nos anos seguintes. VW escreveu para Ottoline, mas apenas em fevereiro de 1930 (IV VW Cartas nº 2141). A Sra. Cole era a diretora da escola para garotas de Kensington onde LW cursou o jardim de infância; ela era "obcecada pelos horrores e barbaridades do genocídio armênio".

580. Nessa época, havia uma proposta no ar, de que a Hogarth Press publicaria a coleção de cartas de Thoby Stephen, mas não deu em nada. Ver IV VW Cartas, nº 2118, para Vanessa.

581. Frances Elinor ("Ellie") Rendel (1885-1942), médica de Virginia Woolf e membro da National Union of Women's Suffrage Society.
582. Trata-se de *As ondas*. (N.O.)
583. Lembre-se, nesse sentido, de "*Street Haunting: a London adventure*" (1930) e, também, das incursões pela Oxford Street tematizadas em *As ondas*, romance em processo de escrita nesse período. (N.O.)
584. "When did I name her brothers, then fresh tears/ Stood on her cheeks, as doth the honeydew/ Upon a gather's lily almost wither'd."
585. Horatio Herbert Kitchener, 1º Conde de Khartoum e Broome (1850-1916), marechal de campo e conhecido herói militar.
586. O noivado de Janet Vaughan e David Gourlay foi anunciado no *Times* em 13 de agosto de 1940. Gerald Brennan e Gamel (Elizabeth Gammell) Woolsey (1899-1968), poeta americana, eram para todos os efeitos casados, porém não legalmente, desde agosto de 1930. Ver Gerald Brenan, *Personal Record, 1920-72* (1974).
587. Time and Tide, 13 de setembro de 1930: "Procura-se mulher de inteligência e iniciativa para fazer todo o trabalho em apartamento, zona oeste, para dois escritores. Deve morar fora. Essencial cozinhar bem. Pode servir a duas amigas, meio dia cada. Salário a combinar. Longas férias de verão e também Páscoa e Natal. Caixa Postal 8415."
588. J.B. Priestley (1894-1984), cujos best-sellers *Os bons companheiros e Angel Pavement* foram publicados em 1929 e 1930, respectivamente. Stephen Spender (1909-1995) acabava de sair de Oxford, onde sua paixão pela poesia e sua ambição de ser um poeta se intensificaram. (Ver sua autobiografia, *World Within World*", 1951.)
589. O personagem de Alroy Kear no romance *Cakes and Ale*, de Somerset Maugham, era intimamente baseado em seu velho amigo Hugh Walpole.
590. Lauritz Melchoir (1890-1973), o heldentenor dinamarquês, a quem Walpole considerou, por alguns anos, seu "amigo perfeito".
591. Os empregados de Bloomsbury referiam-se a si próprios como uma panelinha ("clique").
592. Na página oposta, Virginia copiara estes versos do "Inferno", de Dante, 26:
Nè dolcezza di figlio, nè la pietà
Del vecchio padre, nè il debito amore
Lo qual dovea Penelopè far lieta
Vincer poter dentro da me l'ardore
Ch'i' ebbi a divenir del mondo esperto,
E degli vizii umani e del valore;
Ma misi me per l'alto mare aperto
Sol con un legno, e con quella compagna
Picciola, dalla qual non fui deserto
593. A Conferência da Índia foi realizada em Londres de 12 de novembro de 1930 a 19 de janeiro de 1931.
594. Nelly Boxall, cozinheira e governanta que vivia com os Woolf desde 1916, passou por uma cirurgia séria em maio de 1930. Durante a sua longa convalescença, VW optou por empregados domésticos que não viviam em sua casa, o que considerou um sistema preferível. Ela resolveu não receber Nelly de volta, mas após uma longa conversa (ver *Diários* 3, 12 de novembro de 1930) concordou em deixá-la voltar por um período experimental de três meses, a partir de 1º de janeiro de 1931.
595. Sandells era carteiro em Lewes, com entregas em Rodmell às terças e sextas-feiras. "Miranda" – uma figura de tamanho real que L.W. adquirira (como a maior parte das estátuas de seu jardim)

na Ballard's, em Barcombe, próximo a Lewes – inicialmente ficou em frente a entrada de Monk's House, mas depois foi realocada para o pomar.

596. A princípio pensados como um livro só, VW se refere aí a um projeto que se desdobraria em *Os anos* (que teve os seguintes títulos provisórios: *The Pargiters; Here and Now; Music; Dawn; Sons and Daughters; Daughters and Sons; Ordinary People; The Caravan; Other People>s Houses; The Years*) e *Três guinéus* (cujo título possível também foi mudando: *Professions for Women; The Open Door; Opening the Door; A Tap at the Door; Men are like that; On Being Despised; P. e P.; The Next War; What Are We to Do?; Answers to Correspondents; Letter to an Englishman; Two Guineas*). (N.O.)

597. "Professions for Women" foi o título da palestra de Virginia Woolf realizada em 21 de janeiro de 1931. O artigo seria incluído postumamente no volume The Death of the Moth and Other Essays. (N.O.)

598. Philippa (Pippa) Strachey (1872-1968), irmã de Lytton Strachey, secretária da "National Society for Women's Service".

599. William Plomer (1903-1973), poeta e romancista. Seu romance *Sado*, ambientado no Japão, seria publicado pela Hogarth Press em 1931.

600. O trecho final de *As ondas* é: "Esporeio o meu cavalo. Em direção a ti me lançarei, invicto e inabalável, oh, Morte! *As ondas quebram na praia*." (Tradução de Tomaz Tadeu, Editora Autêntica.) (N.O.)

601. Sobre a barbatana, veja-se a entrada de 30 de setembro de 1926, também incluída nesta coletânea dos diários. (N.O.)

602. Janet Elizabeth Case (1862-1937), pesquisadora de Estudos Clássicos, ensinou grego para VW em sua juventude e a amizade se manteve por toda a vida. Aposentadas, ela e sua irmã Euphemia (Emphie), viveram em Minstead, New Forest. Em carta para Margaret Llewelyn Davies, VW dizia: "Ninguém, talvez nem mesmo Leonard, sabe o quanto eu tenho a agradecer a Janet". As cartas e visitas se mantiveram, e, quando Case morreu, em 1937, coube à antiga aluna escrever o seu obituário para o *Times*. (N.O.)

603. Daphne Sanger (nascida em 1905), uma assistente social depois que se formou em Newnham, em 1928, era a única filha de C.P. (Charlie) Sanger (1971-1930), a quem VW era muito apegada, e sua esposa Dora. Jean Stewart (nascida em 1903), professora na Universidade de Cambridge, foi autora de *Poetry in France and England*, publicado pela Hogarth Press em maio de 1931.

604. No original "Rat Farm", nome usado pelos Woolf para se referir a algumas fazendolas abandonadas da região de Telscombe Downs. (N.O.)

605. Procuradores dos senhores Upton, Britton e Lumb, de Bedford Square, decretaram para o senhorio dos Woolf, o Duque de Bedford London Estates, que planejavam demolir e remodelar o número 52 da Tavistock Square e propriedades adjacentes. O plano foi adiado e os Woolf ficaram no endereço até julho de 1939.

606. *An Account of French Painting*, de Clive Bell, foi publicado em novembro de 1931. Lottie Gold seria a cozinheira e governanta dele no ano novo.

607. A carta de Forster de 12 de novembro de 1931 continua: "Devemos ver – certamente os próximos 50 anos o farão, quando eu e você não mais estivermos."

608. Esses artigos foram publicados em *The Common Reader – 2ª série* como "The Strange Elizabethans" e "The Countess of Pembroke's Arcadia" para os quais VW estava lendo Gabriel Harvey e Philip Sidney.

609. Clive e Vanessa que, com suas crianças, foram passar o Natal com a mãe dele, enviuvada, em Seend, em Wiltshire, foram de carro até Ham Spray na noite de Natal para saber da saúde de Lytton.

610. Elizabeth Bowen (Sra. Alan Cameron, 1899-1973), a romancista irlandesa que VW conhecera na casa de Lady Ottoline Morrell; ela tomou chá com os Woolf no dia 3 de dezembro. Alice Ritchie (1897-1941), escritora, se graduou em Newnham. A partir de 1928 trabalhou como itinerante com os livros da Hogarth Press.
611. Peggy Belsher trabalhava na Hogart Press desde março de 1928.
612. Katherine Thring era esposa do secretário da Sociedade de Autores, G.H. Thring; a nota à margem provavelmente foi incluída depois que Hugh Walpole foi tomar chá com VW no dia 26 de fevereiro. Peggy Belsher, Molly Cashin e Peggy Walton trabalhavam como atendentes no correio de Hogarth.
613. Hilda Matheson (1888-1940), uma amiga íntima de Vita, foi a primeira diretora do programa *Talks*, da rádio BBC, o qual deixou em 1932. Neste momento Harold Nicolson não tinha nenhuma renda ou emprego fixo.
614. VW escrevia *Carta a um jovem poeta* (*A letter to a young poet*, Hogarth Letters, 1932) tendo John Lehmann, Stephen Spenter e seu sobrinho Julian Bell como interlocutores fundamentais. (N.O.)
615. Os Woolf foram tomar chá com a mãe de L.W. no dia 30 de janeiro; o seu outro filho mais novo depois de Leonard, Cecil (1887-1917), que morreu na batalha de Cambrai, esteve alocado em Colchester no começo da guerra. Bella (1877-1960), agora Sra. Thomas Southorn, era a mais velha dos seus oito filhos sobreviventes.
616. J.C. Squire, em suas notas editoriais no exemplar de fevereiro do *London Mercury*, dedicou sete parágrafos a Lytton Strachey: "Seus livros, sendo obras de arte delicadamente talhadas, continuarão a ser lidos. Mas sua influência não tem sido boa. Strachey era culto, espirituoso, meticuloso..." etc.
617. Ao escrever sobre um concerto de Hallé no *Manchester Guardian*, em 5 de fevereiro, Neville Cardus observou: "Ninguém comentou até agora o fato óbvio de que a música inglesa, no momento, segue muito de perto uma certa linha de evolução da ficção inglesa... É praticamente impossível achar um enredo em *Ao Farol*, da Sra. Woolf, ou na Terceira Sinfonia de Arnold Bax... Mas há mais do que trabalho intelectual nesta arte: há músculo e fibra nervosa, apesar da falta de canções insinuantes que façam o coração palpitar – e a Sra. Woolf tem uma aguçada sensibilidade, talvez a mais palpitante desde Sterne, apesar de sua indiferença ao apelo de histórias da carochinha."
618. "Ha" era (Sara) Margery Fry (1874-1958), a quinta das seis irmãs solteiras de Roger, com quem ele dividiu uma casa em Londres de 1919 até 1956, quando ela foi para Oxford para trabalhar como diretora do Somerville College. Uma mulher de grande inteligência, energia e variados interesses. O principal foco do trabalho de sua vida era a reforma penal.
619. No dia 12 de março, um sábado, os Woolf foram de carro até Cambridge para ver o *Hamlet* da Marlowe Society, produzido por George Rylands. Passaram o dia seguinte em North Norfolk, uma área onde a família Paston (sobre a qual Virginia havia escrito no *Common Reader*), Sir Robert Walpole (construtor do Houghton Hall, 1722-31), e Thomas, Conde de Leicester (Coke of Norfolk, o reformador da agricultura e dono de Holkham Hall), haviam sido grandes latifundiários. No dia 14 de março eles passaram a noite com Roger Fry em sua casa em Suffolk, Rodwell House, Baylham, voltando no dia seguinte a Tavistock Square.
620. A visita anterior de Virginia à Grécia havia sido no outono de 1906, com Vanessa, seus irmãos Thoby e Adrian, e sua amiga Violet Dickinson.
621. Ari lalagos: tagarelice, ser prolixo, falastrão. Averov, no odos Stadiou, era um dos melhores restaurantes de Atenas.
622. Guia de viagens. (N.T.)

623. Virginia Woolf acabou não incluindo sua adaptação de *David Copperfield*, publicada originalmente em 1925 no *N&A*, em seu segundo *Common Reader*.
624. Os livros referidos são *The Northern Saga* (1920), de E.E. Kellet, e *Nature Has no Time* (1929), de Sylva Norman. A resenha de Harold Nicolson sobre as *Cartas* de Virginia Woolf e Hugh Walpole apareceu no *NS&N* em 9 de julho de 1932.
625. Dois desses livros nunca foram publicados: ver o 5º volume das *Cartas*, nº 2622, em 16 de agosto de 1932, a Harmon G. Goldstone, um americano, a respeito do livro que propusera, e na qual Virginia menciona que a romancista americana Dorothy Richardson "está engajada num estudo de meus livros"; o terceiro livro, de Winifred Holtby, foi publicado em outubro de 1932.
626. O *Souvenirs*, do historiador político francês Alexis de Tocqueville (1805-1859) foram publicados pela primeira vez em 1893. Lorde Kilbrackens (1847-1932), o qual, assim como Sir Arthur Godley, era subsecretário permanente do Estado da Índia, de 1883-1909, publicou suas *Reminiscências* em 1931. Bernard Shaw, *Pen Portraits and Reviews*, 1931; Memórias de Ainslie: *Adventures Social and Literary* (1922), de Douglas Ainslie (1865-1945), diplomata e homem de letras; *Livingstones. A Novel of Contemporary Life*, de Derrick Leon, foi publicado pela Hogarth Press em fevereiro de 1933.
627. "Middlebrow": Pessoa com interesses culturais medianos. A primeira de uma série de palestras da BBC chamadas "A um ouvinte sem nome" foi realizada no dia 10 de outubro por J.B. Priestley e dirigida "To a Highbrow" ("A um intelectual"); a segunda, duas semanas depois: "To a Lowbrow" ("A uma pessoa sem ambições intelectuais"), por Harold Nicolson. No *NS&N* de 29 de outubro, "Crítico" elogiou o último, "que combateu o Sr. Priestley, e fez uma tremenda crítica ao 'lowbrow'". O ensaio de Virginia, na forma de uma carta dirigida ao editor do NS&S, reconhecendo a resenha favorável do seu segundo *Common Reader*, em 15 de outubro, foi publicada como *Middlebrow* na coleção póstuma *The Death of the Moth* em 1942.
628. Leonard havia encomendado um novo carro da marca Lanchester em 3 de novembro. Depois de várias complicações e atrasos, com os quais já havia se acostumado, o carro chegou em 14 de janeiro de 1933.
629. Boris von Anrep (1883-1969), amigo de Lytton Strachey, artista especializado em mosaicos.
630. Eddy Sackewiele-West.
631. Logan Pearsall Smith.
632. "Verweile doch! Du bist so schön!" ("Fica! És tão belo!") (Goethe, *Fausto*.)
633. *The Life of Charles Stewart Parnell*, dois volumes (1898), de R. Barry O'Brien.
634. De todos os destinatários mencionados neste dia colheu-se apenas a carta dirigida a T.S. Eliot, que estava nos Estados Unidos. Falava da aflição de Leonard: "Fomos a uma festa formal na casa de Vanessa, e [Leonard] teve a temeridade de se vestir como um cavalheiro inglês das antigas, com roupa alugada... A coceira vinha da gravata." Shaw Desmond (1877-1960) foi um prolífico escritor irlandês.
635. Sidney Haldane Olivier (1859-1943), um dos fundadores da Sociedade Fabiana, servira no curto primeiro governo do Partido Trabalhista como Secretário de Estado para a Índia. A Hogarth Press (publicava seu livro em outubro daquele ano).
636. Virginia herdara de seu pai os quatro volumes da edição de James Prior de *The Miscellaneous Works of Oliver Goldsmith* (1837). Seu artigo sobre Goldsmith apareceria no *Times Literary Supplement* em 1º de março de 1934 motivado pela reimpressão de *The Citizen of the World* e *The Bee*.
637. Bruno Walter (1876-1962), músico e maestro, foi diretor da Staatliche Oper de sua Berlim natal, de 1925 a 1933, e concomitantemente (1920-1933) dos Gewandhaus Concerts em

Leipzig. Tinha sido forçado a deixar a Alemanha após a ascensão de Hitler ao poder em janeiro de 1933. Mais tarde, trabalhou na Áustria e na França e, de 1939 em diante, nos Estados Unidos, onde morreu. Seu encontro com os Woolf foi organizado por Ethel Smyth. (N.O.)

638. Ver *The Creevey Papers*, selecionados da correspondência e diários de Thomas Creevey (1788-1838), membro do parlamento Whig e fofoqueiro. Os Woolf possuíam uma cópia da edição de 1928 de Maxwell.

639. Virginia errou a data: escreveu 13 de setembro.

640. Ver *The Waste Land*, linha 74: "Oh, keep the dog far hence, that's friend to men/ Or with his nails he'll dig it up again" ("Ah, mantém afastado o cão que é amigo dos homens/ Ou com suas unhas ele cavará novamente"), e *The White Devil*, V, 5 (o canto fúnebre de Cornelia): "But keep the wolf far thence, that's foe to men/ For with his nails he'll dig up again" ("Mas mantém afastado o lobo que é inimigo dos homens/ Porque com suas unhas ele cavará novamente"). Hugh Ross Williamson, em *The Poetry of T.S. Eliot* (1932), p. 104, escreveu: "O cão, claro, é Sírius, a estrela do cão, que no Egito é considerada o arauto das enchentes fertilizantes do rio Nilo".

641. Virginia Woolf tentou mesmo encontrar cômodos para Eliot. E ele se refere ao problema em cartas a ela até o final do ano. Encontraria acomodações em South Kensington, e depois se hospedaria com o vigário da igreja de St. Stephen, em Gloucester Road.

642. Ela morreu em 1929, aos 86 anos.

643. "... a facilidade mortal de [*Flush*] combinada com seu sucesso popular significam... o fim da Sra. Woolf como uma força vital. Devemos fazer luto pela morte de uma escritora potencialmente grande, que pereceu pela falta de uma plateia inteligente." Granta, 25 de outubro de 1933, numa resenha de *Flush*, juntamente com as novas edições de *Orlando* e *As ondas*, assinada por F.C. (provavelmente Frank Chapman, que mais tarde se tornou colaborador frequente da revista *Scrutiny*).

644. Ver o quinto volume das *Cartas de Virginia Woolf*, nº 2810 ao editor da *NS&N*, sobre *A proteção da privacidade*, publicada em 28 de outubro de 1933.

645. Anotações em 29 de dezembro de 1932: "Sim, serei livre e plena e absoluta e senhora da minha vida até o dia 1º de outubro de 1933. Ninguém virá aqui em seus termos; ou me arrastará até si nos seus."

646. O jantar, no Forum Club, era para comemorar o 83º aniversário da Sra. Woolf. O barulho dos prédios e de seu funcionamento no bairro era uma fonte perpétua de aborrecimento para Virginia, e Leonard tomou todas as medidas que pôde para amenizá-lo.

647. *Aqui e agora (Here and Now)*, outro título que a autora havia pensado para *Os Pargiters*, depois de *Os anos* (N.T.)

648. *Antônio e Cleópatra*, de Shakespeare, em produção de George Rylands, estava sendo apresentada pela Marlowe Society no Festival Theatre, em Cambridge.

649. A primeira apresentação de uma ópera de Lawrance Collingwood (o principal maestro da Ópera de Sadler's Wells, 1931-1946), baseada em *Macbeth*, de Shakespeare, foi realizada em Sadler's Wells em 12 de abril de 1934. Os Woolf foram levados a vê-la pelos Hutchinsons em 16 de abril e depois a uma festa no teatro. Tanto Lady Macnaghten quanto Sir Frederick Pollock eram personagens da juventude de Virginia Woolf: "Dodo" – nascida Antonia Mary Booth (1873-1952) – era a filha mais velha de grandes amigos de seu pai, Charles e Mary Booth; e o jurista Sir Frederick Pollock, PC, KC, 3.º Bt (1845-1937) havia sido um dos "Vagabundos dominicais" originais Leslie Stephen.

650. George Duckworth meio-irmão de VW, morreu no dia 27 de abril em Freshwater, na Ilha de Wight, aos 66 anos. O anúncio de sua morte estava no *Times* de 28 de abril.

651. Stanley Spencer (1891-1959), eleito sócio membro da Academia Real de Artes, estava apresentando seis trabalhos na Mostra de Verão da Academia Real. Suas representações altamente idiossincráticas de supostas personagens bíblicas no cenário de sua Cookham natal atraíam grande atenção.
652. Roger Fry morreu de insuficiência cardíaca no domingo, 9 de setembro, no Royal Free Hospital, após uma queda, dois dias antes, em sua casa na Bernard Street.
653. Guy de Maupassant, *Sur l'eau*, um diário que escreveu num cruzeiro pela costa do Mediterrâneo na primavera de 1887, foi publicado pela primeira vez no ano seguinte. Ambos os trechos citados por Virginia ocorrem no registro do dia 10 de abril. "Nele, nenhum sentimento simples existe mais. Tudo o que vê, suas alegrias, seus prazeres, seus sofrimentos, seus desesperos, tornam-se instantaneamente objetos de observação. Analisa, apesar de tudo, apesar dele mesmo, sem fim, os corações, os rostos, os gestos, as entonações."
654. "Nunca sofrer, pensar, amar, sentir como todo mundo, boamente, francamente, simplesmente, sem analisar-se a si mesmo depois de cada alegria e de cada lamento."
655. Percy Windham Lewis (1882-1957), escritor e artista, cuja hostilidade em relação a Bloomsbury, que naquele momento já era lendária, datava pelo menos de seu curto envolvimento nos Omega Workshops em 1913. Publicou inúmeros ataques velados e abertos a Bloomsbury, dos quais o mais famoso, ou o mais infame, é *The Apes of God* (1930).
656. Ver as *Cartas de John Keats* editadas por Sidney Colvin, 1891. (O exemplar de Virginia era uma reedição de 1918. O trecho que começa com "Elogios ou críticas..." é de uma carta de 9 de outubro de 1918 a J.A. Hessey; e o começo "É simplesmente uma questão..." de uma carta a George e Georgina Keats de 14 ou 15 de outubro de 1818.
657. Por exemplo: para a nova abordagem ao seu interminável trabalho crítico *Phases of Fiction*, que indicou como um diálogo e posteriormente intitulou *A Discourse for 4 Voices*. Referências subsequentes a "anotações para biografia" (15 de outubro) "escrevendo esta manhã" (16 de outubro), "esforço-me esta manhã com romance e biografia" (17 de outubro), e a "biografia e autobiografia" (1º de novembro) parecem ser relacionadas a este projeto.
658. Ver *Men Without Art* (1934), de Wyndham Lewis, capítulo V (M&M), em que nenhum crédito é dado a Virginia Woolf como artista. "... Apesar de estar disposto a concordar que a importância literária intrínseca de Virginia Woolf possa ser exagerada por seus amigos, não posso concordar que, enquanto ponto de referência simbólico – uma espécie de farol de festas – ela não tenha real significado." Ele fornece um sumário provocador de *Mr. Bennett and Mrs. Brown*, e descreve Virginia como "bisbilhotando à meia-luz": "Lá fora é terrivelmente perigoso... Mas esse perigo torna tudo muito excitante, afinal, quando bisbilhotado da segurança da mente individual."
659. *The Sun in Capricorn* (1934), de Edward Sackville-West – "escrito principalmente para se comprazer" (*TLS*, 18 de outubro de 1934) – em que Denzil Torrant é a figura central.
660. *The Pargiters*.
661. A peça *Freshwater*, de VW, planejada em 1919, escrita em 1923, reescrita algum tempo depois, seria apresentada no estúdio de Vanessa Gell, na Fitzroy Street, em 18 de janeiro do ano seguinte. (N.O.)
662. A Srta. Kathleen Emery (1892-1981), que morava com a Srta. Dicksee em Charnes Cottage, vizinha a Monk's House, criava fox terriers.
663. R. Brimley Johnson (1867-1932) era um editor e escritor de assuntos literários.
664. *Quack, quack*, livro escrito por Leonard Woolf e publicado pela Hogarth Press em 1935, com suas opiniões sobre o fascismo, intelectuais e os governos europeus à época.

665. Zet, ou Mitz, era o sagui de estimação do casal.
666. *Freshwater* era baseada na tia-avó de VW, a fotógrafa Julia Margaret Cameron e nos seus vizinhos na Ilha de Wight – Tennyson, G.F. Warts, e Ellen Terry (interpretada por Angelica Bell). Foi encenada no estúdio de Vanessa Bell, situado no n° 8 da Fitzroy Street. Os outros atores foram Vanessa Bell, Julian Bell, Adrian Stephen e Leonard Woolf. (N.O.)
667. O *Hamlet* de John Gielgud teve 155 apresentações – de 14 de novembro de 1934 a 23 de março de 1935 – no New Theatre. A peça de Rosamond Lehmann, *No More Music*, não foi encenada até 1938.
668. Depois da morte de C.P. Sanger, em 1930, Roger Fry doou o retrato que fizera dele ao Trinity College, em Cambridge. Por que fora entregue na Fitzroy Street naquele dia continuou sem explicação.
669. Prince Dmitry Mirsky, *The Intelligentsia of Great Britain* (1935), onde se refere nos seguintes termos a Virginia: "Os sofrimentos com os quais VW lida... são os sofrimentos da nata prioritária da burguesia."
670. A resenha de R. Ellis Roberts, *The Georgian Authors. Gaps in Mr. Swinnerton's Picture*, apareceu no *Sunday Times* em 14 de abril de 1935. Virginia havia falado com ele na casa de Ottoline Morrell em 20 de dezembro de 1934. O empresário de espetáculos C.B. Cochran estava procurando talentos artísticos mais sérios para o seu novo teatro de revista, *Follow the Sun*, no Adelphi; mas as cortinas desenhadas por Vanessa não foram usadas. "Danaro": não identificado.
671. Stephen Spender escreveu de Viena em 18 de abril de 1935. Sobre a resposta prevaricadora de Virginia, ver *Cartas*, quinto volume, n°s 3018, 3037.
672. Os Woolf conheceram a Sra. Collett num chá com a mãe de Leonard. Seu marido, Sqn. Ldr. S.B. Collett (1896-1934), Comandante do Esquadrão da Cidade de Londres (n° 600), foi morto em 30 de junho de 1934, quando o avião em que estava caiu durante um desfile aéreo da RAF, em Hendon. Seu pai, Sir Charles Collett, 1º Bat. (1864-1938), foi prefeito de Londres de 1933 a 1934. O segundo marido de Bella Woolf, agora Sir Thomas Southorn, foi Secretário Colonial e em algumas ocasiões Governador em exercício em Hong Kong, de 1926-36.
673. Residencial do prefeito (Lorde Mayor) de Londres.
674. Temple Bar era o principal pórtico cerimonial no centro de Londres.
675. Mitzi, o sagui do casal.
676. *Belchamber* (1904), de Howard Overing Sturgis ("Howdie") (1855-1920), um próspero expatriado americano, tinha como personagem principal "Sainty" – o Marquês e Conde de Belchamber. Virginia leu a edição do *World's Classics* de 1935, com uma introdução de Gerald Hopkins, que faz um retrato do autor.
677. Os Woolf se hospedaram no Rheinhotel Schultz em Unkel, e passaram involuntariamente por uma recepção organizada para Göring em Bonn. Tiveram dúvida se seria o próprio Hitler, mas era Göring.
678. Hermann Wilhelm Göring (1893-1946) foi deputado e presidente do Reichstag. Em janeiro de 1933, quando Hitler foi nomeado Chanceler da Alemanha, tornou-se ministro do Interior para a Prússia e Comissário do Reich para a Aviação.
679. O Sr. Ginsburg era provavelmente o editor americano. John Graham havia jantado com Leonard Woolf, e ambos foram a Portman Square depois.
680. Ver o *Times* de 4 de setembro de 1935: "A sessão do Conselho que começa à tarde em Genebra é universalmente considerada a mais crítica da história da Liga [das Nações]". Estava em pauta encontrarem meios conciliatórios para evitar o uso da força por Mussolini em seus avanços territoriais na Abissínia. (N.O.)

681. Trata-se do símbolo do relâmpago e do círculo, que foi adotado pela União Fascista Britânica em 1935, invocando ação com unidade. (N.O.)
682. Oswald Mosley (1896-1980), fundador da British Union of Fascists (BUF) em 1932. A União Britânica resultou da junção de vários pequenos partidos fascistas ingleses, e chegaria a apoiar o regime nazista alemão. Foi proscrita em 1940. (N.O.)
683. Trata-se de Astrid da Suécia (1905-1935) Rainha da Bélgica, primeira mulher do Rei Leopoldo III. Originalmente princesa da Casa de Bernadotte, da Suécia, casou-se com Leopoldo em novembro de 1926 e tornara-se rainha em 17 de fevereiro de 1934.
684. Referência à editora A. Constable & Co., fundada em 1795 por Archibald Constable (1774-1827).
685. The Hogarth lançou *The Marchesa and Other Stories*, de K. Swinstead-Smith em março de 1936.
686. Elizabeth Read (Denny) escreveu para VW em 31 de agosto para comunicar o nascimento de seu filho George.
687. Queenie Dorothy Leavis (1900-1981) co-editora, com o marido F. R. Leavis, do periódico trimestral Scrutiny. Comentou, no número de setembro de 1935, Life as We Have Kown It, obra organizada por Margaret Llewelyn Davies, que contava com uma carta introdutória de VW.
688. *Life as We Have Know It* (*A vida como a conhecemos*) é uma coletânea de histórias de vida de mulheres trabalhadoras, publicada em associação com a Women's Co-operative Guild em 1931. (N.O.)
689. Esta cena seria retomada ficcionalmente em *Entre os Atos* (1941): "Lá, aninhada na relva, enroscada num anel verde-oliva, havia uma cobra. Morta? Não, sufocada com um sapo na goela. A cobra não conseguia engolir; o sapo não conseguia morrer. Um espasmo contraiu as costelas dele; o sangue brotou num gorgolejo. Era um parto às avessas – uma inversão monstruosa." (Tradução de Lya Luft, Novo Século Editora.) (N.O.)
690. Anne Morrow Lindbergh, autora de *North to the Orient* (1935).
691. Winifred Holtby morreu aos 37 anos, em 29 de setembro de 1935.
692. John Bradfield, tutor da Associação Educativa dos Trabalhadores de East Sussex, 1933-1940, encontrara Leonard Woolf em 27 de setembro.
693. *Labour Party*. Partido Trabalhista.
694. Nessa reunião do Partido Trabalhista, em Brighton, em outubro de 1935, quando o conflito interno entre pacifismo e rearmamento chegava ao ápice, George Lansbury (1859-1940) se veria derrotado e esvaziado politicamente por seu oponente, mais à direita, Ernest Bevin (1881-1951). No segundo dia da Conferência, durante o debate sobre a posição do Partido quanto às sanções contra a Itália, Lansbury, socialista e pacifista, líder partidário desde 1931, se viu forçado a renunciar. Clement Attlee o substituiria então. (N.O.)
695. Em *Os anos*, VW trataria do domínio masculino dos espaços públicos, da supressão ou inaudibilidade de vozes femininas, e voltaria, no romance, a imagens empregadas na entrada de diário de 2 de outubro de 1935 ao descrever a tentativa de uma mulher de se fazer ouvir no Speaker's Corner (Tribuna Livre) do Hyde Park: "E agora o que estará dizendo a velha senhora? – Foram ver. O público da velha senhora era extremamente reduzido. Mal se ouvia a sua voz. Tinha um pequeno livro na mão e dizia algo sobre os pardais. Tinha um fio de voz e um coro de meninos a imitava. Ouviram por um momento. Depois Martin se afastou de novo." (Referência extraída da tradução de Raul de Sá Barbosa, Editora Novo Século) (N.O.)
696. Alfred Salter (1873-1945) propunha, em lugar de sanções, que a Inglaterra reconhecesse os males do imperialismo e entregasse suas colônias a algum organismo internacional como resposta à questão ítalo-abissínia.

697. Desde 1934, quando Annie Thosett se casa com Albert Penfold, Louie Everest (1912-1977) se tornaria a responsável pelos serviços domésticos na Monk's House, em Rodmell.
698. Os Woolf voltaram a Londres no sábado, 5 de outubro.
699. VW se refere aí à biografia de Roger Fry (que morrera em 1934) que começava então a planejar. *Roger Fry: A Biography* seria finalizada e publicada apenas em 1940. (N.O.)
700. A eleição foi no dia 14 de novembro. Os trabalhistas perderam e os conservadores, liderados por Stanley Baldwin, ficaram com ampla maioria. Os Woolf votaram em Sussex, e Leonard Woolf ficara encarregado de transportar eleitores para os locais de votação.
701. Ethel Smyth compareceu à justiça em processo contra a British General Press no qual exigia que artigos oferecidos por ela para publicação lhe fossem devolvidos.
702. Ethel Mary Smyth (1858-1944), compositora inglesa, membro do movimento sufragista. VW a conheceu em 1930 e manteriam até 1941 um relacionamento afetuoso e turbulento. A interlocução entre elas seria extremamente relevante para a reflexão de Woolf sobre a subjetividade, a profissionalização feminina, o senso de comunidade, a imbricação entre indivíduo e circunstância social. Não à toa se detectam traços propositais de Smyth em duas personagens de Woolf: Rose Pargiter, de *Os anos*, e Miss La Trobe, de *Entre os atos*. (N.O.)
703. (Charles) Raymond Bell Mortimer (1895-1980), crítico, formado no Balliol College, de Oxford. VW o conhecia desde 1923. Foi editor do *New Statesman* e de *The Nation* de 1935 a 1947. Era muito amigo de Clive Bell e de Harold Nicholson.
704. Olhando na direção norte desde Rodmell e através do Vale do rio Ouse, a vista é dominada pela colina nua do Monte Caburn, e pontuada por duas "corcovas" que se elevam das planícies alagadas próximas ao rio.
705. Ideias para este "próximo livro" – finalmente publicado em 1938 como *Os três guinéus* – ocupavam a mente de Virginia Woolf há vários anos, embora nos últimos doze meses e na maior parte do ano seguinte, enquanto trabalhava em *Os anos*, ela tivesse reprimido uma vontade recorrente de começar a escrevê-lo.
706. Aldous Huxley (1894–1963), autor de *Admirável mundo novo* (1932), Eyeless in Gaza (1936), Fins e Meios (1937), *As portas da percepção* (1954), *Island* (1962), pacifista desde o convívio com vários dos integrantes do grupo de Bloomsbury durante a primeira guerra mundial (satirizados, aliás, por ele em *Crome Yellow*, romance de 1921), se juntara, ao lado de Bertrand Russell, Storm Jameson, Rose Macaulay, Siegfried Sassoon, Vera Brittain, entre outros, à Peace Pledge Union, criada em 1934, que se opunha à 2ª Guerra, propondo uma paz negociada com a Alemanha. John Middleton Murry e Clive Bell chegaram a propor, em defesa do pacifismo, que se permitisse à Alemanha "absorver" certas regiões da Europa. Em 1940, no entanto, já apoiavam a guerra contra o fascismo. (N.O.)
707. Sobre as contradições e tensões no âmbito do movimento pacifista, que crescera na Inglaterra desde a 1ª Guerra mundial, leia-se de Charles Andrews, *Writing against War: Literature, Activism, and the British Peace Movement* (Northwestern University Press, 2017). Quanto à própria VW nesse contexto, ver também: Alex Zwerdling, *Virginia Woolf and the Real World*, (University of California Press, 1986). Lembre-se que uma apoiadora do movimento como Rose Macaulay chegaria a dizer, a certa altura, que se tornara difícil distinguir a publicação da PPU ("Peace News") de uma publicação como a "Blackshirt" da União Fascista Britânica (BUF). George Orwell, que já se engajara na Guerra Civil Espanhola, acusaria a "Peace Pledge Union" de "colapso moral" chamando a atenção para o fato de muitos de seus membros fazerem parte de fato da União Fascista Britânica. (N.O.)
708. Ver *Os anos*. (N.O.)

709. O cunhado de Leonard, Sir Thomas Southorn (1879-1957), do Serviço Colonial, havia sido nomeado Governador da Gâmbia após dez anos em Hong Kong. Casou-se com a irmã mais velha de Leonard, Bella (1877-1960), que era viúva, em 1921.

710. Winston Churchill (1874-1965), naquele momento, preocupado com a crescente ameaça à paz pelas táticas convergentes de Hitler e Mussolini, defendia o rearmamento e a política de alianças para fortalecer a Liga das Nações.

711. Lorde Robert Cecil (1864-1958), terceiro filho do 3º marquês de Salisbury e marido de uma velha amiga de Virginia, Lady Eleanor (Nelly) Cecil, tornou-se Visconde Cecil de Chelwood em 1923.

712. Clement Attlee (1883-1967), vice-presidente do Partido Trabalhista desde 1935. Hugh Dalton (1887-1962), um personagem mais exuberante, era um socialista Fabiano educado em Eton e King's College, Cambridge, onde estudou economia com Maynard Keynes. Membro trabalhista do parlamento e da Executiva Nacional do partido, ele atuava como porta-voz da oposição sobre assuntos estrangeiros.

713. Sir Robert Vansittart (1881-1957) era subsecretário permanente de Estado no Ministério das Relações Exteriores de 1930 a 1938, o influente, se não controverso, conselheiro de três secretários das relações exteriores sucessivos: Sir John Simon (1873-1954), Sir Samuel Hoare (1880-1950), e o Sr. Anthony Eden (1897-1977). O último por fim pedira demissão em fevereiro de 1938 devido a diferenças irreconciliáveis com o primeiro-ministro, Sr. Neville Chamberlain, que a seguir nomeou Lorde Halifax (1881-1959) ao ministério.

714. Philip Noel-Baker (1889-1982), velho amigo dos Woolf, era um incansável trabalhador pela paz e pelo desarmamento, e era muito próximo a Lord Cecil em suas atividades da Liga das Nações. Membro do parlamento do Partido Trabalhista de 1929 a 1931, havia sido reeleito à Casa dos Comuns numa eleição extraordinária em julho de 1936.

715. Segundo a tradição, o discurso do primeiro-ministro no Banquete Anual do prefeito da cidade de Londres apresentava uma ampla análise das políticas do governo. Em 9 de novembro de 1936, o Sr. Baldwin, que era avesso, por temperamento, aos problemas das relações exteriores, limitou-se a fazer declarações banais sobre o tema da guerra e da paz.

716. R.W. Chapman (1881-1960), secretário dos representantes da Editora da Oxford University, 1920-24, e editor dos romances e cartas de Jane Austen, foi tomar chá com os Woolf em 17 de novembro. Josette Coatmellec era uma francesa tuberculosa que, após um caso amoroso com Roger Fry, suicidou-se. Ver o segundo volume dos *Diários*, 14 de junho de 1924.

717. Edward Gibbon (1737-1794), historiador inglês, autor de *A história do declínio e queda do Império Romano*.

718. O discurso do Bispo de Bradford à sua Conferência Diocesana em 1º de dezembro, em que lamentara que o rei Eduardo não fosse um frequentador mais assíduo da igreja, e advertira sobre a natureza religiosa de sua coroação próxima, foi relatada em alguns jornais provincianos do norte em 2 de dezembro, e isso liberou a torrente de comentários e notícias sobre o Rei e da Srta. Simpson, que daquele momento em diante não pararam de aparecer na imprensa nacional.

719. Na noite de domingo, 6 de dezembro, após chegarem de Rodmell, os Woolf foram até o apartamento de Clive Bell em Gordon Square. Ele havia se tornado membro do Beefsteak Club, assim como Lorde Onslow (5º Conde, 1876-1945), presidente de comitês e porta-voz da Casa dos Lordes, e Harold Nicolson, membro ativo da Casa dos Comuns. O último deixou um registro vívido dos movimentos sociais e políticos diários durante a crise da abdicação: ver seus

Diários e Cartas, 1930-1939 (1966), editados por Nigel Nicolson, que fornece um conveniente sumário dos fatos.

720. Sua alteza real, o Príncipe Edward (como ele agora se chamava) fez uma transmissão à nação da Augusta Tower, do Castelo de Windsor, às 21 horas do dia 11 de dezembro. Ele foi apresentado pelo Diretor Geral da BBC, Sir John Reith (1889-1971). As palavras finais foram ditas pelo principal apresentador da BBC, Stuart Hibberd (1893-1983).

721. Christopher Isherwood (1904-1986), de quem dois livros já haviam sido publicados pela Hogarth Press, e outros dois ainda seriam, levava uma vida nômade no continente com seu amante alemão, tentando evitar que este fosse convocado a servir na Wehrmacht. Ele estava em Londres para alguns ensaios no Mercury Theatre de *A ascensão de F6*, a segunda de três peças que escrevera em colaboração com o amigo poeta W.H. Auden (1907-1973). Isherwood herdaria tanto Marple Hall quanto Wyberslegh Hall (onde nasceu), nas proximidades de Stockport, Cheshire, com a morte do tio.

722. John Andrews, não identificado; Rules, restaurante, em Maiden Lane; Croydon – aeroporto de Londres.

723. *Howard Springs* resenhou *Os anos* no *Evening Standard* de 18 de março; David Garnett no *NS&S*, 20 de março; e J.S. em "Livros da semana", no *Times*, em 19 de março, sob o título "O tempo e a Sra. Woolf": "... este é um livro que poderá ser chamado, em termos mais exigentes, de uma obra-prima... Dez anos atrás, em *Ao farol*, a Sra. Woolf demonstrou que tinha mais a oferecer ao leitor, tanto de sua mente como da dele, que qualquer outro romancista contemporâneo. Uma vez mais ela libera a imaginação, excitando-a e inspirando-a, com uma bela prosa econômica e engenhosa... [O romance] incomparavelmente fértil da Sra. Woolf...", etc.

724. John Davy Hayward (1905-65), bibliófilo, bibliógrafo, editor. Virginia o conheceu em Cambridge, em 1925, quando ele cursava o último ano no King's College. Desde então, ele se tornara amigo íntimo de T.S. Eliot. Sofria de distrofia muscular.

725. John Graham, cujo livro *The Good Merchant* fora publicado pela Hogarth Press em 1934, era um jovem professor, "um soldado e um corredor campeão, mas que se tornou escritor". Ada de Jongh era cunhada da Sra. Woolf. As "crianças" eram Quentin e Angelica.

726. Charles Maurons era amigo de Roger Fry.

727. Ela o fez "A América, que nunca vi, é o que mais me interessa neste mundo cosmopolita de hoje" foi publicado em *Hearst's International Combined with Cosmopolitan*, Nova York, abril de 1938.

728. Delfos, 2 de maio de 1932: "... as virtudes masculinas nunca são para si próprias... (Estou pensando no livro novamente)."

729. James Russell Lowell (1819-1891), poeta, ensaísta, editor, diplomata, professor. Perdeu três sobrinhos muito jovens na guerra civil norte-americana. Amigo de Leslie Stephens, era o padrinho de VW.

730. Julian Thoby Stephen (1880-1906), irmão de VW, morrera de febre tifoide aos 26 anos. Vanessa Bell homenageara o irmão dando a seu filho mais velho – Julian Bell – o nome do tio.

731. 1937 foi o ano da grande Exposição Universal de Paris: Vanessa fez uma visita curta à cidade para ver as "Chefs d'oeuvre de l'art français". Quanto ao poema de Robert Louis Stevenson, "In Memoriam F.A.S.", este é o trecho que VW cita: "Came and stayed and went, and now when all is finished,/ You alone have crossed the melancholy stream,/ Yours the pang, but his, O his, the undiminished/ Undecaying gladness, undeparted dream." ("Veio e ficou e se foi, e agora, quando tudo está terminado,/ Só você cruzou o rio da melancolia,/ É sua a dor, mas é dele, ah, é dele, a intacta/felicidade que não se degenerou, o sonho que permaneceu.")

732. Julian Heward Bell (1908-1937), poeta, sobrinho de VW, morrera aos 29 anos, atingido por fragmentos de bomba durante a Guerra Civil Espanhola, onde atuava como motorista de ambulância. Julian acreditava que o socialismo precisava, naquele momento, não de otimismo liberal, mas de disciplina militar para combater o fascismo nos seus próprios termos e a luta contra Franco, na Espanha, seria também uma forma de ganhar experiência nesse sentido e de se tornar, como desejava, um homem de ação. Ver, nesse sentido, de J. Bell, *Prose Reflections: To my bourgeois friends in the Communist Party*.
733. Monk's House.
734. Quentin Bell, sobrinho de VW.
735. Philip Edward Morrell (1870-1943), político liberal, casado desde 1902 com Lady Ottoline Cavendish-Bentinck.
736. A morte de Ottoline foi em 21 de abril de 1938 na clínica de Tunbridge Wells.
737. O primeiro título pensado por VW para Entre os atos.
738. Na apresentação de final de ano dos alunos do London Theatre Studio, em cartaz por uma semana na capela reformada de Islington, Angelica Bell dançou em seis cenas de mímica baseadas em *Desastres de la Guerra*, de Goya e atuou em La Malquerida de Benavente. Suas participações foram brevemente notadas pelo Times em 7 e 9 de maio, respectivamente. Phyllis Bentley (1894-1977), escritora nascida em Yorkshire. Sua palestra sobre Virginia Woolf não foi localizada.
739. Phyllis Bentley (1894-1977), escritora nascida em Yorkshire.
740. Sally Chilver: Elizabeth Millicent "Sally" Chilver (1914 –2014), historiadora e antropóloga, trabalhou como jornalista nos anos 1930 e 1940, foi pesquisadora do Institute of Commonwealth Studies da Universidade de Londres, onde dirigiu também o Bedford College (1964-71) e, em seguida, o Lady Margaret Hall College da Universidade de Oxford (1971-79).
741. Mabel, encarregada do serviço doméstico na residência londrina dos Woolf, trabalhara originalmente para Margery Fry [Ha], quando ela e o irmão Roger viviam em Holloway.
742. Em 19 de maio, Virginia Woolf respondeu a uma consulta apreensiva de May Sarton, dizendo que não havia tido tempo para ler o seu romance *The Single Hound*. (Ver o sexto volume das *Cartas, nº 3386*.)
743. A biografia de Roger Fry na qual VW estava trabalhando.
744. Em 7 de setembro, os alemães pró-nazistas da Região dos Sudetos interromperam as negociações espúrias com o governo da Tchecoslováquia a respeito de soberania. A França, que se comprometera a auxiliar a Tchecoslováquia num tratado, agora ameaçada por uma invasão alemã, convocara seus reservistas. Em 9 de setembro a Grã-Bretanha, aliada da França, anunciou que sua primeira frota de navios varredores de minas e quatro *destroyers* lança-minas da Marinha Real entrariam em ação. Esperava-se que Hitler falasse sobre a crise tcheca (fomentada com sucesso por ele no fechamento durante a conclusão do Congresso do Partido Nazista em Nuremberg, em 12 de setembro.
745. Frederick W. Black, de Seaford, que, por um curto período, sucedeu a F.R. Hancock como candidato parlamentar do Partido Trabalhista para o Distrito de Lewes, jantou em Monk's House no dia 7 de setembro. C.J. Tisdall era o dentista de Virginia em Londres.
746. Este foi publicado postumamente como *My Early Beliefs*, em *Two Memoirs* (1949), por J.M. Keynes.
747. A crise dos Sudetos (Sudetenkrise), em 1938, foi iniciada pelos "Sudetendeutsche", minoria étnica de alemães na Europa Central. O discurso de Hitler em Nuremberg dera o sinal para ativar manifestações e contramanifestações na Tchecoslováquia, e para que houvesse uma con-

sequente imposição da lei marcial em alguns distritos, cuja imediata revogação passaria a ser exigida, então, pelos sudetos alemães. Lembrando que o partido alemão dos sudetos promulgara os Decretos de Carlsbad em 24 de abril de 1938, exigindo autonomia e a liberdade de professar a ideologia nazista.

748. Os Woolf eram autossuficientes sobretudo em maçãs, repolho e mel na Monk's House. Sua pequena área de granja seria cedida à comunidade de Rodmell para o cultivo de alimentos. (N.O.)
749. Ver: *Roger Fry*, Capítulo 7: "Os pós-impressionistas." Quanto às cartas de Fry a MacColl e Bridges, as quais Virginia propõe, e (realmente) cita, ver *Cartas de Roger Fry*, editadas por Denis Sutton, 1972, v. 2, nºs 319 e 541.
750. Pointz Hall (depois *Entre os atos*).
751. Em 1910, Roger Fry, Desmond MacCarthy e Clive Bell, montaram, nas Grafton Galleries, em Londres, a exposição "Manet e os Pós-Impressionistas", expressão cunhada por Fry. Conhecida como a "Primeira Exposição Pós-Impressionista", teve duração de dois meses (entre 8 de novembro de 1910 e 15 de janeiro de 1911) e um público de 25 mil visitantes. A segunda exposição pós-impressionista (Second post-impressionist exhibition, British, French and Russian artists), realizada no mesmo local, em 1912, teria Leonard Woolf como secretário, a convite de Roger Fry. (N.O.)
752. *The Death of the Heart* (1938), de Elizabeth Bowen; *Le Quartier Mortisson* (1938), de Marie Mauron.
753. Hertford House, em Manchester Square, é a sede da Coleção Wallace, que contém uma quantidade de pinturas de Bonington. Buonamico Buffalmacco era um florentino do século XIV; Roger Fry pintou um quadro a partir de fotografia de um afresco seu para uma mostra de "Copies and Translations", que organizou para os Omega Workshops em 1917. Ver *Letters of Roger Fry*, editadas por Denys Sutton, 1972, v. 2, nº 387 – de que Virginia cita em seu *Roger Fry* (edição da Penguin).
754. Robert Spira (1888-1967), advogado austríaco, e sua mulher, Mela, foram para a Inglaterra como refugiados em 1938, quando se matriculou como aluno no Courtauld Institute of Art. Obteve o diploma de bacharelado em 1940. Não se sabe quem os apresentou a Virginia Woolf.
755. Virginia havia escrito a data errada, 23 de janeiro, a segunda-feira anterior.
756. Com a ajuda de sua rica, influente e dedicada aluna Princesa Marie Bonaparte (1882-1962), mulher do Príncipe George da Grécia, Sigmund Freud, com 82 anos, conseguira deixar a Viena controlada pelos nazistas no verão anterior e desde setembro estava instalado no nº 20 de Maresfield Gardens com sua filha mais nova, a psicóloga infantil Anna Freud (1895-1982). A novela picaresca de Martin Freud, *Parole d'Honneur*, foi publicada na Inglaterra naquele mesmo ano.
757. Os Enfields eram residentes de Bloomsbury. Ela era uma senhora das letras (publicada pela Hogarth Press) a quem Virginia conhecia pelo nome de solteira, Hussey, antes de seu casamento com Ralph Enfield, funcionário público, em 1921.
758. W.B. Yeats morreu em Rocquebrune-Cap-Martin em 28 de janeiro de 1939. Nas semanas que antecederam sua morte, sua amiga Lady Dorothy Wellesley, que tinha uma mansão próxima dali, em La Bastide, visitava-o constantemente. Quanto ao último encontro de Virginia com ele, ver o quarto volume dos *Diários*, 26 de outubro de 1934.
759. *The Family Reunion* ficara em cartaz por tempo limitado, desde 21 de março, no Westminster Theatre.

760. As memórias de Sir Edward Marsh, *A Number of People*, tinham acabado de ser publicadas. Lady Astor (1879-1964), nascida nos Estados Unidos, a primeira mulher a ser membro do parlamento, era notável defensora da política de apaziguamento.
761. Os Woolf viram a peça *The Family Reunion*, de T.S. Eliot, em 23 de março. Ele jantou com o casal no dia 28 de março. Em fevereiro e março, fizera três palestras da série Boutwood, no Corpus Christi College, em Cambridge, que foram publicadas naquele mesmo ano como *The Idea of a Christian Society*.
762. Ellis St. Joseph era amigo de Oliver Bell, contemporâneo em Oxford de Sally Chilver, que o apresentou a Virginia Woolf. Os dois homens emigraram para os Estados Unidos em 1939.
763. Kingsley Martin.
764. Em 28 de março, virtualmente sem resistência por parte dos defensores, que passavam fome e já estavam desarticulados, as forças de Franco ocuparam Madri, encerrando a Guerra Civil Espanhola.
765. Finalmente atento aos perigos das ambições militares e territoriais de Hitler na Europa oriental, um desiludido Sr. Chamberlain anunciou, em 31 de março, que a Grã-Bretanha e a França garantiriam apoio à Polônia caso sua independência estivesse ameaçada (e estava). Quando o Parlamento se reuniu novamente, em 13 de abril – após a invasão e anexação da Albânia pelas tropas de Mussolini na Sexta-Feira Santa (7 de abril) – esta garantia foi ampliada à Grécia e à Romênia. O Dr. János Pletsch (1879-1957), nativo da Hungria, abandonou sua clínica na Alemanha quando os nazistas subiram ao poder e se estabeleceu na Inglaterra. Tratava Keynes desde 1937 e, além de ser seu médico, tornou-se seu amigo.
766. Margaret Llewelyn Davies, de 78 anos, tinha seis irmãos. Maurice (1865-1939) era o terceiro.
767. Este casamento da sociedade, relatado no *Times* de 29 de abril, ocorreu na Capela Savoy, próxima à Strand.
768. Virginia Woolf caminhou da Ponte de Blackfriars pela Upper Thames Street em direção à Canon Street. Innholders Hall fica na College Street.
769. No seu discurso do Reichstag, em 28 de abril, Hitler denunciou o acordo naval anglo-germânico assinado em 1935; o Pacto de Não Agressão com a Polônia de 1934; e exigiu a devolução ao *Reich* da Cidade Livre de Danzig.
770. Virginia Woolf errara a data, escrevendo "25 de junho": ela e Leonard foram ao estúdio de Vanessa depois do jantar naquela noite de domingo.
771. Uma mistura de problemas persistentes de saúde e financeiros, a ruína de seu casamento, a ameaça de outra guerra e a perda de fé em sua própria capacidade de criar induziram Mark Gertler a tirar a própria vida em 23 de junho. Tinha 47 anos. (Ver *Mark Gertler*, de John Woodeson, 1972.) Ele havia jantado com os Woolf em 14 de maio.
772. A irmã de Leonard Woolf, Flora (1886-1975) era a sétima dos nove filhos da velha Sra. Woolf. Casou-se com George Sturgeon em 1918, e teve uma filha, Molly Bella.
773. Dr. Leo Rau, médico judeu de Berlim, amigo da família Woolf, e instalado em Highgate desde 1933.
774. Lottie Hope, que havia sido a empregada dos Woolf quando estes moravam em Richmond, tornou-se cozinheira de Clive Bell no nº 50 de Gordon Square. Ele estava desistindo de suas acomodações e Lottie deveria ir trabalhar como cozinheira em Charleston.
775. Em seu *Confessions of a Keeper and Other Papers* (1931) D.S. MacColl (1859-1948) republicou três artigos relacionados a Roger Fry: *A Year of Post-Impressionism* (1912); *Drawing, New and Old* (1919); e *Cézanne as a Deity* (1928).

776. "De todas as coisas, um homem livre pensa menos na morte; e sua sabedoria é uma meditação não da morte, mas da vida." Com estas palavras de Spinoza, que foram lidas em sua cremação, em 13 de setembro de 1934, Virginia termina sua biografia de Roger Fry.
777. Isto é, o cabeçalho do capítulo 10 de *Roger Fry*, que lida com o livro do mesmo título.
778. "Ruth", poema de William Wordsworth incluído nas suas *Lyrical Ballads*.
779. Clive tinha, na verdade, três dos melhores quartos em Charleston e um banheiro privado.
780. A Alemanha atacou a Polônia na madrugada de 1º de setembro e anunciou a incorporação de Danzig ao *Reich*. Na noite anterior os alemães haviam transmitido seu plano de 16 cláusulas para um acordo com a Polônia – com efeito, um ultimato, e não havia possiblidade alguma de que os poloneses aceitassem.
781. Mães e filhos da região sul de Londres foram evacuados para Rodmell, mas nenhum deles ficou aquartelado em Monk's House. O par de colunas de madeira estriadas faziam parte da decoração da sala de jantar da casa.
782. Forças invasoras alemãs do oeste e russas do leste invadiram a Polônia e se encontraram em Brest-Litovsk em 18 de setembro. Ao final do mês a partilha do país que fora secretamente acordada no Pacto Teuto-Soviético entrou em vigor e foi ratificada. O *HMS Corageous* foi torpedeado e afundou no Canal de Bristol em 17 de setembro, com a perda de mais de 500 homens.
783. Nada foi feito do artigo proposto pelo *Times*. Aquele sobre "Selborne", de White, foi publicado no *NS&N* em 30 de setembro de 1939; o artigo sobre o artista William Bewick (1795- 1866), baseado em seu *Life and Letters...* (1871) editado por Thomas Landseer, e a edição de 1939 de J.G. Tait do primeiro volume dos *Diários de Sir Walter Scott* (1825-26), apareceram sob o título "Gas at Abbotsford" no *NS&N* em 27 de janeiro de 1940.
784. Kingsley Martin foi passar a noite em Monk's House em 19 de setembro. Seu editorial no *NS&S* de 23 de setembro, *Brest-Litovsk Revenged*, não faz alusão aos termos de paz propostos aos Aliados por Hitler após o "colapso" da Polônia – os quais não foram tornados públicos até o final do mês.
785. O retrato acabado de Leonard Woolf, feito por Vanessa Bell, ficou pendurado em Monk's House até a morte dele, quando foi doado à National Portrait Gallery pela Sra. Ian Parsons. O estudo preliminar está numa coleção particular em Chicago.
786. Sigmund Freud morreu em sua casa em Hampstead na manhã de 23 de setembro de 1939. Tinha 83 anos.
787. *Dog Story*, de Virginia Woolf, foi enviado a Chambrun, em Nova York, por Leonard Woolf, em 22 de janeiro de 1940. *Gas at Abbotsford* apareceu na NS&S.
788. "The Dream", a resenha de Virginia Woolf sobre *Marie Corelli: The Life and Death of a Best Seller*, de George Bullock, apareceu na revista *The Listener* em 15 de fevereiro de 1940.
789. A referência é do dramaturgo norte-americano Eugene O'Neill (1888-1953).
790. Humbert Wolfe (1885-1940), poeta, tradutor e funcionário do Ministério do Trabalho, morrera um mês antes, em 5 de janeiro.
791. Elizabeth, Princesa de Bibesco (1897-1945), socialite, atriz e escritora inglesa.
792. John Buchan, Barão de Tweedsmuir (1875-1940), poético e escritor, autor de histórias de aventura, romances históricos e biografias.
793. Em 15 de fevereiro, os Woolf assistiram à peça de Eugene O'Neill, *Desejo sob os olmos*, no Westminster Theatre, com a irmã mais nova de John Lehmann, Beatrix (1903-1979), interpretando a personagem principal, Abbie.

794. Um fazendeiro de Rodmell, região onde ficava a Mounts House. Foi enterrada em 20 de março de 1940.
795. *Letters of Peter Plymley*, de Sydney Smith, publicado em 1807-8. Beatrice Mayor (Bobo), Helen Anrep, Quentin e Angelica Bell viriam tomar chá aquela tarde.
796. H.A.L. Fisher era o filho mais velho de Herbert Fischer (1825-1903), professor particular e depois secretário do Príncipe de Gales, e professor particular da tia de Virginia Woolf, Mary. Emmeline (1868-1941) era a segunda de suas quatro irmãs. Foi eleito membro do New College, em Oxford, em 1888, onde lecionou história moderna. Em 1899, casou-se com Lettice, a filha mais velha de Sir Courtney Ilbert, chefe-executivo da Casa dos Comuns de 1901 a 1921. Quando jovem, Virginia Woolf ficara muitas vezes na casa da família, em Oxford. "O livro de Trevy" era, provavelmente, *England under the Stuarts* (1904), de G.M. Trevelyan.
797. Sobre Fischer e as magnólias, e o armistício, ver o primeiro tomo dos *Diários*, 19 de abril de 1919, e 15 de outubro de 1918, respectivamente. Olive Heseltine, de solteira Ilbert, era cunhada de Fischer.
798. Quanto à última visita de Virginia a Fischer no New College, ver o quarto volume dos *Diários*, 4 de dezembro de 1933. Fred – o historiador F.W. Maitland (1850-1906), biógrafo de Leslie Stephen, também havia sido cunhado de Fischer.
799. Churchill assumiu o posto de primeiro-ministro em 13 de maio. As forças alemãs tinham avançado sobre a Bélgica, a Holanda e Luxemburgo, países neutros, em 10 de maio. Neste mesmo dia, Chamberlain, o primeiro ministro inglês renuncia e o parlamento apela a Churchill, que constitui um gabinete de coalisão nacional. No discurso de posse do gabinete, citado por VW, ele afirmaria: "*Direi à Câmara o mesmo que disse aos que participam deste Governo: Só tenho a oferecer sangue, trabalho, lágrimas e suor. Temos à nossa frente uma dura provação. Temos à frente muitos e longos meses de luta e sofrimento. (....) Os senhores perguntam: qual é nosso plano de ação? Posso dizer: é travar guerra, por mar, terra e ar, com todo o nosso poder e com toda a força que Deus possa nos dar; travar guerra contra uma monstruosa tirania jamais suplantada no sombrio e lamentável catálogo dos crimes humanos. Este é o nosso plano de ação. Os senhores perguntam: qual é nosso objetivo? Posso responder em uma palavra: é a vitória, a vitória a todo o custo, a vitória a despeito de todo o terror, a vitória por mais longa e árdua que seja a estrada; pois sem vitória não há sobrevivência.*" (N.O.)
800. Em sua biografia de VW, Quentin Bell comentaria que, ao longo dos meses de maio e junho de 1940, imaginando-se que a guerra estava perdida, seria recorrente a questão sobre quando e como deveriam dar um fim a suas vidas. (N.O.)
801. Workers Educational Association.
802. Talvez Annie Thomsett (depois Penfold), de Rodmell, que realizou trabalhos domésticos para os Woolf durante muitos anos.
803. Elizabeth Watson, pintora, fotógrafa e desenhista, amiga de Quentin Bell. Estudou com Henry Tonks na Slade School of Fine Art, e na Académie Moderne, em Paris, com F. Léger. Trabalhou na Exposição de Paz de Paris, filiou-se ao Partido Comunista. E, durante a Segunda Guerra Mundial, trabalhou como motorista na Brigada de Ambulâncias da Cidade de Londres. Autora de fotos importantes de guerra, publicou também o livro de memórias, *Don't Wait for It*. (N.O.)
804. Desmond MacCarthy e G. E. Moore.
805. Em 18 de junho, em fala transmitida pelo rádio, Churchill diria: "Agora estamos lutando sozinhos, com as costas contra a parede". A invasão da Inglaterra estaria planejada por Hitler para acontecer em meados de julho, mas a batalha aérea prosseguiria em julho e agosto. (N.O.)

806. A mansão predominantemente elisabetana, Penshurst Place, próxima a Tonbridge, em Kent, tem sua origem no século XIV. Entrou para a família Sidney em 1552. O proprietário naquele momento era Algernon Sidney, 4º Barão de L'Isle e Dudley.
807. Gwen St Aubyn.
808. Ursos, porcos-espinho e setas largas, componentes do brasão da família Sidney, estavam por todos os lugares em Penshurst, mas não javalis.
809. O sobrinho de Lorde De L'Isle William Philip Sidney (1909-1991) tornou-se o 6º Barão em 1945 após a morte de seu pai, que sobreviveu ao seu irmão somente por alguns meses. Sua "dama gris": não explicada.
810. Harry West reingressou nesse regimento e lutou no exterior até o fim da guerra.
811. Virginia Woolf comprou a edição de três volumes de Pickering (1835) de *The Poetical Works of S.T. Coleridge* em Tunbridge Wells quando ela e Leonard levaram livros da Hogarth Press até lá no dia 22 de abril de 1940. Seus outros livros eram (provavelmente) o último romance de Rose Macaulay, *And No Man's Wit* (1940); *Lady Bessborough and her Family Circle*, editado pelo Conde de Bessborough com A. Aspinall, 1940; e *Berkeley Moniham: Surgeon*, de Donald Bateman, 1940.
812. Women's Institute, Instituto das Mulheres de Rodmell. VW faria outra palestra, no dia 23 de setembro, sobre "As mulheres e a guerra". E em novembro de 1940 se tornaria tesoureira do instituto.
813. "Foi chamado de o maior trote da história", ironizaria Virginia Woolf em palestra realizada no Women's Institute, de Rodmell, em 23 de julho de 1940. Convidada por seu irmão, Adrian Stephen, ao lado de Duncan Grant, Guy Ridley e Anthony Buxton, VW participaria em fevereiro de 1910, de uma pseudocomitiva abissínia, idealizada por Horace Cole, que visitaria "oficialmente" o navio de guerra britânico Dreadnought, atracado em Weymouth. Cinco dias depois do evento, os jornais descobriram que fora tudo uma brincadeira, e que os seis jovens, de famílias inglesas privilegiadas, com a ajuda de um figurinista teatral, teriam se fantasiado com perucas, barbas falsas, turbantes, trajes orientais, e com rostos e braços pintados de preto. A Marinha chegou a ameaçar o grupo de prisão, mas nada de grave aconteceu. Sobre o travestimento de VW, o trote, e o *blackface* dos integrantes do grupo de Bloomsbury como indicativo do esnobismo das classes privilegiadas e do caráter discriminatório da brincadeira de juventude, há diversos estudos, como os de Helen Carr ("Virginia Woolf, Empire and race", em *The Cambridge Companion to Virginia Woolf*, org. Susan Sellers, 2010), de Jean E. Kennard, ("Power and Sexual Ambiguity: The 'Dreadnought' Hoax, the Voyage out, Mrs. Dalloway and Orlando" no Journal of Modern Literature 20-1996); de Matt Franks ("Serving on the Eugenic Homefront: Virginia Woolf, Race, and Disability", em Feminist Formations, Volume 29, Issue 1, Spring2017). (N.O.)
814. *Três guinéus*.
815. As anotações, pensées etc. de Alfred de Vigny foram publicados postumamente como *Journal d'un poète*, em 1867. "Sequacious (*desprovido de imaginação*), uma palavra que Coleridge usa": ver as *Cartas de Virginia Woolf, nº 3617*, a Ethel Smyth, 24 de julho de 1940.
816. Ver *Remarkable Relations* (1980), de Barbara Strachey: "Christopher, como se esperava, estava sempre ganhando prêmios e bolsas de estudo...; porém, Barbara se revoltava..."
817. Ver o quarto volume das *Cartas de Virginia Woolf, nº 562*, a Vanessa Bell, de Little Talland House, Firle. 6 de abril de 1911: "Esta manhã... ela recebeu uma carta dele, pedindo-lhe que fosse ver algumas obras da ferrovia... Ela está apaixonada ou quase isso."
818. Christopher Hobhouse (1910-1940), advogado e autor e amigo íntimo de Harold Nicolson, fora morto em um ataque a bomba em Portsmouth no dia 26 de agosto. Lady Cynthia Williams

(1908-1940), filha do Conde de Guilford, e seu irmão, Lorde North, foram mortos no dia 15 de agosto pela explosão de uma mina terrestre na costa sudeste.
819. *Thoughts on Peace in an Air Raid*: ver 12 de junho de 1940, nº 10.
820. O filho mais velho de Vita Sackeweille-West e Harold Nicholson.
821. Benedict Nicolson, artilheiro na guarnição militar de Chatham, escreveu a Virginia Woolf no dia 6 de agosto a respeito de *Roger Fry*, criticando-o por levar uma "existência muito agradável" enquanto ignorava realidades políticas e sociais urgentes. A resposta severa de Virginia Woolf (quarto volume das *Cartas*, nº 3627) levou a mais uma carta (de 19 de agosto) de Nicolson, alegando que sua contenda "não era com a arte, mas com Bloomsbury" que "ao perder a esperança em educar as massas, ignorava a estupidez e ignorância ao seu redor para cultivar... sensibilidades requintadas". Para o rascunho da autora e a resposta de 24 de agosto, e o subsequente convite a Monk's House, ver o sexto volume das *Cartas*, nºs 3633, 3664 e 3639. As cartas de Nicolson encontram-se nos Papéis de Monk's House, em Sussex.
822. Os Woolf tinham plena consciência de que Leonard (judeu e antifascista), e, também, Virginia, caso houvesse ocupação nazista, seriam possivelmente enviados para algum campo de concentração. Os amigos próximos, como Vita e Harold Nicholson, também preocupados, estavam se planejando, à época, para a hipótese do suicídio caso uma captura se mostrasse iminente. Adrian Stephen enviara uma receita para a compra de morfina, e Leonard mantinha também um cano de gás na garagem para eventual suicídio com monóxido de carbono.
823. Hugh Walpole.
824. Ver *A Sketch from the Past* em *Moments of Being*, p. 117: "Recupero, portanto, hoje (12 de outubro de 1940...) destas anotações rápidas uma imagem verdadeira de Thoby..."
825. Louie Everest, que substituíra Nelly no serviço doméstico dos Woolf.
826. No manuscrito do diário de 1940 escrito em folhas soltas, da coleção Berg (Diário XXIX), este sumário, escrito numa folha separada, é colocado no final do ano. Parece lógico que apareça aqui.
827. Women's Institute, Instituto das Mulheres.
828. *Pageant* é um espetáculo teatral tradicional inglês, com reconstituições de fatos históricos.
829. Anon: Abreviação de anônimo.
830. Claverham era uma casa de fazenda perto de Selmeston, que fora alugada por Bunny e Angelica por alguns meses.
831. *The Leaning Tower* foi proclamado "um diagnóstico brilhante" num editorial intitulado "ALL QUIET..." no *TLS*, em 23 de novembro de 1940, e foi resenhado no mesmo número sob o título *The Tower Leans Left*.
832. Em preparação para o seu texto sobre Ellen Terry para a *Harper's Bazaar* (ver 17 de outubro de 1940, nº 6), Virginia Woolf leu as obras *Memoirs* (1933), editado por E. Craig e C. St. John; *Ellen Terry and her Secret Self*, (1931) de Edward Gordon Craig; e *Ellen Terry and Bernard Shaw: a Correspondence* (1931).
833. "Look thy last on all things lovely,/ Every hour" – Walter de La Mare, "Fare Well", iii. ("Lança teu último olhar sobre todas as coisas encantadoras,/ A cada hora.")
834. A Sra. Dedman morrera em 7 de janeiro, aos 74 anos. Ela e o marido trabalhavam ocasionalmente para os Woolf quando este veio pela primeira vez a Rodmell, em 1919.
835. Diana Gardner (1913–1997), vizinha dos Woolf em Rodmell, era pintora, xilógrafa e escritora, autora de *Half-Way Down the Cliffs*, *The Indian Woman*, *The Rodmell Papers: Reminiscences of Virginia and Leonard Woolf*.

836. Virginia escreveu no dia seguinte a Elaine Robson, de 9 anos: ver o sexto volume das *Cartas*, nº 3677.
837. O novo livro de Desmond McCarthy era *Drama* (1940). Tropas britânicas e australianas capturaram Bardia (e a maior parte de quatro divisões italianas) em 5 de janeiro.
838. O artigo de David Cecil não foi encontrado. Sua carta consternada de desculpas (não datada e quase ilegível), em resposta à carta (não arquivada) de Virginia Woolf, está nos Papéis de Monk's House, em Sussex.
839. James Joyce – nascido em 2 de fevereiro de 1882 – morreu em Zurique em 13 de janeiro de 1941. Sobre a visita de Harriet Weaver a Hogarth House, ver o primeiro volume dos *Diários*, 18 de abril de 1918. Virginia não fez um registro contemporâneo das reações de Katherine Mansfield à cópia datilografada de *Ulisses*, nem do entusiasmo de T.S. em Garsington. Apesar disso, ver o segundo volume dos *Diários*, 26 de setembro de 1922. *Ulisses* foi publicado pela Shakespeare & Co. em Paris, em fevereiro de 1922. Virginia Woolf comprou um exemplar em abril, o qual emprestou em setembro daquele ano ao poeta Edward Shanks, que naquela época flertava com a filha do pároco de Rodmell.
840. Frederick James Cox (1865-1955) entrara para a equipe da London Library antes do nascimento de Virginia Woolf. Tornou-se o inevitável guardião das informações e do acesso às riquezas contidas no local.
841. O escritório londrino da *Harper's Bazaar* escreveu, em 21 de janeiro de 1941, para dizer que Nova York não queria *The Legacy*, "mas têm uma vontade imensa de publicar algo", e devolveu os dois manuscritos de Virginia Woolf. Sobre suas cartas contendo reclamações (provavelmente escritas por Leonard Woolf), ver o sexto volume das *Cartas*, nºs 3681 e 3688. *Ellen Terry* apareceu no *NS&N* em 8 de fevereiro de 1941. *The Legacy* foi publicada postumamente em *Uma casa assombrada e outras histórias*.
842. Num artigo assinado no *Observer*, em 26 de janeiro de 1941, o editor J.L. Garvin escreveu: "Tudo nos diz que aquela orquestra de ferro chega ao fortíssimo. Todo homem e mulher deve calmamente despertar para o fato de que a crise de nossas vidas... ocorrerá de agora até a Páscoa."
843. Ver o sexto volume das *Cartas*, nº 3684, a Enid Bagnold (Lady Jones, 1889-1981), que morava em Rottingdean, convidando-a almoçar com Vita Sackville-West no dia 18 de fevereiro.
844. Virginia datou isto como sexta-feira, 7 de janeiro.
845. Os Woolf viram *O grande ditador* de Chaplin, em Lewes. A resenha de Virginia de *Hester Lynch Piozzi (Mrs. Thrale)*, 1941, do estudioso americano J.L. Clifford, apareceu no *NS&N* em 8 de março de 1941.
846. Hamilton Fyfe, numa resenha de *Edith Sitwell's Anthology* em *Reynold's News* de 11 fevereiro de 1940, aludiu à popularidade imerecida das Sitwells nos anos 1920, concluindo: "Agora o esquecimento as reivindicou..." O processo por difamação das Sitwells contra o jornal foi julgado em 5 de fevereiro de 1941 pelo juiz James Cassels, que concedeu 350 libras de indenização a cada uma delas.
847. The Garden City Press em Letchworth, Hertfordshire, para onde fora transferida a Hogarth Press.
848. Virginia entregara o original datilografado de *Entre os atos* para Leonard ler.
849. Casa de chá.
850. Helen Anrep teve que deixar suas acomodações em Alcinston, que foram requeridas pelo Exército, e Virginia estava tentando encontrar alguma alternativa: ela havia ido tomar chá em 22 de fevereiro.

851. Leonard Woolf dera uma palestra à Worker's Educational Association (WEA) sobre "Senso comum na história".
852. Ver *Henry James* em *Portraits*, de Desmond MacCarthy (1931, p. 155: "Ele estivera me explicando a espiral de depressão a que uma enfermidade nervosa recente o havia compelido... a descer... Mas tem sido boa... para o meu gênio." Depois acrescentou: "Nunca pare de observar o que lhe acontece."
853. A carta de Virginia Woolf a Stephen Spender deve ser a de nº 3587 no sexto volume das *Cartas*, datada erroneamente de 1940. Aquela a T.S. Eliot é a de nº 3698; e a Ethel Smyth, convidando-se a passar uma noite em abril, a de nº 3699, datada de 10 de março. Rachel Dyce Sharp estava na palestra de Leonard Woolf em Brighton, e depois escreveu a respeito disso de modo entusiasmado a Virginia.